UDO ULFKOTTE
Wirtschaftsspionage

Buch

Während hierzulande noch über den »Großen Lauschangriff« debattiert wurde, gehört die großangelegte Überwachung des Datenverkehrs (E-Mail, Telefon und Fax) im Wirtschaftsbereich schon längst zum Alltag der ausländischen Geheimdienste. Welche Schäden durch eine flächendeckende Ausspähung vor allem in Deutschland entstehen, dokumentiert Udo Ulfkotte anhand aktueller Beispiele dieses Wirtschaftskriegs im Schatten: Neueste Entwicklungen werfen ausländische Firmen zu Dumpingpreisen auf den Markt, im internationalen Wettkampf um lukrative Aufträge werden Angebote deutscher Firmen regelmäßig unterboten – mangelnde Wettbewerbsfähigkeit und Vernichtung von Arbeitsplätzen sind die Folge. Globalisierungs- und Konkurrenzdruck heizen den Handel mit vertraulichen Firmendaten weiterhin an. Abhilfe kann nur geschaffen werden, wenn Staat und Wirtschaft gemeinsam wirksame Abwehrmaßnahmen ergreifen.

Autor

Udo Ulfkotte, Jahrgang 1960, hat Jura, Politische Wissenschaften (Promotion 1986) und Islamistik studiert. Er arbeitet als Redakteur für eine renommierte deutsche Tageszeitung und ist Experte für die Themen Naher Osten und Afrika sowie Geheimdienste. Er hat mehrere Sachbücher veröffentlicht, u. a. »Krisenherd Nahost« und »Verschlußsache BND«.

Udo Ulfkotte

Wirtschaftsspionage

Wie deutsche Unternehmen
von ausländischen Geheimdiensten
ausgeplündert und ruiniert werden

GOLDMANN

Die Originalausgabe dieses aktualisierten Taschenbuchs
erschien 1999 unter dem Titel
»Marktplatz der Diebe. Wie die Wirtschaftsspionage
deutsche Unternehmen ausplündert und ruiniert«
bei C. Bertelsmann.

Umwelthinweis:
Alle bedruckten Materialien dieses Taschenbuches
sind chlorfrei und umweltschonend.

Aktualisierte und erweiterte Taschenbuchausgabe Juli 2001
Wilhelm Goldmann Verlag, München
in der Verlagsgruppe Bertelsmann GmbH
© der Originalausgabe 1999 by C. Bertelsmann Verlag,
München, in der Verlagsgruppe Bertelsmann GmbH
Umschlaggestaltung: Design Tam München
Umschlagfoto: Superstock
Satz: Uhl + Massopust, Aalen
Druck: Elsnerdruck, Berlin
Verlagsnummer: 15125
AM · Herstellung: Sebastian Strohmaier
Made in Germany
ISBN 3-442-15125-2
www.goldmann-verlag.de

1 3 5 7 9 10 8 6 4 2

Für Suleika

Inhalt

Vorwort 11

1. Der Fall Enercon

Ein Tabu wird gebrochen 21
Ausspähen, aushorchen und selbst produzieren 23
Spionageziel Kundendateien 26
Standortnachteil BND 30
Viel Wind um nichts? 32
Behördensport wegschauen 35
Die große Intrige 36
Agenten-Tagebuch 44
Die Patentverletzungsklage 54
Zwei Millionen Dollar Prozeßkosten 57

2. Maulwürfe auf Datenjagd

Jährlich 20 Milliarden Mark Schaden 63
Angriff auf das Bankgeheimnis 65
Das Böse lauert immer und überall 66
MI6 – im Auftrage Ihrer Majestät 70
Gezielte Desinformation 74
Von Luftfahrttechnik bis Virtual Reality 75
Ein fleißiger Nigerianer 78

Interessen – aber keine Moral 82
Operation »Jetstream« 83
Fort Knox – die Siemens-Bunker 86
Auf dem Weg zum Wirtschaftskrieg 88
Russische Wühlarbeit 90
Frühere Stasi-Spitzel – heute in Diensten der CIA 92
Fachtagungen – Einladungen für Spione 93
Von den Behörden im Stich gelassen 96
Im Taumel der Fusionen – Dasa, Airbus, BMW 101
Die Bundesanwaltschaft – zum Zeitungslesen
   gezwungen 105
Die Katze läßt das Mausen nicht 108
Blauäugig und naiv 111

3. Big Brother: Ungeahnte technische Möglichkeiten

Ein aufschlußreicher EU-Bericht 115
Lauschige Spielchen 122
ECHELON – Horchposten zum Ausspähen
   der Wirtschaft 123
48 brisante Nachrichten – Essenz der täglichen
   Datenflut 142
Bad Aibling – hochnäsige Amerikaner 145
Die Profiteure: Lockheed, Boeing und Raytheon 149
Auch Laien können Faxe abfangen 152
Brüsseler Spitzel? 154
Offen für Schnüffler – Bundesbehördennetz 2000 155
Die (Un-)Sicherheit von Verschlüsselungsprogrammen .. 157
Auch PGP ist knackbar 160
Konzertierte Aktionen – manipulierte Geräte 163
Spione in Hard- und Software 169
Chipboykott 176

Die Nähe führender Computerausrüster zur NSA 179
Steganographie 180
Paßwortknacker 182
Sicherheitsrisiko Internet 183
Ursprünge im Kalten Krieg 184
Der gläserne Surfer 186
Gegenmittel Daten-Detektive 188
Wettervorhersagen und Fotosatelliten – Vorteile für
   die heimische Wirtschaft 189
Das Wunder vom Boxberg 193
Satellitenauswertung 194

4. Innenansichten – Opfer und Täter

Die französischen Nachrichtendienste 198
Eine Schule für Wirtschaftsspione 200
Rußland: Wettbewerb der besonderen Art 219
Die amerikanischen Geheimdienste 230
Headhunter, Recycling-Unternehmen
   und mit Fotozellen präparierte Kopierer 250
Späher in Nadelstreifen – Competitive Intelligence 256
Top secret: Amerikanische Unternehmen
   und Geheimdienste 259
Nippons Späher 271
Mossad – das Auge Davids 275
Made in Pullach – deutsche Schlapphüte 282
Unsicheres Geschäft – Einbruch beim BSI 295
Produktpiraten auf dem Vormarsch 297
Schutzmaßnahmen 315

5. Historische Wurzeln

Die Geschichte der Wirtschaftsspionage 326
Patente als Schutz vor Wirtschaftsspionen 341
Industriespionage – Geburtshelfer der Krupp-Dynastie .. 347
Spione in der Kautschukindustrie 354
Telegraphie und Verschlüsselung 357

Dank 363
Literaturverzeichnis 365
Internet-Adressen 373
Personen- und Sachregister 375

Vorwort

Immer wieder erweckt es weithin Aufmerksamkeit, wenn deutsche Verfassungschützer mit dem Finger auf die vermeintlich bösen Wirtschaftsspione des Ostblocks zeigen. Mit der Ausspähung deutscher Hochtechnologie richten diese angeblich Milliardenschäden in der deutschen Wirtschaft an. Allein, die Sache hat einen Schönheitsfehler: Denn bis ein russisches, ukrainisches oder polnisches Unternehmen aus geraubtem deutschen Know-how ein eigenes Produkt entwickelt hat, ist in Deutschland längt die übernächste Produktgeneration auf dem Markt. Ein Schaden »in Milliardenhöhe« ist hier nicht erkennbar. Nicht die notleidenden Späher bankrotter russischer Firmen, sondern westliche Wirtschaftsspione sind die wahren Bösewichte. Deutschen Behörden obliegt es, auch solche Angriffe abzuwehren. Das aber ist politisch mehr als heikel, müßte man doch Bündnispartner wie die Vereinigten Staaten, Großbritannien, Frankreich und Israel öffentlich brüskieren, die auf diesem Gebiete – auch in Deutschland – führend tätig sind. Den Mut dazu hat der deutsche Verfassungsschutz bislang nicht bewiesen. Er blickt weiterhin vorwiegend nach Osten – und deckt den Rest der Welt vornehm mit dem Wort »Dunkelziffer« zu. Das aber wirft einen trüben Schatten.

Zu jenen, die aus der Schattenwelt heraustreten, zählt Harald Woll, Leiter der Abteilung Spionageabwehr im Stuttgarter Landesamt für Verfassungsschutz. Er hebt hervor: »Ich halte Wirtschaftsspionage für ein großes Problem. Der ehemalige CIA-Direktor

Woolsey sagte 1993 bei seiner Antrittsrede im Senat: Wirtschaftsspionage ist das heißeste Thema der gegenwärtigen Geheimdienstarbeit.« Und er hat Recht: In der Informationsgesellschaft steigt der Wert der Information, Informationen spielen eine wichtige strategische Rolle. Zudem wird die Wirtschaftskraft eines Staates im Weltgefüge immer wichtiger.

Klar ist jedenfalls, daß mit dem Fall der Mauer auch die Verbündeten Deutschlands ihre Antennen gedreht haben und sich nicht scheuen, im nationalen Interesse der Sicherung heimischer Arbeitsplätze deutsche Unternehmen ins Visier zu nehmen. Doch dank des technischen Fortschrittes wird es immer schwieriger, derartige Angriffe nachzuweisen. Wo früher aufwendig Laserpistolen auf Konferenzräume gerichtet oder heimlich Wanzen im Akku eines Handys plaziert werden mußten, genügt es heute schon, eine SMS genannte Kurznachricht an ein Mobiltelefon zu senden. Das Zielobjekt der Ausspähung erhält zwar eine belanglose Nachricht, vielleicht eine Werbebotschaft, weiß jedoch nicht, daß theoretisch zugleich mit der SMS auch die Softwareeinstellungen seines Handys verändert werden können. Seit Sommer 2000 wissen deutsche Geheimdienste, daß etwa der technische amerikanische Geheimdienst NSA über dieses Know-how verfügt. Eigentlich sind amerikanische und deutsche Geheimdienste »Partnerdienste«. Doch bei solch sensiblem Wissen endet die Zusammenarbeit. Fieberhaft forschen Fachleute des Bundesamtes für Sicherheit in der Informationstechnik (BSI), einer früheren Außenstelle des BND, deshalb im Frühjahr 2001 auf diesem Gebiet. Sie wußten einzig, daß mittels SMS bei allen für den Weltmarkt produzierten Geräten theoretisch etwa der Klingelton ausgeschaltet und der Lautsprecher aktiviert werden könnte. Über Monate hinweg gelang es ihnen im Versuch jedoch nicht, dieses auch in der Praxis nachzuvollziehen. Ähnlich Viren, die als Anhang an eine E-Mail verschickt, auf einem fremden Rechner tätig werden, funktioniert auch die Fernmanipulation mittels SMS. Doch es war nicht die einzige Herausforderung: Auch die Uhrfunktion der meisten Handys stellte eine Sicherheitslücke dar, über die Geräte theroretisch freigeschaltet werden können. Immerhin läßt sich der Software-Status vieler Mobilfunk-Geräte leicht abfragen, Manipulationen können so entdeckt werden. Doch welcher Eigentümer eines Nokia-Handys einer bestimmten Baureihe fragt schon täglich über die Tasten-Kombination *#0000# den Software-Zustand seines Gerätes ab? Und welcher Siemens-Nutzer drückt täglich die Kombination *#06# und danach die linke Displaytaste? Und bei Trium-Handys müßte die Sternchen-Taste permanent gedrückt sein, während man den Code 5806 eingibt, um Näheres über das Software-Innenleben zu erfahren. Fast jedes Gerät hat hier seinen eigenen Code... Der elektronische Hausputz scheint jedenfalls noch unbeliebter – und wohl auch unbekannter – als das heimische Aufräumen zu sein.

Hätte man es beim BSI nur mit dieser einen neuen Technik zu tun gehabt, so wäre man vielleicht schneller vorangekommen. Doch zeitgleich drängte die »Bluetooth«-Technik auf den Markt, ein Standard, nach dem Geräte per Funk über kurze Entfernungen Daten miteinander austauschen können. »Bluetooth«, dessen Funkverbindungen zumindest von Geheimdiensten leicht mitgelesen werden können, stellt für Unternehmen jedenfalls ein ähnlich großes neues Sicherheitsrisiko dar wie etwa die seit geraumer Zeit auf den Markt dringenden kabellosen Funktastaturen, die nach Herstellerangaben eine Reichweite von zwei Metern haben, nach Erkenntnissen deutscher Spionagetechniker jedoch ohne Zusatzgeräte bis zu vierzig Meter weit senden. Nicht nur ein über Milliardenetat verfügender Geheimdienst, selbst ein unzufriedener Mitarbeiter könnte somit nur wenige Räume vom Vorzimmer eines Vorstandes entfernt alle eingetippten Daten mit handelsüblichem Gerät auffangen – ohne daß es irgend jemandem auffallen würde. Und wer sich nicht scheut, ein geringes Risiko einzugehen, kann mit drei Handgriffen zwischen Tastatur und Rechner auch noch ein winziges Zwischenstück einfügen. Über die Internetadresse *www.keyghost.com* kann man für weniger als zweihundert Mark den unauffälligen Adapter bestellen, der immerhin mehrere Millionen Tastatureingaben speichert. Die neuseeländische Firma Working Technologies bietet auf ihrer Homepage jedenfalls nicht nur Geheimdiensten Zusatzgeräte an, die unabhängig vom Betriebssystem jede Tastatureingabe speichern. Da der Speicher ohne Batterien auskommt, ist das Gerät äußerst langlebig – und bei Wirtschaftsspionen zunehmend beliebt. Denn die »Keyghosts«, von denen allein die CIA mehrere Tausend bestellt haben soll, fallen selbst einem geübten Computerfachmann kaum auf. Software-basierte Schnüffelprogramme gibt es schon seit längerem. Sie sammeln Tastatureingaben erst in einer Datei und stellen diese dann Dritten über die Datenleitung des Internet zur Verfügung. Aus Späher-Sicht haben sie jedoch einen großen Nachteil. Durch Neuinstallation des Betriebssystems kann der Software-Key-Logger überschrieben oder, Kenntnisse vorausgesetzt, vom Anwender aufgespürt werden. Anders verhält es sich mit Hardware-Key-Loggern: Diese lassen sich direkt in die Tastatur oder zwischen Tastatur und Rechner einbauen und fangen die Eingaben direkt an der Quelle ab. Und ein solches Hardwaretool, gegen das derzeit kein Kraut gewachsen ist, ist der »Keyghost«.

Daß selbst die größten der großen Unternehmen Spionageangriffen von außen manchmal hilflos ausgeliefert sind, belegen die Vorkommnisse bei Microsoft Mitte Oktober 2000. Damals drangen Hacker, gegen die das Unternehmen sich sicher wähnte, in die Rechner ein und richteten einen Schaden in dreistelliger Millionenhöhe an. Mindestens vierzehn Tage konnten sie sich frei im Unternehmensnetz bewegen, stahlen geheime Entwicklungspläne sowie die Ursprungsversionen von Computerprogrammen und Betriebssystemen. Dementiert wurde zwar der Diebstahl der Quellkodes, doch ein Teil des geistigen Eigentums war abhanden gekommen. Indirekt war das auch eine Schlappe für die NSA, arbeitet sie doch bei der Entwicklung neuer Microsoft-Produkte eng mit dem Software-Hersteller zusammen.

Klar ist jedenfalls, daß es immer schwieriger wird, vertrauliche Firmendaten zu schützen. Einen Beitrag dazu wird künftig wohl auch ein neues Spray leisten. In der amerikanischen Fachzeitschrift »New Scientist« berichteten Forscher Ende 2000 über eine Erfindung, die sie dort »see-through« nannten, ein Spray, das für 15 Minuten einen Briefumschlag transparent macht und dann spurlos verfliegt. Mistral Security, ein im amerikanischen Bundesstaat Maryland ansässiges Unternehmen, hatte es entwickelt und will es nach einigen Angaben »nur an Strafverfolgungsbehörden« verkaufen. Doch wer kann schon garantieren, daß damit künftig nicht auch die Geschäftspost deutscher Unternehmen behandelt wird? Warum also Briefumschläge verschließen, wenn manche Geheimdienste durch sie hindurchsehen können? Verkauft wird das Spray nur an amerikanische Dienste, der Bundesnachrichtendienst soll abgewiesen worden sein. Ein Sprecher von Mistral Security sagte zu der Entwicklung: »Versteckt man beispielsweise eine Visitenkarte in einem braunen Briefumschlag, dann kann man sie mit Hilfe unseres Sprays lesen.« Nur bei Umschlägen, die mit einer Plastikschicht überzogen sind, versagt es den Gehorsam. Doch es wird letztlich nur eine Frage der Zeit sein, bis sich auch dafür eine Lösung findet. Schwerer dagegen dürfte es für die Geheimdienste sein, gegen den elektronischen Aktenvernichter, der unter *www.disappearing.com* angeboten wird, anzugehen. Mit dem Programm »Disappearing Mail« kann der Absender einer E-Mail ein »Haltbarkeitsdatum« für jede E-Mail festlegen, nach dem sie sich selbst zerstört – als wäre sie mit Zaubertinte geschrieben. Das kleine Zusatzprogramm verschlüsselt eine E-Mail vor dem Versenden so, daß sie nur noch mit einem speziellen Schlüssel dechiffriert werden kann. Der aber befindet sich nicht auf den Computern von Sender und Empfänger, sondern beim Unternehmen Disappearing. Wenn der Schlüssel auf dem Rechner von Disappearing gelöscht wird, verwandelt sich die Mitteilung in nutzlosen Datenschrott. Niemand kann sie dann mehr lesen, auch der Absender nicht. Diese kostenlose digitale Zaubertinte ist zumindest für nichtamerikanische Geheimdienste das reinste Gift. Die NSA jedoch hat nach Auffassung deutscher Dienste einen direkten Zugriff auf die bei Disappearing Inc. hinterlegten Schlüssel, so daß deutsche Unternehmen die möglichen Risiken abwägen sollten.

Immer mehr Geheimdienste gehen vor dem Hintergrund der rasanten technischen Entwicklung dazu über, sich an innovativen Firmen zu beteiligen. Ein Beispiel dafür lieferte im Frühjahr 2001 auch der deutsche Bundesnachrichtendienst. Der BND soll auf dem Gebiet der Spracherkennungstechnik tätigen Unternehmen (»start-up-Firmen«) über Tarnfirmen und Sponsoren finanzielle Unterstützung, Absatzmärkte und Hilfestellung bei der Auftragserteilung von Regierungsstellen zugesichert haben. Das berichtete die belgische Tageszeitung »De Standaard«. Nach diesen Angaben beteiligte sich der BND an mehreren neugegründeten in- und ausländischen Unternehmen, um Technik zu bekommen, die man selbst aufgrund knapper Kassen nicht entwickeln konnte. Die Unternehmen hätten Spracherkennungstechnik beispielsweise für Arabisch, Hindu, Urdu, Farsi und Türkisch entwickelt. Der BND habe beabsichtigt, damit abgehörte Kommunikation schneller als bislang auswerten zu können. Vom BND war dazu keine Stellungnahme zu erhalten.

Einer der Gründer der Start-ups soll ein Direktor der technischen Aufklärung des BND gewesen sein, der offiziell für das in München ansässige Amt für Auslandsfragen (AfA) gearbeitet habe. Der besagte Mann soll unlängst in München wegen Urkundenfälschung in Zusammenhang mit einem Unternehmen, das Analysesoftware für große Informationsmengen anbietet, verurteilt worden und inzwischen vom Dienst suspendiert worden sein. Zu den Firmen, auf die sich das Interesse des BND konzentrierte, sollen die im belgischen Ieper ansässige und inzwischen im Konkursverfahren befindliche »Lernout & Hauspie« (L & H), die im belgischen Arendonk residierende »Radial Belgium«, die Münchner »Radial Sprachtechnologie GmbH« sowie deren Partnerunternehmen im französischen Nogent-sur-Marne, Spanien (»Multi Language Consulting« in Cornella), der Tschechischen Republik, Ungarn und Südostasien gehört haben. Zum Kundenkreis von L & H zählt nach Informationen der flämischen Wirtschaftszeitung »De Financieel Economische Tijd« auch der technische amerikanische Geheimdienst National Security Agency (NSA). So soll die L & H Tochter »Dragon« Übersetzungsprogramme für die NSA entwickelt haben, die von der amerikanischen Armee etwa bei der Überwachung des Funkverkehrs am Persischen Golf eingesetzt werden. L & H Sprachtechnik wurde auch im Bosnien- und im Kosovo-Krieg eingesetzt. Der in München verurteilte Mann soll auch für L & H als Manager tätig gewesen sein. Er war zunächst weiterhin Koordinator des von der Europäischen Kommission geförderten Projektes »Sensus«, dessen Ziel es ist, Spracherkennungstechnik zu entwickeln, die von europäischen Strafverfolgungsbehörden und Geheimdiensten genutzt werden soll, um die polizeiliche und geheimdienstliche Zusammenarbeit und den Informationsaustausch innerhalb Europas zu fördern. Der Sitz der »Sensus«-Projektleitung in der Münchner Zugspitzstraße 10 ist identisch mit der deutschen »Radial Sprachtechnologie GmbH«. Auch die auf den entsprechenden Intenetseiten genannten Ansprechpartner beider Unternehmen sind identisch.

Neben Tarnfirmen des BND hat nach Recherchen von »De Standaard« auch ein angeblich in Geldwäschegeschäfte verstrickter Libanese die Jungunternehmen finanziert. Er soll diesen 36 Millionen Dollar zur Verfügung gestellt haben.

Zugleich wurde bekannt, daß die amerikanische Bundespolizei FBI mit einem neuen Software-Programm »Carnivore« (»Fleischfresser«), an dessen Entwicklung auch externe Software-Unternehmen beteiligt waren, anders als lange behauptet nicht nur E-

Mails, sondern auch Chats (Live-Unterhaltungen im Internet über Tastatureingaben) überwachen. In der Vergangenheit hatte das FBI stets behauptet, mit »Carnivore« könnten nur die E-Mails verdächtigter Zielpersonen (etwa Wirtschaftsführer, Ingenieure und Entwickler) gesucht und aus dem Datenverkehr im Internet gefiltert werden. Nach Angaben der Washingtoner Datenschutzgruppe »Electronic Privacy Information Center« kann das FBI-Programm auch jene Internet-Adressen auflisten, die eine Zielperson aufgerufen hat. Das Software-Programm »Carnivore« wird auf die Server amerikanischer Internet-Anbieter gespielt und soll dort alle Datenpakete auf ein- und ausgehende E-Mails von Zielpersonen hin durchsuchen. Die Internet-Provider selbst haben keine Kontrolle über das System, das in jeder Sekunde angeblich Millionen von Datenpaketen überwachen kann. »Carnivore« wurde in Quantico entwickelt und bislang nach offiziellen Angaben mehr als hundertmal eingesetzt, wobei es angeblich galt, Terrorismus, Drogenhandel und die Spuren von Hackern aufzudecken. Aber auch zur Erlangung wirtschaftlicher Informationen soll es schon mehrfach eingesetzt worden sein. Der Text einer verdächtigen E-Mail wird dann automatisch kopiert und gespeichert. Weil »Lauschangriffe« auf die Internet-Kommunikation zukünftig an Bedeutung gewinnen werden, fordern amerikanische Bürgerrechtsgruppen Auskunft über die technischen Möglichkeiten des neuen FBI-Systems. Sie kritisieren, daß »Carnivore« die gesamte Kommunikation bei einem Internet-Provider abhören müsse, um die E-Mails eines angeblich Verdächtigen zu bekommen. Das sei vergleichbar einem Fall, bei dem alle Telefongespräche belauscht würden, um zu erfahren, ob es ein Telefongespräch gebe, das man abhören müßte. Mit der Vorgängerversion von »Carnivore«, sie ist Fachleuten unter dem Namen »Omnivore« bekannt, arbeitete das FBI seit Mitte 1997. Dieses Programm filterte aus allen E-Mails eine bestimmte heraus und sandte sie dann in Kopie an das FBI. Das Programm erwies sich jedoch als schwerfällig. Bei Ermittlungen soll es eher hinderlich als nützlich gewesen sein. Die Filterprogramme des FBI existieren unabhängig vom sogenannten „Echelon-System«, mit dem der technische amerikanische Geheimdienst National Security Agency (NSA) auf der ganzen Welt alle Faxe, Telefongespräche, E-Mails und sonstige Datenübermittlungen zielgerichtet überwachen kann.

Unter der Internetadresse *www.ulfkotte.de* findet der Leser die neuesten Nachrichten aus der Welt der Wirtschaftsspionage und Geheimdienste.

Frankfurt, im April 2001   Udo Ulfkotte

1. Der Fall Enercon

Ein Tabu wird gebrochen

Wolfgang Hoffmann bringt so leicht nichts aus der Ruhe. Bei der Leverkusener Bayer AG ist er für die Abwehr von Wirtschaftsspionen zuständig. Auch in seiner Freizeit befaßt er sich – als Vorsitzender der Arbeitsgemeinschaft für Sicherheit in der Wirtschaft – mit Spähern. Doch am 20. Januar 1999 kostete es ihn einige Mühe, die Contenance zu bewahren. An jenem Tag machte er nach einem Vortrag in München eine wenig angenehme Erfahrung. Damals referierte er gemeinsam mit dem Präsidenten des Bayerischen Landesamts für Verfassungsschutz vor einem ausgewählten Publikum über jene Gefahren, die von »befreundeten« Staaten ausgehen. Hoffmann, ein zurückhaltender und jedes Wort abwägender Mensch, weiß, wie heikel das Thema »Spionage unter Freunden« ist. Deshalb beschränkte er sich darauf, nur Stichworte und keine Einzelheiten zu nennen. Doch das genügte. Unter den Zuhörern saßen – zunächst inkognito – auch zwei Mitarbeiter des amerikanischen Generalkonsulats in München. Sie protestierten anschließend auf dem Podium gegen die Ausführungen und forderten lautstark die Aushändigung des Redetextes, »um zu prüfen, wie wir dagegen vorgehen können«.

Noch schlimmer erging es der Stuttgarter Industrie- und Handelskammer (IHK). Sie hatte im Februar-Heft 1999 des *IHK-Magazins* einen Beitrag über die Spionage westlicher Staaten veröffentlicht, in dem auch die amerikanische Wühlarbeit in deutschen Unternehmen beschrieben wurde. Doch auch hier reagierten die »Freunde« schnell: Der Generalkonsul persönlich wurde beim Stuttgarter IHK-Geschäftsführer Andreas Richter vorstellig. Er protestierte gegen den Zeitschriften-Artikel und forderte Richtigstellung. Der US-Repräsentant behauptete wutentbrannt, diese Art der Spionage sei den Amerikanern »aufgrund der amerikanischen Verfassung verboten«. Richter war so verdutzt, daß ihm auf Anhieb nicht jene Zitate einfielen, mit denen der frühere amerikanische Präsident Clinton seine Geheimdienste auch zur Wirtschaftsspionage aufgefordert hatte. Doch der Generalkonsul war nicht nur hier schlecht informiert, hatten doch Stuttgarter Verfassungsschützer den von ihm kritisierten Bericht schon vor der Veröffentlichung lesen dürfen – und Unwahrheiten darin nicht entdecken können. Sie waren vielmehr froh, daß über dieses Tabu-Thema berichtet wurde. Und so endete der amerikanische Protest ohne den gewünschten »Kniefall« der Stuttgarter.

Kein Zweifel: Wer in Deutschland über die Wirtschaftsspione aus »befreundeten« Staaten berichtet, darf sich deren Protestes sicher wähnen. Das ist ein Grund dafür, warum man auf deutschem Boden lieber nicht öffentlich darüber spricht; trotz alljährlicher Schäden in Milliardenhöhe und des Verlustes von Arbeitsplätzen. Gilt es jedoch, deutsche Unternehmen ähnlicher Delikte zu bezichtigen, dann helfen die Geheimdienste unserer Freunde »ihren« Autoren bereitwillig bei der Recherche. Das hat man in der Bundesregierung schon mehrfach verärgert zur Kenntnis nehmen müssen. In den Vereinigten Staaten gibt es eine Reihe von Büchern, in denen deutsche Firmen der Spionage in Amerika bezichtigt werden. Autoren wie John Fialka (»*War by other Means*«) und Peter Schweizer (»*Diebstahl bei Freunden*«) werden von amerikanischen Diensten gern mit Gesprächspartnern versorgt. Letzterer – er schreibt auch für die *New York Times*, *Washington Post* und das *Wall Street Journal* – reihte Deutschland nach Gesprächen mit mehr als 70 amerikanischen Abwehrfachleuten unter Beifall gar in die Reihe der »ökonomischen Parasiten« ein. In Frankreich und Großbritannien ist es ähnlich.

Kritische Darstellungen des eigenen Vorgehens scheint man dagegen in westlichen Hauptstädten nicht dulden zu wollen. Dabei lohnt es sich, mehr als ein Jahrzehnt nach dem Erlöschen der alliierten Vorrechte in Deutschland einmal näher zu betrachten, wie unsere Verbündeten weiterhin die deutsche Wirtschaft zu ihrem Vorteil ausplündern. Doch welche Methoden benutzen sie bei der Wirtschaftsspionage? Welchen Schaden richten sie damit an? Wer spioniert gegen wen? Wer profitiert von dem abgezogenen Know-how? Wo sind die Grenzen zwischen Konkurrenz- und Wirtschaftsspionage? Warum hinterlassen solche Aktivitäten keine verräterischen Spuren? Und wie kann man den Maulwürfen die Arbeit erschweren?

Ausspähen, aushorchen und selbst produzieren

Der Schock sitzt tief – man mochte es kaum glauben: Mitten in der Frankfurter Zentrale der Deutschen Bundesbank saß der Spion. Ein deutscher Beamter soll unter dem Decknamen »Orcada« mehr als zwölf Jahre lang das oberste deutsche Geldinstitut für den britischen Geheimdienst ausspioniert haben. Das jedenfalls berichtet ein – durchaus glaubwürdiger – ehemaliger britischer Geheimdienstagent. In der Bundesbank nahm man die Sache ernst. Während Kommentare nach außen nicht abgegeben wurden, herrschte innen rege Betriebsamkeit. Die Zeitung *Sunday Business* berichtete am 11. Oktober 1998, der Brite Andrew Mitchell habe den Agenten in der Bundesbank gesteuert. Dessen Informationen seien an viele britische Banken und Broker weitergegeben worden, so etwa an die Midland Bank, die Royal Bank of Scotland und Kleinwort Benson – auch an den britischen Auslandsgeheimdienst MI6. Es hieß: »Die Midland Bank ist durch und durch eine MI6-Bank.« Der Spion in der Bundesbank sei von einer zehnköpfigen Geheimtruppe des MI6 mit dem Codenamen »UKB« geführt worden. Die »UKB« befinde sich im Hauptquartier des MI6 (oftmals auch SIS – Secret Intelligence Service – genannt) in Vauxhall Cross (85, Albert Embankment) südlich von

London. Da die Entscheidungen der Bundesbank Zinsen und Wechselkurse in ganz Europa beeinflußten, seien die Berichte des MI6-Agenten auch im britischen Finanzministerium mit »viel Interesse« gelesen worden. Und als in den Niederlanden 1992 über die Einführung des Euro beraten wurde, habe der Topagent zahlreiche nützliche Informationen über Verhandlungspositionen Deutschlands und Frankreichs geliefert. In der britischen Botschaft in Bonn soll ein Agent mit Diplomatenpaß exklusiv für die Betreuung von »Orcada« zuständig gewesen sein.

Wenige Monate vor dem Bekanntwerden dieses Falles hatten die beiden früheren britischen Außenminister Lord David Owen und Lord Douglas Hurd of Westwell in einem Gespräch mit dem Fernsehsender BBC eingestanden, daß MI6 – die Kundschafter Ihrer Majestät – in der Vergangenheit europäische Verbündete ausspioniert hatten. Behauptet hatte das zuvor auch schon der ehemalige stellvertretende MI5-Direktor Peter Wright in seinem Buch »*Spycatcher*«. Und der Wirtschaftsprofessor Patrick Minford ließ sich am 20. September 1998 von der britischen *Sunday Times* mit dem Satz zitieren, er erachte undichte Stellen in der Bundesbank als »extrem wichtig« für das britische Schatzamt. Britische Sicherheitskreise bekundeten, die Vorwürfe gegen MI6 enthielten »recht viele interessante Details«.

Wie ist es um die Sicherheit der deutschen Wirtschaft bestellt, wenn man offenbar nicht einmal die Festung Bundesbank vor Wirtschaftsspionage schützen kann? Ist nur die Bundesbank das Ziel von Agenten aus befreundeten Staaten, oder werden auch deutsche Unternehmen rigoros ausspioniert? In den Verfassungsschutzberichten finden sich dazu zwar vage Andeutungen – Details fehlen jedoch.

Mit dem Ende des Kalten Krieges hat sich die Wirtschaftsspionage zu einem neuen Tummelfeld für Agenten entwickelt. Sie haben es in Deutschland leicht, da hier kaum Abwehrmaßnahmen ergriffen werden. Und selbst wenn ein westlicher Agent in flagranti ertappt wird, muß er sich um seine Zukunft nicht sorgen. Die Bundesregierung – und da unterscheiden sich die großen Parteien nicht voneinander – zeigt kein Interesse daran, solche Fälle publik zu machen. Schlimmstenfalls müssen westliche Agenten die Abschiebung erwarten. So sieht denn die Situation in puncto Sicherheit deutscher Unternehmen alles andere als rosig aus. Auch ist das Sicherheitsbewußtsein – im Gegensatz zu anderen westlichen Staaten – weder bei Konzernen noch bei kleineren Betrieben besonders ausgeprägt.

Ungeniert schnüffeln unsere westlichen Verbündeten in der deutschen Wirtschaft herum. Der große Aufwand, mit dem sie Telefonleitungen und Computernetze durchforsten, gilt vor allem Neuentwicklungen. Das mußten im Winter 1998/1999 beispielsweise die deutschen Forscher Steffen Noethe und Matthias Gerspach erfahren. Sie hatten im März 1998 herausgefunden, daß ein handelsüblicher Tesa-Klebestreifen auch als preiswerter Datenträger genutzt werden kann. Zwar müssen noch einige technische Probleme aus dem Weg geräumt werden, doch dann – so sind sich die Wissenschaftler sicher – wird man auf einer Tesa-Rolle so viele Informationen speichern können wie auf 7000 3,5-Zoll-Disketten oder 15 CD-ROMs. Da verwundert es nicht, daß sich auch andere Länder für dieses Projekt brennend interessierten. Der *Spiegel* berichtete am 29. März 1999: »Vor einigen Wochen bemerkten die Forscher, daß Unbefugte in die Computer ihrer Labors an der Mannheimer Uni eingedrungen waren. Mit speziellen Schnüffel-Programmen hatten die elektronischen Spione die Software durchsucht. Noethe und Gerspach konnten die Spur der Spione bis in die USA verfolgen.« Niemand kann derzeit die Frage beantworten, welche Forschungsergebnisse auf diese Weise nach außen gelangt sind. Zwar haben Noethe und Gerspach für ihre Erfindung in München das Patent beantragt, doch wird es mehr als ein Jahr dauern, bis dieses erteilt wird. Nun hofft man in Mannheim, daß in der Zwischenzeit nicht ein amerikanisches Unternehmen »zufällig« das gleiche Patent anmeldet und schneller als die Deutschen den Zuschlag bekommt. Ähnliche Fälle haben sich schon mehrfach ereignet.

Spionageziel Kundendateien

Fehlende Vorsicht beim Umgang mit sensiblen Informationen gefährdet immer öfter die Existenz deutscher Unternehmen. Letztlich werden hierzulande so Jahr für Jahr Zehntausende Arbeitsplätze vernichtet. So hatte ein bekannter deutscher Pharmahersteller Millionen in ein neues Präparat für Diabetiker investiert. Doch ehe man das Produkt am Markt anbieten konnte, trumpfte der größte amerikanische Konkurrent des Unternehmens auf und kam den Deutschen mit einem fast identischen Präparat zuvor. Nicht nur das Unternehmen, auch deutsche Behörden sind sich sicher, daß Wirtschaftsspione am Werk waren. Der deutsche Pharmaproduzent erlitt gleich mehrfachen Schaden: Zum einen hatte er in die Entwicklung investiert. Zum anderen wurde auch noch die ursprüngliche Kalkulation über den Haufen geworfen, weil die Amerikaner mit Dumpingpreisen arbeiten konnten. Globalisierungs- und Konkurrenzdruck heizen den Handel mit vertraulichen Firmendaten noch an.

Dabei gilt es, zwischen Konkurrenz- und Wirtschaftsspionage zu unterscheiden. Letztere liegt vor, wenn ein staatlicher Geheimdienst einem Unternehmen seines Landes gezielt bei der illegalen Beschaffung von Informationen behilflich ist. Konkurrenzspionage betrifft jene Fälle, in denen Unternehmen bei ihren Wettbewerbern im trüben fischen, sich dabei aber nicht der Hilfe eines Geheimdienstes bedienen. Häufig aber verschwimmen beide Erscheinungsformen, so daß auf den ersten Blick nicht gesagt werden kann, ob es sich um Wirtschafts- oder um Konkurrenzspionage handelt.

In den Verdacht der Konkurrenzspionage geriet 1998 etwa die Deutsche Post AG. Sie soll Mitarbeiter zum »Bruch des Postgeheimnisses« (so der *Spiegel*, Heft 42/1998) animiert haben. Der Verband der privaten Paket- und Kurierdienste erwirkte eine einstweilige Verfügung, weil die Wuppertaler Post ihrem Sortierpersonal geraten haben soll, die Namen und Anschriften der Empfänger bestimmter Briefe aufzuschreiben. Dazu der *Spiegel:* »Wenn der Absender ein privater Paketdienst und damit Konkurrent der Post war – beispielsweise UPS, DPD oder German Parcel –, sollten die Post-Bediensteten die entsprechenden Daten auf einer Liste notieren. Damit wollte das Bundesunternehmen offenkundig gezielt für seinen eigenen Paketdienst Deutsche PostExpress die Kunden der Konkurrenz abwerben. Im Raum Wuppertal lagen in 21 Sortierfilialen solche Listen (Firmenname – Empfänger – Absender) aus.« Erfolgreiche Späher sollten zum Dank ein »Postwertzeichen-Jahrbuch mit druckfrischen Postwertzeichen im Werte von hundert DM« erhalten. Im Schweizer »Clusis-Informationshandbuch 1992« heißt es zu ähnlichen Fällen: »Die Kopie einer Kundendatei erlaubt einem Konkurrenten die Ermäßigungen der wichtigsten Wiederverkäufer zu erfahren. Der Konkurrent hat diesen günstigere Offerten unterbreitet und somit einen Teil des Verkaufsnetzes gewonnen.«

Daß Kundendaten wertvoll sind, mußte auch die Deutsche Verlagsanstalt leidvoll erfahren, als ein Angestellter 700 000 Kundenadressen kopierte und bei der Konkurrenz zu Geld machen wollte. Und die Commerzbank in Luxemburg wurde von einem Techniker einer externen EDV-Firma erpreßt, der die gesamte Kundendatei von der Festplatte kopiert hatte. In großem Maßstab wurden auch beim deutsch-deutschen Einigungsprozeß Unternehmen ausgeforscht. Unter dem Vorwand, eine künftige Zusammenarbeit prüfen zu wollen, ließen sich Hunderte westdeutscher Firmen das Innerste ostdeutscher Betriebe zeigen. Nicht selten nahmen sie Konstruktionsunterlagen und auch Kundenkarteien zur eingehenden »Überprüfung« mit.

Es gibt keine Informationen, die man heute auf dem Weltmarkt nicht kaufen oder stehlen könnte. Diese bittere Erkenntnis widerfuhr 1998 auch Gilette, dem Weltmarktführer innovativer Rasierklingen. King Camp Gilette, ein Handelsreisender für Eisenwaren, hatte 1901 gefahrlos zu benutzende Rasierer mit Wechselklingen erfunden. Die in

Boston ansässige Gilette Co. kontrolliert heute mit einem Jahresumsatz von 10,1 Milliarden Dollar zwei Drittel des Weltmarkts für Naßrasierer. Vor wenigen Jahren steckte das Unternehmen 750 Millionen Dollar in die Entwicklung eines neuen Rasiersystems mit drei Klingen, genannt »Mach3«. 100 Mitarbeiter waren an diesem Projekt beteiligt. Sie durften nicht einmal mit ihren Ehepartnern darüber sprechen. So wollte man Spionen die Arbeit erschweren. Die Fertigungsbereiche wurden mit Holzwänden vor neugierigen Blicken geschützt. Trotzdem gelangten die Konstruktions-Zeichnungen zur Konkurrenz. Gilette-Chef Alfred Zeien schaltete das FBI ein, das einen Industriespion mit dem Tarnnamen »Miss Ivy« entlarvte.

Von dem Boom der Spionage blieb im Sommer 1997 auch Neuseeland nicht verschont. Die Regierung beschwerte sich in Peking offiziell über den Versuch chinesischer Wissenschaftler, Triebe von Bäumen einer neuen Apfelsorte außer Landes zu schmuggeln. Äpfel gehören – neben Lammfleisch – zu den wichtigsten neuseeländischen Exportprodukten. Die neu gezüchtete Sorte mit dem Namen »Pacific Rose« gab es bis dahin nur in Neuseeland. Den Markennamen hatte man sich in weiser Voraussicht schützen lassen. Wie im folgenden noch ersichtlich werden wird, sind nicht alle Unternehmen so vorausschauend. Anderthalb Jahrzehnte hatte man gebraucht, um die neue Apfelsorte zu perfektionieren. Im Sommer 1997 gab es dann die erste erfolgversprechende Ernte. Eine Gruppe chinesischer Landwirtschaftsfachleute war im Rahmen eines Hilfsprogramms nach Neuseeland eingeladen worden, um sich dort über Anbaumethoden für Obstplantagen informieren zu können. Die Schößlinge wurden nur durch Zufall bei einer Untersuchung des Handgepäcks der Chinesen auf dem Flughafen von Auckland gefunden. Doch die Männer wurden nicht verhaftet, obwohl zahlreiche Obstpflanzer und Abgeordnete protestierten. Statt dessen sagte Zollminister Kirton, selbst Eigentümer einer großen Obstplantage, er wolle den Vorfall nicht zu einem internationalen diplomatischen Zwischenfall mit einem der wichtigsten Handelspartner Neuseelands hochspielen.

Das Einmaleins der Industriespionage beherrschen nicht nur Tausende Chinesen und 300 auf dieses Gewerbe spezialisierte Firmen in Tokio, sondern vor allem auch Geheimdienste aus Großbritannien, den Vereinigten Staaten, Israel und Frankreich. Sie liefern ihren Unternehmen zunehmend geldwerte Informationen, damit diese ausländischen Konkurrenten Aufträge abjagen oder aber Produktentwicklungen billig kopieren können. Das auch für die Abwehr solcher Spionage zuständige amerikanische National Counter Intelligence Center (NACIC) legt dem Kongreß alljährlich einen Bericht über die Spionage gegen amerikanische Unternehmen vor. Aus dem Report wird ersichtlich, wie ernst die Vereinigten Staaten die Schädigung ihrer Volkswirtschaft durch derartige Aktivitäten nehmen. Obwohl die Bundesrepublik als Hochtechnologieland in Europa vor ähnlichen Problemen steht, hapert es hier erheblich an vergleichbaren Sicherheitsanstrengungen wie in den USA. Einen so ins Detail gehenden Jahresbericht an das Parlament über ausländische Wirtschaftsaufklärung kennt man hierzulande nicht. Den Auftrag, die gewerbliche Wirtschaft vor Schaden zu bewahren, gibt es in dieser Form bei deutschen Sicherheitsbehörden nicht. Ihre Gegenmaßnahmen beschränken sich vielmehr auf die sogenannte »geschützte Industrie«, vor allem die Rüstungsbranche. Nicht dazu gehören bedeutende deutsche Unternehmen wie etwa die Wolfsburger Volkswagen AG. Deren Leiter der Konzernsicherheit, Dieter Langendörfer, sagt: »Volkswagen ist in der Vergangenheit immer wieder das Ziel von Wirtschaftsspionen geworden. Wir haben mehr als nur Anhaltspunkte dafür, daß diese Spionage der Nachrichtendienste auch von westlichen Diensten offensiv betrieben wird. Wir werden auch in Zukunft alles Menschenmögliche unternehmen, um uns davor zu schützen.«

Standortnachteil BND

Nicht nur die Volkswagen AG wird weiterhin auf die Unterstützung seitens staatlicher Dienste verzichten müssen. Mitarbeiter des in Pullach ansässigen Bundesnachrichtendienstes (BND) dürfen nur Rüstungsunternehmen direkt beraten. Doch der Ruf des BND innerhalb der deutschen Industrie ist eh nicht der beste. Der frühere BDI-Chef Hans-Olaf Henkel ließ sich von der *Wirtschaftswoche* am 14. März 1996 mit dem Satz über den BND vernehmen: »Das sind Flaschen.« Und der Topmanager eines süddeutschen Elektronikunternehmens schoß in die gleiche Richtung mit der Feststellung: »Deutschland hat einen Standort-Nachteil: Er heißt BND.« Der bei der Bayer AG in Leverkusen für die Unternehmenssicherheit zuständige Wolfgang Hoffmann sagte in einem Vortrag vor dem Wirtschaftsbeirat der Union e.V. in München am 20. Januar 1999: »...scheint es mir wichtig, daß die Zusammenarbeit und Koordination zwischen den einzelnen Behörden Bundeskriminalamt, Landeskriminalämter, Bundesamt für Verfassungsschutz, Landesämter für Verfassungsschutz etc., aber auch der Behörden und der Wirtschaft deutlich verbessert werden. Sonst werden wir auf lange Sicht der aus der Spionage erwachsenen Gefahr nicht Herr.« Er kritisierte: »Lediglich 1600 Firmen, das sind unter einem Prozent von rund zwei Millionen Firmen, erfahren im Rahmen des staatlichen Geheimschutzverfahrens Unterstützung. Das Gros der deutschen Unternehmen... verfügt über keine Unternehmensschutzabteilung... Was macht es für einen Sinn, wenn bestehende Erkenntnisse über Industriespionage den Firmen nicht zur Verfügung gestellt werden, sondern vom Bundesamt für Verfassungsschutz unter Verschluß gehalten werden?« Die Wirtschaft strebe schon seit längerem auf dem Gebiet des Wirtschaftsschutzes eine engere Zusammenarbeit mit den Sicherheitsbehörden an. Hoffmann: »Die sieht in der Regel jedoch wie eine Einbahnstraße aus.« Anfragen an den Verfassungsschutz mit der Bitte um Prüfung oder Beurteilung von Erkenntnissen würden von diesem entweder gar nicht oder sehr schleppend beantwortet. Hoffmann: »Bei konkreten Anfragen, beispielsweise bei Personaleinstellungen, wird der Datenschutz vorgeschoben oder auf die gesetzlichen Schutzmaßnahmen hingewiesen.« Dabei sind nach Angaben des Kreditversicherers Hermes allein im Bundesland Brandenburg derzeit mindestens 150 Wirtschaftsspione aktiv.

Da verwundert es schon, wenn die frühere Regierung Kohl 1997 auf eine große Anfrage der SPD zur Wirtschaftsspionage wissen ließ: »Die Bundesregierung geht davon aus, daß kein Mangel an Informationen für die Wirtschaft besteht. Auf entsprechende Publikationen der Sicherheitsbehörden wird verwiesen.« Auf solche nichtssagende bunte Faltblättchen möchten viele Firmenchefs jedoch lieber verzichten. In einem Gespräch mit dem Autor sagte Hoffmann am 4. März 1999: »Wir sollten uns in Deutschland endlich daran gewöhnen, über Spionage auch dann zu sprechen, wenn sie von Freunden ausgeht. Ich würde mich darüber freuen, wenn auch die Arbeit der westlichen Dienste in Deutschland in den Verfassungsschutzberichten ähnlich ausführlich beschrieben würde wie die östlichen und vielleicht auch einmal im Bundestag darüber debattiert würde. Wir müssen endlich einsehen, daß die Wirtschaft ein Teil der nationalen Sicherheit ist. Bei den Abhörmöglichkeiten ausländischer Dienste kann es doch wohl auf Dauer nicht wahr sein, daß für deutsche Unternehmer nur noch Gespräche bei Spaziergängen im Wald wirklich sicher sind. Der Staat muß endlich Schutzmechanismen erarbeiten, um die Kommunikation global tätiger deutscher Unternehmen vorm Abhören zu bewahren. Wenn Sie Dual-use-Güter nehmen, dann hat die Bundesregierung nie ein Problem damit, öffentlich mitzuteilen, daß Länder wie Iran oder Libyen möglicherweise irgendwas entwickeln. Solche Warnmeldungen kriege ich sofort auf den Tisch. Wenn es aber um Spionage gegen deutsche Unternehmen geht, dann schiebt man von den staatlichen Stellen tausend Gründe vor, warum man uns mit dem Ausdruck des tiefsten Bedauerns leider im dunkeln lassen müsse. Das verstehe, wer will.«

Horst Teltschik, unter Bundeskanzler Kohl als Sicherheitsberater im Kanzleramt tätig, sieht die Entwicklung ähnlich: »Es wird abgeschöpft wie nie zuvor. Die Wirtschaftsspionage nimmt immer härtere Formen an.« Teltschik bemüht sich nun, den Widerstand gegen den großen Lauschangriff auf die deutsche Wirtschaft zu organisieren. Doch welche »Hilfestellung« bieten deutsche Behörden, wenn Firmen das Ziel von Spionageaktivitäten werden?

Viel Wind um nichts?

Jörg Heimbrecht staunte nicht schlecht. 14 000 Mark bot man dem Mitarbeiter des WDR-Magazins »Plusminus« im August 1998 – bar in einem Briefumschlag, also steuerfrei. Das Angebot stammte vom Kölner Bundesamt für Verfassungsschutz (BfV). Als Gegenleistung sollte der Journalist Recherche-Unterlagen über amerikanische Spionage in deutschen Unternehmen herausrücken. Nicht etwa, damit das BfV den amerikanischen »Freunden« anschließend auf die Finger klopfen konnte. Nein, die Verfassungsschützer wollten den Informanten des Journalisten »abschalten«. So nennt man es im Geheimdienstjargon, wenn jemand »zum Schweigen« gebracht werden soll. Die Bundesbehörde wollte offenkundig verhindern, daß die Öffentlichkeit Kenntnis über die Machenschaften westlicher Spione in Deutschland erhielt.

Doch der WDR-Mitarbeiter war bestens vorbereitet: Die Verabredung mit einem Verfassungsschutz-Angehörigen, Deckname Richarz, am 24. August 1998 ließ er mit versteckter Kamera filmen. Richarz hielt ihn für einen verläßlichen Informanten. Heimbrecht fragte den Verfassungsschützer beim Treffen in der Kölner Innenstadt, ob dessen Behörde Erkenntnisse über ausspionierte Unternehmen an diese weiterleiten würde. Die Antwort war erschreckend:

»Ne, ne, ne. Da haben wir überhaupt kein Interesse dran, das wär' gar keine Frage. Die Firmen würden uns ja fragen oder zu ihrem Anwalt laufen. Dann müßten wir sagen, wir haben da was bekommen. Dann würden die Anwälte auf uns zugehen, dann stünden wir bedeppert da, zum Beispiel bei Enercon. Da haben wir überhaupt kein Interesse.« Enercon ist ein ostfriesisches Unternehmen, das durch amerikanische Spionage Millionen eingebüßt hat und von dem später noch die Rede sein wird.

Zum Zeitpunkt der konspirativen Zusammenkunft soll auch der damalige Verfassungsschutz-Präsident Peter Frisch darüber informiert gewesen sein, daß der »Plusminus«-Redakteur als Spitzel angeworben werden sollte. Das jedenfalls berichtete der WDR. Wie gesagt, nach Auffassung von »Plusminus« nicht, um Hilfestellung für die Aufklärung von Straftaten zu erhalten, sondern – so stellte es sich jedenfalls in der Öffentlichkeit dar – um diese zu vertuschen. Doch damit nicht genug. Verfassungsschützer Richarz behauptete gegenüber dem WDR-Mann, was die Bundesregierung immer bestritten hatte: Der frühere Bundeskanzler Kohl habe persönlich die Weitergabe von Informationen über die Tätigkeit westlicher Wirtschaftsspione auf deutschem Boden an die Wirtschaft untersagt – mit Rücksicht auf die deutsch-amerikanische Freundschaft.

Ist der geschilderte Fall etwa ein »Ausreißer«, ein Einzelfall? Nein, Gespräche des Autors mit zahlreichen Führern der deutschen Industrie belegen, daß man Behörden wie dem Verfassungsschutz nicht traut – mehr noch, sich von ihnen im Stich gelassen fühlt. Weil man glaubt, daß von dieser Seite keine Hilfe zu erwarten ist, bringen nur wenige Unternehmen Fälle von Wirtschaftsspionage zur Anzeige. Manche Behörden, wie etwa die Bundesanwaltschaft, wären gern bereit, gegen ausländische Wirtschaftsspione strafrechtlich vorzugehen. Generalbundesanwalt Kay Nehm hebt hervor: »Wirtschaftsspionage wird zum beherrschenden Thema der Zukunft werden.« Doch auch ihm sind offenbar die Hände gebunden. Nach Erkenntnissen des Baden-Württembergischen Landesamts für Verfassungsschutz waren 1997 in Baden-Württemberg nur 19 Prozent der Spionageaktivitäten politischer und acht Prozent militärischer Natur. Der Rest galt dem Run auf Neuheiten in Wirtschaft und Wissenschaft. So ließ sich der Vorsitzende der American Society of Industrial Security, David Howard, mit der freimütigen Prognose zitieren: »Die letzte Schlacht der Geheimdienste wird auf dem Feld der Wirtschaft geschlagen.« Doch die deutschen Ermittler sind in dieser Schlacht zahnlose Tiger.

Bei einem Treffen mit dem WDR berichtete ein Verfassungsschützer: »Mir sind über fünfzig solcher Fälle von Wirtschaftsspionage bekannt. Wenn wir auf solche Aktivitäten stoßen, werden wir zurückgepfiffen. Wir dürfen unsere Erkenntnisse meist weder an den Staatsanwalt noch an die betroffenen Firmen weitergeben – aus Rücksicht auf unsere Verbündeten.« Das Bundesamt für Verfassungsschutz hat diesen Wortlaut des »Plusminus«-Beitrags vom August 1998 nie dementiert. WDR-Mann Heimbrecht sagte dem Autor im Februar 1999: »Sie wollten mir faktisch meinen Informanten abkaufen. Die erste kleine ›Handkassenzahlung‹ in Höhe von 14 000 Mark sollte wohl eine Art ›vertrauensbildende Maßnahme‹ sein. Hätte ich das Geld genommen, dann hätten sie mich natürlich in der Hand gehabt.« Eine Erklärung für dieses merkwürdige Vorgehen blieb das BfV bislang schuldig. Die Antwort lautet stets lapidar: »Kein Kommentar.«

Kein Kommentar zur folgenreichen Rücksichtnahme auf unsere westlichen Verbündeten? Schon seit langem besteht der Verdacht, daß Bundesregierungen beim Thema Wirtschaftsspionage die Unwahrheit sagen. So wandten sich im August 1997 einige SPD-Abgeordnete mit einer großen Anfrage an die Bundesregierung (Drucksache 13/8368), wie viele Ermittlungsverfahren in diesem Zusammenhang von 1985 bis 1995 durchgeführt worden seien. Die Antwort lautete, der Regierung lägen statistische Angaben nicht vor. Erfolg hat viele Väter, Mißerfolge keine. Daher dürfte das Versagen aller bisherigen Bundesregierungen, die deutsche Wirtschaft vor Schädigungen durch »befreundete« Dienste zu bewahren, auch weiterhin ein Waisenkind bleiben, für das sich in der Bundesregierung niemand verantwortlich fühlt.

War öffentliche Rücksichtnahme auf westliche Dienste vielleicht nur ein Kennzeichen der Regierung Kohl? Oder wähnt sich auch der SPD-Kanzler Gerhard Schröder unter Druck, beim Ausverkauf deutscher Wirtschaftsinteressen wegschauen zu müssen? Dafür gibt es in der Tat Hinweise – zumindest aus jener Zeit, als Schröder noch niedersächsischer Ministerpräsident war. Dem schon erwähnten niedersächsischen Unternehmen Enercon – zweitgrößter Gewerbesteuerzahler in Ostfriesland – half Schröder nach Angaben von Enercon-Gründer Aloys Wobben jedenfalls trotz eindringlicher Appelle nicht, als es darum ging, sich gegen amerikanische Spionage-Unverschämtheiten zur Wehr zu setzen.

Behördensport wegschauen

Es lohnt sich, den »Fall Enercon« einmal näher zu betrachten. Firmengründer Aloys Wobben ist Tüftler, ein umtriebiger Mann, geschnitzt aus dem Holz eines Daniel Düsentrieb. Der schmächtige Emsländer scheint besessen von der Idee, Zukunftstechnologien zu entwickeln. Kaum eine Minute seines Lebens verging, in der er nicht Skizzen anfertigte, Planungen erstellte und nächtelang über ungelösten technischen Fragen brütete. Sogar die Rückseiten der Kinderzeichnungen seiner sieben Jahre alten Tochter wurden schon als Skizzenpapier zweckentfremdet, wenn im Haushalt gerade Mangel an unbeschriebenem Papier herrschte. Visionäre vom Schlag eines Aloys Wobben zählten früher einmal zu jenen Männern, die in der Nachkriegsära den Ruf der Bundesrepublik als Fertigungsstätte von Qualitätsprodukten begründeten. In jener Zeit wurden solche Pioniere auch noch von den Politikern unterstützt. Heute aber sehen sie sich von Neidern umgeben, werden ausspioniert und dürfen auf politische Rückendeckung nicht hoffen. Im Gegenteil: Werden sie widerrechtlich von ausländischen Konkurrenten in ihrer Existenz bedroht, so verschließen deutsche Behörden und Politiker nicht nur ihre Augen, sondern suchen zudem offenkundig auch mit allen Mitteln zu verhindern, daß solche Fälle in der Öffentlichkeit bekannt werden. Am Beispiel der Auricher Firma Enercon läßt sich nicht nur die unverschämte und rücksichtslose Ausspähung in Deutschland entwickelter Zukunftstechnologien veranschaulichen. Der Fall zeigt auch die Neigung von Beamten und Politikern, lieber deutsche Unternehmen dem Ruin preiszugeben, als bei den Drahtziehern der westlichen Wirtschaftsspionage einmal mit der Faust auf den Tisch zu hauen – solange es sich nicht um die traditionellen »Feinde« aus dem Osten handelt. Enercon jedenfalls darf heute die mit Millionenaufwand selbstentwickelten Produkte nicht mehr in den Vereinigten Staaten vertreiben und muß fürchten, auch vom europäischen Markt verdrängt zu werden.

Die große Intrige

Auf den ersten Blick scheint der »Fall Enercon« aus einer Fülle von verwirrenden Einzelheiten zu bestehen. Leuchtet man die Hintergründe aber näher aus, so fügen sie sich zu jenem erschreckenden Bild einer spannenden Spionagegeschichte, die Thriller-Autoren vom Schlag eines John Grisham oder Tom Clancy nicht besser erfinden könnten:

1952 im Emsland geboren, wählte Wobben den Beruf des Elektroingenieurs. Weil er besser war als seine Kommilitonen, durfte er fünf Jahre lang an der Technischen Universität Braunschweig am »Institut für elektrische Maschinen, Bahnen und Antriebe« arbeiten. Dort war er Anfang der achtziger Jahre an der Entwicklung jener Zukunftstechnologien beteiligt, die der Öffentlichkeit wie die Vorboten eines neuen Zeitalters erscheinen mußten. Dazu zählte etwa der Transrapid, dessen originalgetreues Modell in einer Halle errichtet worden war. Doch in dem Institut befaßte man sich nicht nur mit Transportfragen der Zukunft. Auch alternative Energiequellen – wie die Windkraft – wurden erforscht. In jenen Jahren genossen die Braunschweiger Elektrotechniker auf diesem Gebiet Weltruf. Nie hätte Aloys Wobben damals auch nur im Traum daran gedacht, daß sein Erfindergeist schon bald das Ziel neiderfüllter ausländischer Spione werden würde.

Irgendwann im Jahre 1984 reifte in dem umtriebigen Emsländer die Idee, sich selbständig zu machen. Zukunftsängste plagten ihn damals. Würde er jene Entscheidungssicherheit, mit der er in Braunschweig Unternehmen in Fragen der Umsetzbarkeit von neu entwickelten Produkten beraten hatte, auch in der Selbständigkeit noch aufweisen? Wobben sagt heute: »Damals konnte ich nicht ruhig schlafen, hatte zwei Schreibtische und war ganz auf mich allein gestellt.« Doch er sollte es schaffen: den Aufstieg von einer Mechanikerbude in Garagengröße zu einem der Weltmarktführer seiner Branche. In seinem Auricher Kleinstbetrieb entwickelte er zunächst nur Leistungselektronik, Frequenzumrichter: Solche elektronischen Bauteile werden in der Antriebstechnik benötigt. Das Funktionsprinzip ist einfach: Elektrische Schaltungen ermöglichen die Änderung der Stromfrequenz. Dadurch lassen sich die Laufgeschwindigkeiten von Elektromotoren regeln. Ventilatoren etwa haben zumeist eine konstante Drehzahl. Um sie stufenlos regulieren zu können, braucht man Bauteile, die Wechselrichter genannt werden.

Die Nachfrage nach den von Wobben entwickelten Wechselrichtern war unerwartet groß; vor allem, wenn es um die Bewegung von Roboter-Armen ging. Auch das Mercedes-Werk in Spanien beglückte Wobben mit seinen Wechselrichtern. Sie ermöglichten dem Fahrzeughersteller, die neuesten Roboter-Arme an den spanischen Fließbändern sanft und ohne ruckartige Bewegungen zu steuern.

Keine Frage, Wobben verdiente Geld, viel Geld – mehr als er je gedacht hatte. Doch Wobben zählt nicht zu jenen Menschen, die im Anhäufen von irdischen Reichtümern ihr Lebensziel sehen. Statt sich ein protziges Auto zu kaufen, fuhr er weiterhin lieber mit dem Fahrrad. Und anstelle von Champagner bevorzugte der zurückhaltende Forscher auch weiterhin Apfelsaft mit Mineralwasser. In Aurich, jener Stadt, in der sich schon 1974 die Stadtväter mit der Errichtung einer der ersten deutschen Fußgängerzonen den Ruf erwarben, weitblickend zu sein, investierte er jede Mark, die er erübrigen konnte, in seine Vision: den Eigenbau des Prototyps einer Windenergieanlage. Der Visionär Wobben war fest davon überzeugt, daß solche Anlagen im kommenden Jahrtausend den Siegeszug um die von Energienöten geplagte Welt antreten würden. Erneuerbare Energien würden ein unerschöpfliches Potential bieten. Bescheiden setzte er sich zum Ziel, später einmal vier Windenergieanlagen im Jahr zu bauen. Noch konnte er nicht ahnen, daß schon in wenigen Jahren die Nachfrage nach seinen Windrädern die Produktionskapazitäten übersteigen würde. Ahnen konnte er auch nicht, wie schnell die Windräder sich durchsetzen würden: Statt vier Anlagen im Jahr sollte er 1998 allein im Bundesland Niedersachsen 100 Anlagen errichten, die meisten davon im Windpark Holtriem. (Im Februar 1999 wurden im Kreis Nordfriesland schon 70 Prozent des Stroms aus Windkraft erzeugt.)

Nachdem er 1985 neben seinem Wohnhaus in Aurich-Walle den Prototypen, eine 55-Kilowatt-Anlage, die 18 Meter hoch war und im Jahresdurchschnitt 120 000 Kilowattstunden Strom produzieren konnte, installiert hatte, lud er den Stadtrat von Aurich zur Besichtigung ein. Wobben: »Die wußten zwar nicht, was der neumodische Kram sollte, fanden es aber trotzdem in Ordnung und ließen mich weiterforschen.« Bald bestellten die ersten Landwirte bei ihm Windenergieanlagen. Sie bekamen für jede eingespeiste Kilowattstunde von den Versorgungsunternehmen damals fünf Pfennig; ein Zubrot, das sich die vom Agrarpreisverfall geplagten Bauern nicht entgehen lassen wollten. Wobben bot der Auftragseingang die Möglichkeit, Mitarbeiter einzustellen. Doch er produzierte weiterhin auch Wechselrichter, mit denen er seine Windrad-Entwicklung finanzierte.

Förderprogramme der Landes- und der Bundesregierung verhalfen der Windenergie von 1987 an zu einem bescheidenen Aufschwung. 1988 baute er eine erste Halle für die Produktion, dachte aber noch nicht an den Export. Michael Franken schreibt in seinem Beitrag »Ein Windpionier auf dem Sprung zum Global Player« (abgedruckt in dem 1998 erschienenen Buch »*Rauher Wind*«) über die revolutionäre Technik des Auricher Erfinders: »Aloys Wobben wußte aber schon damals, daß nach dem Gesetz der Aerodynamik Rotoren ihre maximale Leistung nur dann erreichen, wenn sich die Rotorblätter siebenmal so schnell fortbewegen wie der Wind. Eine effektive Nutzung der Windenergie hängt also vom richtigen Dreh oder Konverter ab. Schon bei der ersten von Wobben entwickelten Anlage nutzte der Elektrotechniker seine Erfahrungen mit dem Bau von Frequenzumrichtern. Das Ergebnis war die mittlerweile legendäre E-16 mit variabler Drehzahl. Automatisch passen sich die Umdrehungen des Rotors den Windgeschwindigkeiten an, so daß sich die acht Meter langen Windmühlenflügel immer im optimalen Betriebsbereich bewegen.«

Über die Zwischenschaltung eines von dem damals 32 Jahre alten Newcomer Wobben gebauten Frequenzumrichters sei man bei der E-16 in der Lage gewesen, die Frequenzschwankungen so auszugleichen, daß der Strom ohne Schwierigkeiten ins Netz eingespeist werden konnte. Michael Franken fährt fort: »Ein Novum bei der Entwicklung moderner Windkraftanlagen. Durch die variable Drehzahl wurde es möglich, auch die in stärkeren Böen enthaltene kinetische Energie flexibel zu ernten... Und außerdem vergrößert sich durch dieses flexible Betriebssystem die Lebensdauer der Maschinen.«

Neugierig wurden damals nicht etwa Spione, sondern zunächst einmal die Nordener Stadtwerke. Sie bestellten bei Wobben fünf Windenergieanlagen und gründeten den ersten niedersächsischen Windpark. Franken schreibt: »Mit diesem kleinen Park konnte bereits der jährliche Strombedarf von 150 bis 170 Haushalten gedeckt werden.« Von nun an überschlugen sich die Ereignisse: Die Entwicklung einer größeren, E-17 genannten Anlage, die 80 Kilowatt Strom produzierte, mündete in eine neue Anlagen-Generation, die E-32 mit 300 Kilowatt. Sie wurde von der Energieversorgung Weser-Ems 1989 vom Reißbrett weg gekauft. Es war die erste Anlage, die über eine sogenannte »Pitch-Regelung« (benannt nach dem Verstellmechanismus der Rotorblätter) verfügte. Doch der Tüftler rastete nicht. Franken berichtet: »Trotz der im Jahre 1990 in Deutschland erreichten Marktführerschaft gab sich die junge Mühlenfabrik mit dem Stand der Technik nicht zufrieden. Enercon gilt als das entwicklungsintensivste Unternehmen der Branche. Der enorme Ölbedarf der Getriebemaschinen sowie der aus den schnell drehenden Getriebeteilen resultierende Verschleiß ließ die Entwicklungsingenieure unter der Regie von Aloys Wobben nach einem neuen Konzept suchen.«

Spätestens jetzt, im Jahre 1990, unterlief Wobben ein entscheidender Fehler: Wie viele andere deutsche Forscher verschwendete er keinen Gedanken daran, seine Erfindungen patentieren zu lassen. Damals, so erinnert er sich, habe er geglaubt, »Neuerungen schneller als die Konkurrenz am Markt plazieren zu können und dieser immer eine Nasenlänge voraus zu sein«. Auf die Idee, daß jemand seine bisherigen Entwicklungen als vermeintliche Eigenleistung patentieren und ihm Marktzugänge sperren lassen könnte, kam er nicht. Jeder in der Branche wußte doch um seine Verdienste. Wieso also hätte er Tage damit vergeuden sollen, Patentanträge auszufüllen und sich der Mühe zu unterziehen, einem unwissenden Heer von Beamten die Funktionsweisen seiner Windenergieanlagen zu erklären? Der Tüftler hatte nicht berücksichtigt, daß kein anderer Markt (außer Kommunikationstechnologien wie Mobilfunk und Internet) in den kommenden Jahren weltweit ähnliche Zuwachsraten verzeichnen würde wie die Windenergie. Von Asien über Europa bis in die Vereinigten Staaten würde man sich dafür interessieren. Kein Zweifel, es würde *der* Milliardenmarkt der Zukunft werden. Und Milliardenmärkte ziehen Spione magisch an. Doch davon bemerkte Wobben zunächst einmal nichts.

Wobben erhielt regelmäßig Besuch von ungebetenen Gästen. Doch diese hinterließen keine Spuren, wählten sie doch statt der

Türen die Telefonleitungen für ihre Einbrüche. Es waren Fachleute des technischen amerikanischen Geheimdienstes National Security Agency (NSA), die ein Auge auf die Aktivitäten des deutschen Forschers geworfen hatten. Die NSA ist jener amerikanische Nachrichtendienst, der sich von der Außenwelt am meisten abschottet. In monatlichem Abstand werden den Mitarbeitern die Strafen für Hochverrat vorgelesen. Wohl deshalb spotten manche von ihnen, eigentlich müsse man NSA mit »never say anything« übersetzen.

Über die NSA heißt es in einer Studie des Frankfurter Sicherheitsbüros KDM Sicherheits-Management: »Die NSA nutzt ihre Rolle als größter Spionagedienst der Welt und läßt ihre entsprechenden internationalen Nachrichtendienstpartner nach ihrer Pfeife tanzen.« Mit dem Fall der Mauer waren die Zielsetzungen der NSA geändert worden: Nicht der wirtschaftlich zusammengebrochene Ostblock, sondern die Unternehmen der engsten Verbündeten sollten fortan verstärkt ausspioniert werden. Es galt – von den betroffenen Firmen unbemerkt –, Know-how zum Vorteil der amerikanischen Wirtschaft abzuziehen. Und so geriet auch der fortschrittliche Emsländer in das Visier jener technischen amerikanischen Spionagenetze, von denen man damals in der deutschen Öffentlichkeit nicht einmal ansatzweise Kenntnis hatte. Erst 1998 wurde durch einen WDR-Bericht bekannt, wie die NSA Firmenkonferenzen der Firma Enercon heimlich über die Telefonleitungen abhörte, Forschungsunterlagen kopierte und sie amerikanischen Enercon-Konkurrenten zur Verfügung stellte. Doch Enercon und Wobben ahnten nicht, daß sie belauscht wurden. Und wie hätten sie erfahren sollen, daß ihr amerikanischer Konkurrent Kenetech Windpower am 1. Februar 1991 in aller Ruhe unter der Nummer 5.083.039 jene Windräder in den Vereinigten Staaten zum Patent anmelden ließ, die man im fernen Aurich baute? Am 27. November 1991 erweiterten die Amerikaner unter der Nummer 5.225.712 »ihr« Patent. Und so tüftelte und investierte Aloys Wobben vorerst weiter – als ob nichts geschehen wäre.

Acht Jahre Arbeit und zehn Millionen Mark Entwicklungskosten kostete es Aloys Wobben, bis 1992 der Prototyp einer Anlage fertiggestellt war, welche die Welt in dieser Form noch nicht gesehen hatte. Die nach ihrem Rotordurchmesser (40 Meter) E-40 genannte Anlage verfügte über ein Rotorblattverstellsystem, das jedes Rotorblatt einzeln im optimalen Winkel zum Wind hin ausrichtete. Doch nicht nur das: Die E-40 würde zudem in ihrer auf 20 Jahre geschätzten Lebenszeit nicht einen Tropfen Öl verbrauchen, da sie ohne Getriebe arbeitete. Es war ein Paukenschlag nicht nur für die deutsche Windenergiebranche. Bald sollten noch weitere Neuerungen bekannt werden: Enercon produzierte mit Glasfaserepoxydharz Rotorblätter, die nur noch die Hälfte des Gewichts herkömmlicher Rotorblätter aufwiesen, reduzierte damit die Belastungen im Bereich des Anschlußflansches und verlängerte zugleich die Lebensdauer.

In der Branche wurde man hellhörig – zeichnete sich doch ab, daß die stetigen Neuentwicklungen bei Enercon bald den Verlust eigener Marktanteile nach sich ziehen würden. Zu jener Zeit bauten dänische Unternehmen wie Vestars, Bonus und Micon Windenergieanlagen, aber auch amerikanische Firmen wie die in Livermire/Kalifornien ansässige Kenetech Windpower Inc. Letztere produzierte 1994 noch nach herkömmlichen – aus der Sicht von Enercon »völlig veralteten« – Methoden. Während Enercon dank der Frequenzumrichter den Kunden eine variable Drehzahl der Rotorblätter anbieten konnte, gab es bei Kenetech nur eine konstante Drehzahl, unabhängig davon, ob der Wind gerade stark oder schwach wehte. Und während Enercon damals schon 300-Kilowatt-Anlagen produzierte, lieferte Kenetech lediglich Aggregate mit einer maximalen Leistung von 100 Kilowatt.

Bei Enercon ist man heute davon überzeugt, daß der amerikanische Konkurrent Kenetech sich spätestens seit Ende der achtziger Jahre für die in Aurich entwickelten Anlagen interessierte. Als Enercon 1993 die Serienfertigung der E-40 aufnahm, beschloß Kenetech, das neueste Produkt der Auricher insgeheim einmal näher zu betrachten. An der Aktion beteiligt waren der nach Enercon-Angaben »in der Branche einschlägig bekannte norddeutsche Techniker Ubbo de Witt«, ein ehemaliger Mitarbeiter des Wilhelmshavener Deutschen Windenergie-Instituts (DEWI), die amerikanische Kenetech-Angestellte Ruth Heffernan und der niederländische Kenetech-Repräsentant Robert (»Bob«) Jans aus Groningen. Über Ubbo de Witt, der im Großraum Oldenburg heute an mehreren Ingenieurgesellschaften beteiligt sein soll, sagt Aloys Wobben: »Herr de Witt ist auch heute noch jemand, der uns extrem ärgert, weil er nach außen hin als unabhängiger Gutachter auftritt, aber unserer Kenntnis nach immer wieder eine damit nicht zu vereinbarende Nähe zu verschiedenen Herstellern sucht.« Hausdurchsuchungen durch die Staatsanwaltschaft, so Wobben, sollen ergeben haben, daß de Witt von mehreren Unternehmen Zuwendungen dafür erhielt, offensichtlich auch dafür, daß er Informationen über Konkurrenten lieferte. De Witt war bei der Spionageaktion das Bindeglied zwischen den Amerikanern und dem nichtsahnenden Vorsitzenden des Bundesverbands Windenergie e. V., Peter Ahmels, der auf seinem Grundstück die neue E-40 von Enercon installiert hatte. Ahmels gestattete den Kenetech-Mitarbeitern im März 1993 nur deshalb den Zugang, weil er de Witt kannte. Er glaubte, dieser wolle zwei potentiellen Kunden von Enercon kurz die neue Anlage zeigen. Daß sie bis zu den Rotorblättern hinaufsteigen, in die Nabe kriechen und alle Einzelheiten vermessen und fotografieren würden, war nicht abgesprochen. Ahmels bekam davon auch nichts mit, weil er für zwei Stunden außer Haus weilte und dem Trio die Schlüssel überlassen hatte. Einem Zufall ist es zu verdanken, daß Enercon heute über jenen Ausspähungsbericht verfügt, den die Kenetech-Mitarbeiterin Ruth Heffernan eine Woche nach der Aktion vom 21. März 1994 anfertigte. Er ist ein einzigartiges Dokument der Dreistigkeit amerikanischer Schnüffelei auf deutschem Boden und wird daher nachfolgend in vollem Wortlaut wiedergegeben.

Agenten-Tagebuch

Am 21. März 1994, einem Montag, schien die Welt in Aurich in Ordnung. Die 1864 gegründeten *Ostfriesischen Nachrichten* berichteten über die »erste landkreisweite Strauchsammelaktion«, die Finanznot des Ostfriesischen Schützenbundes, das »Aus für die Antik-Märkte in der Auricher Stadthalle« und gratulierten Ute Groenewold, geborener Papenfuß, und Ewald Groenewold zur Hochzeit. Zwischen den mächtigen, weit herunterreichenden roten Ziegeldächern, grünen Scheunentoren aus Holz und weißen Fenstern der »Gulfhöfe« genannten Gebäude, die in charakteristischer Weise das Aussehen der ostfriesischen Dörfer prägen, wanderten an diesem kühlen Tag erste Urlauber umher. Nichts deutete darauf hin, daß die Redaktion der *Ostfriesischen Nachrichten* eigentlich hätte ausrücken müssen, um über eine Spionageaktion zu berichten, die Auswirkungen bis in die Gegenwart hat.

Ruth Heffernan schrieb zur gleichen Zeit für ihren Auftraggeber Kenetech Windpower Inc. einen Bericht:

»Habe Groningen am Montag, dem 21. März 1994, frühmorgens mit Bob Jans verlassen. Wir sind nach Oldenburg gefahren, um Ubbo, einen Physiker/Meteorologen, der freiberuflich für uns (und andere) arbeitet, abzuholen. Er hat Kontakte zu Herrn Ahmels, dem Landwirt, dem die Enercon-40, die wir besichtigen, gehört und der sie betreibt. Der Bauernhof von Herrn Ahmels befindet sich in der Nähe von Wilhelmshaven. Seine E-40 wurde im letzten Frühsommer installiert und läuft seit acht Monaten.

Wir sind gegen 9.30 Uhr am Gelände der E-40 angekommen. Temperatur 32 Grad (Fahrenheit), teilweise bewölkt, sehr matschiger Boden, Windgeschwindigkeit ca. 3,5 Meter/Sekunde. Die Enercon-40 war die einzige Turbine, die lief. Der Landwirt war nicht da, hatte uns aber die Schlüssel hinterlegt, um uns Eintritt in die Turbine zu gewähren.

Es stehen mehrere andere Maschinen in der Nähe der E-40. Der Landwirt besitzt auch eine Enercon-33, die ein paar hundert Meter von der E-40 entfernt steht. Zwei Tacke-500-kW-Maschinen stehen ungefähr einen halben Kilometer entfernt. Zwei oder drei andere Maschinen, alle irgendwo um die 500 kW, stehen in einer Entfernung von einem halben Kilometer. Sie haben alle drei Rotorblätter. So gut wie jede einzelne Maschine gehört einem anderen Landwirt.

Auf unserem Weg zum Bauernhof fuhren wir durch Wilhelmshaven, wo ein kleiner Windpark, bestehend aus 3 bis 4 Maschinen, jeweils mit einem Rotorblatt, steht und die Aeolius II, eine 2-MW, 80 Meter Durchmesser, 2 Rotorblätter, pitch-regulierte Maschine, deren Errichtung 18 Millionen Dollar kostet. Nicht eine der Wilhelmshavener Maschinen lief, als wir zu der 10 bis 15 Kilometer entfernt stehenden E-40 fuhren.

Die E-40 wird für ca. eine Million Mark (rund 588 000 $) verkauft, und Enercon gibt an, Bestellungen über 200 Stück vorliegen zu haben. Jene, die wir besichtigt haben, war Nr. 3. Enercon hat insgesamt 400 Turbinen verkauft. Die Produktion der E-33 wurde eingestellt, da der Preis zu hoch war (750 000 Mark). Enercon entwickelt gerade eine 1-MW-Version ihrer direkt angetriebenen Maschine, die wahrscheinlich mit einer zyklischen Blattverstellung arbeiten wird.

Als erstes öffnete Ubbo das Häuschen unten am Turm, wo sich der untere Schaltschrank, einige Steiggeschirre und Werkzeuge befanden. Ich habe Fotos von den leistungselektronischen Umrichterplatinen gemacht. Nachdem Ubbo die Maschine abgestellt hatte, bestieg ich den 42 Meter hohen Turm zuerst. Es ist ein Außenaufstieg, ein Rohrturm mit einer kleinen Leiter. Eine zweite Leiter führt von der oberen Plattform hinauf in den hinteren Teil der Gondel. Ubbo stieß oben auf dem Turm zu mir, und wir verbrachten dort ca. 60 Minuten, in denen wir über die Maschine sprachen und Fotos machten. Hinunterzuklettern war einfacher als hinauf. Nachdem wir wieder unten angekommen waren, die Maschine wieder gestartet und alles wieder verschlossen hatten, erschien der Landwirt. Wir vier saßen ca. 45 Minuten auf seiner Terrasse und stellten ihm Fragen über seine Maschine, vor allem über den Betrieb.

Als wir das Gelände verließen, war die Windgeschwindigkeit auf mehr als 5 Meter/Sekunde angestiegen (Schätzung), und fast alle Maschinen in dieser Gegend liefen. Als wir auf unserem Rückweg durch Wilhelmshaven fuhren, lief

Aeolius II. Keine der Einblättrigen lief, während wir da waren. Sie sollen angeblich sehr laut sein, die Türme schwingen wie verrückt, und niemand kann sie leiden.

Ubbo hat Kontakte zu Enercon. Er kann alle weiteren Fragen, die wir bezüglich der E-40 haben, beantworten oder die Antworten beschaffen.

Generator

Der Generator ist ein feldsynchronisiert gewickelter Generator, bei dem sich der Rotor innerhalb des Stators befindet. Der Außendurchmesser des Stators beträgt ungefähr 5,0 Meter. Der Stator scheint eine Dicke von ca. 8 bis 10 Zentimetern zu haben. Der Landwirt sagte, daß der Luftabstand nominal 3 Millimeter sei und während des Betriebes zwischen zwei und drei Millimetern variiert. Die Rotorwicklung schien ebenfalls ca. 10 Zentimeter dick zu sein. Alle Wicklungen waren aus Kupfer, umhüllt mit roter Plastikisolation. Der Kern ist aus Eisen. Anfangs hatte man Probleme mit der Wicklung, die mit dem Kern kurzschloß. Verantwortlich hierfür waren Verformungen, die durch Lasten innerhalb der Generatorwicklungen entstanden. Dort, wo die Isolation dünn war oder sie die Drähte nicht ausreichend beschichtete, entstanden Kurzschlüsse. Man hat dieses Problem gelöst, indem der Rotor entfernt, eine Isolationsschicht zwischen der Wicklung und dem Kern eingefügt und dann der Rotor neu gewickelt wurde.

Der Generator ist luftgekühlt, und zwar durch den natürlichen Luftzug in den Wicklungen. Eine Überhitzung des Generators wurde nicht als Problem erwähnt.

Man hatte außerdem Probleme mit Kurzschlüssen aufgrund von Wasser in der Gondel. Die Form der Gondel war nicht (ist nicht?) dazu geeignet, Wasser vom Eindringen und dadurch den Generator kurzzuschließen, abzuhalten (wie genau, bin ich mir nicht sicher). Angeblich arbeitet Enercon an etwas (ich glaube nicht, daß es schon installiert ist), um die Gondel zu verbessern.

Enercon plant, alle Generatoren für die E-40-Maschinen im kommenden September zu ersetzen. Der Generator hat Berichten zufolge einen Wirkungsgrad von 96 %. Der Generator läuft mit 690 Volt, 420 Ampere (errechnet wie folgt: $I = P/V\sqrt{3}$).

Leistungselektronik

Es soll zwei (angeblich) identische Paare Leistungselektronikplatinen geben. IGBTs werden auf der Netzseite des Umrichters benutzt, auf der Generatorseite werden hingegen Dioden (keine IGBTs) benutzt. Die Diodenkenndaten betragen 700 Volt, 690 Ampere. Hersteller ist Ferraz.

Der Landwirt berichtet, daß die Maschine während der ersten sechs Monate viele Probleme mit der Leistungselektronik hatte. Enercon-Teams kamen häufig, um Teile zu ersetzen. Sie kamen sofort, nachdem er sie anrief – und arbeiteten sogar bis spät in die Nacht. Angeblich sollen die Probleme in der Qualitätssicherung einiger elektrischer Teile gelegen haben, die jetzt aber behoben sind. Die Turbine lief ziemlich regelmäßig während der letzten drei Monate.

Es scheint, daß diese Maschine ziemlich eigenständig läuft. Stoppt sie wegen irgendeines Fehlers, startet sie wieder alleine – und zwar bis zu dreimal. Bleibt der Fehler bestehen, so stoppt sie den Betrieb selbständig. Die Versorgungsunternehmen beobachten einige Aspekte des Betriebes der Maschine, aber wenn das Gerät außer Betrieb ist, muß der Landwirt Enercon anrufen, um ihnen mitzuteilen, daß sie kommen müssen, um die Maschine zu reparieren.

Blindleistungskompensation siehe Fotos

Rotorblätter

Enercon hatte anfangs Probleme mit den Rotorblättern. Angeblich wurden Maschinen mit Rotorblättern, die von Aero Tech (Airtech?) hergestellt wurden, ausgeliefert. Sie hatten ›Probleme mit den Rotorblättern‹ – ich glaube, ein paar haben versagt (aber ohne katastrophale Folgen), und sie waren laut. Das Geräuschproblem wurde durch eine neue Blattform und eine verlangsamte Blattspitzengeschwindigkeit (maximal 18 bis 40 Umdrehungen/Minute) gelöst. Die Rotorblätter an der Maschine, die wir sahen, schienen eine scharfe Hinterkante zu haben sowie eine interessante Form der Blattspitzen. Die projektierte Form der Blattspitze ist rechtwinklig, aber von der Seite aus betrachtet, krümmt sich die Blattspitze (zur Windrichtung hin) wie ein ›Winglet‹ (ca. 20 % Gurthöhe). Bei geringer Windgeschwindigkeit (was wir nur beobachten konnten) entwickelten die Rotorblätter nur geringe Geräusche. Die Blätter von Aero Tech werden im September ersetzt.

Die Wurzel jedes einzelnen Blattes ist über eine geerdete Metallstange, die vom Boden aus sichtbar ist (oder Kabel), mit dem Rotor (durch die Gondel) verbunden. Dieses dient dem Blitzschutz.

Das Gewicht eines Blattes beträgt ca. 800 Kilogramm (1765 Pfund). Die Blattlänge beträgt 20 Meter.

Azimutantrieb

Zwei Elektromotoren/Getriebeeinheiten, je einer an einer der beiden Seiten des Azimutlagers, fahren die Maschinen in den Wind. Auf einem der beiden Motoren ist ein Azimutpositionssender befestigt. Der Azimutantrieb ist immer in Betrieb, egal ob die Maschine läuft oder nicht (ich habe mich oben auf dem Turm zu Tode erschreckt, als sie anfing zu drehen). Außerdem ist die Azimutbremse immer eingeschaltet. Die Antriebsmotoren müssen das Drehmoment der Azimutbremse überwinden, um die Maschine in den Wind zu drehen. Aufgrund des Kippmoments wird die Drehbewegung durch die Reibung des Azimutlagers gedämpft. Ich habe die Azimutnachführung oben auf dem Turm miterlebt, es war sehr sanft (und leise).

Der Landwirt berichtet, daß es keine Probleme mit dem Azimutantrieb gebe.

Blattverstellung

Jedes einzelne Blatt besitzt einen eigenen Elektromotor/Getriebeeinheit (sieht mehr oder weniger wie der des Azimutmotors aus, war aber sehr schlecht zu sehen), der ein Blattverstellgetriebe antreibt. Der Motor ist parallel zu der Rotorblattachse angebracht und befindet sich auf der Aufwindseite der Blätter.

Der Landwirt sagte, daß das Blattverstellsystem (im Gegensatz zu den Schleifringen; siehe späteren Teil) sehr gut läuft. Er berichtete, daß die Leistungsschwankungen bei Nennleistung sehr gering sind (+/- zehn kW), und glaubt, daß dies an der relativ hohen Blattverstellrate liegt (was er allerdings nicht aus dem Stand wußte). Er sagte, daß sich während eines Notstopps die Flügel sehr schnell auf 90 Grad verstellten und den Rotor in ein oder zwei Umdrehungen stoppten.

Blattverstellsystem (Pitch Control System) und Elektronik

Jede Blattverstellung hat ihr eigenes, voneinander vollkommen unabhängiges Elektroniksystem und Batterien. Es gibt zwei wetterfeste (NEMA-artige) Kästen für jede Verstelleinheit. Einer der Kästen enthält die batteriebetriebene Notstromeinheit, während der andere Kasten die Steuerelektronik beinhaltet. Die Kästen sind Rücken an Rücken montiert, sind ca. 1,5 Fuß mal 1,5 Fuß mal 0,5 Fuß groß und befinden sich windabwärts an den Flügeln (montiert im Generatorrotor). Wir bremsten den Rotor und entfernten den Deckel eines der Kästen in unserer Nähe. Er beinhaltete die Elektronik; siehe Fotos. Die Werte aller Blattwinkel waren angezeigt (auf LCDs).

Die Werte in dem Kasten, den wir inspizierten, lauteten: 88,06, 88,24, 88,33 Grad. Laut Blattverstellsensor waren die Flügel also innerhalb einer Toleranz von 0,3 Grad zueinander eingestellt.

Es befindet sich ein siebter wetterfester Elektrokasten in der Nabe, und zwar windaufwärts von den Flügeln. Dieser Kasten beinhaltet Signale von allen drei Blattverstellsystemen und übermittelt diese an die feststehenden Komponenten über Schleifringe.

Dieses Blattverstellsystem ist dreifach redundant, da jedes System mit einem eigenen Satz Batterien unterstützt ist.

Die Einstellung der Blattverstellung erfolgt durch die genaue Überwachung des Rotordrehmoments und der Drehzahl. Ich habe keinen Tachometer auf der Rückseite des Generators gesehen, aber es könnte einen gegeben haben, nur nicht sichtbar angebracht.

Schleifringe

Die Schleifringe werden benutzt, um (1.) den Strom zu den Generator-Rotorwicklungen zu bekommen (ca. 6 kW), und (2.) mit dem Blattverstellsystem zu kommunizieren. Ich bin mir nicht sicher, wie viele Kanäle der Schleifring hat und wo er sich genau befindet.

Die ursprüngliche Form des Schleifringes (von dem ich keine Einzelheiten habe) war sehr schmutzempfindlich (Staub, Dreck etc.). Viele der ersten Anrufe beim Service ergaben sich tatsächlich aufgrund der fehlerhaften Form des Schleifringes. Die Schleifringeinheit wurde mehrfach ausgetauscht. Enercon tauschte das alte Design gegen ein verbessertes Modell aus (verbesserte Dichtungen etc.), und der Landwirt berichtete nichts über jüngere Schleifringprobleme (d. h. in den letzten zwei bis drei Monaten).

Akustik

Die Leistungselektronik scheint lauter als die 33M-VS-Leistungselektronik zu sein. Außerdem hat sie eine andere Frequenz (niedriger).

Die Blattgeräusche waren sehr gering, allerdings galt das auch für die Windgeschwindigkeit (3 bis 5 Meter/Sekunde). Als Anhaltspunkt: Als die nahe gelegene E-33 startete, war das Geräusch der E-33-Rotorblätter hörbar lauter als das der E-40. Die Rotorgeschwindigkeit schien ca. 18 bis 19 Umdrehungen/Minute zu sein (gemessen mit einer Armbanduhr).

Azimut- und Blattverstellantrieb waren sehr leise. Beides sind elektromechanische Systeme. In der Tat, als wir die Maschine starteten, konnte ich sie drehen hören (Azimut), aber ich habe es nicht einmal bemerkt, als der Rotor startete, bis ich hinaufschaute und ihn sich drehen sah. Er scheint leiser als unser Blattverstellsystem zu sein.

Das Generatorgeräusch war nicht so laut wie das Geräusch der Leistungselektronik. Allerdings hat der Generator einen Tonhaltigkeitszuschlag von 1 dbA (ich weiß nicht genau, was das heißt). Das Innere der Gondel ist mit Dämmschaum verkleidet. Der Schaum ist maximal ca. 2 Zoll dick, einem Eierkartonmuster ähnlich (ca. 1 Zoll zwischen den Spitzen).

Turbinenwindmessung

Bei dem ursprünglichen Modell war das Anemometer an der Vorderseite der Nabe angebracht. Jetzt befindet es sich hinter der Gondelhaube.

Die Sensoren scheinen kaum höher (nicht mehr als 6 Zoll) als der äußere Durchmesser der Gondel(-haube) zu sein. Dies soll allerdings besser funktionieren als zuvor. Es scheint hingegen, daß man niedrigere Meßwerte der Windgeschwindigkeit bekommt, wenn die Maschine sich windaufwärts befindet. Das Anemometer wird benutzt: (1.) Start; (2.) Stop; (3.) Windnachführung. Bemerkung: Ubbo sagte, daß die Maschine nicht über 17 Meter/Sekunde läuft (bzw. war dies zumindest der Fall – dieses Problem mag durch die neue Leistungselektronik beseitigt worden sein). Wir sahen, daß das Anemometer 3,9 Meter/Sekunde anzeigte und die Maschine 40 kW produzierte. (Ich habe vergessen nachzuschauen, um welche Marke von Anemometern es sich handelt.)

Turm

Der Turm ist 42 Meter hoch und aus Stahlbeton hergestellt. Er besteht aus zwei Teilen; sie sind auf etwa halbem Wege zusammengeschraubt. Wir sahen, daß der Beton an der Nahtstelle einige Schäden aufwies. Der Landwirt sagte, daß Wobben nicht zufrieden sei mit den Betontürmen und daß sie jetzt Stahlrohrtürme entwickelten. Bob hob hervor, daß Enercon jahrelang einen Gitterturm benutzte, und zwar für die 65-kW-Maschine.

Fundament

Das Fundament dieser Maschine ist riesig. Ein Betonblock, ca. 10 Fuß über dem Boden, 12 Fuß breit und 12 Fuß lang, sitzt auf 12 20-Fuß-Pfeilern, die in den Grund gerammt sind.

Tragende Struktur

Die obere Turmkonstruktion, inklusive Flügel, wiegt ca. 25 Tonnen (25 000 Kilogramm) oder 55 159 Pfund; siehe Fotos.

Gondel

Es gab Probleme durch Regenwasser, das in die Gondel eindrang und Kurzschlüsse im Generator verursachte. Die Gondel wurde angeblich neu konstruiert, um dieses Problem zu beheben. Ich bin mir nicht sicher, ob diese Korrektur schon umgesetzt wurde.

Die Leistungskurve

Wir haben von Ubbo die folgenden Leistungskurven erhalten:
Enercon-E-40-Leistungskurve
Messung nach IEA-Standard
Turmhöhe: 50,0 Meter
Aufnahmedatum: 09.02.1994

Windgeschwindigkeit Meter/Sekunde	Leistung kW
2,31	0,50
3,07	3,70
3,82	8,30
4,03	19,70
4,52	23,50
5,03	33,00
5,48	45,70
6,01	61,20
6,41	76,70
7,00	107,60
7,40	130,50
8,01	164,20
8,50	197,80
9,01	240,00
9,49	274,00
10,01	316,00
10,47	358,00
10,97	395,40
11,41	435,30
11,85	464,50
12,42	487,70
13,06	493,60
13,51	502,70
13,95	505,40
14,42	507,00
15,16	507,80

Der Standort und Kommentare vom Eigentümer

Die inoffizielle Windgeschwindigkeit an diesem Standort beträgt 5,0 Meter/Sekunde (grobe Schätzung des Landwirts). Der Landwirt berichtete, daß sehr viele Servicebesuche in den ersten sechs Monaten – aber sehr wenige in den letzten drei Monaten – nötig waren. In der Tat scheint es so, daß die Maschine seit kurzem sehr gut läuft. Wir haben gehört, daß die E-40 über 17 Meter/Sekunde nicht mehr zuverlässig arbeitet. Ich glaube, es ist ein Problem des Generators und der Leistungselektronik.

Die E-33 lief auch gut. Letztes Jahr produzierte sie an diesem Standort 730 kWh (5,0 Meter/Sekunde jährliche Durchschnittsgeschwindigkeit), gemessen durch das Versorgungsunternehmen. Der vorausberechnete Ertrag war 680 kWh. Die E-40 wird wahrscheinlich 1 Million kWh/Jahr an diesem Standort produzieren.

Der tatsächliche Leistungsfaktor (gemessen) zwischen der E-40 (1275 Quadratmeter) und der E-33 (855 Quadratmeter) liegt zwischen 1,45 und 1,7. Der Landwirt wußte nicht, wie hoch der Eigenverlust sowie andere Verluste in diesem System waren. Die E-40 kosten DM 2000/kW, während die E-33 DM 2500/kW kostet.

Landwirte sind an den größeren Maschinen interessiert, weil sie normalerweise nur eine Baugenehmigung zur Errichtung einer Turbine bekommen. Deshalb sind sie an größeren Maschinen interessiert. Außerdem unterstützt die deutsche Regierung finanziell neue Technologien; also wird alles, was neu ist, auch verkauft. Da große Anlagen heute neu sind, verkaufen sich die großen Maschinen gut.

Enercon entwickelt jetzt eine 1-MW-Version ihrer direkt angetriebenen Anlage. Es wird der gleiche Generatortyp wie in der E-40 verwendet werden, und man arbeitet daran, eine zyklische Blattverstellregelung für die Windnachführung zu benutzen.«

Weder Aloys Wobben noch ein anderer Mitarbeiter von Enercon hatten zu jener Zeit Kenntnis davon, daß sie Opfer amerikanischer Späher wurden. Am 5. April 1994 hatte man den Bericht der Ruth Heffernan in allen Kenetech-Abteilungen gründlich studiert. Kenetech-Mitarbeiter David Heberle verfaßte an jenem Tag einen Kommentar zum Spionagebericht seiner Kollegin, in dem er den Enercon-Anlagentyp »beachtenswert« nennt, und schreibt:

»Die folgende Beschreibung des Generators sowie der Leistungselektronik-Komponenten der direkt angetriebenen Windenergieanlage Enercon-40 basiert auf Gesprächen mit Ruth, Fotos, die während ihres kürzlichen Besuches in Europa aufgenommen wurden, und Fotos dieser Turbine... Die Fotos zeigen eindeutig, daß der genutzte Generator eine gewickelte feldsynchronisierte Maschine ist. Dieser Maschinentyp ist Standard und wird typischerweise genutzt als Generator in der hydroelektrischen Anwendung, in der eine langsame Maschine notwendig ist. Die gewickelte feldsynchronisierte Maschine findet gelegentlich ebenfalls Verwendung als Motor in der industriellen Nutzung, wo konstante Drehzahl und hohe Leistung benötigt werden... Insgesamt ist dieser Anlagentyp beachtenswert und zeigt, daß ein Generator dieser Art in dieser Anwendung genutzt werden kann. Dies ist insbesondere deshalb so interessant, da Enercon anscheinend einen Generator in diese Anlage eingebaut hat, der doppelt so groß wie notwendig ist, um sowohl Probleme der Steuerung als auch der Kühlung in den Griff zu bekommen.«

Die Patentverletzungsklage

Neun Monate später hatte Aloys Wobben – Sternzeichen Wassermann – gerade seinen 43. Geburtstag gefeiert, als ihm am 30. Januar 1995 ein Schreiben des »US District Court San Jose« zugestellt wurde. Dieser Tag sollte sein Leben verändern, handelte es sich doch um eine Patentverletzungsklage *(complaint)* des – in Europa damals weitgehend unbekannten – amerikanischen Konkurrenten Kenetech Windpower Inc. Noch konnte Wobben sich die Zusammenhänge nicht erklären, hatte keinen Schimmer vom Eindringen der NSA in seine Telefonnetze, kannte die Spionageaktion vom März 1994 nicht und wähnte sich rückblickend »in einem schlechten Film«. Während er zunächst noch hoffte, daß sich die Angelegenheit schnell als »Mißverständnis« klären würde, weil er nachweisen konnte, daß er schon lange vor der Kenetech Windpower Inc. wesentlich fortschrittlichere Windenergieanlagen gebaut hatte, mußte er bei den

Gerichtsterminen in den Vereinigten Staaten erkennen, daß es dort in Wahrheit nicht um das Patent ging, sondern einzig darum, den amerikanischen Markt gegenüber einem unliebsamen Konkurrenzprodukt abzuschotten und das deutsche Unternehmen »fertigzumachen«. Wobben: »Zweimal war ich zu Gerichtsterminen in den Vereinigten Staaten. Die Verhöre waren mehr als unangenehm. Ich habe meine Anwältin damals gefragt, wie viele Menschen ich eigentlich umgebracht habe. Denen war offenkundig nur daran gelegen, mir einen Meineid nachzuweisen. Um die Sache, um meine Rechte, ging es nie. So wurde ich dreimal gefragt, wie der Schalterschrank unserer Anlage aussehe. Nachdem ich immer das gleiche geantwortet hatte, zeigten die Anwälte ein Foto, das die Gegenseite eingereicht hatte. Dort waren die Details unseres Schalterschranks fotografiert. Man hatte einiges wegschrauben müssen, um das Foto aufnehmen zu können. Es ging nie darum, ob man mich ausspioniert hatte, sondern im ganzen Prozeß nur darum, ob ich nicht vielleicht irgendwann einmal ein falsches Datum oder sonst aufgrund einer Erinnerungslücke eine unrichtige Angabe machen würde, damit man mich wegen eines Meineids verurteilen konnte.«

Nie sei bei den Prozessen in den Vereinigten Staaten darüber gesprochen worden, daß weite Teile der Patentanmeldung von Kenetech Windpower genau das beinhalteten, was Enercon schon Jahre zuvor gebaut hatte: Windräder. Nie kam auch jener Artikel der Fachzeitschrift *Windpower Monthly* bei Gericht zur Sprache, in dem es hieß, Kenetech habe sich »den schon längst bekannten Stand der Technik patentieren« lassen – so, als ob man ein schon millionenmal gebautes Auto nochmals patentieren lassen würde. Doch das amerikanische Patentamt glaubte Kenetech und dessen Aussagen. Nicht nur in den Vereinigten Staaten, auch beim Europäischen Patentamt hätten sich die Amerikaner später jene Windenergieanlagen patentieren lassen, die Enercon in Aurich gebaut habe, berichtet Wobben.

Als besonders schwerwiegender Nachteil erwies sich für Enercon, daß sich mit der Angelegenheit nicht nur ein amerikanisches Patentgericht befaßte, sondern auch die International Trade Commission (ITC). Diese verfügt über gerichtsähnliche Kompetenzen, ist dem Washingtoner Handelsministerium unterstellt und damit beauftragt, mittels protektionistischer Maßnahmen den heimischen Markt gegen unerwünschte ausländische Konkurrenz abzuschotten. Deutsche Anwälte, die mehrfach vor der ITC Verfahren ausgefochten haben, nennen sie spöttisch »Trade Marines«, in Anlehnung an jene nationalistischen Haudegen, die zwecks Wahrung amerikanischer Interessen an vorderster Front kämpfen. Wobben: »Die ITC gibt amerikanischen Firmen ein Forum, mit dem sie unerwünschte ausländische Konkurrenz vom Markt fegen können.« In einer Sonderinformation für die Mitglieder der Arbeitsgemeinschaft für Sicherheit und Wirtschaft (ASW) vom März 1996 heißt es zum Streit zwischen ITC und Enercon: »Die amerikanische Konkurrenz will offenbar mit allen Mitteln verhindern, daß sich Enercon in den USA etablieren kann... Die ITC ist... eine Art Verwaltungsgericht, das Importe von ausländischen Firmen kontrolliert, um den landeseigenen Firmen den Rücken zu stärken... Die ITC [ist] eine Einrichtung, die den landeseigenen Unternehmen sogar die Spionage erleichtert. Im Verfahren seien die Beteiligten verpflichtet, alle erforderlichen Unterlagen vorzulegen. Auch Betriebsgeheimnisse kämen so auf den Tisch. Für die Auricher Firma erwies sich die Auseinandersetzung mit dem amerikanischen Konkurrenten Kenetech als äußerst aufschlußreich, denn dem Mitbewerber aus den Staaten unterlief ein Fehler. Irgendwann landeten auf dem Tisch der ITC auch Papiere und Fotos, die eindeutig bewiesen, daß die Amerikaner Enercon ausspioniert hatten... Der Rechtsrahmen solcher Länder unterstützt dabei vielfach die eigenen nationalen Unternehmen und verschafft ihnen Wettbewerbsvorteile.«

Zwei Millionen Dollar Prozeßkosten

Doch das sollte Wobben erst noch zu spüren bekommen. Am 31. Januar 1996 begannen die Anhörungen vor der ITC in Washington. Wobben und Enercon sollten diese Verfahren für die nächsten zwei Jahre monatlich zwischen 50 000 und 100 000 Dollar an Anwaltskosten bescheren. Mehr als zwei Millionen Dollar mußte das deutsche Unternehmen bezahlen, um am Ende des Prozesses in einer »Notice of Issuance of Limited Exclusion Order« der ITC zu erfahren, daß der Export von Windenergieanlagen mit variabler Drehzahl oder Teilen davon in die Vereinigten Staaten bis zum 1. Februar 2010 untersagt sei. Sowohl die früher erstellten als auch alle zukünftig neu entwickelten Windenergieanlagen darf Enercon nach diesem Urteil bis zum Jahr 2010 nicht in die Vereinigten Staaten exportieren – ein himmelschreiendes Unrecht. Etwa 300 Arbeitsplätze, schätzt Wobben, habe er nicht schaffen können, weil ihm der Zugang zum amerikanischen Markt verwehrt werde.

Enercon ersuchte deshalb den damaligen niedersächsischen Ministerpräsidenten Gerhard Schröder um Hilfe. Über den einstigen Landesfürsten, der regelmäßig zu Gesprächen in die amerikanische Autostadt Detroit reiste, sagt Wobben heute: »Ich habe Schröder damals ganz lieb gesagt, nun vergessen Sie mal Ihre blöden Autos. Hier bei mir geht es um Zukunftstechnologie. Helfen Sie einem deutschen Unternehmen, daß es nicht an die Wand gedrückt wird. Aber ich bin mir sicher, daß Schröder kein Wort davon verstanden hat und bei seinen Gesprächen mit Clinton kein Wort darüber verlor.« Die Gespräche mit Gerhard Schröder waren nicht die einzigen, die nicht fruchteten. Nur einer setzte sich für Wobben ein – der damalige Bundeswirtschaftsminister Günter Rexrodt (FDP) –, allerdings ohne Erfolg. Rexrodt rügte die GATT-Widrigkeit des Verfahrens.

Die von Enercon angestrengte Klage bei der Staatsanwaltschaft Oldenburg (Geschäftsnummer 1613-6 182 Js 11470/96) gegen den deutschen Helfer der amerikanischen Spione, de Witt, schläft seit 1996 vor sich hin. Zuletzt am 6. Oktober 1998 interessierte sich Staatsanwalt Schäfers in einem Schreiben an Enercon-Justitiar Stefan Knottnerus-Meyer vor allem dafür, ob Enercon nicht Schwachstellen im eigenen Sicherheitskonzept gehabt habe. In dem Brief heißt es: »Bezugnehmend auf die o. a. Strafanzeige... wird angefragt, ob von der Firma Enercon GmbH bzgl. der Windkraftanlage E-40 auch an externe Institute Aufträge zur Prüfung/Messung erteilt worden sind und darüber Meßprotokolle und Prüfberichte bereits vor dem 21.03.1994 vorlagen. Es wird nämlich für denkbar gehalten, daß von der Firma Enercon GmbH im Rahmen von Genehmigungsverfahren oder von den Betreibern zur Erlangung von Fördermitteln auf diesbezügliche Prüfberichte/Meßprotokolle o. ä. externer Institute zurückgegriffen worden ist.«

Auf das Schreiben der Staatsanwaltschaft erwiderte Enercon am 20. Oktober 1998: »Sehr geehrter Herr Schäfers, unter Bezugnahme auf Ihr Schreiben vom 6. Oktober 1998 teilen wir Ihnen mit, daß wir bezüglich der Windenergieanlage E-40 in der Tat externe Institute mit Prüfungen und Messungen beauftragt haben. Die dabei entstandenen Meßprotokolle und Prüfberichte waren jedoch Dritten vor dem 21. März 1994, soweit sie überhaupt vorlagen, nur begrenzt zugänglich. Im einzelnen handelt es sich um folgende Unterlagen... 1. Zusammenstellung der gutachterlichen Stellungnahmen für eine Typenprüfung (GL-Prüfnummer 70315) des Germanischen Lloyd vom 21. Juli 1993 nebst GL-Prüfbericht Nr. 70315-2; 2. Bericht über Schallpegelmessungen Nr. AM94134 des Deutschen Windenergie-Instituts (DEWI) vom 29. Juni 1994... Die erstgenannten Unterlagen sind Dritten weder zugänglich gewesen, noch später zugänglich gemacht worden. Wir weisen zudem darauf hin, daß beide Institutionen zur Geheimhaltung verpflichtet sind... Mit den elektronischen Komponenten der E-40, insbesondere der Netzeinspeisung, befaßt sich keine der gutachterlichen Stellungnahmen, mit der Einzelblattverstellung allenfalls am Rande noch das GL-Gutachten.

Einen Eindruck von dessen Informationsgehalt vermittelt das in Kopie beigefügte Einzelgutachten mit der GL-Prüfnummer 70315-2 nebst Anhängen. Hier heißt es beispielsweise unter Ziffer 4.2 zur Blattverstellung: ›Die Leistung der Windenergieanlage wird geregelt, indem bei Windgeschwindigkeiten über Nennwind (12m/s) die Rotorblätter insgesamt verstellt werden…‹ Diese ›tiefschürfenden‹ Erkenntnisse dürften wohl kaum die Annahme rechtfertigen, die Technik der Anlage sei im März 1994 bereits allgemein über die Verbreitung von Gutachten bekannt gewesen. Wir jedenfalls gehen davon aus, daß zwar die ›Zusammenstellung der gutachterlichen Stellungnahmen für eine Typenprüfung‹ bekannt war, die einzelnen Prüfberichte, die im übrigen keine für einen Wettbewerber verwertbare Aussage enthalten, jedoch nur einem äußerst begrenzten Personenkreis zugänglich gemacht wurden.«

Am 12. August 1998 wies der »United States Court of Appeals for the Federal Circuit« die Berufung der Enercon gegen die Entscheidung der Washingtoner International Trade Commission zurück. Kenetech Windpower Inc., das gegen Enercon geklagt hatte, war schon mehr als zwei Jahre zuvor – am 29. Mai 1996 – in Konkurs gegangen. Doch die Patente wurden von der Zond Energy Systems Inc., die zwischenzeitlich ein Tochterunternehmen des größten amerikanischen Energiekonzerns mit Namen Enron ist, übernommen. Energiegigant Enron wurde 1996, 1997 und 1998 vom *Fortune Magazine* zum innovativsten amerikanischen Unternehmen erkoren. 16 000 Mitarbeiter beschäftigt der Konzern heute in rund 30 Ländern. Kein Zweifel – Enron möchte expandieren. Es drängt sich aber der Verdacht auf, daß dieses Vorhaben auf Kosten des deutschen Konkurrenten Enercon verwirklicht werden soll, hat man doch mittlerweile einen anderen deutschen Windanlagenbauer aufgekauft und somit den Fuß in die Tür zum deutschen Markt gesetzt. In der Firmenbroschüre »Facts & Arguments« heißt es zu den Aktivitäten der amerikanischen Enron Wind Corporation in Deutschland, man verfüge über eine Produktionskapazität von 15 Windkraftanlagen pro Woche.

Aufhorchen läßt in diesem Zusammenhang eine weitere Merkwürdigkeit: Seit dem Frühjahr 1998 hat Enercon mehrere Patente beim Europäischen Patentamt in München zur Prüfung vorgelegt. Doch Wobben berichtet, trotz mehrerer Mahnungen heiße es aus München immer nur, man habe dort »keine Zeit«, um sich mit Patentanträgen der Enercon zu befassen. Läuft etwa zugleich ein amerikanisches Patentverfahren, in dessen Vorfeld abermals die neuesten Enercon-Erfindungen geklaut und dann »legalisiert« werden? In diesem Fall müßten Helfershelfer der Amerikaner beim Europäischen Patentamt am Werk sein. Wobben jedenfalls würde dann nicht klein beigeben und an die Öffentlichkeit gehen.

Es gibt keinen Zweifel: Die Auseinandersetzung zwischen dem amerikanischen Enron-Konzern und dem einzigen deutschen sich noch in Privathand befindenden Windenergieanlagenbauer Enercon wird zur Jahrtausendwende in eine entscheidende Phase treten. Das deutsche Unternehmen expandiert – mit Ausnahme der Vereinigten Staaten – weltweit. 1998 lieferte man auch dem brasilianischen Energieerzeuger COELCE zehn deutsche Windräder; 25 weitere folgen. Enercon-Anlagen stehen heute nicht nur in den Niederlanden und auf Teneriffa, sondern auch in Indien, Neuseeland, Japan und Australien. Theoretisch könnte Enron seinem Erzrivalen Enercon – aufgrund des inzwischen auch in Europa erteilten Patents – die Produktion ganz verbieten und Enercon so in den Ruin treiben. Doch man hat zunächst einmal einen anderen Weg gewählt: Durch den Ankauf finanzschwacher kleiner deutscher Windanlagenbauer wie der Tacke Windtechnik GmbH (Übernahme im Oktober 1997) tastet man sich auf dem europäischen Markt vor. Eines Tages wird man wohl versuchen – direkt oder indirekt –, die einstigen Pioniere der Windenergie wie Aloys Wobben zur Aufgabe zu zwingen und den Milliardenmarkt an sich zu reißen.

Wobben – heute mit 1500 Beschäftigten im mit 20 Prozent Arbeitslosigkeit wirtschaftlich schwachen Ostfriesland der zweitgrößte Gewerbesteuerzahler – sagt zu seinen Erfahrungen: »Ich fühle mich bei den mir widerfahrenen Spionageangriffen weder von unsrem früheren Ministerpräsidenten Schröder noch von der Kripo ernst genommen. Aber was soll man auch sagen zu Beamten, die bei der Aufnahme des Protokolls darüber debattieren, ob man daß mit ›ß‹ oder ›s‹ schreibt, vom Thema Wirtschaftsspionage aber keine Ahnung haben. Alle haben uns mit dem Ausdruck ihres tiefsten Bedauerns wissen lassen, man könne eben nichts machen bei unseren amerikanischen ›Freunden‹. Man kann sich nur noch selbst sagen: Du hast einfach Pech gehabt, Junge.«

Wobben ließ es sich einiges kosten, um zukünftige Online-Spionageaktivitäten über die Enercon-Telefonleitung zu unterbinden. Damit die NSA die Datenleitung nicht anzapfen kann, wurden für viel Geld firmeneigene Kommunikationsleitungen installiert. Forschungslabor und Produktionsstätte verfügen inzwischen über ein vom öffentlichen Netz unabhängiges Kommunikationssystem. Doch der Aufwand hat einen Schönheitsfehler: Beim Besuch des Autors räumten die drei Sekretärinnen im Vorzimmer von Firmenchef Wobben ein, daß ihre Computer, auf denen nicht nur Angebote, sondern auch weitere Firmeninterna gespeichert sind, mit einem Online-Internetzugang ausgestattet sind. Das aber ist sträflicher Leichtsinn, könnte die NSA doch im nationalen amerikanischen Interesse unbemerkt jede Tastatureingabe der Enercon-Mitarbeiterinnen von den Computern abziehen und sie amerikanischen Unternehmen übermitteln. Wobben, darauf angesprochen, sagt: »Ich weiß, daß das möglich ist. Aber irgendwie verdränge ich es immer wieder und kann es mir nicht so richtig vorstellen, daß Menschen, die sich Freunde nennen, so etwas machen.« Gerhard Schmid, Europa-Abgeordneter der SPD, sieht das nüchterner: »Verglichen mit dem, was die Amerikaner mit ihrem Dienst NSA in Europa veranstalten, war die Stasi ein Club von Radioamateuren. Da geht's nicht allein um militärische oder innere Sicherheit, sondern vor allem um Wirtschaftsspionage. Es werden Angebote und technische Konstruktionsdetails ausgespäht. All dies wird der amerikanischen Wirtschaft übermittelt.«

2. Maulwürfe auf Datenjagd

In seinem Roman »*Oliver Twist*« führt Charles Dickens seinen jugendlichen Helden in ein Londoner Stadtviertel mit dunklen, spärlich von Gaslaternen erhellten Gassen. Die Gegend ist eine Brutstätte des Verbrechens. »In ihren schmutzigen Läden werden dicke Bündel von gebrauchten Seidentaschentüchern aller Größen und Muster zum Verkauf angeboten, denn hier wohnen die Händler, die sie von Taschendieben ankaufen... Es ist eine Handelsniederlassung für sich, der Marktplatz für die kleinen Diebe, der am frühen Morgen und bei Einbruch der Dämmerung von schweigenden Kaufleuten aufgesucht wird, die in düsteren Hinterstuben ihren Handel treiben und die auf ebenso seltsame Weise wieder verschwinden, wie sie gekommen sind. Hier legen die Kleidertrödler, die Flickschuster und die Lumpenhändler ihre Waren als Aushängeschilder für die kleinen Diebe aus, hier verrotten Berge von Alteisen und Knochen und zu Haufen modernde Reste von Wolle und Leinenzeug in den von Schmutz starrenden Kellern.« Szenarios wie diese sind uns wohlbekannt. Die beschriebene Umgebung – der Marktplatz für die kleinen Diebe – jagt manch einem Leser einen wohligen Schauer über den Rücken. Gut anderthalb Jahrhunderte später hat sich die Welt nicht geändert. Überall treiben Diebe ihr Unwesen, doch je größer ihre Beute ist, desto weniger erfahren wir darüber.

Jährlich 20 Milliarden Mark Schaden

Der Schaden, der alljährlich der deutschen Wirtschaft durch Spionage entsteht, kann nur geschätzt werden. Im Gegensatz zu den Vereinigten Staaten liegen in Deutschland keine verläßlichen Zahlen vor. Karlhans Liebl wies in einer mehr als zehn Jahre zurückliegenden Studie (1988) nach, daß derartige Verluste in Deutschland mindestens acht Milliarden Mark pro Jahr ausmachten. Damals jedoch waren östliche Dienste die Hauptakteure. Zu jener Zeit gab es noch nicht jene immer aggressiver werdenden Ausspähungsversuche westlicher »Partnerdienste«, die seit dem Fall der Mauer ihre Daseinsberechtigung unter Beweis stellen sollen. Liebl schrieb 1988 in dem Buch »*Direktorat T – Industriespionage des Ostens*«: »... so dürften sich bei einer Weiterführung der Modellrechnung noch höhere Schadenssummen ergeben. Auch unter Berücksichtigung der ›Vorläufigkeit‹ dieser Ergebnisse ist festzuhalten, daß eine jährliche Schädigung unserer Volkswirtschaft in Höhe von 8 Mrd. DM eine ungeheure Summe darstellt. Insbesondere auch dann, wenn man sich vor Augen führt, daß der Etat der Gemeinsamen Forschungsförderung von Bund und Ländern im Jahre 1985 nur 4,5 Milliarden DM betrug. Mit einem solchen Vergleich wird offenkundig, welches Schadenspotential in der Industriespionage liegt.«

In den Vereinigten Staaten sollen die durch Industriespionage verursachten Einbußen jährlich rund 300 Milliarden Dollar betragen. Mindestens 23 Regierungen, so die *Los Angeles Times* im Frühjahr 1998, hätten ihre Geheimdienste damit beauftragt, amerikanische Unternehmen abzuschöpfen. Das FBI bestätigte diese Angaben und gestand zugleich ein, daß man auch selbst – »gelegentlich« – Industriespionage betreibe.

Der frühere Vorsitzende der Gewerkschaft der Polizei, Hermann Lutz (seine Nachfolge trat im September 1998 Norbert Spinrath an), und der Bundesverband Deutscher Sicherheitsberater nennen heute die Schadenssumme von »alljährlich mindestens 20 Milliarden Mark«, die allein in der Bundesrepublik auf das Konto von Wirtschafts- und Industriespionen gingen. Klaus-Dieter Matschke, Geschäftsführer der Frankfurter KDM Gesellschaft für Sicherheitsberatung, gelangt zum gleichen Resultat, verweist im Gespräch jedoch auf die »sehr hohe Dunkelziffer«. Dennoch ist das Risikobewußtsein vieler Firmen unterentwickelt. Eine Umfrage der KPMG Deutsche Treuhand-Gesellschaft unter den 1000 größten deutschen Unternehmen ergab zwar, daß mehr als zwei Drittel der Manager theoretisch das Problem kennen. »Doch die meisten übertragen dieses Bewußtsein nicht auf die eigene Firma«, sagt Jan Heidinger von der Hermes-Kreditversicherung. »Sie können sich nicht vorstellen, daß es ausgerechnet sie treffen könnte.« Mit welchen enormen finanziellen Auswirkungen schon die verräterischen Aktivitäten einer Einzelperson verbunden sein können, zeigt das Beispiel eines früheren IBM-Angestellten, welcher der DDR-Computerindustrie durch die Weitergabe modernster Produktionstechniken seines Arbeitgebers Forschungskosten von mindestens 100 Millionen Mark ersparte. Noch größeren Schaden richtete ein 1992 enttarnter MfS-Agent bei der Firma SEL an. Er verriet deren digitales Telefonvermittlungssystem, in dessen Entwicklung das Unternehmen etwa eine Milliarde Dollar investiert hatte. In einer Broschüre des rheinland-pfälzischen Innenministeriums zum Thema Wirtschaftsspionage heißt es, diese sei »weder ein Kavaliersdelikt, noch umgibt sie ein Flair von Abenteurertum, wie uns manche Zeitgenossen glauben machen wollen. Vielmehr verursacht sie Jahr für Jahr erhebliche Vermögensschäden ... zu Lasten unserer Volkswirtschaft und der sie tragenden Unternehmen. Auch führt sie zu vielfältigen Beeinträchtigungen des Technologielandes Bundesrepublik Deutschland als Wirtschaftsstandort.«

Angriff auf das Bankgeheimnis

Wenn der Staat deutsche Unternehmen nicht schützen kann und diese auf sich selbst gestellt sind, stehen die Zeichen weiterhin günstig für Wirtschaftsspione. Sie können getrost weiterbuddeln – nicht nur bei der Bundesbank. Weltweit sind Banken derzeit im Visier von Spionen – keinesfalls nur in Deutschland. Die Schweiz mußte jedenfalls 1996 einen Angriff auf ihr Bankgeheimnis hinnehmen. Die italienische Polizei hatte von Italien aus drei Luganeser Telefonnummern im Tessin abgehört. In der Tessiner Finanzwelt brach Panik aus. Die angezapfte Intercambi SA, die hauptsächlich Geldkurierdienste zwischen der Schweiz und Italien organisiert, stellte bei der Schweizer Bundesanwaltschaft Strafanzeige wegen Wirtschaftsspionage. Zu den Auftraggebern dieses Unternehmens gehören Tessiner Banken, Anwälte und Treuhandgesellschaften. Intercambi-Anwalt Mario Postizzi rügte: »Die Abhörungen stellen einen Angriff auf das Schweizer Bankgeheimnis dar, dem die italienischen Kunden bisher voll vertraut haben.« Aufgrund der illegalen Mitschnitte schlug die italienische Polizei zu. Sie führte in Italien mit 500 Finanzpolizisten bei 130 Kontoinhabern Hausdurchsuchungen durch. Der Luganeser Wirtschaftsanwalt und frühere Nationalrat Pier Felice Barchi warnte: »Wenn diese Belauschung in unseren Nachbarstaaten Schule macht, ist das verheerend für die Schweiz.« Dabei hatte die Schweiz bis vor wenigen Jahren ein gut funktionierendes Rezept, um Wirtschaftsspione abzuschrecken: In fast allen führenden Unternehmen waren die Vorstände zugleich auch Generalstabsoffiziere oder Regimentskommandeure. Ein Beispiel dafür ist die Bank Credit Suisse. Ihr ehemaliger Präsident der Generaldirektion, Robert Jeker, war gleichzeitig Oberst im Generalstab. Seinen Posten übernahm 1994 ein anderer Oberst der Schweizer Armee, Josef Ackermann. Und auch dessen Nachfolger Lukas Mühlmann ist Offizier. In vielen Schweizer Unternehmen sind weiterhin nachrichtendienstlich geschulte Offiziere tätig. Mit so geschultem Auge für den Feind gelang es den Eidgenossen lange Zeit, Spionageaktivitäten zu verhindern.

Das Böse lauert immer und überall

Doch das Böse ist heute stets allgegenwärtig. Da verraten Mitarbeiter Prototypen und Forschungsergebnisse und spionieren bei Konkurrenten Geschäftsgeheimnisse aus. Die Unternehmen stellen sich aber bestenfalls halbherzig auf die zunehmende Bedrohung ein. So erging es nicht nur dem britischen Stardesiger Antonio Berardi, dessen komplette Herbst- und Winterkollektion ihm 1998 aus seinem Atelier in Covent Garden gestohlen wurde. In Deutschland traf es zur gleichen Zeit einen Cottbuser Erfinder, der eine neue Methode zum Lesen sogenannter Strichcodes entwickelt hatte. Es war ein klarer Fall von Industriespionage, da kurze Zeit später eine ihm unbekannte südkoreanische Firma »seinen« Scanner auf den Markt brachte. »Die Geschäftswelt ist noch nie so unsicher gewesen«, glaubt Axel Sitt, diplomierter Absolvent der École Européenne des Affaires in Paris und Autor des Buches »*Erfolgsfaktor Sicherheit*«. Sitt hat mehrere hundert Unternehmer und Sicherheitsmanager in Frankreich, Großbritannien, Spanien und Deutschland befragt und verhehlt nicht sein Erstaunen darüber, daß viele Manager sich offenbar nicht vorstellen können, daß das Know-how ihrer Unternehmen diebstahlsgefährdet ist. Sie leben in einer Gesellschaft, in der Informationen billig an jeder Straßenecke zu haben sind, Wissen jedoch teuer verkauft werden kann. Sitt sagt dazu: »Es geht im wahrsten Sinne um das Überleben ganzer Industriezweige.« Auch der Münchener Rechtsanwalt Peter Kragler, Fachmann für Fälle von Wirtschaftsspionage, mahnt: »Der größte Teil der Delikte im Bereich der Wirtschaftsspionage bleibt unentdeckt. Zudem merken die Unternehmen viel zu spät, wenn Mitarbeiter Geheimnisse nach außen tragen. Dann ist guter Rat teuer.«

```
        BUCHHANDLUNG
           MAYER
       Berliner Straße 42
       03238 Finsterwalde
     Tel. 03531/2722  Fax 2723


Kasse 1      Bonnummer 1873
Menge       Preis   Must.        Betrag

Wgr. 1/15    Taschenbücher
Ulfkotte, Udo
Goldmann Sachbuch / Ratgeber,
    1       16,00   7,00%        16,00

        TOTAL        1,05        16,00
        TOTAL EURO                8,18

        BAR                      20,00
        ZURÜCK                    4,00

Es bediente Sie Frau Rasch
Datum 10.07.2001 11:21

        Vielen Dank für Ihren Besuch !
         BESTELLSERVICE
          Bücher und mehr
```

Gerade die Forschungs- und Entwicklungsabteilungen deutscher Firmen sind zunehmend das Ziel von Wirtschaftsspionen. Die Forschung wächst innerhalb der Industriestaaten immer enger zusammen. Unternehmen beschränken ihre Entwicklungsarbeit längst nicht mehr auf nur einen Kontinent. Die Welt der Forscher schrumpft; ihre Maßeinheiten sind nicht mehr Kilometer und Meilen, sondern Minuten und Bandbreiten. Eine E-mail von Japan nach Frankfurt benötigt allenfalls wenige Minuten. Fast zu jeder Tages- und Nachtzeit finden Videokonferenzen statt. Über kaum ein technisches Problem wird heute nur noch innerhalb der Landesgrenzen beraten. Kaum ein Wissenschaftler kommt heute noch ohne internationale Kontakte aus. Doch die Globalisierung der Forschung birgt auch Risiken, da die solcherart ausgetauschten Daten regelmäßig abgefangen werden. Kleine und mittlere Betriebe sind aber häufig schon froh, wenn die Datenverarbeitung überhaupt funktioniert. Über die Absicherung dieser Daten gegen Wirtschaftsspionage oder Sabotage machen sie sich keine Gedanken.

Der vor wenigen Jahren noch zu beobachtende Rückgang der Forschungsaufwendungen in Deutschland scheint aufgehalten. Deutschland hat zudem bei den Weltmarktpatenten wieder stark zugelegt. Das jedenfalls geht aus der Studie »Zur technologischen Leistungsfähigkeit Deutschlands« hervor. Demnach kommen auf eine Million Beschäftigte hierzulande 190 Patente, in Japan sind es 180 und in den Vereinigten Staaten 140. 1998 wurden beim Deutschen Patentamt in München 83 338 Patente angemeldet, rund zehn Prozent mehr als 1997. Wie in den vergangenen zehn Jahren führte wiederum der Siemens-Konzern mit mehr als 3000 Anmeldungen die Liste der größten Anmelder an. Es folgten die Robert Bosch GmbH, Daimler-Chrysler, Mannesmann und Bayer. Das ist ein gutes Zeichen für die Wettbewerbsfähigkeit deutscher Hochtechnologie, ebenso wie auch der Weltmarktanteil am Export technologieintensiver Produkte stetig steigt. Doch bei europäischen Partnern und den Vereinigten Staaten wecken solche Erfolgsmeldungen Neid.

Deshalb ist die Rangfolge bei den Patentanmeldungen auch ein Indiz dafür, welche deutschen Unternehmen am stärksten ins Visier ausländischer Spione geraten sind. BMW ist dafür im wahrsten Sinne ein »leuchtendes Beispiel«, hatte man in Bayern doch einen neuen Prototypen (»Sculpture«) entwickelt, dessen Scheinwerfer um die Kurve leuchten und dessen Bremslichter anzeigen, wie stark das Vorderfahrzeug seine Geschwindigkeit verringert. Was die BMW-Fahrzeugforschung als Lichtsystem der Zukunft entwickelte und auf der Hannoveraner Messe Cebit '99 erstmals vorstellte, erregte schnell die Aufmerksamkeit der Fahrzeugbauer anderer westlicher Staaten. Ähnliches Interesse weckte auch eine neuartige Postkarte, die es aufgrund eines eingebauten Mikrochips ermöglicht, neben den schriftlichen Grüßen künftig auch musikalische und fotografische Urlaubsgrüße (überspielt etwa von der eigenen Digitalkamera) zu versenden.

Viele Unternehmen, welche die Globalisierung nicht verschlafen wollen, begehen schwerwiegende Fehler in Sachen Sicherheit. Immer mehr sehen sie sich angesichts des anhaltenden konjunkturellen Rückgangs verstärktem Wettbewerbsdruck ausgesetzt. Sie versuchen deshalb, ihre finanziellen Belastungen zu reduzieren. Doch die größte Kosteneinsparung bringt es, wenn man das Know-how für neue Produkte nicht selbst entwickeln muß, sondern sich bei der Konkurrenz zum Nulltarif bedienen kann. Es ist eine verführerisch einfache Möglichkeit, sich mittels Spionage Wettbewerbsvorteile zu verschaffen. In Zeiten, in denen ganze Volkswirtschaften unter den Folgen einer ungünstigen konjunkturellen Entwicklung ächzen, ist auch der Anreiz für die Regierungen der betroffenen Länder groß, diese Art der Spionage staatlich zu fördern und die eigenen Geheimdienste mit der Ausspähung ausländischer Unternehmen zu beauftragen. Die Auswirkungen solcher Aktivitäten werden in Deutschland erst allmählich registriert: Ganz langsam scheint es auch deutschen Unternehmen zu dämmern, daß Wirtschaftsspionage Jahr für Jahr Zehntausende deutscher Arbeitsplätze dauerhaft vernichtet (Schätzungen sprechen von jährlich rund 50 000) und im Ausland dafür dauerhaft neue Arbeitsplätze entstehen läßt.

Wer glaubt, Spionage gehe allein auf das Konto ausländischer Geheimdienste, der irrt gewaltig: Zunehmender Wettbewerb und das Streben nach Macht und Imagegewinn veranlassen auch immer mehr Unternehmen, selbst zum Mittel der Konkurrenzspionage zu greifen. Doch die betroffenen Firmen sind zurückhaltend, wenn es darum geht, die Drahtzieher gerichtlich zu belangen. Man fürchtet Imageverluste. Statt dessen boomen die Aufträge für jene Detekteien, die sich auf Spionage spezialisiert haben. In Österreich etwa waren im Jahre 1996 60 Detekteien mit der Aufklärung von 300 Spionagefällen betraut. Welch großen Schaden auch ein in der Öffentlichkeit kaum zur Kenntnis genommener Spionagefall anrichten kann, zeigt das Beispiel des österreichischen Unternehmens Voest-Alpine Bergtechnik. Dieses erlitt durch das Auftauchen eines dem eigenen Bohrgerät »Alpine Miner AM 85« zum Verwechseln ähnliches System allein 1992 Einbußen in Höhe von umgerechnet rund 14 Millionen Mark. Daß die Konkurrenz beim Ringen um Großaufträge auch vor üblen Anschuldigungen nicht zurückschreckt, mußte ein zum selben Konzern gehörendes Unternehmen, die österreichische Voest-Alpine Industrieanlagenbau, 1996 erfahren: Diese Firma erhielt aus Saudi-Arabien den Auftrag zur Errichtung eines Stahlwerks im Wert von mehr als einer Milliarde Mark, aber der abgewiesene britische Mitbewerber Davy mochte das nicht hinnehmen und bezichtigte Voest, sich das lukrative Projekt nur mit dem Einsatz nachrichtendienstlicher Mittel erschwindelt zu haben. Doch die Österreicher wurden nicht nur auf diesem Gebiet zum Opfer. Im Jahre 1997 berichtete die österreichische Zeitung *Die Presse* über das Eindringen von Hackern in das Rechnernetz der Technischen Universität Wien zum Zwecke der Industriespionage. Mehrfach wurden dort am Institut für Theoretische Physik Softwareprogramme und Dateien online gestohlen. Man mutmaßte, daß dies das Werk von Amerikanern war. Sicher ist jedoch nur, daß die Hacker einzig perfekt Englisch sprachen, denn beim Wechsel in eine andere Sprache konnten sie nicht mithalten.

Auf einem Forum der Studiengesellschaft der Deutschen Gesellschaft für Wehrtechnik mbH (DWT) in der Stadthalle Bonn-Bad Godesberg am 4./5. November 1998 sagte der für den Bundesnachrichtendienst tätige Diplomingenieur Kurt Schrick in einem Vortrag zu solchen Hackerangriffen: »Täglich erscheinen alarmierende Zahlen über versuchte oder erfolgreiche Hackerangriffe auf US-amerikanische IT-Systeme in den Medien. Man muß kein Prophet sein, um ähnliche Szenarien auch für die Bundesrepublik Deutschland in den nächsten fünf bis zehn Jahren vorherzusehen. Unser bester Schutz in einigen Bereichen ist derzeit – sarkastisch ausgedrückt – eine gewisse informationstechnische Rückständigkeit.« Informationstechnische Rückständigkeit? Der Mann irrt gewaltig. Die *Wirtschaftswoche* widmete im März 1999 dem deutschen Boom im Internet einen Sonderteil und berichtete: »Der deutsche Internetmarkt explodiert.« Auch wenn noch nicht in jedem Chefzimmer ein Rechner mit Internetanschluß steht, ist die Bundesrepublik doch unter den Europäern eines der Länder mit den schnellsten Entwicklungsschritten auf diesem Gebiet. In späteren Kapiteln dieses Buches wird deshalb dargelegt, welche Angriffsmöglichkeiten die modernen Kommunikationsmittel nicht nur für Hacker, sondern auch für Geheimdienste bieten. In dieser Hinsicht mangelt es heute keineswegs an Erfindungsreichtum.

MI6 – im Auftrage Ihrer Majestät

Als beispielhaft auf diesem Gebiet erweist sich auch der britische Auslandsgeheimdienst MI6. Die Briten, das ist bekannt, haben von Intelligenz eine sehr eigene Vorstellung. Das Wort »Intelligence« bedeutet zwar auch »Verstand«, doch zugleich spricht man von »Intelligence«, wenn man denselben zum Zwecke des Informationserwerbs einsetzt. Und so ist »British Intelligence« nicht die Überlegenheit der britischen Geisteskultur, sondern schlicht der »britische Nachrichtendienst«. Seit etwa zehn Jahren hat diese intelligente Gemeinde ein Problem. Man findet nicht genügend Nachwuchs. Und ebenso wie die Kollegen von CIA und BND, die ebenfalls eine Homepage im Internet betreiben, geht man nun verstärkt an die Öffentlichkeit, um denselben zu finden. Letztlich kann man Zeitungsannoncen und sonstige Werbemaßnahmen auf den »Suche Spion«-Inhalt reduzieren. Nun scheinen jedoch viele Bewerber zwar viele James-Bond-Flausen im Kopf, nicht jedoch genügend »Intelligence« zu haben. Und so verfiel MI6 im Dezember 2000 auf die geniale Idee, ein großes Preisrätsel für angehende Agenten anzubieten. Im Internet durften an einer Karriere Interessierte fünf codierte und verstreut plazierte Wörter entschlüsseln, die zusammen dann ein sechstes Lösungswort ergaben. Doch selbst, wer dieses Simsalabim der Spionagekarriere nicht fand, mußte nicht verzweifeln: »Sie können sich auch bewerben, wenn Sie die Lösung nicht finden«, hieß es auf der Seite. In Wahrheit müssen MI6-Mitarbeiter weder über besonderen Charme verfügen, noch Martini mögen, nur eines dürfen sie nicht missen, »Intelligence«, oder vielmehr »British Intelligence«, denn Nicht-Briten werden angeblich nicht akzeptiert.

Im Januar 2001 wurde bekannt, wer von MI6 ausgebildeten Briten Tarnung verschaffte: Nach Angaben der Zeitung »Guardian« zählte dazu zumindest in der Vergangenheit der Herausgeber des »Sunday Telegraph« Dominic Lawson, Sohn des früheren Abgeordneten Nigel Lawson. So kamen in den baltischen Staaten MI6-Agenten – getarnt als Journalisten – zum Einsatz. Ähnliche Tarnung soll britischen Agenten das »Spectator Magazine« verschafft haben. Das behauptet jedenfalls der frühere MI6-Agent Tomlinson.

Am 11. Oktober 1998 enthüllte die Zeitung *Sunday Business*, daß die Agenten Ihrer Majestät sich keinesfalls nur mit politischen und militärischen Zielen zum Wohle der Krone befassen. »MI6 hat die Industrie in weitaus höherem Maße mit Spitzeln durchsetzt, als bislang bekannt war.« MI6 rekrutiere heute mehr Wirtschafts- als klassische militärische oder politische Spione. Beim Joint Intelligence Committee gebe es eine dicke Liste mit den Namen der Wirtschaftsspione. Einer, der sie einsehen konnte, berichtete der Zeitung: »Ich war erstaunt. Viele der aufgeführten Länder gelten als Verbündete, vor allem europäische Partner. Die Namensliste ist alphabetisch geordnet und enthält auch die Spitzel in Frankreich, Deutschland, Italien, Spanien und der Schweiz.« Dagegen seien in den Vereinigten Staaten, Kanada, Australien und Neuseeland keine britischen Wirtschaftsspione tätig. In der Schweiz werde etwa der Schweizerische Bankverein ausgespäht. Dort erhielten Angestellte Geld dafür, daß sie den Briten über größere Finanztransaktionen berichteten. Alle wirtschaftlichen Aufklärungsergebnisse von MI6 würden ausgewählten britischen Unternehmen zur Verfügung gestellt – unter ihnen Banken und Handelshäuser, Rüstungsbetriebe wie British Aerospace, Ölkonzerne wie BP, Shell, aber auch British Airways.

Pensionierte MI6-Mitarbeiter würden in britische Unternehmen eingeschleust mit deren Wissen. Der Informant sagte *Sunday Business*: »Es ist ein Teil ihrer Altersversorgung. Sie sind dort in Wirklichkeit MI6-Verbindungsoffiziere, ebenso wie die Verbindungsoffiziere in den Abteilungen von Whitehall.« Einige britische Banken würden dem MI6 helfen. Sie richteten nicht nur Arbeitsplätze für pensionierte Agenten ein, sondern lieferten auch Kreditkarten mit falschen Namen und leiteten Geld für Operationen außerhalb der Insel verdeckt weiter. Die meisten Kreditkarten stelle die Royal Bank of Scotland dem MI6 zur Verfügung. Das könne man am Ende eines jeden Monats beobachten: In einer Filiale der Royal Bank of Scotland nahe des Londoner Bahnhofs Victoria Station stünden dann aufgereiht jene MI6-Agenten, die die ihnen belasteten Kreditkartenbeträge bar einzahlen müßten.

Mehr noch als Banken profitiere die britische Rüstungsindustrie von der Schnüffelarbeit der MI6-Agenten. So habe British Aerospace 1993 einen Auftrag über die Lieferung von 24 Hawk-Jets (Auftragswert umgerechnet 1,4 Milliarden Mark) an Indonesien nur deshalb erhalten, weil MI6 die Vertragsangebote des französischen Konkurrenten Dassault unter die Lupe genommen habe. Ebenso habe MI6 bei der Auftragsvergabe in Malaysia (dort ging es um ein Rüstungsgeschäft im Wert von 4,5 Milliarden Mark) British Aerospace geholfen. *Sunday Business* zitierte einen ehemaligen leitenden Mitarbeiter von British Aerospace mit den Worten: »British Aerospace und andere Rüstungsunternehmen erhalten Informationen unserer Geheimdienste...« British Airways werde beim MI6 unter dem Codenamen »Bucks Fizz« geführt. Jeder MI6-Resident versuche schon am ersten Tag seiner Ankunft an einem neuen Stationierungsort, den Kontakt zum örtlichen »Bucks-Fizz«-Manager herzustellen und ihn anzuwerben. Die Fluggesellschaft ermuntere ihre Mitarbeiter dazu, sich anwerben zu lassen. MI6 habe eine Tarnorganisation, die Hackluyt-Foundation, über die ausgespähte Wirtschaftsgeheimnisse an britische Unternehmen weitergegeben würden. Als Leiter der Hackluyt-Foundation fungierte der 1994 pensionierte ehemalige MI6-Chef Christopher James. Weitere Angestellte seien ein ehemaliger Shell-Manager, ein früheres BP-Vorstandsmitglied und ein Minister im Ruhestand.

Deutsche Sicherheitskreise warnen hinter vorgehaltener Hand ohnehin schon seit Jahren davor, ausländischen – europäischen wie amerikanischen – Banken zu trauen. Von der Niederlassung einer großen amerikanischen Bank in Frankfurt am Main weiß man, daß diese Kreditpapiere deutscher Unternehmer, denen als »Sicherheit« möglicherweise sogar Konstruktionsunterlagen beigefügt sind, direkt in die Vereinigten Staaten weiterleite. Bekannt wurde diese Vorgehensweise den Sicherheitskreisen nur, weil vier Mitarbeiter dabei nicht weiter mitmachen wollten. Der Fall – der kein Einzelfall sein dürfte – zeigt, wie erfindungsreich ausländische Dienste agieren, wenn es darum geht, die Konkurrenz auszuschalten.

Gezielte Desinformation

Erfindungsreich sind auch japanische Firmen, wenn sie sich mit Konkurrenten auseinandersetzen müssen. Sie greifen dabei gern bewußt zum Mittel der Desinformation. Damit japanische Mütter nicht etwa auf die Idee verfallen, ihren Kindern amerikanische Cornflakes oder Schokoriegel zu servieren, ließ eine Gruppe Tokioter Geschäftsleute, die dem Landwirtschaftsministerium nahestehen, einen Film produzieren, in dem amerikanische Jugendliche gezeigt wurden, die aufgrund des Verzehrs verseuchter Lebensmittel Mißbildungen erlitten hätten. Solche Desinformationskampagnen sind staatlich gesteuert. Regelmäßig wird in Japan etwa der amerikanische Flugzeughersteller Boeing wegen angeblicher Konstruktionsfehler jener Flugzeuge angegriffen, die an die japanische Fluggesellschaft ausgeliefert wurden. Immer wieder heißt es, die von Boeing vorgenommene Wartung sei »schlecht«, und man behauptet im gleichen Atemzug auch, Boeing sei für den Absturz eines japanischen Flugzeugs im Jahre 1985 verantwortlich. Solche Desinformationskampagnen entstehen aus einem sorgfältig abgestimmten Zusammenspiel von Regierung, Geheimdiensten und Wirtschaft.

Geheimdienstfachmann Erich Schmidt-Eenboom beschreibt in seinem Buch »*Die schmutzigen Geschäfte der Wirtschaftsspione*« einen weiteren Fall gezielter japanischer Desinformation, der dem französischen Maschinenbauer Machines Français Lourdes (MFL) großen Schaden zufügte: Im April 1988, so Schmidt-Eenboom, sei sich die französische Gegenspionageabteilung sicher gewesen, daß vier Mitarbeiter von MFL bei ihren Geschäften mit der Sowjetunion gegen die Embargobestimmungen der Cocom-Regelungen verstoßen hatten. Sie verbrachten Monate im Gefängnis. Ihre Karrieren waren zerstört. Erst 1992 sprach ein Pariser Gericht die Angeklagten in allen Punkten frei. Es sei die französische Tageszeitung *Libération* gewesen, die später enthüllt habe, wer den eigentlichen Vorteil aus dem Verfahren gegen den einheimischen Maschinenbauer gezogen hatte. Schmidt-Eenboom berichtet: »Der japanische Konkurrent Toshiba hatte mit gezielten Desinformationen den französischen Konkurrenten bei der DST denunziert. Zur gleichen Zeit hatte es nämlich in den USA eine Kampagne gegen Toshiba gegeben, in der dem japanischen Unternehmen vorgeworfen wurde, ähnliche Produkte wie MFL am Embargo vorbei in die Sowjetunion zu exportieren. Doch mit seiner Desinformationsoperation schaffte es Toshiba dann, das öffentliche Interesse auf die französische Konkurrenz zu lenken und diese auch noch mit Hilfe des französischen Geheimdienstes aus dem Geschäft zu drängen.«

Von Luftfahrttechnik bis zu Virtual Reality

Gefragt ist bei Amerikanern – aber auch bei Briten, Franzosen und Japanern – vor allem das Know-how von Unternehmen, die in folgenden Bereichen produzieren:
- Luftfahrt-, Rüstungstechnik, Navigation, zivile und militärische Nutzung der Kernspaltung, Telekommunikation und Pharmazie
- Biotechnologie/Medizin: angewandte Molekularbiologie, Medizintechnik
- Energie-/Umwelttechnik: Filtertechnik, Emissionskontrolle, Müllbeseitigung
- Information/Kommunikation: Software, Mikro- und Optoelektronik, Hochleistungsrechner und -netzwerke
- Hochdefinitions-Bildtechnik: Sensor- und Signaltechnik, Datenspeicherung und Peripheriegeräte, Computersimulation
- Materialtechnik: Materialsynthese, elektronische und photonische Materialien, Keramik, Verbundwerkstoffe, Hochleistungsmetalle und -legierungen
- Produktion: flexible computergesteuerte Fertigung (Roboter), Mikro- und Nanofabrikation; Systemmanagement-Technologien.

Manche Staaten unterstützen Wirtschaftsspionage nur auf einem oder einigen der zuvor aufgezählten Gebiete. So ist bekannt, daß Italien bei der Bekämpfung jeglicher Wirtschaftsspionage mit anderen Staaten zusammenarbeitet – mit einer Ausnahme: Die Ausspähung biotechnologischer und pharmazeutischer Betriebe wird im nationalen Interesse als legitim erachtet.

Häufig merken Unternehmen nicht einmal, daß sie sich im Visier von Geheimdiensten und Spionen befinden: Als zur Jahreswende 1998/99 die deutschen Stromenergiekonzerne von den Atomausstiegsplänen der rot-grünen Bundesregierung überrascht wurden, dachte wohl keiner der deutschen Atommanager auch nur im Traum daran, daß möglicherweise ihre Telefone im Privat- und Bürobereich fortan angezapft würden. Doch im französischen wie auch im britischen nationalen Interesse lag es, möglichst umgehend zu erfahren, auf welche Strategie sich die deutschen Stromerzeuger in ihren Gesprächen mit der Bundesregierung verständigten. Denn sowohl in Großbritannien als auch in Frankreich waren Arbeitsplätze durch den von der deutschen Regierung in Erwägung gezogenen Nuklearverzicht bedroht. Und so war es wichtig, sich umgehend darüber zu informieren, wie sowohl die Bundesregierung als auch die ihr gegenüberstehenden Stromkonzerne agieren würden. Dennoch war man in den Räumen des Veba-Konzerns verwundert, als man Ende Januar 1999 zum ersten Mal davon erfuhr, daß der französische Auslandsgeheimdienst die Leitungen der Veba-Manager angezapft hatte. Man darf vermuten, daß nicht nur die Veba, sondern auch die anderen deutschen Stromerzeuger Opfer solcher illegalen Lauschangriffe geworden sind. Und die Briten werden ebenfalls mitgehört haben, wenngleich – bislang – diesbezüglich noch nichts bekannt geworden ist.

Angriffsziele der Späher sind vor allem auch jene deutschen Unternehmen, die Millionenbeträge in die Entwicklung von Simulationsanlagen gesteckt haben. Deutschland ist in der Umsetzung von »Virtual-Reality-Technologien« weltweit führend. Neben den großen

Unternehmen in den Bereichen Automobil-, Anlagen- und Flugzeugbau setzen auch immer mehr Zulieferer verstärkt diese Technologien ein. Der Leiter der Virtual-Reality-Forschungsabteilung bei Volkswagen, Peter Zimmermann, sagt dazu: »Wir haben durch den Einsatz der virtuellen Realität die Entwicklungszeiten im Konzern gesenkt, Werkzeugfehler vermieden und die Qualität gesteigert.« Verwendung finden im VW-Konzern heute beispielsweise vier Stereoprojektionswände, auf denen Modelle künftiger Fahrzeuge dreidimensional in den unterschiedlichsten Perspektiven dargestellt werden können. Und der Projektleiter von Siemens KWU, Peter Gehrmann, glaubt an die Vorteile der virtuellen Realität im Kraftwerksbau. Doch wer digitale Prototypen entwickelt, muß sich zugleich der damit verbundenen Sicherheitsrisiken bewußt sein. Sobald auch nur die geringste Angriffsmöglichkeit besteht, können die Prototypen online komplett von außen abgezogen werden. Aber der Aufwand, einen Raum, in dem mit den Methoden der virtuellen Realität geforscht wird, absolut abhörsicher zu machen, ist enorm. Deshalb dürfte sie ein einträglicher »Erwerbszweig« für Wirtschaftsspione sein, zumal der Abzug dieses Know-how meistens erst dann bemerkt wird, wenn es zu spät ist.

Ein bislang nicht bekannt gewordener Fall betrifft einen westfälischen Maschinenbauer. Er investierte 1997 in seinem Geschäftsbereich Landtechnik Millionenbeträge in die Entwicklung eines Melkroboters. Bei einem amerikanischen Konkurrenten sollen nach Angaben aus deutschen Geheimdienstkreisen die Konstruktionsunterlagen sehr schnell vorgelegen haben; das Unternehmen aber hatte davon nichts mitbekommen. Als sich die Gerüchte um die Spionageaktivitäten verdichteten, reagierte die deutsche Firma auf eine außergewöhnliche Art: Sie kaufte den amerikanischen Konkurrenten im Frühjahr 1999 auf.

Ebenso soll es dem Daimler-Chrysler-Konzern ergangen sein, der im Mai 1998 das weltweit erste mit einer Brennstoffzelle betriebene Fahrzeug präsentierte. Mit dem Einbau der Brennstoffzelle wollte

Deutschland seine Führungsrolle in der Automobiltechnik bestätigen. Doch der französische Auslandsgeheimdienst soll bei DaimlerChrysler schon lange vor der offiziellen Präsentation des ersten Versuchsfahrzeugs unbemerkt Teile der Entwicklungsunterlagen kopiert haben. Das in Stuttgart-Untertürkheim entwickelte Brennstoffzellenfahrzeug wird mit Methanol betankt und wandelt diesen flüssigen Kraftstoff in Wasserstoff um. In der Brennstoffzelle bildet sich dann aus Wasserstoff und einem Luftgemisch jene elektrische Energie, die zum Antrieb des Fahrzeugs dient. Das Testfahrzeug erwies sich nicht nur als außergewöhnlich leise. Auch der Kohlendioxid-Ausstoß wird gegenüber konventionellen Motoren um etwa 50 Prozent verringert, und Schadstoffe wie Kohlenmonoxid und Stickoxide können sogar bis auf ein Hundertstel reduziert werden. Für die Entwicklung der neuen Technologie hatte Mercedes-Benz 1996 50 Millionen Mark bereitgestellt. Von 1997 bis 1999 wurden zusätzliche 150 Millionen in das Projekt investiert. Das für die Forschung zuständige Daimler-Chrysler-Vorstandsmitglied Klaus Dieter Vöhringer sagte 1998, bis zur Serienreife werde eine weitere Milliarde Mark zur Entwicklung der Brennstoffzellentechnik veranschlagt. Am Beispiel der Brennstoffzelle wird deutlich, welch großer Schaden der deutschen Wirtschaft durch den Diebstahl von Entwicklungsinterna drohen kann. Die deutschen Forschungsunterlagen seien – so heißt es aus Geheimdienstkreisen – vom französischen Auslandsgeheimdienst teilweise der Industrie unserer Nachbarn übermittelt worden.

Ein fleißiger Nigerianer

Es gibt viele Fälle von Industrie-, Konkurrenz oder Wirtschaftsspionage, von denen die Öffentlichkeit nichts erfährt. Einer davon betrifft den weltweit tätigen Bosch-Konzern. Dort hegt man keine Vorurteile gegen ausländische Mitbürger und stellte im Mai 1995 einen Nigerianer mit einem Zeitarbeitsvertrag ein. Bosch zählt zu den Marktführern für Übermittlungstechnik bei Schalt- und Schnittstellen im öffentlichen Telefonverkehr. Dieser Bereich ist ebenso wie die Raumfahrttechnik in Backnang ansässig. In der Abteilung Marketing arbeitete der Nigerianer anderthalb Jahre, ohne aufzufallen. Niemanden störte es, daß der Mann weder die deutsche Staatsbürgerschaft besaß noch die Sprache seines Gastlandes fließend beherrschte. Man zeigte sich weltoffen – und mußte eine herbe Enttäuschung hinnehmen, die anderen Unternehmen eine Warnung sein sollte.

Während der Nigerianer im ersten Beschäftigungsjahr die ihm übertragenen Aufgaben nach Vorschrift erledigte, stellten seine Mitarbeiter etwa von September 1996 an fest, daß er auch noch nach 19 Uhr im Büro arbeitete. Man schien eher Gefallen am vermeintlichen Fleiß des Afrikaners gefunden als Argwohn gehegt zu haben. Erst als der Mann im Dezember 1996 immer mehr Disketten von einer Sekretärin verlangte, obwohl es in seiner Abteilung nicht üblich war, mit diesen zu arbeiten – alle Informationen wurden per E-mail übermittelt –, schöpfte ein Vorgesetzter Verdacht. Als der Nigerianer dann auch noch fragte, wie man 50 Kilogramm Gepäck zum Flughafen befördern könne, wurde der Arbeitsplatz des Mannes kontrolliert. Seine Nachlässigkeit brachte die Sicherheitsabteilung auf eine interessante Spur: Der Afrikaner hatte eine Diskette im Laufwerk des Rechners vergessen, die eine detaillierte Beschreibung seines Tätigkeitsbereichs enthielt. Weitere Nachforschungen ergaben, daß er 250 E-mails mit 877 Seiten höchst vertraulichen Firmeninterna verschickt hatte. Bei der Abteilung Sicherheit schrillten jetzt die Alarmglocken, zumal der Nigerianer einige Tage später – am 14. Dezember 1996 – eine dreiwöchige Privatreise in die Vereinigten Staaten antreten wollte. Am 13. Dezember durchsuchte die Kriminalpolizei seine Wohnung. Dort wurden zahllose vertrauliche Bosch-Unterlagen gefunden, die teilweise nichts mit seinem Aufgabengebiet zu tun hatten. Noch am selben Tag stellte man fest, daß der Nigerianer die vertraulichen Bosch-Informationen per E-mail sowohl an ein amerikanisches Unternehmen als auch an einen amerikanischen

Universitätsprofessor geschickt hatte. Wegen des Verrats von Geschäftsgeheimnissen (§ 17 des Gesetzes über den unlauteren Wettbewerb) wurde unverzüglich Haftbefehl erlassen.

In der Öffentlichkeit wurde der Fall nicht bekannt, denn Bosch fürchtete einen Imageverlust. Obwohl das Kölner Bundesamt für Verfassungsschutz Interesse daran signalisierte, herauszufinden, ob der Fall einen geheimdienstlichen Hintergrund hatte, winkte man bei Bosch ab. Nach drei Tagen Untersuchungshaft wurde der Nigerianer wieder freigelassen. Bosch und der Staatsanwalt glaubten seiner Behauptung, der zufolge er aufgrund sprachlicher Verständigungsprobleme nicht gewußt habe, welche Sicherheitsvorschriften von ihm zu beachten seien. Auf offizielle Nachfrage erhält man deshalb heute von der Pressestelle des Bosch-Konzerns die Auskunft, der Mann habe sich lediglich in den Vereinigten Staaten bewerben wollen und daher »Arbeitsproben« übersandt – aus der Sicht von Bosch kein Tatbestand der Industriespionage, an deren Bekanntwerden ohnehin kein Interesse bestünde. Weil der Fall – wie viele ähnliche in anderen Unternehmen – nicht eingehend untersucht wurde, kann niemand ausschließen, daß der Mann in Wahrheit entweder im Auftrag eines amerikanischen Geheimdienstes, einer Privatfirma oder aber als »privater Schnüffler« bei Bosch tätig war.

Ein anderer, neuerer Fall, über den in Sicherheitskreisen derzeit debattiert wird, soll die Bremer STN Atlas Elektronik in der Sebaldsbrücker Heerstraße 235 betreffen. Das Unternehmen entwickelt zu rund 90 Prozent Geräte, die im militärischen Bereich Verwendung finden. Die Kürzungen der europäischen Verteidigungshaushalte haben das Unternehmen vor Schwierigkeiten gestellt, Käufern, die immer weniger zahlen wollen, weiterhin eigene innovative Produkte anbieten zu können. Dies ist jedoch problematisch. Und deshalb halten in neueren Waffensystemen immer mehr zivile Entwicklungen Einzug. Doch es gibt einige Bereiche, auf denen die STN Atlas Elektronik noch gegen die ausländische Konkurrenz bestehen kann: beispielsweise U-Boot-Sonarsysteme. In Sicherheitskreisen hieß es nun, daß die neuesten Forschungsergebnisse der STN Atlas Elektronik angeblich in den Labors des amerikanischen Anbieters Raytheon aufgetaucht seien – bislang ohne Wissen der Atlas Elektronik. In der Vergangenheit sollen Israelis bei dem deutschen Unternehmen schon Unterlagen aus den Bereichen Hochfrequenztechnik, optronische Sensorik, Radartarnung und Radartechnik abgezogen haben, ohne daß dies bemerkt worden wäre. Selbst wenn man den neuen Fall in Bremen bestätigt finden würde, wäre es doch unwahrscheinlich, daß die Öffentlichkeit darüber etwas erführe. Denn die STN Atlas Elektronik hat seit geraumer Zeit eine aufwendige *Firewall*, mit der es Computer-Eindringlingen unmöglich gemacht werden soll, Daten abzuziehen. Ein Fachmann, der diese Firewall kennt, hebt hervor: »Intern weiß man, daß sie nur dazu dient, das Gewissen zu beruhigen, denn für Geheimdienste ist sie natürlich leicht zu knacken.«

Beispiele wie dieses zeigen, daß deutsche Unternehmen kein Interesse daran haben, mit Verdachtsfällen von Wirtschaftsspionage in einem Atemzug genannt zu werden. Einer Statistik zufolge leiten sie nur drei von 100 Fällen an staatliche Behörden weiter. Das ist in den Nachbarstaaten nicht anders. In der Schweiz etwa wurden von 1980 bis Dezember 1998 336 Spionagefälle bekannt; davon betrafen 83 den Bereich der Wirtschaftsspionage. Das aber ist nur die Spitze eines Eisbergs. Wilhelm Vosselmann, Oberst a. D. des Militärischen Abschirmdienstes und Vorsitzender des bayerischen Verbandes für Sicherheit in der Wirtschaft, betont: »Eine ordentliche nachrichtendienstliche Operation wird nicht sichtbar. Dem betroffenen Unternehmen wird nicht oder zu spät klar, daß man ihm etwas geraubt hat.« Und Sicherheitsberater Hans-Georg Wolf, der früher für das DDR-Außenministerium arbeitete, konstatiert: »Deutschland wird international in vielen Bereichen als weiße Fläche im Sicherheitsatlas der Welt betrachtet.«

Interessen – aber keine Moral

Josef Karkowsky, der frühere langjährige Leiter der Bonner Arbeitsgemeinschaft für Sicherheit in der Wirtschaft (ASW) – sie wird überwiegend vom Deutschen Industrie- und Handelstag (DIHT) finanziert –, berichtet: »Bei allen damit befaßten Behörden ist die Auswertung solcher Fälle seit der Wiedervereinigung schwach.« Die mittels elektronischer Methoden erfolgte Ausspionierung deutscher Unternehmen hinterlasse keine Spuren. Karkowsky: »Und was ein deutscher Unternehmer nicht sieht, das stört ihn offenbar auch nicht.« Auch bei der sogenannten Gesprächsaufklärung verhielten sich deutsche Firmen »naiv«. Bei Messen und Firmenbesuchen setzten sowohl die Vereinigten Staaten als auch Frankreich, Großbritannien und Israel – jedoch ebenfalls Geheimdienste aus dem Osten – »nachrichtendienstlich geschulte Leute ein, die gezielt Themen abklären«. Auch das entziehe sich der staatlichen Aufklärung, denn »diese Leute arbeiten wie Journalisten«. Solche Fälle lägen beispielsweise vor, wenn in amerikanischen Kongreßberichten von »offener Beschaffung« gesprochen werde. Neben den Vereinigten Staaten sind auch die schon erwähnten Japaner führend auf diesem Gebiet der Informationsbeschaffung. Nur der dritten Ebene der Wirtschaftsspionage, der »menschlichen Quelle«, verdanken deutsche Ermittlungsbehörden derzeit die Möglichkeit, sich von den nachrichtendienstlichen Aktivitäten ein Bild zu machen. Doch auch hier gibt es nur wenige Fälle, die bekannt werden, weil man sich nach Angaben von Karkowsky »zwischenstaatlich darauf geeinigt hat, Agenten, die bei der Spionage enttarnt werden, abzuschieben«. Karkowsky, der bis Dezember 1994 im Kölner Bundesamt für Verfassungsschutz als Leiter der Abteilung »Geheim- und Sabotageschutz« arbeitete, erklärt: »Einen solchen Fall haben wir beispielsweise beim britischen Spion in der Deutschen Bundesbank. Ein paarmal wurde darüber öffentlich berichtet, dann wurde es still.«

Karkowsky ist verärgert über das dreiste Auftreten ausländischer Geheimdienste in deutschen Firmen. Am 9. November 1993 wurde die ASW gegründet – »Zentralorgan der Wirtschaft« in Sicherheitsfragen von Spitzenverbänden der Wirtschaft und den Landesverbänden für Sicherheit in der Wirtschaft. Es ist ein gemeinnütziger Verein mit Sitz in Bonn. Karkowsky hat die ASW aufgebaut. Ihre Aufgabe besteht darin, Sicherheitsbelange der gewerblichen Wirtschaft gegenüber Politik und Verwaltung zu vertreten. Sie soll auch die Zusammenarbeit zwischen Staat und gewerblicher Wirtschaft vertiefen. Die ASW berät und unterstützt ihre Mitglieder bei der Geltendmachung von Sicherheitsinteressen. Sie übernimmt dabei auch die Koordinierung der Planung und Organisation von Schutzkonzepten. Herausgegeben werden von ihr regelmäßig die »Sicherheitsinformationen«, Sonderinformationen, Lageberichte und Länderanalysen. Mitglieder sind beispielsweise der DIHT, der Bundesverband der Deutschen Industrie, die Bundesvereinigung der Deutschen Arbeitgeberverbände, der Zentralverband des Deutschen Handwerks und der Bundesverband Deutscher Wach- und Sicherheitsunternehmer. Nur dank dieser übergreifenden Privatinitiative sind deutsche Unternehmen in der Lage, zwar mühselig, aber gleichwohl durchaus effektiv zumindest einige Fälle zusammenzutragen, die von den Behörden als Verschlußsachen der Öffentlichkeit vorenthalten werden. Karkowsky resümiert: »Staaten haben auf dem Gebiet der Wirtschaftsspionage Interessen, aber keine Moral.«

Operation »Jetstream«

Ohne Moral und Skrupel geht auch der britische Auslandsgeheimdienst MI6 vor, wenn er französische Staatsunternehmen ausspioniert. So entwendete der MI6 im Sommer 1996 aus dem französischen Marinehafen Brest eines der bestgehüteten Geheimnisse der Nuklearmacht Frankreich: Französische Fachleute hatten damals eine Methode erarbeitet, die es erlaubte, mittels Satelliten den Unterwasserkurs von Atom-U-Booten zu verfolgen. Britische Agenten bestachen einen an der Entwicklung Beteiligten, um sich der Unterlagen zu bemächtigen. Während des Ost-West-Konfliktes waren alle Atommächte immer genau darüber informiert, wo sich die landgestützten Abschußrampen der potentiellen Gegner befanden. Aus der Sicht des britischen Verteidigungsministeriums wäre es daher einer Katastrophe gleichgekommen, wenn einzig Frankreich über eine technische Möglichkeit zur Aufspürung auch von Atom-U-Booten verfügt hätte. Deshalb rief MI6 die Geheimoperation »Jetstream« ins Leben. Journalisten und Rüstungsfachleute wurden angeheuert und eingeweiht. Es waren vornehmlich Mitarbeiter, die schon seit Jahrzehnten »unauffällig« und freundschaftlich Kontakt zu französischen Rüstungsexperten sowie Entwicklungsspezialisten unterhalten hatten und die man jetzt für die nationale Aufgabe nutzen wollte.

Atom-U-Boote verändern die Wasseroberfläche auch dann, wenn sie in großer Tiefe fahren. Dies ist jedoch mit bloßem Auge nicht zu erkennen. Nur ein Satellit, der diese Bewegungen auswertet, kann sie berechnen und daraus ableiten, welchen Kurs ein Atom-U-Boot eingeschlagen hat. Französische Fachleute waren also in der Lage, den Kurs britischer Atom-U-Boote zu berechnen, doch die Briten konnten ihrerseits die französischen Atom-U-Boote nicht orten. Bezeichnend ist in diesem Zusammenhang die Aussage eines von der *Sunday Times* zitierten britischen Geheimdienstoffiziers: »Unsere Admiralität war schockiert. Da Frankreich sich weigerte, das militärische Geheimnis mit den Briten zu teilen, war ein Auftrag an den MI6 unvermeidlich.«

Doch die Briten hatten sich vielleicht zu früh über die gelungene Spionage-Operation gefreut – ein französischer Agent berichtete dem Autor, daß man sich »revanchiert« habe. Im Gegenzug habe man der britischen Marine die Projektunterlagen über die sogenannten »Trimarane« geraubt. Das ist die nächste Generation britischer Kriegsschiffe, die zum Teil mit drei Rümpfen ausgestattet sind. Den

Prototypen baut der Hauptausrüster der Royal Navy, Vosper Thorneycraft: einen 300 Meter langen »Stealth Trimaran Aircraft Carrier« (STAC) mit einer Deckbreite von 100 Metern – dreimal so breit wie die derzeitigen britischen Flugzeugträger. So sollen künftig bis zu 30 Flugzeuge zugleich abgefertigt werden können. Die notwendigen Studien hatte die Forschungsagentur für Verteidigung, DERA, erstellt. Dort wollen die Franzosen auch die neue Technik abgezogen haben. Die neuen Kriegsschiffe werden über entscheidende Vorteile verfügen: So ist der Wasserwiderstand gegenüber herkömmlichen Schiffen um 20 Prozent geringer. Sie haben nicht nur eine höhere Stabilität bei starkem Wellengang und machen die Landung auf dem Deck einfacher, sondern benötigen auch weniger Antriebsenergie. Zudem wird die Radarerfassung erschwert.

Nur durch Zufall wurde der hier geschilderte britisch-französische Spionagefall bekannt. Doch Karkowsky ist sich sicher: »Wer weiß, daß unsere Nachbarstaaten ihre Geheimdienste im nationalen Interesse zwar ausbauen, aber nicht glaubt, daß sie diese nicht auch gezielt gegen deutsche Firmen einsetzen, der ist naiv. Denn Wirtschaftsspionage ist aus der Sicht dieser Staaten auch ein Gebiet des nationalen Interesses.« Karkowsky berichtet über »eine Reihe von Fällen«, in denen das Bundesamt für Verfassungsschutz nachrichtendienstliche Aktivitäten der Vereinigten Staaten und anderer befreundeter Staaten erfaßt habe: »Die haben ihre Leute dann auch immer sofort abgezogen. Trotzdem ist Deutschland aus der Perspektive der Spionageabwehr eine Wüste. Ich habe von unseren Sicherheitsbehörden den Eindruck gewonnen, daß sie sich noch immer nicht vom Kalten Krieg lösen können und ihr Augenmerk vorwiegend nur auf Nachrichtendienste der GUS-Staaten und sogenannter Risikoländer wie Irak und Iran richten.«

Während Karkowskys Zeit im Bundesamt für Verfassungsschutz seien – so berichtet ein anderer ehemaliger Mitarbeiter – die US-Amerikaner in den Abteilungen aktiv gewesen »wie die Fliegen«. »Ich mußte immer darauf achten, daß sie nicht die Sachbearbeiter angingen. Sachbearbeiter haben normalerweise keine Außenkontakte und fühlen sich besonders geehrt, wenn sie eingeladen werden. Doch das Ziel solcher Einladungen ist klar – Abschöpfung.«

Fort Knox – die Siemens-Bunker

In Karkowskys Ära beim Kölner Bundesamt ereignete sich auch der neben der »Lopez-Affäre« wohl bekannteste deutsche Fall von Wirtschaftsspionage: die Geschichte um den Milliardenauftrag an den Siemens-Konzern, Hochgeschwindigkeitszüge für Südkorea zu bauen. Im Spätsommer 1993 war man sich gewiß, den Auftrag zu bekommen. Die Züge sollten auf der 422 Kilometer langen Strecke zwischen Seoul und Pusan verkehren. Doch im September erhielt das britisch-französische Konsortium GEC Alsthom den Zuschlag. Siemens glaubte damals belegen zu können, daß der Konkurrent die internationale Siemens-Kommunikation abgehört hatte – Wirtschaftsspionage. Der damalige Leiter des Bereichsvorstands Verkehrstechnik bei Siemens, Wolfram Martinsen, forderte die Offenlegung des Entscheidungsverfahrens in Südkorea. Doch wenige Tage später nahm Siemens den Vorwurf der Wirtschaftsspionage zurück. Treffen Presseberichte zu, so haben sich die beiden konkurrierenden Konzerne auf Vorstandsebene geeinigt – wie es später auch im ähnlichen Fall zwischen Volkswagen und General Motors geschah. (Das Landgericht Darmstadt stellte im Sommer 1998 den Fall Lopez gegen eine Zahlung von 400 000 Mark ein. Lopez gilt offiziell nicht als schuldig.) Für Siemens erwies sich diese Episode als besonders schmerzhaft, weil der Konzern zwar Chiffrier- und Dechiffriergeräte entwickelt, diese aber im eigenen Unternehmen offenkundig nicht eingesetzt hatte.

Die Zeitung *Münchner Merkur* berichtete am 26. November 1993 über die aufwendigen neuen Sicherheitsvorkehrungen bei Siemens und verglich diese mit »Fort Knox«. Unter dem Parkplatz des Bereichs Anlagentechnik sollte ein unterirdisches Bunkersystem entstehen, in dem man fortan jene Rechner, auf denen die wichtigsten EDV-Anlagen installiert waren, unterbringen und sie somit vor fremdem Zugriff und merkwürdigen System-Ausfällen schützen wollte. Die einzelnen Bunker wurden durch 20 Meter lange Röhren mit 3,50 Meter Durchmesser verbunden. In dem Artikel »Siemens baut Fort Knox unterm Parkplatz« hieß es, es handle sich um das weltweit erste System-Sicherheitszentrum: »Mit modernster Sicherheitstechnik werden Datenverarbeitungsanlagen u.a. nahezu hundertprozentig vor Sabotage, Brand, Abhören und Funkstörungen geschützt.« Das Eindringen in Siemens-Daten wurde Spionen von nun an erschwert.

Wer mutmaßt, leitende Mitarbeiter deutscher Sicherheitsbehörden wie Karkowsky seien von offizieller Seite angewiesen worden, in solchen Fällen wie dem vorgenannten nicht zu ermitteln, der irrt. Karkowsky: »Eine solche Vorgabe hat es nie gegeben.« Doch er erinnere sich an den Ausspruch des früheren Bundeskanzlers Kohl: »Spione glauben, sie seien wichtig. Sie sind es aber nicht.« Diese Auffassung sei kennzeichnend für die Einstellung der deutschen Politik gegenüber der Spionageabwehr. Kohl brachte weder bei seinen zahlreichen Besuchen in Moskau noch in Tel Aviv, Washington, Paris oder London Spionagefälle zur Sprache. Diese Tradition scheint auch die von Bundeskanzler Schröder geleitete Regierung fortsetzen zu wollen, denn vom Nachfolger Kohls ist bislang ebenfalls nicht bekannt geworden, daß er sich im Ausland energisch die Wühltätigkeit der Nachrichtendienste verbeten hätte.

So kämpft Karkowsky letztlich mit der Arbeitsgemeinschaft für Sicherheit in der Wirtschaft auf ziemlich verlorenem Posten. Mit einem Jahresetat von 200 000 Mark und nur drei Mitarbeitern – darunter eine Halbtagskraft – kann sich die ASW wohl kaum zu einer schlagkräftigen Institution entwickeln, die Wirtschaftsspione das Fürchten lehrt. Die ASW sieht sich deshalb auch eher als eine »reine Pressestelle für Sicherheitsfragen. Zu mehr reicht es nicht«, heißt es. Die deutsche Industrie, die die ASW finanziert, scheint sich darüber keine Gedanken zu machen.

Auf dem Weg zum Wirtschaftskrieg

Der Sicherheitsbeauftragte eines süddeutschen Konzerns mit 43 000 Beschäftigten, der eng mit französischen und britischen Firmen zusammenarbeitet und beinahe wöchentlich Fälle von Industriespionage zu bearbeiten hat – er möchte namentlich nicht erwähnt werden –, erklärt das Schweigen der Unternehmen zur Wirtschaftsspionage befreundeter Staaten wie folgt: »Sprechen Sie in der Öffentlichkeit darüber, wenn Sie mit Ihrer Frau gewisse Probleme haben? Was bringt das denn der Öffentlichkeit außer der Befriedigung einer Sensationsgier? Wenn wir unsere französischen, britischen, amerikanischen, aber auch israelischen ›Freunde‹ bei solchen Tätigkeiten erwischen, dann regeln wir es wie in einer Ehe: Man spricht offen darüber und bleibt entweder weiter zusammen, oder man trennt sich. Doch die Öffentlichkeit geht das nichts an. Und weil wir auf diesem Gebiet üble Erfahrungen gemacht haben, trauen wir auch den besten Verschlüsselungsmethoden nicht. Wenn wir wirklich vertrauliche Mitteilungen an unsere weltweiten Filialen weitergeben müssen, dann reist eben ein Mann mit einer Aktentasche dorthin. Wir würden niemals mehr in der Endphase einer Ausschreibung Faxgeräte oder Telefone benutzen. Daraus können Sie Ihre Schlüsse ziehen. Wenn ich einem Vorstandsvorsitzenden vor einem Jahrzehnt erklärt habe, daß wir regelmäßig Opfer von Wirtschaftsspionage werden, dann schaute man mich mit großen, erstaunten Augen an, und ich spürte – der versteht nichts davon. Heute hat sich das zumindest ein wenig geändert. Die Presse berichtet darüber, und deshalb haben auch die Vorstände allmählich ein offenes Ohr für das, was auf diesem Gebiet passiert. Es ist Krieg – Wirtschaftskrieg. Und die Strategien, in diesem zu überleben, die muß man jedem einzelnen Mitarbeiter auf dem Gebiet der Sicherheit immer wieder einschärfen.«

Teil dieses Wirtschaftskriegs ist auch die gegen deutsche Unternehmen gerichtete gezielte Desinformation durch ausländische Dienste. Ein Opfer dieser Desinformation wurde 1990 etwa der bayerische Flugzeugbauer Dornier. Dieser hatte Mitte der achtziger Jahre den rein zivil genutzten Flugzeugtyp Do 228 entwickelt, eine Maschine für den Transport von bis zu 20 Personen. 1990 gab es Gespräche zwischen Dornier und der Islamischen Republik Iran über die Lieferung von insgesamt 24 Flugzeugen dieses Typs. Sie sollten im Iran beispielsweise bei der Landvermessung eingesetzt werden. Als die Verträge unterschriftsreif waren, verweigerte das Ausfuhramt die erforderliche Genehmigung. Eine Nachfrage des Unternehmens ergab, daß dieses Flugzeug angeblich für militärische Zwecke umgebaut werden könnte. Dornier nahm Abstand von dem Verkauf. Einige Monate später wurde bekannt, daß Großbritannien den Teheraner Auftrag übernommen hatte. Ein damals für Dornier tätiger Sicherheitsberater berichtete dem Autor, man habe Belege dafür gehabt, daß es die Briten gewesen seien, welche die deutsche Ausfuhrgenehmigung mit gezielter Desinformation verhindert hätten.

MI6 hatte sich offenbar die Tatsache zunutze gemacht, daß die Do 228 auch an die Bundeswehr und an die italienische Luftwaffe ausgeliefert worden war, dabei jedoch verschwiegen, daß sie von beiden ausschließlich zur Verfolgung von Schiffen, die illegal Öl und Abfälle in Nordsee und Mittelmeer verklappen, eingesetzt werden. Dieser Fall ist nur die Spitze eines Eisbergs.

Karkowsky und der Lüneburger Professorin Wilma Merkel ist es zu verdanken, daß in Deutschland künftig auf hohem Niveau Weiterbildungskurse angeboten werden, in denen man sich über die Wirtschafts- und Konkurrenzspionage, aber auch über Desinformation und deren Abwehr informieren kann – eine Gegenstrategie zu den Gefahren des Wirtschaftskriegs (bei der ASW gibt es außerdem eine Broschüre zum Thema »Wirtschaftsspionage – Anleitung zur Prävention«). Allen Industrie- und Handelskammern wurde im Januar 1999 ein entsprechendes Konzept als Weiterbildungsmaßnahme angeboten. Entwickelt wurde es unter der Federführung der Bildungs

GmbH des Deutschen Industrie- und Handelstages in Zusammenarbeit mit den Industrie- und Handelskammern Köln, München, Volkswagen AG sowie dem Verwaltungsgericht Stade und der Universität Lüneburg. Zielgruppen sind Unternehmer, Geschäftsführer, Personalleiter, Experten aus dem Controlling, Leiter von Forschungs- und Entwicklungsabteilungen sowie Chefs von Finanz- und Verwaltungsbereichen. Die Kurse orientieren sich dabei an jenen, die in anderen westlichen Staaten schon seit Jahrzehnten auf diesem Gebiet angeboten werden. So führt das amerikanische »National Security Studies Program« (NSSP) der Washingtoner Georgetown-Universität schon seit 1977 entsprechende Veranstaltungen durch. Die Absolventen sind heute nicht nur für die 17 500 Mitarbeiter zählende CIA, sondern auch für Unternehmen wie Lockheed-Martin und im Pentagon tätig.

Russische Wühlarbeit

Es ist keineswegs so, daß ausländische Spionageoffiziere ihre Aktivitäten in Deutschland verleugnen. Der frühere russische KGB-Offizier Oleg Kaljugin jedenfalls sagte in einem Gespräch mit der Zeitung *Europe Today* am 17. November 1997: »Deutschland ist eines der wichtigsten westeuropäischen Länder und ein Mitglied des westlichen Bündnisses, an dem die Russen interessiert sind. Ich bin mit den gegenwärtigen Geheimdienstaktionen nicht so vertraut. Früher hatten wir jedoch mit der Hilfe der Stasi hervorragenden Zugang zu militärischen, geheimdienstlichen, behördlichen und politischen Kreisen in der Bundesrepublik. Sie [SWR, SWB, GRU] werden eine Gegenleistung verlangen. Ich fürchte, daß die Deutschen nie viele Spione in Moskau belassen haben. Das geht aus westdeutschen Geheimdienstdokumenten eindeutig hervor. In dieser Hinsicht können sie den Russen nicht das Wasser reichen, die zahlenmäßig immer gut bestückt waren.«

Fast zeitgleich mit dieser Äußerung fiel die Festnahme zweier Agenten des russischen Aufklärungsdienstes SWR am 19. November 1997. In der Tageszeitung *Die Welt* hieß es dazu am 1. Dezember 1997: »Die beiden Männer werden beschuldigt, von 1983 bis 1994 Informationen aus deutschen Flugzeugwerken an das DDR-Ministerium für Staatssicherheit (MfS) übermittelt zu haben. Ohne ihr Wissen sei das Material – von 1984 an – dem KGB und später SWR in Moskau zugeleitet worden.« Einer der Beschuldigten war seit 1980 bei der Dasa beschäftigt. Laut Klageschrift der Bundesanwaltschaft hatte er sich 1983 zur Mitarbeit beim MfS verpflichtet und Informationen über die Fertigung eines Verkehrsflugzeugs, an der er beteiligt war, geliefert. Der Bericht der *Welt* fährt fort: »Im Dasa-Werk Hamburg-Finkenwerder werden Schalenteile für Airbus-Rümpfe gefertigt, in Stade Seitenleitwerke im Kohlefaserverbund. In Bremen montiert die Dasa Airbus-Flügel. Fachleute aus Industriekreisen vermuten, für die Sowjetunion und später das heutige Rußland müßten Elektronikkenntnisse beim Airbus-Bau von besonderem Interesse sein, vor allem das System ›Fly by wire‹, bei dem Computersteuerfehler über Laserlichtleitungen gehen.«

Wenige Wochen zuvor, am 23. Oktober 1997, hatte die *Welt* über die Festnahme des damals 40 Jahre alten französischen Nuklearphysikers Francis Temperville berichtet. Er stand im Verdacht, einem russischen Geheimdienst wichtige Informationen aus einem französischen Atomforschungszentrum geliefert zu haben. Der Mann war bei der staatlichen Atomenergiekommission (CEA) angestellt und galt dort als brillanter Wissenschaftler. Die Anwerbung entsprach nach Angaben der *Welt* vom 23. Oktober 1997 den klassischen Methoden. In dem Bericht hieß es: »Der gerade 30 Jahre alte Doktor, der von der Gründung einer eigenen Elitehochschule träumte, suchte Anfang 1987 per Kleinanzeige als Nebenjob Nachhilfeschüler in Physik und Mathematik. Das war der Anfang seiner Agentenkarriere.« Ein mit englischem Akzent sprechender Interessent – er stellte sich als »Serge« vor – war in Wahrheit der sprachbegabte Zweite Sekretär an der sowjetischen Botschaft in Paris. Nebenher – das dürfte kaum verwundern – war »Serge« auch noch KGB-Offizier. Unter dieser falschen Identität freundete sich »Serge« mit Francis Temperville an. Die *Welt* berichtet weiter: »Als der französische Forscher wegen seiner exzellenten Fähigkeiten im Oktober 1989 in den Militärbereich der CEA wechselt, wird er unter der höchsten Sicherheitsstufe ›vergattert‹. Insgesamt vier Jahre liefert Temperville Dokumente, die einen perfekten Überblick über den Stand der französischen Atomrüstung ermöglichten. 160 000 Franc (rund 50 000 Mark) will Temperville dafür erhalten haben.« Die getroffenen Sicherungsmaßnahmen der Franzosen scheinen nachlässig gewesen zu sein. In dem Artikel heißt es: »Am Fotokopierer seines Arbeitsplatzes, so erinnerten sich später seine Kollegen, war er Stammgast. Pfundweise schleppte er aus dem Sicherheitsbereich in Plastiksäcken Material über die Atomtests im Mururoa-Atoll, die der höchsten Geheimhaltungsstufe unterlagen.«

Frühere Stasi-Spitzel – heute in Diensten der CIA

Der geschilderte Fall zeigt die chronische Vernachlässigung einfachster Sicherheitsvorkehrungen. Aufgedeckt wurde der Fall erst durch einen Überläufer. Am 13. Oktober 1997 berichtete der *Spiegel* über die Enttarnung dreier ehemaliger Agenten der Hauptverwaltung Aufklärung (HVA) des MfS. Eher beiläufig wird in dem Artikel erwähnt, daß amerikanische Geheimdienste nach der Wende Teile der Aktenbestände der HVA an sich bringen konnten: »Was im Jubel der US-Presse über den vermeintlich großen Fang untergeht, ist, daß Amerikas eigenwilliger Umgang mit den gestohlenen Akten hierzulande die Aufarbeitung der Stasi-Vergangenheit blockiert. Denn die Ermittlungsakte des FBI gegen das Agententrio scheint zu belegen, was Spezialisten der Gauck-Behörde seit langem vermuten: Die Amerikaner besitzen größere Aktenbestände, vielleicht sogar die Datensätze des sogenannten Inlandsnetzes der HVA. Ähnlich wie die anderen Diensteinheiten des MfS unterhielt auch die Spionagetruppe ein Netz von IM in der DDR. Die Zehntausende von Spitzeln umfassende Truppe ist bis heute nicht enttarnt.« Diese Berichte nahm die Arbeitsgemeinschaft für Sicherheit in der Wirtschaft zum Anlaß, um in ihrem »Sicherheitsinfo« vom 18. Dezember 1997 zu warnen: »Die Wahrscheinlichkeit, daß diese Information zutrifft, ist groß. Den Nachrichtendiensten der USA eröffnet sich damit seit Jahren die operative Möglichkeit, solche Netze für sich umzufunktionieren. Die deutsche gewerbliche Wirtschaft gerät damit zwangsläufig in das Visier der amerikanischen Aufklärung. Die Möglichkeiten amerikanischer Dienste sind aus ihrem finanziellen Budget ablesbar. Erstmalig hat nach einer Meldung der *International Herald Tribune* vom 17. Oktober 1997: ›CIA bares its big secret: Costs of Spying‹ das nachrichtendienstliche Budget der Dienste offengelegt. Es liegt danach bei jährlich 26,6 Milliarden Dollar. Aus diesen Informationen ist nur eine Schlußfolgerung zu ziehen. Prävention ist die einzige Chance, Unternehmen vor Informationsverlusten zu schützen.«

Fachtagungen – Einladungen für Spione

Doch für solche Informationsverluste ist die deutsche Wirtschaft an allen Ecken und Enden offen: Ein Highlight für die gegen deutsche Unternehmen gerichtete Wirtschaftsspionage war etwa Ende Mai 1998 ein von der Deutschen Gesellschaft für Chemisches Apparatewesen, Chemische Technik und Biotechnologie e.V. (DECHEMA) veranstaltetes »Weiterbildungstreffen«. Was aus Sicht der DECHEMA dem Ziel diente, deutsche Wissenschaftler über den Tellerrand hinausblicken zu lassen, war aus der Sicht der Wirtschaftsspione ein gefüllter Gabentisch. Rund 2000 Fachleute aus Wissenschaft, Wirtschaft und Behörden trafen sich in Wiesbaden, um an drei Tagen unter 500 Vorträgen auswählen zu können. Der Vorsitzende der DE-

CHEMA, Professor Utz-Hellmuth Felcht, wurde in jenen Tagen von der Zeitung *Handelsblatt* mit dem Satz zitiert: »Für viele Wissenschaftler ist es wichtiger zu publizieren, als ein Patent anzumelden.« Er setzte sich dafür ein, unter den Wissenschaftlern den Blick dafür zu schärfen, daß die Verwertungsrechte von deutschen Erfindungen nicht ins Ausland abgezogen werden. Auf die Wirtschaftsspionage angesprochen, sagte der Projektleiter der DECHEMA-Jahrestagung, Dr. Nick, dem Autor: »Wir als gemeinnütziger Verein dürfen bei einer solchen Veranstaltung gewisse Personen nicht ausgrenzen – auch wenn wir es wollten.« Selbst wenn ein Teilnehmer Orden des französischen Geheimdienstes tragen und sich als dessen Mitarbeiter »outen« würde, könne man ihm den Zutritt nicht verwehren.

Eine der Hauptaufgaben der DECHEMA besteht darin, Neuentwicklungen aufzuspüren, zu fördern und voranzutreiben. DECHEMA-Chef Felcht weiß, wovon er spricht, denn er ist zugleich Vorstandsmitglied der seit dem Sommer 1999 aufgrund einer Fusion in Aventis umbenannten Hoechst AG. Auch diese ist in der Vergangenheit immer wieder das Ziel europäischer, asiatischer, amerikanischer und auch östlicher Spione geworden, ohne darüber die Öffentlichkeit zu informieren. So geriet man 1998 mehrfach ins Visier asiatischer Industriespione, die es auf den von Hoechst entwickelten neuen Kunststoff »Topas« – »Thermoplastic Olefin Polymer of Amorphous Structure« – abgesehen hatten. »Topas« entsteht aus den Grundbausteinen Äthylen und Norbonen. Beim Recycling bilden sich – selbst im Falle der Verbrennung – keine toxischen Nebenprodukte. Hoechst könnte mit »Topas« einen großen Markt (medizinische Bauteile, Verpackungen und technische Linsen) beliefern – wenn die Asiaten den Deutschen nicht zuvorkommen. Offiziell nicht bestätigt werden von der Hoechst AG auch jene Gerüchte, denen zufolge man dem Unternehmen die Forschungsunterlagen über einen neuen Ozonfilter – zunächst unbemerkt – entwendet haben soll. Diese kostspielige Eigenentwicklung soll künftig etwa in Klimaanlagen und Fahrzeugen dafür sorgen, daß bei hochsommerlichen Temperaturen das schädliche Ozon nicht mehr in Innenräume gelangt. Mit einem solchen Produkt würde sich der Hoechst AG weltweit ein Milliardenmarkt erschließen. Man darf gespannt darauf sein, ob der Ozonfilter – wie aus Sicherheitskreisen behauptet – nicht zuvor von jenem anderen westlichen Konkurrenten auf den Markt gebracht wird, der angeblich die Forschungsunterlagen bei Hoechst »abgezogen« haben soll.

Die oben erwähnte DECHEMA ist auch Veranstalter der vom 22. bis 27. Mai 2000 in Frankfurt stattfindenden Messe »ACHEMA 2000«, des wichtigsten Forums für Fachleute aus der chemischen Technik, dem Umweltschutz und der Biotechnologie. Die im Januar 1999 verschickten Einladungen lesen sich auch wie Einladungen für die Wirtschaftsspione der Welt. In ihnen heißt es etwa: »Die ACHEMA wird auch im 80. Jahr ihres Bestehens ein Feuerwerk innovativer Ideen zünden und als technikorientierte Leistungsschau modernste Technik und wissenschaftlichen Fortschritt greifbar machen... Das Tagungsprogramm mit mehr als 700 Vorträgen bildet neben der Ausstellung den zweiten Eckpfeiler der ACHEMA und bietet sowohl Experten aus Wissenschaft und Forschung als auch den Ausstellerfirmen gleichermaßen die Möglichkeit, neue Erkenntnisse und technische Neuentwicklungen vor internationalem Fachpublikum zu präsentieren.« Wie praktisch ist es doch, daß die Aussteller schon jetzt Lagepläne bereithalten, auf denen man erkunden kann, wo die Themen »Forschung und Innovation, Meß-, Regel- und Prozeßleittechnik, Bitechnik« oder aber »Werkstofftechnik und Materialprüfung« präsentiert werden. In den Vereinigten Staaten etwa wäre es bei ähnlichen Veranstaltungen selbstverständlich, daß in deren Planungen von vornherein staatliche Sicherheitsbehörden einbezogen würden, um ausländischen Spionen die Arbeit zu erschweren. Doch in Deutschland – Fehlanzeige.

Nun kann natürlich niemand ernsthaft empfehlen, solche Tagungseinladungen als »Verschlußsache« zu behandeln. Doch der Blick über die Grenzen unseres Landes lehrt, daß Vorsicht auch auf diesem Gebiet angebracht ist. Im Jahresbericht des amerikanischen

National Counter Intelligence Center (NACIC) an den Kongreß über ausländische Wirtschaftsaufklärung und Industriespionage im Jahr 1997 heißt es jedenfalls unter Punkt 15: »Internationale Ausstellungen, Tagungen und Seminare bieten ausländischen Beschaffern reiche Abschöpfungsmöglichkeiten. Diese Veranstaltungen bieten eine direkte Kombination von Programmen, Technologien und dem dazugehörigen Fachpersonal. Bei diesen Zusammenkünften zapfen ausländische Beschaffer US-Wissenschaftler und Geschäftsleute an, um Einblick in US-Produkte und -Leistungen zu erhalten. Aus Berichten der amerikanischen Rüstungsindustrie geht hervor, daß Beschaffungsabsichten bei diesen Veranstaltungen für gewöhnlich erwartet werden, an der Tagesordnung sind und häufig die Abschöpfung offener Quellen einschließen. Die Spionageabwehrorgane bemühen sich zunehmend darum, der Privatwirtschaft die Augen über die ausländische Aufklärungsbedrohung zu öffnen, und führen vor derartigen internationalen Symposien eine Reihe von Einweisungen zur Wahrnehmung solcher Bedrohungen durch. Als Beispiel sollen hier Vorträge zu Spionageabwehr und Sicherheitsbewußtsein vor US-Vertretern, die den Besuch oder die Unterstützung der internationalen Flugschauen in Paris und Farnborough planten, genannt sein.« Auf derartige Einweisungen durch staatliche Behörden hierzulande müssen deutsche Wissenschaftler ebenso wie Firmeninhaber leider verzichten.

Von den Behörden im Stich gelassen

Während in den Vereinigten Staaten die regierungs- (und geheimdienst-)nahe Organisation »American Society for Industrial Security« (ASIS) zur Verbesserung der Standards der industriellen Sicherheit ins Leben gerufen wurde, fühlt man sich in Deutschland von der Regierung allein gelassen. Hin und wieder veranstalten die Handelskammern zwar Seminare zur Abwehr von Industriespionage, doch der Kontakt zu den staatlichen Behörden ist miserabel. Warum sollte man sich deshalb im Ernstfall etwa an den Verfassungsschutz wenden, wo dieser doch in der Vergangenheit der Öffentlichkeit weitgehend ein Bild vermittelt hatte, in dem zwar russische und rumänische, nicht jedoch aus westlichen Partnerländern stammende Wirtschaftsspione vorkamen.

Auch andere mit dieser Problematik befaßte Behörden, beispielsweise der Bundesnachrichtendienst in Pullach, geben sich offiziell zugeknöpft, wenn Anfragen bezüglich Wirtschaftsspionage eingehen. Als der Autor am 12. Januar 1999 den BND-Präsidenten Hanning um ein Gespräch ersuchte, das vor allem die Themen Wirtschafts- und Computerspionage beinhalten sollte, lautete die schriftliche Antwort seines Pressereferenten Michael Baumann – er nannte sich noch vor zwei Jahren außerhalb des BND Juchatz – am 25. Januar 1999: »Ich muß Sie um Verständnis bitten, daß Dr. Hanning aus terminlichen Gründen gegenwärtig keine Möglichkeit sieht, das von Ihnen erbetene Gespräch über den Bundesnachrichtendienst zu führen. Hinzu kommt, daß zum gleichen Themenbereich bereits zahlreiche Anfragen verschiedener Medien vorliegen.« Der Autor bat daraufhin ein Archiv, die nun offenkundig bevorstehenden zahlreichen Interviews des BND-Präsidenten zum Thema Wirtschaftsspionage zu sammeln und ihm zukommen zu lassen. Doch der Termindruck des BND-Präsidenten schien ungeheuerlich zu sein, lagen Auswertungen über veröffentlichte Gespräche dem Autor doch auch in der Folgezeit nicht vor. Dabei hätte der BND durchaus Interessantes zu berichten und bräuchte die Öffentlichkeit, die ihn ja schließlich mit jährlich rund einer Milliarde Mark finanziert, nicht zu scheuen. Sowohl in Zusammenarbeit mit dem Bundesamt für Verfassungsschutz (Bericht vom 3. März 1997) als auch eigenständig (5. März 1997) erarbeitete der BND Analysen, in denen auch von Wirtschaftsspionage die Rede ist. Es ist vom Standpunkt des Steuerzahlers kaum nachzuvollziehen, daß in diesen Berichten ausdrücklich auch vor der aggressiven Spionage westlicher Staaten gewarnt wird, die Allgemeinheit darüber jedoch nichts erfährt.

Auf den BND sind die führenden deutschen Unternehmer – wie schon erwähnt – nicht gut zu sprechen. Niemand von ihnen erwartet, die geheimsten Berichte dieser Behörde einsehen zu dürfen. Doch wenn auch im Krisenfall Unterstützung aus Pullach verweigert und nur auf andere »zuständige« Behörden verwiesen wird, dann steigert sich Unverständnis manchmal gar zur Wut: So soll es jedenfalls gewesen sein, als im Mai 1998 in Indonesien die gegen den damaligen Diktator Suharto gerichteten Unruhen einem Höhepunkt zutrieben. Fast alle namhaften deutschen Konzerne unterhielten zu jenem Zeitpunkt Niederlassungen in Indonesien. Als das Chaos immer größer wurde, mußte aus Sicherheitsgründen der Abzug des deutschen Personals vorbereitet werden. Im Großraum München ansässige führende deutsche Unternehmen – unter ihnen die Dasa – sollen sich damals vertraulich mit der Bitte um eine Lageeinschätzung auch an den BND gewandt haben, der in der indonesischen Hauptstadt Jakarta eine nicht eben kleine Residentur betrieb. Doch dort soll man abgewinkt und an das »zuständige Auswärtige Amt« verwiesen haben. Während amerikanische, britische und französische Geheimdienste »ihren« Unternehmen problemlos bei der Vorbereitung eines Krisenfall-Managements in Indonesien behilflich waren, soll sich der BND »zugeknöpft« gezeigt haben. Deshalb organisierten die Deutschen – als einzige Industriemacht der Welt – ihren Rückzug aus Jakarta ohne Geheimdienstschutz: Die Dasa-Sicherheitsabteilung nahm es auf sich, drei Großraumflugzeuge zu chartern, plazierte an allen Knotenpunkten in Jakarta mit Sprechfunkgeräten ausgerüstete Mitarbeiter, die über Plünderungen berichteten, und ebnete so einen sicheren Weg sowohl dem Personal als auch den Fahrzeugen zum Flughafen. In einem nervenaufreibenden Himmelfahrtskommando sollen nicht nur Dasa-Beschäftigte und -Gerät, sondern auch Siemens-Angehörige auf die drei Großraumflugzeuge verteilt und in Sicherheit gebracht worden sein. Ähnliche Erfahrungen machte die deutsche Industrie ebenfalls in Krisensituationen in Algerien und im Irak. Seither haben nicht nur süddeutsche Unternehmen nach eigenem Bekunden »die Nase vom BND« so voll, daß sie nicht mehr an ihn erinnert werden möchten und jeglichen Kontakt – wo immer möglich – vermeiden.

Dabei gab es einmal eine Zeit, in der zwischen BND und Siemens enge Verbindungen bestanden haben sollen. Der amerikanische Geheimdienstautor Peter Schweizer schreibt in seinem Buch »*Diebstahl bei Freunden*«: »Die Beziehung wurde Anfang der 80er Jahre begründet, als der damalige Direktor der Forschungsabteilung von Siemens, Karl Heinz Beckurts, ein formloses Abkommen befürwortete und aushandelte. Beckurts hatte, bevor er zu Siemens überwechselte, in einer staatlichen Forschungseinrichtung gearbeitet und war in BND-Kreisen wohlbekannt. (1986 wurde er durch eine Autobombe der Rote-Armee-Fraktion brutal ermordet.)«

Wesentlich aufgeschlossener gegenüber den Anliegen deutscher Firmen zeigt man sich bei der Generalbundesanwaltschaft in Karlsruhe. Trotzdem hat es dort noch nie eine Anklage gegen ein befreundetes Land wegen Wirtschafts- oder Konkurrenzspionage gegeben. Und auch die Höchststrafe für Wirtschaftsspione – zehn Jahre – wurde noch nie verhängt. Wirtschafts- und Konkurrenzspionage sind in deutschen Gesetzen weder definiert noch Straftatbestände. Es sind vielmehr Arbeitsbegriffe, die sich am Inhalt des jeweiligen Prüfungszusammenhangs der Staatsanwaltschaften orientieren. Der entsprechende Paragraph 99 des deutschen Strafgesetzbuches wird deshalb kaum zur einschneidenden Waffe gegen Wirtschaftsspione. In ihm heißt es:

»Geheimdienstliche Agententätigkeit.
Wer für den Geheimdienst einer fremden Macht eine geheimdienstliche Tätigkeit gegen die Bundesrepublik Deutschland ausübt, die auf die Mitteilung oder Lieferung von Tatsachen, Gegenständen oder Erkenntnissen gerichtet ist, oder gegenüber dem Geheimdienst einer fremden Macht oder einem seiner Mittelsmänner sich zu einer solchen Tätigkeit bereit erklärt, wird mit Freiheitsstrafe bis zu fünf Jahren oder mit Geldstrafe bestraft... In besonders schweren

Fällen ist die Strafe Freiheitsstrafe von einem Jahr bis zu zehn Jahren. Ein besonders schwerer Fall liegt in der Regel vor, wenn der Täter Tatsachen, Gegenstände oder Erkenntnisse, die von einer amtlichen Stelle oder auf deren Veranlassung geheimgehalten werden, mitteilt oder liefert und wenn er eine verantwortliche Stellung mißbraucht, die ihn zur Wahrung solcher Geheimnisse besonders verpflichtet, oder durch die Tat die Gefahr eines schweren Nachteils für die Bundesrepublik Deutschland herbeiführt.«

Unzweifelhaft werden durch Wirtschaftsspionage in Deutschland Jahr für Jahr Zehntausende Arbeitsplätze dauerhaft vernichtet und in andere westliche Staaten verlagert. Ist das etwa kein schwerer Nachteil für die Bundesrepublik Deutschland? Im Celler Spionageprozeß gegen einen ehemaligen technischen Angestellten der Dasa-Flugwerke in Stade forderte die Bundesanwaltschaft im Januar 1999 eine Freiheitsstrafe von zwei Jahren und neun Monaten. Der 47 Jahre alte Mann soll Technologie für glasfaserverstärkten Kunststoff für Flugzeug-Leitwerke an einen mitangeklagten Stasi-Mitarbeiter verraten haben, der das Material an den früheren sowjetischen Geheimdienst KGB und nach der Wende an dessen Nachfolgeorganisation weitergab. Für diesen zweiten Beschuldigten, einen 46 Jahre alten Brandenburger, beantragte die Anklagebehörde eine Strafe von einem Jahr und neun Monaten auf Bewährung. Die Verteidigung plädierte in beiden Fällen für Bewährungsstrafe. Wird der Verlust deutscher Arbeitsplätze, den der Verrat von Know-how nach sich zieht, für dermaßen gering erachtet, daß man so wie in diesem die Dasa betreffenden Fall nur fast schon lächerlich wirkende und nicht etwa abschreckende Strafen beantragt?

Die Daimler-Chrysler Aerospace AG (Dasa) steigerte 1998 ihren Umsatz um zwölf Prozent auf die Rekordhöhe von 17,2 Milliarden Mark. Der militärische Anteil machte in dem genannten Jahr 30 Prozent des Umsatzes aus. Beim Auftragseingang konnte der Konzern ein Plus von 39 Prozent auf 27 Milliarden Mark verbuchen, was die Bereitstellung von 1600 neuen Arbeitsplätzen zur Folge hatte. Das

Unternehmen beschäftigt jetzt rund 46 000 Mitarbeiter. Ohne Wirtschaftsspionage wären es wohl mindestens 1000 Beschäftigte mehr gewesen. Wenn der Abzug von Know-how durch deutsche Gerichte – wie im genannten Fall – so mild bestraft wird, dann muß das Unternehmen selbst zu drastischen Sicherheitsvorkehrungen greifen.

Im Taumel der Fusionen – Dasa, Airbus, BMW

Die Dasa ist heute einer jener international tätigen Konzerne, die im Zuge einer Fusion ein neues Sicherheitskonzept entwickeln mußten. Denn die Globalisierung birgt auch Gefahren. Darüber jedoch spricht man bei den Konsortien wie der Dasa nur ungern, da es die Partner verprellen könnte. Dasa verhandelte im Frühjahr 1999 mit amerikanischen und französischen Partnern über eine engere Zusammenarbeit. Die Dasa ist neben der französischen Aerospitale, British Aerospace und der spanischen Casa auch an Bau und Entwicklung des Airbus beteiligt. Für ein Unternehmen wie die Dasa ist nichts bedeutsamer als solides Hintergrundwissen über Marktentwicklungen und sich abzeichnende neue strategische Fusionen der Wettbewerber. Gewiß verfügt man in dieser Hinsicht über hervorragende Fachleute, doch die Konkurrenz ist immer einen Schritt voraus. Sie wird von den staatlichen Geheimdiensten beraten, die Dasa nicht.

Wie wichtig solche Beratung aber sein kann, mag das nachfolgende Beispiel aufzeigen: Der Zusammenschluß von British Aerospace und Marconi, der Rüstungstochter von GEC, ließ die Balance in der Branche verlorengehen. So entstand bei den Briten ein Rüstungsgigant, der sich nur noch mit amerikanischen Konzernen wie Lockheed-Martin, Boeing oder Raytheon vergleichen läßt. Der Versuch, ein solch übermächtiges Unternehmen in ein europäisches Airbus-Konsortium einzugliedern, in dem alle Partner auf gleiche Mitspracherechte pochen, muß zwangsläufig zu Konflikten führen. Aus dieser Perspektive betrachtet müßte man – um heimische Arbeitsplätze zu sichern – der Dasa wünschen, daß sie auch von den Aufklärungsergebnissen der deutschen Geheimdienste Kenntnis erhält. Doch das Unternehmen ist – anders als seine europäischen Partner – auf sich allein gestellt.

Dabei ist das Airbus-Konsortium auf dem Weg, neben zivilen Passagierflugzeugen auch Militärmaschinen herzustellen. Sieben europäischen Regierungen bot die im Januar 1999 gegründete Airbus-Tochter Military Company (AMC) einen Militärtransporter zum Kauf an. Dabei handelt es sich um das sogenannte Future Large Aircraft, das AMC nun unter dem Namen A400M auf den Markt bringen will. Die A400M soll die in die Jahre gekommenen Transall- und Herkules-Maschinen ersetzen, mit denen auch die Bundeswehr in der Vergangenheit Truppen und Material transportierte. Doch das europäische Flugzeug wird sich der Konkurrenz durch die C17 von Boeing, die C131J von Lockheed-Martin und die russische Antonow AN70 erwehren müssen. Die sieben Länder Deutschland, Frankreich, Großbritannien, Italien, Türkei, Belgien und Spanien wollen zusammen 288 Flugzeuge bestellen. Allein Deutschland wird 75 Truppentransporter der neuen Generation ordern, Frankreich 50 und Großbritannien 45. Vor diesem Hintergrund dürfte es kaum verwundern, daß die Vereinigten Staaten – wie auch in ähnlichen Fällen – nicht nur Werksspionage bei AMC betreiben, sondern dort auch die Telefonleitungen angezapft haben. Wer diesen Großauftrag bekommt, hat über Jahre viele Arbeitsplätze gesichert.

Wie schon gesagt, ist man auch bei Siemens nicht sonderlich mit den Beziehungen zu den Nachrichtendiensten zufrieden. Man pflegt zwar »lockere« Kontakte mit Pullach, doch in entscheidenden Situationen will man sich auf Hilfestellungen von dort nicht verlassen. Siemens beschäftigt weltweit etwa 430 000 Mitarbeiter, darunter 190 000 Ausländer. Deshalb würde man in der Siemens-Zentrale einer Hilfestellung durch den BND etwa dann nicht ablehnend gegenüberstehen, wenn im Ausland sicherheitsrelevante Stellen zu besetzen wären. Doch in bislang nicht einem Fall soll der BND diesbezügliche Erkenntnisse mit der Siemens-Sicherheitsabteilung geteilt haben. Das Risiko, sich einen Spion einzuhandeln, muß das Unternehmen deshalb weiterhin ohne Hilfestellung seitens staatlicher Behörden einzudämmen versuchen. Auch das ist ein Grund dafür, daß man staatlichen Institutionen seinerseits Erkenntnisse über innerbetriebliche Spionage nur ungern mitteilt.

Wie wichtig in Ausnahmefällen der Zugang zu Geheimberichten sein kann, belegt die folgenschwere Entscheidung der Münchener BMW, 1994 den britischen Autohersteller Rover zu übernehmen. Was vom früheren BMW-Vorstandschef Bernd Pischetsrieder einst als »große Chance« bezeichnet worden war, erwies sich für die Bayern als Milliardengrab. Auch im Jahr 1998 mußte die Zentrale viel Geld an die Briten überweisen, um die Rover-Verluste auszugleichen. Das *Handelsblatt* schätzte diese finanziellen Einbußen für 1998 auf immerhin 1,6 Milliarden Mark. Der Münchener Konzern geriet durch den Rover-Kauf in seine schlimmste Krise seit 40 Jahren. Dabei klang der ursprüngliche Plan zunächst einmal durchaus gut: Die britische Tochtergesellschaft sollte die Angebotspalette von BMW erweitern und den Konzern unabhängiger gegenüber Konjunkturschwankungen machen. Doch der »ideale Partner« – so Pischetsrieder 1994 – brachte nur Ärger. Die britischen Fabrikationsanlagen waren ebenso wie die dort produzierten Fahrzeuge in denkbar schlechtem Zustand. Folglich übertrafen die Verluste alle BMW-Schätzungen. Allein im Jahr 1998 fraßen sie die Hälfte des BMW-Gewinns auf. Das hatte Folgen nicht nur für die Arbeitsplätze, die deshalb nicht neu geschaffen werden konnten. Viel schwerer wog der internationale Imageverlust. BMW gilt seither nicht mehr als »Siegermarke«. Genüßlich streute die ausländische Konkurrenz Gerüchte, BMW sei Übernahmekandidat für eine Fusion. Das Ansehen der Marke litt nicht nur nach außen, sondern auch nach innen: Die Stimmung unter den rund 100 000 BMW-Mitarbeitern ist schlecht. Wo früher investiert werden konnte, herrscht heute eiserner Sparzwang. Vor der Entscheidung zur Rover-Übernahme hätten deutsche Dienste BMW vielleicht einmal ihr internes Geheimdossier über den britischen Konzern zur Verfügung stellen sollen. Dieses bestätigte jedenfalls vorbehaltlos die Auffassung eines damaligen Vorstandskollegen von Pischetsrieder, Wolfgang Reitzle, der 1994 gegen den Kauf der britischen Gesellschaft gestimmt hat und geäußert haben soll: »Wir gefährden unser Kerngeschäft.« Doch die Dienste ließen ihre Erkenntnisse nur in einen Lagebericht einfließen – BMW blieb der Einblick verwehrt.

Auf Unterstützung von dieser Seite müssen deutsche Unternehmen also verzichten. Im Taumel der Fusionen verkennen viele Manager jedoch das Wohl ihrer Firmen. Nie gab es so viele Fusionen wie in dieser Zeit – statistisch gesehen eine pro Tag. Für das Jahr 1998 listete das britische Finanzanalyse-Institut »IFR Securities Data« immerhin 318 Firmenzusammenschlüsse auf. Dabei wurden jene unter einer Milliarde Dollar erst gar nicht berücksichtigt. Allein im Januar 1999 vereinbarten 24 internationale Großkonzerne mit einem anderen den Zusammenschluß. Der Öl-Weltmarktführer Exxon schluckte Mobil Oil, BP kaufte den amerikanischen Wettbewerber Amaco, und der französische Versicherungsriese Axa verleibte sich den Branchenfünften Großbritanniens ein. Axa überflügelte damit sogar die Allianz, bis dahin Europas größter Versicherungskonzern. Addiert man die Börsenwerte der übernommenen Konzerne, so ergibt sich für das Jahr 1998 ein Betrag von 2,8 Billionen Mark. Diese Summe entspricht dem jährlichen deutschen Volkseinkommen.

Fusionen werden mit Kosteneinsparungen begründet. Es sind weitreichende Entscheidungen, die jährlich die Zukunft von Millionen Arbeitnehmern beeinflussen. Deshalb verwundert es nicht, daß etwa in Großbritannien die Geheimdienste britische Unternehmen vor Fusionen beraten. Als man bei Rolls-Royce 1998 vor der Frage stand, das Unternehmen an BMW oder Volkswagen zu verkaufen, hörte der technische britische Geheimdienst GCHQ (Government Communications Headquarters) mit Sitz in Cheltenham sowohl die Privatleitungen als auch die Büroapparate der VW- und BMW-Aufsichtsräte ab. Es ging ja um die Zukunft britischer Arbeitsplätze. In Großbritannien ist es selbstverständlich, daß die so gewonnenen Erkenntnisse mit den Unternehmensleitungen im nationalen Interesse geteilt werden. Das stört niemanden und wird auch nicht unbedingt als Wirtschaftsspionage betrachtet.

Die Bundesanwaltschaft – zum Zeitungslesen gezwungen

Grundsätzlich wäre die Bundesanwaltschaft in Karlsruhe für die staatlich gesteuerten Fälle von Wirtschaftsspionage – jedoch nicht für Konkurrenzspionage gegen deutsche Unternehmen – zuständig. Doch die oberste deutsche Anklagebehörde müßte zunächst einmal – etwa vom Staatsschutz – über solche Aktivitäten unterrichtet werden. Daran aber hapert es. Aus der Umgebung des Bundesgerichtshofs heißt es: »An gutem Willen fehlt es bei uns nicht. Es gibt auch keine Vorgabe der Bundesregierung, solche Fälle niederzuschlagen. Wir können frei ermitteln und werden es auch ohne Ansehen der Person tun.« Doch der Generalbundesanwalt ist bei der »Auswertung des Verdachtsaufkommens« (so heißt es im Beamtendeutsch) auf Stellen wie den Bundesnachrichtendienst, die Landesämter für Verfassungsschutz, das Zollkriminalamt und das Bundeskriminalamt angewiesen. Dort aber herrsche Funkstille. In der Bundesanwaltschaft macht resigniert das Wort vom »Herrschaftswissen« anderer Bundesbehörden die Runde.

Das war vor der Wiedervereinigung anders. Damals lauerte der Feind im Osten. Demgemäß wurden vorrangig jene Fälle von Wirtschaftsspionage erfaßt, die der Ostblock im Westen verübte. Wenn zufällig bekannt wurde, daß auch befreundete Staaten deutsche Unternehmen ausspähten, dann galt dies als »legitimer Technologietransfer«. Die Öffentlichkeit spielte dabei mit. Bis zur Wende mußten die Landesämter für Verfassungsschutz kaum selbst tätig weden, lieferten ihnen doch Privatpersonen 80 Prozent der Anhaltspunkte.

Mit dem Fall der Mauer änderte sich das. Heute gibt es keine »Tips« von Privatpersonen mehr, die Fälle von Wirtschaftsspionage des Ostens betreffen. Doch in den Landesämtern scheint man sich auf die neue Situation noch nicht eingestellt zu haben. Aus der Umgebung der Generalbundesanwaltschaft heißt es dazu: »Es wird noch immer in den alten Mustern gedacht, mit der Folge, daß Verdachtsmomente erst gar nicht mehr in Karlsruhe ankommen.« So erfuhr der Generalbundesanwalt erst aus dem Fernsehen von jenem Auricher Unternehmen Enercon, dem amerikanische Spione die Geheimnisse des Baues einer neuen Generation von Windkraftanlagen gestohlen hatten. Und es waren Zeitungen – und nicht etwa deutsche Staatsschützer –, die über einen britischen Spion in der Chefetage der Deutschen Bundesbank berichteten. Auch hier wurde Karlsruhe nicht von den Behörden informiert. Anklagen können also von den Bundesanwälten nicht erhoben werden, weil es an der entsprechenden Zusammenarbeit mangelt.

Verwunderlich ist es deshalb, daß dem Generalbundesanwalt dennoch bis zum Jahresanfang 1999 immerhin rund zehn Fälle (»Prüfvorgänge«) vorlagen, die man selbst recherchiert hatte und in denen zumindest der Anfangsverdacht bestand, daß westliche Staaten mit nachrichtendienstlichen Methoden deutsche Unternehmen ausspioniert hatten. So steht der Generalbundesanwalt allein inmitten einer Front deutscher Behörden, die aufgrund verkrusteten Denkens nicht die Notwendigkeit sehen, aggressive Spionagefälle dieser Art aufzudecken. Auch wenn Karlsruhe Anhaltspunkte für Wirtschaftsspionage zusammenträgt, sieht man sich dort doch mit der kaum zu überwindenden Schwierigkeit konfrontiert, Fakten herbeizuschaffen, die über Verdachtsmomente hinausgehen und die Aufnahme eines Verfahrens rechtfertigen würden.

Indizien könnten nach Auskunft von Mitarbeitern ebenso von der Ausländerpolizei und vom Eschborner Außenwirtschaftsamt oder den Finanzämtern geliefert werden. Doch niemand sammelt sie. Grundsätzlich sind diese Stellen zwar zur Weitergabe von Hinweisen verpflichtet, doch nicht was Staatsschutzdelikte betrifft. Daher fühlen sich die genannten Behörden auch nicht zuständig. Einzig mit dem Kölner Zollkriminalamt hat die Bundesanwaltschaft in den vergangenen Jahren kooperative Beziehungen auf diesem Gebiet aufnehmen können. Aus Karlsruhe heißt es dazu: »Die Geschehensabläufe, in denen Wirtschaftsspionage stattfindet, werden staatlicherseits von sehr unterschiedlichen Stellen beobachtet – Zoll, Außenwirtschaftsbehörden, Finanzbehörden, Geheimschutz, Ausländerbehörden, Wirtschaftsförderung usw. Diese Behörden haben sehr spezielle Zuständigkeiten und entsprechend spezielle Sichtweisen. Das Erkennen eines Spionageverdachts gehört weder zum Auftrag dieser Behörden, noch haben die dort tätigen Beamten die Sachkunde in Staatsschutz-Zusammenhängen.«

Der Abbau von Personal in den Landesämtern für Verfassungsschutz tut ein übriges, um die Lage zu verschlechtern. Einzig das baden-württembergische Landesamt verfügt in seinen Reihen über einen Fachmann für Wirtschaftsspionage, der auch außerhalb der Landesgrenzen bei den Unternehmen einen hervorragenden Ruf genießt. Früher waren die Landesämter außerdem im Bereich der kriminalpolizeilichen Prävention tätig. Heute wird dieses Engagement unter dem Druck einer allgemein angespannten Haushaltslage reduziert. Erschwert wird die Arbeit der Bundesanwaltschaft wohl auch durch den inzwischen 100 Jahre alten deutschen Begriff »Staatsschutz.« Während die Vereinigten Staaten immer dann durch das FBI ermitteln lassen, wenn nationale Interessen gefährdet sein könnten, ist das deutsche Verständnis von nationaler Sicherheit eher an die äußeren Belange gekoppelt. Das erklärt, warum in den Vereinigten Staaten alljährlich Hunderte von Fällen der Wirtschaftsspionage aufgedeckt und auch publik gemacht werden, während man bei vergleicharen Vorkommnissen von deutscher Behördenseite die äußere Sicherheit nicht gefährdet sieht. Der Generalbundesanwalt ist deshalb nicht nur an einer breiteren Definition des Begriffs »Staatsschutz« interessiert, sondern möchte auch nicht von vornherein Wirtschafts- und Konkurrenzspionage voneinander trennen müssen. Die in Karlsruhe heute vorherrschende Auffassung lautet, daß beide Delikte eng miteinander verwoben sind, weil oftmals Fälle der Konkurrenzspionage bei näherer Betrachtung einen staatlich gelenkten Hintergrund haben. So hebt ein gemeinsam vom Bundesamt für Verfassungssschutz und dem BND 1996 herausgegebener Bericht zur »Wirtschafts- und Konkurrenzspionage« hervor, daß die CIA in viele amerikanische Unternehmen eigene »Undercover-Agenten« einschleuse. Offiziell sollen sie dort Konkurrenzspionage abwehren. Doch der BND mutmaßt, daß sie auch selbst aggressiv die Wirtschaftsspionage gegen befreundete Staaten fördern. Die deutsche Öffentlichkeit wird darüber nicht unterrichtet.

Die Katze läßt das Mausen nicht

Das Bundesamt für Verfassungsschutz ist nicht grundsätzlich abgeneigt, in Fällen von Wirtschaftsspionage zu ermitteln. Doch man möchte Pannen vermeiden und sich auf Vorgehensweisen beziehen, die so gesichert sind, daß sie auch in einem Gerichtsverfahren von einem Sachverständigen noch als Beweismittel anerkannt würden. Zwar weist man in den Verfassungsschutzberichten beispielsweise auf die Wühlarbeit russischer Dienste hin, verschweigt dabei jedoch die Verflechtungen etwa mit der organisierten Kriminalität. Obwohl dafür eine ganze Reihe von Anhaltspunkten vorliegt, würden diese vor einem deutschen Gericht nicht bis ins Detail nachgewiesen werden können. Es gibt gesicherte Erkenntnisse darüber, daß der KGB und seine Nachfolgedienste ehemalige MfS-Führungsoffiziere in Deutschland »übernommen« haben. Im Sommer 1990 nahm der KGB Kontakt zu einem Referatsleiter der früheren Hauptverwaltung Aufklärung auf, dessen Aufgabe darin bestanden hatte, in den Vereinigten Staaten zu spionieren. Dieser sprach dann zwei weitere ehemalige Mitarbeiter an und übermittelte seine Erkenntnisse fortan den Russen. Solche Fälle gibt es zuhauf.

Beim BKA bekannt ist auch der Fall eines ehemaligen MfS-Mitarbeiters, der früher für die technische Entwicklung zuständig war. Als Spezialist für ISDN-Kommunikationsverbindungen sollte er die Schwachstellen dieser Netze aufspüren und so das Eindringen ermöglichen. Im Herbst 1989 wurde er zusammen mit weiteren MfS-Mitarbeitern nach Rußland »verlagert« und setzt dort seither seine Arbeit fort. In einem BKA-Vermerk vom 1. April 1997 wird auf Seite elf auch auf die »Zunahme des Agentenfunks« von Moskau nach Deutschland und zurück seit dem Fall der Mauer hingewiesen – eine Tatsache, die nach dem Ausfall der nachrichtendienstlichen Stützpunkte aufgrund des Abzugs der sowjetischen Truppen nicht verwundert. Das BKA hielt darüber hinaus fest, daß die Ausbildung der Funkagenten seither offenkundig verbessert und das Agenten-Funknetz erweitert werde.

In einer Analyse des BND wird in diesem Zusammenhang hervorgehoben, daß die »Verzahnung« von russischer organisierter Kriminalität und Spionage immer weiter voranschreite. Es gebe eine große Bandbreite verschiedener Erscheinungsformen, die auf die Verflechtung russischer Geheimdienste mit Gruppierungen der organisierten Kriminalität hindeute. Genannt werden Korruptionsbeziehungen, symbiotische Beziehungen und Auftragsbeziehungen. Zu den Korruptionsbeziehungen heißt es, einzelne Mitarbeiter der russischen Dienste seien in die Aktivitäten der organisierten Kriminalität involviert. Diese Verbindungen dienten ausschließlich der persönlichen Bereicherung der involvierten Mitarbeiter und hätten keinen nachrichtendienstlichen Hintergrund. Solche Machenschaften würden von den russischen Geheimdiensten »bewußt übersehen, zum Teil sogar offiziell geduldet.« Zu den symbiotischen Beziehungen heißt es, hier nutzten die russischen Nachrichtendienste die Kontakte der organisierten Kriminalität und ihre Infrastruktur gezielt für nachrichtendienstliche Operationen. Beispiele dafür seien: Abdeckungen, Beschaffung von Persönlichkeitsprofilen und Erstellung von »Kompromittaten.« So nennt man in der Agentensprache jene Situationen, in denen etwa Zielpersonen zunächst – zum Beispiel mit einer Prostituierten – in eine verfängliche Situation manövriert und anschließend mittels davon angefertigten Fotos oder Videos erpreßt werden. Zugleich verhelfen entsprechende geschäftliche Aktivitäten der organisierten Kriminalität nach Erkenntnissen des BND den russischen Geheimdiensten zu ansonsten knappen Finanzmitteln. Natürlich zieht auch die organisierte Kriminalität ihren Nutzen aus dieser Art der Zusammenarbeit. Sie schützt sich damit vor den russischen Strafverfolgungsbehörden und kann immer darauf hinweisen, »zum Wohle des Staates« gehandelt zu haben. Zudem können die russischen Nachrichtendienste des weiteren dafür sorgen, daß etwa Grenzübergänge für den Transport zu verschiebender Waren geöffnet werden, sie können gefälschte Dokumente besorgen und Anweisungen an die Grenzposten erteilen. Die weitestgehende Verflechtung von russischen Geheimdiensten und der organisierten Kriminalität betrifft die Auftragsbeziehungen. Dabei übernimmt die organisierte Kriminalität Aufgaben, die aus politischen Gründen importun sind oder von der Exekutive mangels eigener Infrastruktur nicht durchgeführt werden können (beispielsweise Waffenlieferungen in Krisengebiete). Nach BND-Erkenntnissen gibt es viele Anhaltspunkte für solche Beziehungen – so etwa die geschäftlichen Aktivitäten angeblich ausgeschiedener russischer Nachrichtendienstoffiziere auf deutschem Boden. Doch im BND weist man in diesem Zusammenhang auf den Spruch eines russischen KGB-Offiziers hin, der einmal sagte: »Einmal KGB, immer KGB.« Natürlich spähen sie dabei auch deutsche Unternehmen aus.

In den Veröffentlichungen des Bundesamtes für Verfassungsschutz sind solche Darstellungen eher die Seltenheit. Sie finden sich meist nur in den der Öffentlichkeit nicht zugänglichen Geheimberichten des BND. Deshalb ist es nicht verwunderlich, daß deutsche Politiker mit östlichen und auch westlichen Fällen von Wirtschaftsspionage mehr oder weniger unbedarft umgehen.

Blauäugig und naiv

Wie vorsichtig selbst mit der Materie befaßte deutsche Politiker der amerikanischen Wirtschaftsspionage in Deutschland begegnen, zeigt ein Interview der Zeitschrift *Focus* vom Mai 1998 mit dem Vorsitzenden der Parlamentarischen Kontrollkommission, dem CSU-Politiker Wolfgang Zeitlmann. Zeitlmann findet staatsmännische und auf Versöhnung bedachte Worte, wo im Interesse des Schutzes deutscher Arbeitsplätze ein deutlicherer Ton angebracht wäre: »Es ist eine deutsche Hemmung, bei den Amerikanern den Finger auf die Wunde zu legen. Aber ein guter Freund muß auch das offene Wort ertragen können.« Und auf die Frage des Reporters, was die Bundesregierung denn den Amerikanern sagen solle, antwortete der bayerische Geheimdienstexperte: »Daß der Freund bei mir jederzeit willkommen ist, solange er normale Regeln der Gastfreundschaft achtet und nicht hinter meinem Rücken in meiner Speisekammer und Küche eruiert, wie viele Vorräte ich noch habe... Wenn ich draufkäme, daß die bei mir in der Speisekammer sitzen, würde ich ärgerlich werden. Das möchte ich den Amerikanern ersparen, daß wir Deutsche ärgerlich werden.« Man spürt förmlich, wie die amerikanischen Wirtschaftsspione nun vor den deutschen Drohgebärden erzittern; vor allem, wenn der unerschrockene Bayer Washington dann höflich erinnert: »Den Amerikanern sollte klar sein, daß sie Freunde innerhalb der Nato und schon längst keine Sieger und Besatzer mehr sind.« Schöne Worte, doch die Dinge werden nicht beim Namen genannt.

Das besorgte demgegenüber der DIHT. In einem 1997 erschienenen DIHT-Leitfaden zur Abwehr der Wirtschaftsspionage heißt es, diese verletze »vitale Interessen unserer Volkswirtschaft« und sei »geeignet, die technologische Spitzenstellung und damit das wirtschaftliche Fundament der Bundesrepublik zu gefährden. Unter ungünstigen Umständen können Arbeitsplatzverluste in großem Umfang und der Zusammenbruch ganzer Branchen die Folge sein.«

Das hat man aber auch beim DIHT nicht immer so bedrohlich gesehen. Rainer Engberding, Fachmann für Wirtschaftsspionage im Bundeskriminalamt in Meckenheim, zeichnete noch im August 1996 in einem DIHT-Beitrag für ein Heft mit dem Titel »Organisierte Kriminalität – Angriff auf die Wirtschaft« ein rosiges Bild, als er die Unternehmer wissen ließ: »Müssen wir uns gegen Spionageoperationen verbündeter Regierungen sichern?... Das polizeiliche Lagebild orientiert sich an Fakten, an belegbaren Erkenntnissen. Und es gibt bislang keinen einzigen Fall einer Westspionageoperation gegen die Bundesrepublik, nicht einmal einen bloßen Anfangsverdacht, der zur Einleitung eines entsprechenden Ermittlungsverfahrens geführt hätte.«

Lange hatte diese Aussage nicht Bestand, sie wurde bald von den Tatsachen ad absurdum geführt. Die Ausweisung eines amerikanischen Diplomaten aus Deutschland, der im Frühjahr 1997 einen Mitarbeiter des Bundeswirtschaftsministeriums »angezapft« hatte, widerlegte den BKA-Beamten ebenso wie der »Fall Enercon« und der energische Vorstoß des Geheimdienstkoordinators Schmidbauer (CDU), der auf der Titelseite der *Frankfurter Allgemeinen Zeitung* eindringlich an deutsche Unternehmen appellierte, die Angriffe von Wirtschaftsspionen, vor allem jene aus befreundeten Ländern, endlich zur Kenntnis zu nehmen.

Vor diesem Hintergrund mutet auch die Forderung des CDU-Politikers Friedhelm Ost, Wirtschaftsspionage doch einfach international zu verbieten, geradezu rührselig an. Ost plädierte für eine Selbstverpflichtung befreundeter westlicher Staaten, sich nicht gegenseitig auszuspähen. Mitten im Sommerloch 1996 wurde Ost von der *Frankfurter Allgemeinen Sonntagszeitung* mit dem Satz zitiert: »Freunde und Partner spionieren sich nicht aus, das schafft nur Mißtrauen.« Manche Kritiker nennen solche Aussagen nicht nur blauäugig, sondern auch schlicht naiv. Doch auf dieses Verhalten stößt man beim Thema Wirtschaftsspionage bei fast allen deutschen Politikern. Daran hat sich auch seit dem Amtsantritt des SPD-Bundeskanzlers Schröder nichts geändert.

3. Big Brother: Ungeahnte technische Möglichkeiten

Das Interesse am Beutemachen mittels Wirtschaftsspionage wächst beständig. Ein inoffizieller Bericht eines Ausschusses des Europaparlaments enthüllte im Frühjahr 1998 zum ersten Mal, welche Methoden westliche Geheimdienste wie jene der Vereinigten Staaten einsetzen, um bei ihren europäischen Bündnispartnern an diese Beute heranzukommen: Abhörtechniken der Orwellschen Art. Ziel des von Präsident Bill Clinton befohlenen Lauschangriffs gegen deutsche, französische, italienische und spanische Unternehmen sind nicht nur High-Tech-Firmen. Auch jede Privatperson kann in diese Abhörnetze geraten. Während in Deutschland noch über den »großen Lauschangriff« auf Wohnungen suspekter Personen debattiert wurde, war der wahre Lauschangriff längst Wirklichkeit. In einem Bericht des Arbeitsausschusses für Grundfreiheiten und Innere Angelegenheiten des Europaparlaments heißt es: »Der amerikanische Geheimdienst NSA fängt in Europa systematisch alle E-mails, Telefonate und Faxe ab.« Die so gesammelte Datenflut werde »vom europäischen Festland über strategische Sammelstellen in London und Menwith Hill per Satellit nach Fort Meade in Maryland übertragen«.

Menwith Hill? Nur die wenigsten dürften je davon gehört haben. Deshalb sollen nachfolgend die unglaublichen – und bis vor kurzem nur gerüchteweise bekannten – Möglichkeien dort geschildert werden. Peter Bohn, Vorstandsvorsitzender der Utimaco Safeware AG, fragte in einem Gespräch mit den *VDI-Nachrichten* im Sommer 1998: »Waren Sie schon einmal in Menwith Hill? Natürlich nicht. Aber Ihre Daten waren schon dort.« Menwith Hill ist unter Fachleuten ein Synonym für die großen elektronischen Ohren der USA.

Und deren Fähigkeiten gehen weit über jene von Computerhackern hinaus. Wie gut aber selbst amerikanische Hacker sind, veranschaulicht ein Experiment des amerikanischen Abhördienstes National Security Agency (NSA): Ende 1997 wurden 50 NSA-Computerexperten bei einem Planspiel eingesetzt. Sie sollten nordkoreanische Agenten simulieren, die im Krisenfall die Aufgabe hätten, die Vereinigten Staaten zwei Wochen lang zu blockieren und von einem militärischen Schlag gegen ihr Land abzuhalten. Allein die Nutzung des Internets und handelsüblicher Software bescherte den NSA-Fachleuten Resultate, die man im Weißen Haus zuvor wohl nicht für möglich gehalten hätte: Den Fachleuten gelang es, sich in die Schaltzentralen amerikanischer Elektrizitätswerke einzuhacken, und sie hätten im ganzen Land die Stromversorgung beliebig unterbrechen können. Auch knackten sie die Rechner des Pazifik-Einsatzkommandos, das im Falle eines Krieges gegen Nordkorea zuständig gewesen wäre.

Diese Hacker der NSA haben heute den Auftrag, auch in die Rechner europäischer Unternehmen einzudringen und dort alles zu kopieren, was amerikanischen Interessen auch nur von geringstem Nutzen sein könnte. Die NSA wurde 1952 unter Präsident Truman gegründet. Erst 1957 gestand man ihre Existenz ein, enthielt der Öffentlichkeit jedoch Einzelheiten ihres Wirkens weiterhin vor. Heute arbeiten in der NSA-Zentrale, die zwischen Washington D.C. und Baltimore im US-Bundesstaat Maryland liegt, die besten Mathematiker der Welt. Nirgendwo anders auf der Welt sind mehr Mathematiker unter einem Dach beschäftigt als bei der NSA. Und nirgendwo sonst werden unter einem Dach mehr Sprachen gesprochen und ausgewertet. Die amerikanischen Wirtschaftsspione, denen die NSA technische Unterstützung leistet, haben derzeit auch Deutschland im Visier. Und es sind längst nicht nur die Konzerne mit großen Namen, die heute flächendeckend ausspioniert werden.

Ein aufschlußreicher EU-Bericht

Im Frühjahr 1998 informierte der schon erwähnte Ausschuß des Europäischen Parlaments eine erstaunte Öffentlichkeit darüber, was bislang nur vermutet worden war: Amerikanische Geheimdienste hören systematisch die gesamte europäische Kommunikation ab. Der EU-Report bestätigte nicht nur erstmals die Existenz des ECHELON-Systems, sondern vor allem auch den Einsatz des künstlichen Analysesystems MEMEX, das jegliche Kommunikation auf Schlüsselbegriffe hin durchscannt und im Bedarfsfall aufzeichnet. Dazu greift das Spionagesystem auf nationale Wörterbücher zurück, die jeweils mit länderrelevanten Informationen versehen sind. Nicht enthalten ist in dem EU-Bericht der Hinweis, daß auch viele führende amerikanische Unternehmen ihren Geheimdiensten Stichwörter liefern, auf welche die europäische Kommunikation hin durchforstet werden soll. Der EU-Bericht mit der Nummer PE 166499 wurde am 6. Januar 1998 als inoffizielles Arbeitsdokument angefertigt und soll der EU-Kommission als Diskussionsgrundlage dienen.

Der Autor der 100 Seiten umfassenden Abhandlung mit dem Titel »Beurteilung der Technologien zur politischen Kontrolle« ist Steve Wright von der Manchester Omega Foundation. Er gibt in seiner Arbeit einen Überblick über die Entwicklungen von technischen und elektronischen Mitteln zur politischen Kontrolle, insbesondere Überwachungs- und Identifizierungstechnologien, und Technologien zum Sammeln und Speichern von Daten. Zweck des umfassenden Dokuments ist, die Mitglieder des Europäischen Parlaments über die aktuellen und künftigen Entwicklungen in Kenntnis zu setzen und Empfehlungen zu geben, wie der Einsatz von Technologie und die Forschung politisch reguliert werden könnten. Wright verweist dabei insbesondere auch auf die bestehenden Möglichkeiten und künftigen Entwicklungen zur Überwachung der gesamten globalen Kommunikation. Als Bestandteil eines bedenklichen Trends untersucht er eingehend das ECHELON-System (Echelon bedeutet übersetzt »Staffel« oder »Stufe«), das zur globalen Überwachung jeglicher Kommunikation von Regierungen, Organisationen und Firmen dient, die über Satelliten stattfindet. In seinem Bericht heißt es:

»Die Regierungen haben Zugang zu subtileren und anderen umfangreicheren Möglichkeiten, in die Privatsphäre einzudringen, erhalten. Entdeckungen und Erfindungen haben es der Regierung durch weit effektivere Mittel, als jemanden auf die Folter zu spannen, erlaubt, das im Gericht zu enthüllen, was auf der Toilette geflüstert wurde. Dies sagte der US-Anwalt des Obersten Gerichtshofes, Louis Bradeis, im Jahre 1928. Darauf folgende Entwicklungen gehen sehr viel weiter, als Bradeis es sich jemals vorgestellt hätte... In den achtziger Jahren tauchten neue Formen elektronischer Überwachung auf. Viele sollten das Abhören der Kommunikationswege automatisieren lassen. Dieser Trend wurde in den neunziger Jahren in den USA am Ende des Kalten Krieges durch schneller erfolgende Regierungsgelder verstärkt, wobei die Verteidigungs- und Geheimdienstbehörden auf neue Aufgaben ausgerichtet wurden...

Im Jahre 1993 wurde vom US-Verteidigungs- und -Justizministerium ein Memorandum mit dem Namen ›Operations Other Than War and Law Enforcement‹ gebilligt, um die gemeinsame Entwicklung und Nutzung der Technologie zu erleichtern. Laut David Banisar von Privacy International ›expandieren Computer- und Elektronikfirmen mit Equipment, das ursprünglich für das Militär entwickelt worden war, in neue in- und ausländische Märkte, um so den Kürzungen bei militärischen Aufträgen, die in den achtziger Jahren begonnen haben, entgegenzuwirken...‹

Ein großes Spektrum an Überwachungstechnologie ist entstanden. Dazu gehören Nachtsichtgeräte, Parabolmikrofone, um Gespräche, die in einer Entfernung von bis zu einem Kilometer geführt werden, zu verstehen; Laserversionen, die von der deutschen Firma PK Elektronik vertrieben werden, können jedes Gespräch an einem geschlossenen Fenster in Sichtweite erfassen; die dänische Jai-Stroboskopkamera, die in wenigen Sekunden Hunderte von Bildern machen und jeden Teilnehmer einer Demonstration oder eines Marsches gesondert fotografieren kann; und das automatische Fahrzeug-Erkennungssystem, das ein Nummernschild erkennen und dann dieses Auto über ein computergesteuertes geographisches Informationssystem in der Stadt verfolgen kann. Diese Systeme sind inzwischen im Handel zu erwerben, wie z. B. das Talon-System, das 1994 von der englischen Firma Racal zu einem Stückpreis von £ 2000 eingeführt wurde. Dieses System kann aufgrund der von Cambridge Neurodynamics entwickelten Technologie der neuronalen Netze Nummernschilder am Tag und in der Nacht erkennen. Zunächst wurde es bei der Verkehrsüberwachung eingesetzt, aber in den letzten Jahren hat man seine Leistung an den Zweck der Sicherheitsüberprüfung angepaßt und in den ›ring of steel‹ um London herum eingearbeitet. Das System kann alle Fahrzeuge registrieren, die an einem bestimmten Tag in den Absperrungsring eingefahren sind oder ihn verlassen haben...

Die visuelle Überwachung hat sich in den letzten Jahren dramatisch verbessert. Natürlich werden Demonstrationen und Personen von Interesse immer noch von Polizei und Geheimdienst fotografiert, aber diese Bilder können jetzt in wachsendem Maße archiviert und aufgerufen werden. Die Revolution der städtischen Überwachung wird eine neue Generation der Kontrolle dann ereichen, wenn zuverlässige Gesichtserkennung möglich wird. Solche Systeme werden zunächst an festen Orten, wie an Drehkreuzen, Zollpunkten, Sicherheitstoren etc., installiert werden, um eine routinemäßige Vollgesichtserkennung zu ermöglichen. In den ersten Jahrzehnten des 21. Jahrhunderts wird die Gesichtserkennung über CCTV jedoch Realität sein, und die Länder mit einer CCTV-Infrastuktur werden eine solche Technologie als natürliche Entwicklung betrachten... Die Einstellung gegenüber den CCTV-Kameranetzwerken unterscheidet sich in der Europäischen Union sehr stark. Das Spektrum reicht von der Position Dänemarks, wo solche Kameras gesetzlich verboten sind, bis hin zu England, wo es Hunderte von CCTV-Netzwerken gibt...

In den letzten Jahren war der weitverbreitete Gebrauch des illegalen und legalen Abhörens von Gesprächen und das Einbauen von Wanzen ein Problem in vielen europäischen Staaten, wie z. B. Italien, Frankreich, Schweden, Belgien, Deutschland, Norwegen, den Niederlanden und England. Die Qualität und die Quantität mancher solcher illegaler Aktivitäten war überraschend. Während einer Gerichtssitzung am 30. September 1996 wurde z. B. berichtet, daß die Anti-Terror-Einheit des Präsidentenpalastes sechs ehemalige Mitglieder der Verwaltung Mitterrands abhörte, unter diesen befand sich auch der Ex-Kabinettsvorsitzende Giles Manage. Ein offizielles Gremium, die unabhängige Kommission zur Kontrolle von Sicherheitsüberwachungen, gab bekannt, daß jedes Jahr 100 000 Telefonanschlüsse in Frankreich illegal abgehört würden und daß die Staatsanwälte sehr interessiert an diesen Lauschern wären. Sie fand heraus, daß sie durch die von offizieller Seite auferlegte Beschränkung verführt worden sein könnten, das illegale Abhören an private Firmen zu übergeben.

Das Einsetzen von illegalen Wanzen ist jedoch bereits eine Technologie von gestern. Moderne Schnüffler können speziell adaptierte Laptops kaufen und sich so einfach in alle Mobiltelefone der Gegend, durch eine Cursorbewegung auf ihre Nummer, einschalten. Die Maschine kann sogar nach bestimmten Nummern suchen, um zu sehen, ob sie aktiv sind. Diese Wanzen und Aufzeichnungen werden jedoch angesichts der national und international betriebenen Überwachungsnetze bedeutungslos. Moderne Kommunikationssysteme sind im Gegensatz zu den fortgeschrittenen Abhörgeräten, die zum Mithören genutzt werden können, nahezu transparent. Einige Systeme dienen sich selbst einer Doppelrolle als nationales Abhörnetz an. So unterstützt z. B. das Message Switching System, das zum digitalen Austausch wie beim System X in England genutzt wird, ein ISDN-Protokoll. Dies erlaubt digitalen Geräten, wie z. B. dem Fax, das System auf bestehenden Leitungen gemeinsam zu nutzen. Die ISDN-Teilmenge ist in ihren Dokumenten als ›Signal zum ISDN-Zugang an CCITT-Schnittstellen‹ definiert. Nicht weiter bekannt ist, daß in das internationale CCITT-Protokoll die Möglichkeit, Telefone ›abzuheben‹, eingebaut ist, um Gespräche in der Nähe des Telefons zu belauschen, ohne daß der Nutzer dies bemerkt (SRG Newsletter, No. 4, 1993). Diese Möglichkeit bedeutet, daß eine Abhörmöglichkeit für nationale Wähltelefone in diese Systeme von Beginn an eingebaut worden ist. Die digitale Technologie, die zur Ortung von Mobiltelefon-Nutzern für eingehende Anrufe benötigt wird, ist ganz ähnlich, d. h. daß alle Mobiltelefon-Benutzer in einem Land kleine Verfolgungsgeräte sind, sofern das Gerät aktiviert ist. Sie geben zu jeder Zeit den Aufenthaltsort ihres Nutzers an, was im Firmencomputer bis zu 2 Jahre gespeichert werden kann. Zusammen mit der System-X-Technologie ist dies ein für den Gebrauch gebautes Verfolgungs-, Beschattungs- und Aufnahmesystem par exellence (*Sunday Telegraph*, 2. 2. 97).

In Europa werden alle E-Mails, Telefon- und Faxverbindungen routinemäßig vom Geheimdienst der USA abgehört. Alle Zielinformationen werden von Europa über das strategische Zentrum in London und weiter über Satelliten nach Fort Meade in Maryland über das wichtige Zentrum in Menwith Hill in den North York Moors in England weitergeleitet. Das System wurde das erste Mal in den siebziger Jahren von einer Forschungsgruppe in England aufgedeckt (Campbell, 1981). Die Forscher nutzten offene Quellen, wurden aber später nach den englischen Gesetzen für Geheimhaltung verhaftet. Der darauffolgende »ABC«-Prozeß war ein entscheidender Wendepunkt im Verständnis der Forscher bezüglich der Technologie politischer Kontrolle und wie sie durch die Forschung an offenen Quellen herausgefordert werden könnte (s. Aubrey, 1981, & Hooper, 1987). Andere Untersuchungen auf dem Gebiet, das als intelligente Signale bekannt ist, wurden von Forschern wie James Bamford durchgeführt, der ein weltweites, eine Milliarde teures Abhörnetz offenlegte, das er ›Puzzle-Palast‹ nannte.

Eine erst kürzlich erschienene Untersuchung von Nicky Hager, »Secret Power« (Hager, 1996), vermittelt die meisten verständlichen Details eines Projektes, das als ECHELON bekannt ist. Hager interviewte 50 Personen, die mit dem Geheimdienst zu tun haben, um so ein Überwachungssystem zu dokumentieren, das sich um die ganze Welt erstreckt, um ein Überwachungssystem für alle wichtigen Intelsat-Satelliten zu bilden, die zur Übermittlung für die meisten Satellitentelefongespräche, Internetaktivitäten, E-mails, Faxe und Telexe dienen. Diese Zentren befinden sich in Sugar Grove und Yakima in den USA, in Waihopai in Neuseeland, in Geraldton in Australien, in Hongkong und in Morwenstow in England. Das ECHELON-System ist ein Teil des UKUSA-Systems, aber anders als viele Spionagesysteme, die während des Kalten Krieges entwickelt wurden, ist ECHELON vorrangig auf nicht-militärische Ziele ausgerichtet: auf Regierungen, Organisationen und Firmen in fast jedem Land. Das ECHELON-System arbeitet mit dem ungefilterten Abfangen großer Mengen an Kommunikation und filtert dann mit der Hilfe von KI-Techniken... aus, was brauchbar sein könnte.

Fünf Länder teilen sich aufgrund des UKUSA-Abkommens von 1948 die Auswertungen mit den USA als Seniorpartner. England, Kanada, Neuseeland und Australien sind sehr aktiv als Subinformationsbeschaffer. Jedes dieser fünf Länder versorgt die anderen vier mit einem ›Wörterbuch‹, das Schlüsselwörter, Sätze, Personen und Plätze, die erfaßt werden sollen, enthält. Was beim Abfangen erfaßt wird, wird sofort an das anfragende Land weitergeleitet. Im Laufe der Zeit sind damit viele Informationen über potentielle Terroristen gesammelt worden. Es gibt auch eine Menge an geheimen Wirtschaftsdaten, und besonders intensiv werden alle Staaten des GATT-Abkommens überwacht.

Aber Hager fand heraus, daß das System auch über die vorrangigen Prioritäten hinaus für den militärischen und politischen Geheimdienst einsetzbar ist. Hager zitiert einen ›hohen Geheimdienstmitarbeiter‹, der mit dem *Observer* in London gesprochen hatte. ›Wir denken, daß wir angesichts der beobachteten großen Fahrlässigkeit und des Mißbrauches in der Institution, für die wir arbeiten, nicht mehr länger schweigen können.‹ Als Beispiele wurden die GCHQ-Abhörungen dreier Wohltätigkeitsorganisationen, darunter Amnesty International und Christian Aid, genannt. ›Zu jeder Zeit kann GCHQ in ihre Kommunikation in Form einer Routineüberprüfung eingreifen‹, sagte die Quelle des GCHQ. Im Falle von Telefonnachrichten wird der Vorgang Mantis genannt. Bei Telexen heißt es Mayfly. Indem sie einen Code, der mit der Hilfe für die Dritte Welt verbunden ist, entschlüsselte, konnte die Quelle ›Telex-fixies‹ bei drei Organisationen demonstrieren.

Wenn es ein System der Verantwortlichkeit gibt, ist es schwer aufzudecken, welche Kriterien festlegen, wer kein Ziel ist. Im Februar berichtete die in England ansässige Forschungszeitschrift *Statewatch*, daß die EU in geheimer Absprache übereingekommen sei, ein internationales Telefonüberwachungsnetz aufzubauen, das über ein geheimes Netzwerk von Komitees entstehen soll, die unter dem ›third pillar‹ des Maastricht-Abkommens über die Zusammenarbeit in Recht und Gesetzgebung gegründet worden waren. Schlüsselpunkte dieses Planes wurden in einem Memorandum ausgeführt, das von den EU-Staaten 1995 unterzeichnet wurde (ENFOPOL 112 10037/95 25. 10. 95). Laut einem Artikel im *Guardian* (25. 2. 97) steht dies im Zusammenhang mit der Furcht der europäischen Geheimdienste, daß die moderne Technologie sie am Abhören privater Kommunikation behindern könnte. Die EU-Staaten sollten sich darauf einigen, die ›internationalen Abhörstandards auf eine Ebene zu heben, die garantiert, daß Kodierungen und verschlüsselte Wörter von den Regierungsvertretungen verstanden werden können‹.

Offiziellen Berichten zufolge haben sich die EU-Regierungen darauf geeinigt, eng mit dem FBI in Washington zusammenzuarbeiten. Frühere solcher Sitzungen lassen darauf schließen, daß die Initiative dazu aus Washington kam. Laut *Statewatch* sollten die Netz- und Serviceanbieter in der EU verpflichtet werden, ›abhörbare‹ Systeme zu installieren und jede Person oder Gruppe zu überwachen, wenn sie dazu angewiesen würden. Diese Pläne sind niemals einer europäischen Regierung zur Überprüfung vorgelegt, noch ist ein Verdacht dem Civil Liberties Committee des Europäischen Parlaments vorgetragen worden – trotz der klaren Probleme, die solch ein unreguliertes System für die Freiheitsrechte mit sich bringen würde. Uns wurde mitgeteilt, daß die USA, Australien, Kanada, Norwegen und Hongkong zur Unterzeichnung eines solchen Abkommens bereit wären. Das sind, abgesehen von Norwegen, alles Teilnehmer am ECHELON-System...

Über die Finanzierung des Systems wird nichts gesagt, aber eine Untersuchung der deutschen Regierung schätzt, daß allein der Mobiltelefonteil des Paketes vier Milliarden DM kosten würde. *Statewatch* kommt zum Schluß, daß ›die Schnittstelle des ECHELON-Systems und seines Entwicklungspotentials bei Telefonanrufen in Verbindung mit der Standardisierung abhörbarer Kommunikationszentren und der Ausrüstung, die von der EU und den USA gezahlt wird, die wirkliche globale Bedrohung ausmacht, deren gesetzliche und demokratische Kontrolle nicht mehr möglich ist‹ (Pressemitteilung, 25. 2. 97).«

Im Frühjahr 1999 erarbeitete die EU einen neuen Bericht mit dem Titel »Development of surveillance technology and risks of abuse of economic information« (»Die Entwicklung der Überwachungstechnologie und Risiken des Mißbrauchs von Wirtschaftsinformationen«). Die Wirtschaftsspionage gegen EU-Staaten nimmt in ihm breiten Raum ein. An der Erstellung der Dokumentation war auch der Brite Duncan Campbell beteiligt. Sie wurde im Juni 1999 veröffentlicht.

Lauschige Spielchen

Nach dem oben auszugsweise wiedergegebenen EU-Bericht vom Frühjahr 1998 können somit nicht nur weltweit alle Telefongespräche abgehört werden, sondern auch Mobiltelefone, ISDN-Firmen- und Privatanlagen sowie des weiteren herkömmliche Telefone mit einer Gabel jederzeit zum Abhören freigeschaltet werden. Das sollte deutschen Unternehmern zu denken geben. Glaubte man sich bislang sicher, wenn der Telefonhörer auf der Gabel lag, so dürfte jetzt klar sein, daß die Möglichkeiten wesentlich weiter reichen, als wir alle es geahnt haben. Manfred Fink, öffentlich bestellter und vereidigter Sachverständiger für Abhörtechnik, der seit 1990 die Industrie bezüglich der Abwehr von Lauschangriffen berät, hebt zudem im Zusammenhang mit den Abhörmöglichkeiten von Mobiltelefonen hervor: »Für viele gängige Geräte sind beispielsweise manipulierte Handy-Akkus mit eingebauter Funkwanze lieferbar. Auch Tischladegeräte mit erweiterter Funktion kommen in Mode. Für ihren Einsatz muß man lediglich den Handy-Typ des Opfers kennen und eine Gelegenheit zum Austausch haben: Lange Lebensdauer und optimale Plazierung sorgen dann für hohe Effizienz. Bei vertraulichen Besprechungen müssen Handys daher draußen bleiben – den Akku zu entfernen genügt nicht, da die Wanze nicht auf Handy-Elektronik zurückgreift.«

In einer Veröffentlichung des Schweizer Sicherheitsunternehmens ZBINDEN INFOSEC, das produkt- und herstellerneutral Kunden in Sicherheitsfragen berät, mit dem Titel »Sensibilisierung zum Thema Industriespionage« heißt es hinsichtlich der modernen Schnüffelmethoden: »Aufgrund seiner einfachen Wirkungsweise sind Lauschangriffe auf das Telefonnetz und einzelne Gesprächsinhalte sehr leicht möglich. Bei der analogen Technik ist in erster Linie die Hardware (Leitungen und Telefonapparate) das Ziel von Angriffen. Bei digitalen Systemen ist insbesondere die mögliche

Manipulation der Software, die der Steuerung der digitalen Anlagen und der Leistungsmerkmale der als ›Voice-Terminals‹ bezeichneten Endapparate dient, zu berücksichtigen. Moderne digitale Telekommunikationsanlagen verfügen über mehrere hundert Leistungsmerkmale, um bei einer weltweiten Vermarktung die Erfordernisse in den einzelnen Staaten erfüllen zu können... [So] ist es beispielsweise möglich, sogenannte integrierte Wechselsprechanlagen (direktes Ansprechen) zu aktivieren und von jedem (internen oder externen) ISDN-Anschluß jeden Raum abzuhören, in dem ein entsprechend ausgerüsteter Apparat steht. So kann durch Manipulation der Anlagenkonfiguration prinzipiell jegliche Kommunikation (Telefon-, Raumgespräche, Fax, Datenübertragungen) abgehört werden.«

Die Zeitschrift *CD-Sicherheits-Management* berichtete ergänzend in Heft 6/199: »Wie der Verband für Sicherheit in der Wirtschaft Baden-Württemberg kürzlich mitteilte, wurden bereits erste Fälle bekannt, bei denen Wettbewerber über die ISDN-TK-Anlage ausgespäht wurden. So sei bei einem Unternehmen der Umsatz einer Sparte durch Wettbewerbsspionage über ISDN um ein Drittel gesunken.« Und die *Süddeutsche Zeitung* schilderte am 23. Dezember 1996 einen Fall, bei dem anläßlich der Softwarerevision einer Anlage »elektronische Spuren« für einen derartigen Angriff nachgewiesen werden konnten. Der mit der Überprüfung beauftragte Sicherheitsberater und Oberstleutnant a. D. des Militärischen Abschirmdienstes, Fritz Spang, habe in einzelnen Speicherbereichen der Anlage entsprechende Manipulationen der Anlage gefunden.

ECHELON – Horchposten zum Ausspähen der Wirtschaft

Der 49 Jahre alte britische Labour-Europa-Abgeordnete Glyn Ford aus Manchester befürchtet, daß die beschriebenen elektronischen Lauschsysteme der Vereinigten Staaten in Europa zusammen mit den technischen Vorrichtungen der vertriebenen Hardware (Telefone,

Faxe, Anrufbeantworter) die demokratischen Rechte der Staatsbürger allmählich untergraben: »Es gibt Zeiten, in denen die Technologie die Demokratie unterstützt, und Zeiten, in denen sie die Zentralisierung der Macht fördert. Gegenwärtig befinden wir uns in einer Zeit der Zentralisierung.« Simon Davies, ein Mitarbeiter der London School of Economics, geht weiter. Er bezichtigt Großbritannien, mit den Stützpunkten, die London den Amerikanern für das Ausspähen zur Verfügung stellt, dem Inhalt des Maastricht-Vertrags zuwider gehandelt zu haben. Ausspioniert wurden mit Hilfe des ECHELON-Sytems in der Vergangenheit nicht nur deutsche, spanische, französische, belgische und italienische Unternehmen, sondern auch Briten, unter ihnen der Industrielle Tiny Rowland – er leitet den multinationalen Konzern Lonrho – und Robert Maxwell. Ausspioniert wurden aber außerdem amerikanische Abgeordnete. Seit dem Watergate-Skandal haben alle amerikanischen Präsidenten das weltweite Abhörsystem auch dazu genutzt, um mißliebige Politiker überwachen zu lassen. 1988 berichtete eine ehemalige Angestellte der NSA, die in Menwith Hill ihren Dienst versah, in einem Gespräch mit der Zeitung *Cleveland Plain Dealer,* der aus dem Bundesstaat South Carolina stammende Senator Strom Thurmond sei »in Echtzeit« abgehört worden. Die NSA-Angestellte – sie arbeitete gleichzeitig für Lockheed – hieß Margaret Newsham und mußte sich nach der Enthüllung, die später bestätigt wurde, einen neuen Job suchen. Und ein früherer Kongreßabgeordneter aus dem Bundesstaat Maryland, Michael Barnes, behauptete 1995 gegenüber der Zeitung *Baltimore Sun,* unter der Reagan-Administration seien seine gesamten Telefonate aufgezeichnet worden. Als Beweis legte er Mitschnitte seiner Gespräche vor, die ihm Journalisten zugespielt hatten. Barnes hatte mehrfach mit Mitgliedern der nicaraguanischen Regierung telefoniert. Allein das genügte, um in die Abhörnetze zu gelangen.

Die Zeitschrift *Risks Forum* berichtete am 8. August 1996: »Amerikanische CIA-Agenten haben Computersysteme des Europäischen Parlaments und der EU-Kommission geknackt, um wirtschaftliche und politische Geheimisse zu stehlen. Das Netzwerk des Europäischen Parlaments verbindet mehr als 5000 Rechner und enthält medizinische, finanzielle und offizielle Regierungsdokumente. Die EU-Kommission will nun Maßnahmen zur Verhinderung derartiger Spionageaktivitäten ergreifen. Sicherheitsleute bestätigen, daß amerikanische Agenten in verschiedene Systeme der EU eingedrungen sind. Es wurden auch Beweise gefunden, daß etliche der dabei erhaltenen Informationen bei den GATT-Verhandlungen zum Vorteil der amerikanischen Diplomaten genutzt wurden. Die CIA wurde bereits von den Japanern und den Franzosen beschuldigt, mit Hilfe von Hackern Wirtschaftsspionage zu betreiben.«

Doch derlei Enthüllungen betreffen nicht nur die Vereinigten Staaten. Auch London, wohin die USA traditionell engere Verbindungen als zu den restlichen europäischen Staaten unterhalten, profitiert von dieser Schnüffelarbeit. Der ehemalige kanadische Agent Mike Frost behauptete jedenfalls, im Februar 1983 habe die damalige britische Premierministerin Margaret Thatcher das ECHELON-System dazu genutzt, um zwei ihrer Minister zu überwachen, die sie der Illoyalität verdächtigte. Um peinliche Enthüllungen zu vermeiden, habe Frau Thatcher nicht etwa den britischen, sondern den kanadischen Geheimdienst in Ottawa darum gebeten, auf Kosten der britischen Steuerzahler drei Wochen lang alle Telefonate der betroffenen Minister aufzuzeichnen. Geleitet worden sei die Operation von Frank Bowman, der dem britischen GCHQ in London anschließend die gewünschten Dokumente übergeben habe. Manchmal haben die Kanadier das ECHELON-System auch zur Überwachung kanadischer Ministerpräsidenten-Familien eingesetzt. So soll es jedenfalls 1975 der Ehefrau des Premierministers Pierre Trudeau, Margaret, ergangen sein. Sie wurde damals von der Royal Canadian Mounted Police (RCMP) verdächtigt, Marihuana zu konsumieren. Über längere Zeit wurde sie mit Hilfe des Abhörsystems überwacht. Doch der Verdacht bestätigte sich nicht.

Der wichtigste Baustein in dieser zentralisierten weltweiten Überwachung, die auch der Wirtschafts- und Industriespionage dient, ist das erwähnte UKUSA-ECHELON-System. In ihm sind die besten Soft- und Hardware-Komponenten der Welt vereinigt; Produkte, von denen man oftmals annehmen würde, daß sie eher in Sciencefiction-Filmen als in der Realität eingesetzt werden. Für das ECHELON-System ist nichts tabu: Ein spezielles Spracherkennungssystem fängt weltweit alle mündlichen Äußerungen ab, sobald ein bestimmtes Stichwort auftaucht. Dabei ist es gleichgültig, in welcher Sprache oder in welchem Dialekt eine Äußerung fällt. Davon läßt sich die neue Software nicht mehr irritieren. Der Industrieausrüster Fritz Werner GmbH ist eine von wenigen deutschen Firmen, die intern regelmäßig auf dieses System hinweisen und Mitarbeiter zur Vorsicht am Telefon auffordern. Aus dem Unternehmen heißt es: »Wir wissen, daß in unseren Telefonaten bei bestimmten Länderbegriffen wie etwa Iran automatisch eine Aufzeichnung etwa durch amerikanische und israelische Dienste erfolgt, obwohl wir uns geflissentlich an alle Ausfuhrbestimmungen halten.«

Seit Frühjahr 1998 kann man einen Teil dieses Spracherkennungssystems in reichlich abgespeckter Version für 279 Mark sogar im Handel kaufen. Das Wunderding wird als ein Lügendetektor für den Heimgebrauch angeboten. Das Programm läuft auf jedem PC mit Soundkarte und wurde ursprünglich von Militärs entwickelt, um anonyme Drohanrufe auf ihre Ernsthaftigkeit zu testen. Der Umgang mit dem Programm ist einfach: Es genügt, in ein Mikrofon zu sprechen und die Daten dann in den Computer einzuspeisen. Das Programm überpüft dann mit fünfundachtzigprozentiger Trefferquote jenen Teil der menschlichen Sprache, der versteckte Botschaften transportiert. Versuche, das Gerät mit verstellter Stimme zu täuschen, sollen sinnlos sein. Der israelische Hersteller dieser Software dürfte kaum wissen, daß sein Erzeugnis ein Abfallprodukt des ECHELON-Systems ist: Amerikanische und israelische Softwarespezialisten hatten das Programm ursprünglich entwickelt, um die internationalen Abhöreinrichtungen auf bestimmte Stimmen – etwa von Diplomaten, Politikern oder Wirtschaftsbossen – zu eichen. Wenn der amerikanische Rüstungskonzern McDonnell-Douglas etwa auf einen Großauftrag in Saudi-Arabien hoffte, dort aber auch ein französisches Unternehmen im Rennen war, dann sorgte jenes Stimmerkennungsprogramm dafür, daß alle Telefongespräche der in Frage kommenden französischen Unternehmensführer aufgezeichnet und umgehend ausgewertet wurden. Heute gilt die dem Programm zugrundeliegende Software bei Militärs und Geheimdienstlern längst als veraltet und darf daher frei verkauft werden.

Das inzwischen mit weitaus besserer Spracherkennungs-Software ausgestattete ECHELON-System ist ein Produkt des Kalten Krieges. Im September 1945 ordnete der amerikanische Präsident Harold S. Truman an, alle aus dem Bereich der Sowjetunion kommenden (Radio-)Signale abzufangen und sich dabei mit den Briten zusammenzutun. Schon damals wurde auch die Zusammenarbeit mit Kanada, Australien und Neuseeland erwähnt. Noch im Spätherbst desselben Jahres wurden in Washington darüber Gespräche mit dem Chef des britischen, für Abhörtechnik zuständigen Government Communications Headquarters, Sir Edward Travis, aufgenommen. Doch weil London den neuen Status der Vereinigten Staaten als Großmacht nicht bedingungslos anerkennen wollte und zunächst versuchte, auch als Sprecher Australiens, Neuseelands und Kanadas aufzutreten, sollte es bis 1948 dauern, ehe der grundlegende Vertrag über gemeinsame weltweite Lauschmaßnahmen unterzeichnet werden konnte. Das Vereinigte Königreich (UK) und die Vereinigten Staaten (USA) schlossen das sogenannte UKUSA-Abkommen, in dem sie sich selbst vorrangig zum ausschließlichen Empfänger der abgehörten Daten erklärten und Kanada, Australien und Neuseeland nur deren Zweitverwertungsrechte zugestanden.

Der Inhalt des UKUSA-Abkommens ist bis heute geheim. Bis zum Ende des Kalten Krieges zählte auch das Wissen um die verschiedenen mit Wort- und Textdatenbanken programmierten Computer des UKUSA-Abkommens, die untereinander verbunden sind und gemeinsam das vollautomatische Abhörsystem ECHELON ergeben, zu den bestgehüteten Staatsgeheimnissen der beteiligten Länder. An der Geheimniskrämerei um UKUSA/ECHELON hat sich bis heute nichts geändert. Eine kanadische Zeitung hat die NSA in diesem Zusammenhang jedoch zum Nachdenken bewogen, denn als ein kanadischer Stützpunkt dem Fotografen der Zeitung Aufnahmen der Einrichtungen mit Hinweis auf die Geheimhaltungsvorschriften verweigerte, kaufte diese von einem russischen Spionagesatelliten angefertigte aktuelle Fotos des Stützpunkts und veröffentlichte sie. Die Zeitung hatte die Geheimdienstwelt mit deren eigenen Waffen geschlagen.

Von Anfang an waren das Ziel des ECHELON-Systems nicht vorrangig Militärs. Vielmehr sollten Regierungen, Verbände, Gewerkschaften, Wirtschaftsführer und ihre Unternehmen, Organisationen und Zivilisten belauscht werden. Heute wird mit diesem System untereinander verbundener Abhöreinrichtungen ein Großteil der weltweiten Kommunikation automatisch abgehört, mitgeschnitten und ausgewertet. Modernste Software ermöglicht eine Auswertung fast schon in Echtzeit: Wenige Sekunden nach einem Telefongespräch oder einer Datenübertragung liegen die vom Computersystem mit Hilfe der Wortbank aufgefangenen Gespräche bereits zur Auswertung auf dem Tisch der National Security Agency (NSA) in Maryland. Computer, die mittels Wortdatenbanken den Telefonverkehr auf bestimmte Stichworte hin abhören, gibt es schon seit den sechziger Jahren. So weiß man heute, daß zum Zeitpunkt der Ermordung John F. Kennedys vom FBI in den Vereinigten Staaten täglich rund 1000 Telefongespräche automatisch aufgezeichnet wurden, in denen das Wort Kennedy vorkam. Kaum ein Bündnispartner der Vereinigten Staaten hat sich in der Vergangenheit über diese Art des schonungslosen Schnüffelns beschwert. Bonner Regierungsvertreter schweigen dazu ebenso wie deutsche Wirtschaftsführer, die im weltweiten Wirtschaftskrieg immer öfter das Nachsehen haben.

Den Lauschern des ECHELON-Systems entgeht nichts. Glyn Ford sagt dazu: »In jeder Minute werden mit dem ECHELON-System mehrere Millionen Kommunikationseinheiten aufgefangen und gespeichert. Dieses Netz überspannt die ganze Welt.« Im Gegensatz zu Deutschland hat das Bekanntwerden des ECHELON-Spionagenetzwerks in Frankreich immer wieder für Schlagzeilen gesorgt. Dort spricht man offen von eiem Wirtschaftskrieg, den die Vereinigten Staaten auch gegen ihre Verbündeten führen. In der linksliberalen französischen Zeitung *Libération* hieß es dazu: »Der übersteigerte Größenwahn des weltumspannenden Abhörsystems ECHELON stellt zweifellos einen noch nie von irgendeiner Macht erklommenen Gipfel dar. Im Bereich der Spionage entspricht es einem Atomwaffenarsenal.«

In Deutschland schwelgten derweilen die zuständigen Politiker weitestgehend in Unwissenheit. Der Vorsitzende der Parlamentarischen Kontrollkommission, der bayerische Bundestagsabgeordnete Wolfgang Zeitlmann, sagte dem Magazin *Focus* auf die Frage nach dem ECHELON-System im Mai 1998: »Wenn die Amerikaner in befreundeten Ländern tatsächlich diplomatische und sonstige Kontakte abhören sollten, so wäre das bedenklich. Mehr als bedenklich.« Zeitlmann, ein der CSU angehörender Rechtsanwalt, der den Bonner Geheimdienstausschuß leitet, hätte die verfügbaren Unterlagen über diese Art der Spionage – zu denen er durchaus Zugang hat – vielleicht genauer studieren sollen. Dann bräuchte er nicht im Konjunktiv zu sprechen und wäre über die technischen Möglichkeiten des NSA-Stützpunkts im oberbayerischen Bad Aibling und auch der anderen weltweit verteilten ECHELON-Systembauteile bestens informiert. Die amerikanische Horchstation in Bad Aibling (sie liegt eher in der Gemarkung der Gemeinde Mietraching nordwestlich des Kurorts – NSA-Codename der Station: »F-81«) kann nach Angaben des im schottischen Edinburgh lebenden Fachmanns für Satellitenspionage, Duncan Campbell (er erarbeitet Forschungsberichte für die EU zu diesem Thema und hat die Geheimdienstwelt schon mehrfach mit seinen Enthüllungen verärgert), »prinzipiell auch zur Überwachung von deutschen Unternehmen genutzt werden«. Und die seriöse amerikanische Federation of American Scientists berichtet auf ihren Internet-Seiten ebenfalls darüber, daß der NSA-Stützpunkt in Bad Aibling keinesfalls nur eine »Downlink-Station« sei, sondern auch die gesamte Satelliten-Kommunikation (die Mehrzahl der in Deutschland geführten Telefonate, Faxe, Datentransfers etc. ist heute nicht mehr an das Festnetz gebunden) aufzeichnen – heißt es dort doch: Die Station »fängt die satellitengestützte Kommunikation ab und ist zugleich eine Downlink-Station für geostationäre SIGINT-Satelliten.« Der Fachbegriff *downlink* bedeutet, daß Satellitensignale von Stützpunkten mit solcher Bezeichnung aus an die Zentrale in Fort Meade weitergeleitet werden.

Zu den terrestrischen Abhörstationen der NSA – Menwith Hill und Morwenstow in Großbritannien, Geraldton in Australien, Waihopai-Station (Codename FLINTCLOCK) im Süden Neuseelands sowie den in den Vereinigten Staaten gelegenen Camps Yakima (200 Kilometer südwestlich von Seattle im Army Firing Center untergebracht und mit dem Codenamen COWBOY versehen) und Sugar Grove (250 Kilometer südwestlich von Washington in den Bergen Virginias zwischen »Saddle Mountains« und »Rattlesnake Hill« gelegen) – kommen immer wieder einmal neue hinzu: Shoal Bay Station in Australien, die japanische Misawa Station, Leitrim und der Stützpunkt im deutschen Bad Aibling. Kanada, Neuseeland und Australien wurden in das ECHELON-System einbezogen, weil um den gesamten Erdball verteilte strategische Punkte benötigt wurden, von denen aus man mit den hochempfindlichen Horchanlagen den politischen Gegner, aber auch Wirtschaftsunternehmen in befreundeten Staaten ausspionieren wollte. Die Abhörstationen in Neuseeland und Australien (eine weitere neue soll es in Asuncion geben) entstanden in ihrer jetzigen Größe erst vor wenigen Jahren. Sie mußten betriebsbereit sein, als Anfang der neunziger Jahre eine neue Generation von Intelsat-Satelliten über dem Pazifik und dem Indischen Ozean plaziert wurde. Die im äußersten Westen Australiens gelegene Station Geraldton wurde erst 1993 fertiggestellt. Die dort aufgestellten vier Satellitenschüsseln zapfen im idealen Abfangwinkel von 60 und 63 Grad die beiden größeren Intelsat-Satelliten über dem Indischen Ozean an (die CIA betreibt zudem eine weitere Station nahe der australischen Stadt Alice Springs).

Zuweilen werden kleinere neue Stationen nur aus aktuellem Interesse an einer politischen oder wirtschaftlichen Entwicklung errichtet. Ein Beispiel dafür ist der australische Stützpunkt Bamaga im Norden von Queensland, der vom australischen Geheimdienst DSD (gemeinsam mit der NSA) betrieben wird. Diese Station wurde – auf amerikanisches Ersuchen hin – 1988 errichtet, um von dort aus die Funksignale der Konfliktparteien in Papua-Neuguinea und der Sezessionisten in Bougainville abfangen zu können.

Das Abfangen der meist militärischen Kommunikation auf Langwellensendern haben sich die Vereinigten Staaten mit ihren militärischen Bündnispartnern geteilt. Solche im Hochfrequenzbereich arbeitenden und ebenfalls zum UKUSA-Spionagenetz gehörenden Einrichtungen mit ihren riesigen Funkantennen findet man etwa in Tangimoana (Neuseeland), Australien (fünf Stationen), British Columbia, Hawaii, Alaska, Kalifornien, Japan, Guam, Kwajaleein und den Philippinen. Diese Art der Kommunikation ist heute jedoch bei weitem nicht mehr so interessant wie die satellitengestützte, die mit Hilfe der großen Abhörstationen aufgefangen wird. Ihr gilt das Hauptaugenmerk bei der Wirtschaftsspionage.

Die Codenamen der Stationen, wie COWBOY oder FLINTCLOCK, werden zu Beginn einer Überspielung von Daten nach Fort Meade als erste übertragen, damit die Chiffrierexperten der NSA wissen, aufgrund welcher eingesetzten Wort- oder Textdatenbank das Dokument ausgewählt und in welchem Teil der Welt die Nachricht abgefangen wurde. Immer wieder gibt es auch Sonderaufträge für das

ECHELON-System: So besteht seit 1981 die Anordnung, sich weltweit vorrangig auf die Kommunikation japanischer Botschaften mit ihrer Regierung zu konzentrieren. Das Ziel dürfte auch hier klar sein: Wirtschaftsspionage. Die Vereinigten Staaten wollten zum Zeitpunkt dieser Anordnung alles daransetzen, den technologischen Vorsprung der Japaner wieder wettzumachen. Nicky Hager, ein neuseeländischer Journalist, beschreibt in seinem Buch »*Secret Power*«, wie auch der neuseeländische Geheimdienst in diesen Auftrag aus dem Weißen Haus eingebunden wurde. Bis zur Gründung der neuseeländischen Waihopai-Station 1989 wurde die japanische Kommunikation nach seinen Angaben in Yakima aufgefangen, unbehandelt nach Wellington zum neuseeländischen Geheimdienst gesandt, dort mit Hilfe von NSA-Kryptrographieprogrammen dechiffriert, übersetzt, ins UKUSA-Format übertragen und dann wieder in die Vereinigten Staaten zurückgeschickt.

Das 1995 überarbeitete ECHELON-System zapft heute auch die 25 Intelsat-Kommunikationssatelliten an und übermittelt deren Signale über die Vortex-Satelliten (das ist die zweite Generation dieser Satellitenart, auch bekannt als Magnum-Satelliten; die dritte Generation nennt man Advanced Orion oder Advanced Vortex) der NSA an die Zentrale nach Fort Meade in Maryland. Die Vortex-Spionagesatelliten wurden in den vergangenen Jahren von Lockheed-Martin mit der Titan-4-Rakete in ihre Umlaufbahn befördert. Doch während Lockheed-Martin über jeden erfolgreichen Raketenstart der Titan 4 mit Pressemitteilungen an die Öffentlichkeit ging, wurde die Fracht – Spionageausrüstung – verschwiegen.

Über die Intelsat-Satelliten laufen heute fast 90 Prozent aller weltweiten Telefongespräche sowie der internationale Fax- und Datenaustausch aus den großen Netzwerken (etwa Internet). Die NSA wertet in jeder Minute mit ihren rund 20 000 Mitarbeitern mehrere Millionen Daten aus. Die eingehenden Daten werden mit Hilfe von Computern auf Stichwörter oder Schlüsselbegriffe hin durchscannt. Für jedes Land der Welt hat die NSA dabei – mit Hilfe amerikanischer Unternehmen – eine eigene Stichwortliste erarbeitet. Darin enthalten sind Begriffe, die in Zusammenhang stehen mit Drogenhandel, Mafia, Korruption, Terrorismus, Geldwäsche, jedoch ebenfalls – auf Wunsch der weltweit tätigen Firmen – Patentangelegenheiten, Verhandlungsangebote und Firmendaten. Nachgewiesen werden konnte aber auch, daß selbst Umweltschutzgruppen wie Greenpeace abgehört wurden. Der EU-Abgeordnete Glyn Ford sagte dazu: »Das Problem ist doch die Art, wie die Stichwortlisten erstellt werden. Den islamischen Dschihad verstehe ich, Schlüsselwörter wie Amnesty International oder Greenpeace, die nach dem Bericht auch automatisch die Aufzeichnung eines Gesprächs auslösen, verstehe ich dagegen nicht.« Die Zeitung *Washington Post* berichtete 1996 darüber, daß neben Amnesty International vom ECHELON-System auch die Kommunikation von 1330 politischen, religiösen und sozialen Vereinigungen systematisch belauscht werde. Wenn die NSA behaupte, sie höre keine amerikanischen Staatsbürger ab, dann entspreche dies der Wahrheit, übernähmen diese Aufgabe doch augenzwinkernd die Mitarbeiter des britischen Geheimdienstes GCHQ.

Der Hamburger CDU-Europa-Abgeordnete Georg Jarzembowski richtete unter Berufung auf einen Artikel in der *Frankfurter Allgemeinen Zeitung* vom 12. Januar 1998 eine schriftliche Anfrage an den damaligen Kommissionspräsidenten der EU, Jacques Santer, in der es hieß: »Ernstzunehmenden Presseberichten zufolge sind sowohl die Kommission als auch das Europäische Parlament Zielobjekte geheimdienstlicher Tätigkeiten der US-amerikanischen National Security Agency (NSA), die in mehreren EU-Mitgliedsstaaten offizielle Abhöreinrichtungen unterhält, in Deutschland etwa in Bad Aibling, Stuttgart und auf dem Feldberg im Taunus. Mindestens 1000 amerikanische Lauscher sind seit dem Fall der Mauer noch auf deutschem Boden stationiert und damit beschäftigt, Telefonate, Faxe und E-mails ›aus nationalen Interessen‹ abzufangen. Allein in der Bonner Botschaft Washingtons machte der Staatsschutz 20 Agenten aus. Es gibt Anhaltspunkte dafür, daß ihre Zahl in der neuen Berliner Botschaft noch vergrößert werden wird. Ziel dieser Ausforschung soll es beispielsweise sein, vor Welthandelsgesprächen die Verhandlungspositionen der Europäischen Union herauszufinden. Vor diesem Hintergrund frage ich die Kommission: Stimmt die Kommission der Einschätzung zu, daß solche Tätigkeiten keinesfalls zu dulden wären, auch wenn sie von Staaten durchgeführt würden, zu denen die EU partnerschaftliche Beziehungen unterhält? Sind der Kommission derartige Aufklärungstätigkeiten bekannt? Wenn ja, was hat sie dagegen unternommen? Wenn nein, sieht sie in diesem Zusammenhang Handlungsbedarf?«

Die Antwort Jacques Santers vom 12. März 1998 lautete: »1. Der Kommission ist bekannt, daß die Vereinigten Staaten derartige Abhöreinrichtungen unterhalten. Sie weiß jedoch nicht, welche Art von Aufklärungstätigkeiten dort betrieben werden, und besitzt nach dem EU-Vertrag diesbezüglich auch keine Zuständigkeit. 2. Nein. Die Kommission ist allerdings wachsam und ergreift entsprechende Sicherheitsmaßnahmen, um die Interessen der Gemeinschaft vor unvertretbaren Risiken, gleich welchen Ursprungs, zu schützen.«

Jacques Santer hätte sich vor dieser Antwort besser informieren sollen. Dann wäre er nicht nur auf das zuvor zitierte und von Steve Wright verfaßte Ausschußpapier vom Januar 1998 gestoßen, sondern hätte auch noch eine Fülle weiterer Veröffentlichungen einsehen können, die sich mit der Ausspähung der Europäischen Union befassen. Das ist politisch jedoch heikel, denn vor allem Großbritannien leistet den Vereinigten Staaten bei diesen Spionageaktivitäten wertvolle Zuträgerdienste. Das System hat für die Briten den Vorteil, jedes Unternehmen und jede Institution der Welt bei der Kommunikation überwachen zu können. Wenn der ebenfalls am ECHELON-System beteiligte technische britische Geheimdienst Government Communications Headquarters (GCHQ) mit Sitz in Cheltenham etwa ein Unternehmen im pazifischen Raum im Visier hat, dann werden die Bezeichnung des Unternehmens, dessen Faxnummer, die Namen der Geschäftspartner, die E-mail-Adresse und die Produktliste in das

Wörterbuch der zugehörigen Abhörstation in Waihopai eingegeben. Das Netzwerk wird dann bei der Erkennung eines Schlüsselbegriffs alle eingehenden Daten sammeln und in die Zentrale nach Morwenstow in der englischen Grafschaft Cornwall transferieren, ohne daß der neuseeländische Dienst, über dessen Territorium die Lauschaktion stattfand, vom Inhalt der abgefangenen Daten unterrichtet würde.

Die geographische Lage der ECHELON-Stationen ist so gewählt, daß sich die Empfangsbereiche überlappen. Wenn Abhörstationen aus technischen Gründen ausfallen, sollen benachbarte Stützpunkte deren Arbeit im Ernstfall übernehmen können. Etwa 200 Kilometer südwestlich von Seattle liegt an der amerikanischen Westküste die Station Yakima. Von dort aus werden die Intelsat-Gespräche im west- und ostpazifischen Raum abgehört. Dort gibt es fünf große Parabolantennen, von denen vier nach Westen und eine fünfte auf den INMARSAT-2 ausgerichtet sind.

Zur Ausspähung nichtamerikanischer Unernehmen nutzt das ECHELON-System derzeit auch nachfolgende Satelliten: weiterentwickelte KH-11-Satelliten, die in etwa 320 Kilometer Höhe um die Erde kreisen, von Lockheed-Martin gebaut wurden und Spionagefotos mit einer Auflösung von anderthalb Metern liefern; zwei LaCrosse-Radarsatelliten, die ebenfalls von Lockheed-Martin gebaut wurden, in etwa 320 bis 560 Kilometer Höhe kreisen und Spionagefotos übermitteln; drei von TRW gebaute Vortex-Satelliten zur Telekommunikationsüberwachung; zwei von Boeing produzierte Trumpet-Satelliten zur Mobiltelefonüberwachung; drei von TRW entwickelte Parsae-Satelliten zur Meeresüberwachung; zwei Satelliten-Datensysteme, die von Hughes geliefert wurden, zur Datenübertragung; mindestens vier Defense-Support-Programmsatelliten (Unterstützungsprogramm für Verteidigungszwecke), die von TRW/Aerojet gebaut wurden und als Raketenfrühwarnsystem dienen, sowie zwei meteorologische von Lockheed-Martin gelieferte Satelliten.

Wie weit die einzelnen Stationen mit ihren gewaltigen Ohren reichen, zeigen die aufgefangenen Ergebnisse des neuseeländischen Stützpunkts: Dieser hat nicht nur im irakisch-iranischen Krieg (1980 bis 1988), sondern auch während der sowjetischen Besatzung Afghanistans Daten aus solchen weit entfernten Gebieten an die Amerikaner übermittelt. Man weiß inzwischen, daß der neuseeländische Geheimdienst GCSB nicht nur die Ankunft des französischen Geheimdienstteams, welches das Greenpeace-Schiff »Rainbow Warrior« versenkte, sehr genau beobachtete, sondern auch selbst eine wöchentlich neu erstellte Liste der Telefonate in England lebender libyscher Studenten an die NSA weitergab. Es ist nicht bekannt, welche Station heute die meisten Ergebnisse politischer Aufklärung über den amerikanischen Erzfeind Iran liefert. Bekannt ist jedoch, daß sowohl die Amts- als auch die Privatleitungen iranischer Politiker mit dem ECHELON-System überwacht werden. Indirekt wurde das von amerikanischen Geheimdienstkreisen im Mai 1998 bestätigt, als diese der Zeitung *Washington Post* Unterlagen zuspielten, in denen die Resultate dieser Aktivitäten zusammengefaßt waren: Während die amerikanische Regierung Teheran öffentlich weiterhin bezichtigte, weltweit den Terrorismus zu unterstützen, hieß es in den Unterlagen, seit der Amtsübernahme des neuen und als gemäßigt eingestuften iranischen Präsidenten Chatami habe dieser in allen Gesprächen gegenüber seinen Regierungsmitgliedern hervorgehoben, daß er terroristische Gruppierungen nicht unterstützen und ihnen auch keinen Unterschlupf gewähren werde. Es kommt jedoch selten vor, daß Aufklärungsergebnisse der Abhörstationen publik werden.

Die kanadische Station Leitrim ist auf die Kommunikation der lateinamerikanischen Satelliten ausgerichtet, die amerikanische Station Sugar Grove auf die Intelsat-Kommunikation über dem Atlantik. Die Verbindungen zwischen Atlantik und Indischem Ozean erkundet die britische Station Morwenstow, für die das Government Communications Headquarter zuständig ist. Unsere Telekom darf sich freuen, wird sie doch nicht aus der Ferne, sondern von deutschem

Territorium aus abgehört: Die amerikanischen Lauscher haben sich mit Billigung der Bundesregierung in Bad Aibling verbarrikadiert. Aus den oberbayerischen Dörfern kontrollieren die Amerikaner mit Hilfe ihrer weithin sichtbaren und an überdimensionale Golfbälle erinnernden Abhöreinrichtungen alle Intelsat-Positionen zwischen 66 Grad Ost und 53 Grad West. Auch die Kommunikationsübertragungen des Eutelsat und DFS werden von hier aus überwacht. Zudem dient Bad Aibling/Mietraching auch als Downlink-Station für mehrere amerikanische Spionagesatelliten, die von hier aus ihre Signale zur NSA nach Fort Meade senden. Ebenso wie die Deutschen in Bad Aibling keinen Zutritt haben, ist dieser auch den Japanern in der nordpazifischen Station Misawa verwehrt. Die westaustralische Station Geraldton »betreut« den Orbit über dem Pazifischen und dem Indischen Ozean. Unterstützt wird sie dabei vom neuseeländischen Waihopai, während die von Nordaustralien aus operierende Station Shoal Bay sich mit den indonesischen Satelliten befaßt. Der zusammen mit den Briten betriebene Stützpunkt Hongkong wurde schon vor mehreren Jahren aufgegeben. Neu hinzugekommen ist in letzter Zeit ein Horchposten auf der Arabischen Halbinsel in der omanischen Enklave Musandam. Und selbst 300 Kilometer nördlich der saudisch-jemenitischen Grenze gibt es auf saudiarabischem Gebiet am Dschebel Nahran eine solche Station. Dort haben die Saudis keinen Zugang.

Zum ECHELON-System gehören mittlerweile auch Einrichtungen, mit denen weltweit die Seekabel angezapft werden. Während die über Satelliten geführten Telefongespräche in jedem Fall von den automatischen Abhöreinrichtungen registriert werden, haben die Amerikaner in den vergangenen Jahren auch beim Abhören andersgearteter Telekommunikation große Fortschritte erzielt. Heute gibt es kaum noch Gespräche, die nicht belauscht werden können. Nicky Hager zitiert in seinem Buch »*Secret Power*«, dessen Erscheinen Geheimdienste in mehreren Staaten zu verhindern suchten, einen ehemaligen Mitarbeiter des britischen GCHQ, der dem Fernsehsender

Granada Television für die Sendung »World in Action« darüber berichtete, daß der Geheimdienst Ihrer Majestät für das UKUSA-ECHELON-Programm beispielsweise alle Telexe und Faxe aufzeichne, die über britische Seekabel liefen. Der Mann behauptete, es würden auch ausnahmslos alle Schreiben, die in Zusammenhang mit wirtschaftlichen Tätigkeiten stünden, ausgewertet, obwohl das gegen britische Gesetze verstoße.

Die NSA betreibt im englischen Menwith Hill ihren größten Stützpunkt außerhalb der Vereinigten Staaten. Er spielte im Golfkrieg 1991 eine wichtige Rolle und erhielt dafür im selben Jahr den NSA-Preis als »Station of the Year«. Menwith Hill dient (ebenso wie Bad Aibling) als Downlink-Station für die satellitengestützte amerikanische Spionage, die sich beispielsweise mit militärischer Kurzwellenkommunikation, Kommunikation von Sprechfunkgeräten, Radio- und Mikrowellen befaßt. Insgesamt hält die NSA-Zentrale in Fort Meade weltweiten Kontakt zu 52 Computersystemen, die ihre Daten fortwährend zur Auswertung nach Maryland überspielen. Die Ausbildung der Horcher erfolgt nicht in Fort Meade, sondern in College Park im Bundesstaat Maryland beim Special Collection Service.

Der britische Stützpunkt Menwith Hill – er wird stärker noch als Bad Aibling zur Spionage gegen Deutschland eingesetzt – wurde 1956 von der U.S. Army Security Agency gebaut, die ihn bis zur Übergabe an die NSA im Jahre 1966 auch betrieb. Alle britischen Telefonleitungen – national und international – bündeln sich im Nadelöhr Menwith Hill. Das gibt amerikanischen Offizieren auf dem gleichsam exterritorialen Gelände die Möglichkeit, ohne behördliche Formalitäten jeden Briten oder Ausländer, der britische Telefonleitungen benutzt, abzuhören und alle Faxe aufzuzeichnen. Im Sommer 1998 erreichte die Anlage eine Kapazität, die sie in die Lage versetzte, stündlich zwei Millionen Gespräche computergestützt zu bearbeiten. In den frühen sechziger Jahren war Menwith Hill eine der ersten Einrichtungen, in denen die neuesten IBM-Rechner zum Einsatz kamen, mit denen die NSA allmählich das personalintensive Abhören von Telefongesprächen in Echtzeit auf computergestützte Systeme verlagerte. Seither dient der englische Stützpunkt dem »großen Bruder« Washington weniger zu militärischer als vielmehr politischer und – zunehmend – wirtschaftlicher Spionage.

Laut offiziellen britischen Angaben ist Menwith Hill nur »eine Relaisstation« der britischen Armee. An dieser Legende ist sogar ein Körnchen Wahrheit, denn Menwith Hill diente bis 1974 in der Tat auch als Signalverstärker für die Kommunikation mit west- und osteuropäischen Staaten. 1974 wurde die erste – einem riesigen Golfball ähnelnde – Anlage errichtet, die auch die Überwachung der satellitengestützten Kommunikation ermöglicht. Heute gibt es dort 26 dieser »Golfbälle« (gleichartige zieren auch die Umgebung von Bad Aibling). Drei neue Abhöranlagen befinden sich im Bau: Ihre 16-Meter-Schüsseln werden von der Schnellstaße Harrogate – Skipton (A59) aus gut sichtbar sein. Aus Gründen der Geheimhaltung werden heute zunächst die an einen Golfball erinnernden Tarnnetze errichtet, bevor der Bau der eigentlichen Satellitenschüssel beginnt.

Neben den Einrichtungen, die von Menwith Hill aus die satellitengestützte Kommunikation europäischer Staaten (und damit auch deutsche Telefonate) überwachen, verfügt die NSA auf dem Gelände über eine Reihe von Antennen (HFDF-System), die Radiowellen im Drei-Megahertz-Bereich und auf der Bandbreite von 20 bis 30 Megahertz aufzeichnen. Das sind jene Frequenzen, auf denen der militärische Sprechfunk gesendet wird, aber auch beispielsweise die deutschen Botschaften mit ihrer Berliner Zentrale zu kommunizieren pflegen. Dank der Mithilfe von British Telecom hat die NSA zudem direkten Zugang zum britischen Glasfaser-Kabelnetz, in dem auf einem Kabel bis zu 100 000 Telefongespräche zugleich geführt werden können. Das jedenfalls behauptet die seriöse Vereinigung amerikanischer Wissenschaftler, Federation of American Scientists (FAS), auf ihrer Internet-Homepage.

Und auch in einer Studie des Frankfurter Büros KDM Sicherheits-Management heißt es: »Eine schockierende Enthüllung über Menwith Hill kam 1997 im Verlaufe eines Verfahrens gegen zwei Friedensaktivistinnen zutage, die gegen ihre Verurteilung wegen unerlaubten Eindringens in die Station Berufung eingelegt hatten. In Unterlagen und Zeugenaussagen, die von der British Telecom in diesem Verfahren vorgelegt worden waren, gab der Leiter der Notstandsplanung bei British Telecom, R.G. Morris, preis, daß mindestens drei große inländische Glasfaser-Telefonleitungen für den Fernsprechverkehr, wovon jede 100 000 Gespräche gleichzeitig schalten kann, durch Menwith Hill hinduchgeführt wurden.« Damit sei die NSA in der Lage, das Innerste des British-Telecom-Netzes anzuzapfen. Richter Jonathan Crabtree habe die Telefongesellschaft wegen dieser Preisgabe geheimer Informationen gerügt und Mr. Morris untersagt, weiter in diesem Fall auszusagen. Als Begründung hierfür diente die Gefährdung der »nationalen Sicherheit«.

Über vier Jahre konnte die britische Regierung den eigentlichen Zweck der seltsamen Gebilde von Menwith Hill geheimhalten. 1800 Menschen arbeiten auf dem Areal: 1200 Amerikaner und 600 Briten. Sie sind verpflichtet, jeden Kontakt zu Ausländern, die sich in der Region aufhalten und nach Menwith Hill fragen, schriftlich ihren Vorgesetzten zu melden. Seit Anfang der neunziger Jahre gibt es immer wieder Proteste der Öffentlichkeit. In Kettering Head an der A 59 – sieben Meilen westlich von Harrogate – machen vor allem britische Frauen mit einem Camp auf die aus ihrer Sicht unwillkommenen amerikanischen Schnüffler aufmerksam. Britische Unternehmer, die wie deutsche Unternehmen von hier aus ebenfalls belauscht werden, haben sich an den Protesten noch nicht beteiligt. Immer wieder klettern die Demonstranten über den Zaun des militärischen Schutzgebiets (einer Frau namens Tracy Hart gelang dies mehr als dreihundertmal, sie wurde deshalb am 23. April 1997 zu 42 Tagen Haft im Gefängnis von Holloway verurteilt) und versuchen auch soviel wie möglich von der Anlage zu fotografieren.

Im Gegensatz zum Widerstand seitens der britischen Bevölkerung waren Proteste westlicher Regierungen gegen das ECHELON-System lange Zeit Fehlanzeige. Im Juli 1997 antwortete der damalige britische Außenminister auf eine Anfrage, wie viele europäische Regierungen denn seit 1990 ihre Sorge über das Abfangen von Nachrichten mit dem ECHELON-System geäußert hätten. »Uns ist eine solche Beschwerde nicht bekannt.«

In Menwith Hill fängt man die Kommunikation von Unternehmen mit zwei verschiedenen Systemen ab. Eines von ihnen (Codename SILKWORTH) stammt aus dem Jahre 1979 und dient der Überwachung der interkontinentalen Kommunikation. Ein ehemaliger Mitarbeiter von Menwith Hill sagt dazu: »Damit können sie beispielsweise die Gespräche zwischen einem jordanischen und einem ukrainischen Unternehmen abhören.« Menwith Hill kontrolliert auf diese Art gegenwärtig 56 im Orbit kreisende Satelliten. Ein zweites System (Codename MOONPENNY) ermöglicht es der NSA zudem, auch die Satelliten fremder Staaten – und die über diese geleitete Kommunikation – illegal mitzuhören. Zu den angezapften Satelliten gehören israelische, russische, indonesische, chinesische und indische ebenso wie ganze Satellitensysteme, die von mehreren Staaten gemeinsam betrieben werden, so etwa ARABSAT (Arab Satellite Communications Organization), aber auch die Intelsat-Satelliten.

ARABSAT selbst hat zwar keinen Spionagehintergrund, doch bei der Auftragsvergabe waren Spione reichlich beschäftigt. 1992 wurde der Auftrag (Wert: 250 Millionen Dollar) ausgeschrieben. In die Endrunde gelangten die amerikanische Hughes Aircraft Company, ein Tochterunternehmen von GM Hughes Electronics, und die französische Aerospitale. Am 30. September 1992 entschieden sich die Araber für Hughes als Vertragspartner. Doch am 12. April 1993 erfolgte die überraschende Ankündigung, nun werde doch Aerospitale mit der Ausführung beauftragt. Was war geschehen? Die Antwort darauf ergab sich erst später, als Frank Greve, ein Reporter der amerikanischen Verlagsgruppe Knight-Rider, in seiner Post ein merkwürdiges Paket fand: Es enthielt die Kopie eines französischen Spionage- und Abhörplans, aus dem hervorging, daß Frankreich die Gespräche zwischen Hughes und den Arabern belauscht hatte und anschließend durch Zahlung hoher Bestechungsgelder das heimische Unternehmen wieder ins Spiel brachte.

48 brisante Nachrichten – Essenz der täglichen Datenflut

Der Aufwand zum Anzapfen von Satelliten wie ARABSAT oder Intelsat ist gering, aber ergiebig: Allein im Jahre 1992 hat die NSA in Menwith Hill laut Angaben aus Washingtoner Geheimdienstkreisen 17,5 Milliarden Nachrichten – das sind stündlich rund zwei Millionen – aus der weltweiten Datenflut via SILKWORTH und MOONPENNY automatisch abgefangen und mit dem ECHELON-System überprüft. Von diesen zwei Millionen Daten pro Stunde befanden die Computersysteme 13 000 Nachrichten einer näheren (prozessorgesteuerten) Sichtung für würdig, weil sie Stichwörter, Textbausteine oder Ziffernkombinationen enthielten, die zuvor in die Datenbank als Suchkriterien eingegeben worden waren. Davon wiederum entsprachen 2000 (im ganzen Jahr waren es etwa 18 Millionen) den groben Suchkriterien. Diese 2000 Nachrichten pro Stunde mußten von den Mitarbeitern ausgewertet werden. Statistisch gesehen sind von diesen wiederum 20 von Interesse. Doch nur über zwei abgefangene Daten wird (statistisch gesehen) auch ein schriftlicher Bericht angefertigt, den die NSA an die Regierung weiterleitet. Menwith Hill mit seinen 1800 Mitarbeitern sammelt somit täglich etwa 48 Nachrichten aus der weltweiten Datenflut, die letztlich als Notizen auf dem Schreibtisch des nationalen Sicherheitsberaters des amerikanischen Präsidenten im Weißen Haus in Washington landen.

Verfolgt man den deutschen Datenverkehr mit den Vereinigten Staaten, so fällt auf, daß ein großer Teil der Nachrichtenpakete über Knotenpunkte wie etwa »Fix East« und »Fix West« läuft. Diese »Router« gehören der NASA. »Fix East« befindet sich im College Park im Bundesstaat Maryland (wo auch die NSA ihren Sitz hat), »Fix West« im kalifornischen Sunnyvale. Wayne Madson, Mitautor des Buches *The Puzzle Palace*, behauptet, daß die NSA die NASA-Router ebenso wie andere (Mae East, Mae West, CIX in San Jose, SWAB im nördlichen Virginia, der von Bell Atlantic unterhalten wird) anzapft. Die NSA bestreitet, daß neueste Technologie es ihr ermöglicht, alle drei Stunden Informationen in der Größenordnung des gesamten Inhalts der Library of Congress (der größten Bibliothek der Welt – dort lagern eine Quadrillion Bits an Informationen) abzuhören. Doch beim BND ist man sich sicher, daß die NSA bewußt untertreibt, um keinen Unmut in der Bevölkerung aufkommen zu lassen.

Die vorgenannten Daten sind selbstverständlich geheim. Mitglieder des Europäischen Parlaments haben in der Vergangenheit erfolglos versucht, in Erfahrung zu bringen, mit welchen Stichwörtern das ECHELON-System programmiert ist und in welchem Umfang die Vereinigten Staaten neben Politikern auch Wirtschaftsunternehmen ausspähen. Angehörige des Bundesnachrichtendienstes (BND) vertreten in privaten Gesprächen die Auffassung, daß Washington mit Hilfe des ECHELON-Systems in Echtzeit keineswegs nur jene deutschen Unternehmen überwacht, die Innovationen entwickeln. Durch eine Indiskretion haben BND-Mitarbeiter vielmehr schon wenige Tage nach dem Brüsseler Gipfel vom Mai 1998, bei dem sich elf europäische Staaten – Deutschland, Frankreich, Italien, die Niederlande, Belgien, Luxemburg, Österreich, Spanien, Portugal, Finnland und Irland – über die Einführung des »Euro« zum Januar 1999 geeinigt hatten, erfahren, daß die NSA im Auftrag der amerikanischen Regierung nicht nur alle Telefonleitungen der Unterkünfte der in Brüssel versammelten Regierungschefs abhörte, sondern auch die Mobilfunknummern der Regierungsdelegationen. So war man in Washington stets bestens über den Fortgang der Gespräche unterrichtet. In den Vereinigten Staaten wurde die Entstehung des gemeinsamen »Euro«-Währungstraums lange Zeit mit höchster Aufmerksamkeit verfolgt. Der Euro wird nach Auffassung der CIA schnell zur zweitwichtigsten Reservewährung der Welt aufrücken und dem Dollar Konkurrenz machen. Man fürchtet, daß die Dominanz des Dollars langfristig durch den Euro bedroht sein könnte, wenn dieser sich als stabil erweisen sollte. Laut einer CIA-Studie wird der Euro schon im Jahre 2003 weltweit den gleichen Marktanteil erreichen wie der Dollar. Machte der »Greenback« 1997 noch 58,9 Prozent der globalen Finanzreserven aus, so werde der Euro der Wall Street schon mittelfristig das Rampenlicht rauben. Unter Berufung auf abgehörte Telefongespräche des französischen Finanzministers berichtete die CIA im Mai 1998 nach Washington, die französische und die deutsche Regierung erwarteten auch aus den Vereinigten Staaten von 1999 an einen allmählichen Kapitalabfluß in den Euro. Mit Hilfe des ECHELON-Systems fing Washington auch Gespräche des früheren Bundesfinanzministers Waigel auf, in denen dieser europäischen Bündnispartnern gesagt haben soll, die amerikanische Wachstumsrate werde sich nach der Einführung des Euro um bis zu fünf Prozent verringern, während die Zinsen steigen würden. Der ausschließlich auf den von Menwith Hill gewonnenen Erkenntnissen beruhende CIA-Bericht prognostiziert, mit dem Euro-Währungstraum werde eine wirtschaftliche Weltmacht entstehen, die in wichtigen Bereichen deutlich vor den Vereinigten Staaten und vor Japan liegen werde.

Die NSA-Anlage in Menwith Hill ist – wie bereits erwähnt – mittlerweile innerhalb der britischen Bevölkerung nicht unumstritten. Eine empfindliche Niederlage erlitten die Betreiber von Mentwith Hill im September 1997, als ein britisches Gericht entschied, daß Neubauten der Anlage illegal errichtet worden seien. Im Jahre 1995 sollen Gelder, die in Menwith Hill nicht wie geplant verbaut werden konnten (angeblich zwei Millionen Dollar), zu der ähnlichen, aber kleiner gearteten NSA-Abhöranlage in Bad Aibling transferiert worden sein. Zu den amerikanischen Abhöreinrichtungen des Geländes, die im Gegensatz zu den BND-Anlagen in Bad Aibling durchweg auf dem neuesten technischen Stand sind, haben die BND-Mitarbeiter fast nirgendwo Zugang. Wilhelm Vosselmann, Oberst a.D. des Militärischen Abschirmdienstes und Vorsitzender des Bayerischen Verbandes für Sicherheit in der Wirtschaft, sagte dem Autor am 24. Februar 1999: »Im britischen Menwith Hill haben die Briten teil an den Aufklärungsergebnissen der Amerikaner. In Bad Aibling partizipieren die Deutschen aber nicht. Das ist ungerecht. Man kann diese Zusammenarbeit mit den USA nicht ›Partnerschaft‹ nennen. Kein amerikanischer Politiker bestreitet, daß mit solchen Horchposten die Wirtschaft ausspioniert wird. Wenn es Horchposten in fremden Ländern gibt, dann partizipieren auch die Gastgeberstaaten davon. Nur in Deutschland ist es anders. Selbst in der Schweiz, wo die Dienste eine Partnerschaft mit der französischen DGSE und solche Horchposten haben, partizipieren beide Staaten davon. Bad Aibling bleibt deshalb aus der Sicht deutscher Unternehmen ein heißes Thema.« Andere Gesprächspartner fragen ironisch: »Wie würden die Vereinigten Staaten wohl reagieren, wenn wir Deutschen mitten in Texas unsere Horchposten und Antennen aufstellen würden – selbstverständlich nur, um Kriminelle zu jagen –, aber in jedem Fall darauf bestünden, daß die Amerikaner zu den deutschen Anlagen auf ihrem Boden keinen Zutritt hätten?«

Bad Aibling – hochnäsige Amerikaner

BND-Mitarbeiter beklagen sich im Gespräch nicht nur über die rüpelhafte und arrogante Art der in Bad Aibling stationierten Amerikaner, die sich »weiterhin wie Besatzer aufführen«. Einige der NSA-Antennen darf eine Funkverkehrsstelle des BND in Bad Aibling aus der benachbarten Mangfall-Kaserne (BND-Objekt »Orion«) mitbenutzen. Doch der größte Teil der Anlage ist für die Deutschen tabu. Sie müssen vor allem auch tatenlos mit ansehen, wie die deutsche

Industrie auch von diesen »Freunden« ausgespäht wird. Ein BND-Techniker, der mehrere Jahre in Bad Aibling stationiert war, berichtet: »Wir haben Anzeichen dafür, daß seit 1993 vor allem die europäische Biotech-Industrie ein Hauptziel der amerikanischen Abhörspezialisten ist.« Das würde Sinn machen, expandiert doch die europäische Biotech-Branche derzeit offenkundig schneller als die Konkurrenz in den Vereinigten Staaten. Ein anderer BND-Mitarbeiter, den angeblich nur die Furcht vor dem Verlust seiner Beamtenpension davon abhält, die Öffentlichkeit über das Vorgehen der Amerikaner aufzuklären, behauptet, daß derzeit vor allem das französische Unternehmen Genset, die belgische Innogenetics und die deutsche Qiagen im Visier der NSA seien. Auftrag der NSA sei es, Neuentwicklungen dieser Unternehmen »noch vor der klinischen Erprobungsphase abzusaugen«. In Deutschland hat sich die Zahl der Biotech-Unternehmen 1997 um rund 70 Prozent auf inzwischen mehr als 170 erhöht.

Es ist schwer, von deutschen Behörden gesicherte Aussagen über die Tätigkeit der Amerikaner in Bad Aibling zu bekommen. Nach mehrfachen vergeblichen Telefonaten wandte sich der Autor am 16. März 1999 schriftlich mit folgenden Fragen an das Bundesinnenministerium:

1. Stimmen die Aussagen britischer Fachleute, wonach die amerikanische Station in Bad Aibling nicht nur eine »Downlink«-Station ist, sondern grundsätzlich ebenso wie die britische Anlage in Menwith Hill zielgerichtet Nachrichten aus der Satellitenkommunikation abfangen könnte?

2. Kann die Anlage in Bad Aibling theoretisch auch deutsche nicht-festnetzgebundene Gespräche abfangen?

3. Gibt es Erkenntnisse darüber, daß die Vereinigten Staaten die Anlage in Bad Aibling zu letztgenannten Zwecken genutzt haben/benutzen?

4. Haben deutsche Fachleute Zutritt zu allen Gebäudeteilen in Bad Aibling? Können sie jederzeit auch die dort verwendete Software/Hardware einer eingehenden Prüfung unterziehen?

5. Wann hat es zuletzt eine solche Begehung durch Fachleute gegeben?

6. Haben deutsche Politiker die Station in Bad Aibling in der Vergangenheit besucht?

7. Gibt es Verdachtsmomente, die zu der Annahme führen, daß in der Vergangenheit die Anlage in Bad Aibling zum Zwecke der Spionage gegen deutsche Unternehmen eingesetzt worden ist?

8. Gibt es theoretisch Möglichkeiten, den Amerikanern den Zugriff auf deutsche Telefonate von Bad Aibling aus unmöglich zu machen? Welche wären das?

9. Zahlen die Vereinigten Staaten Miete für das Gelände in Bad Aibling? Wie hoch ist diese?

10. Gibt es in Bad Aibling nur die oberirdisch sichtbaren Gebäudeteile oder auch Bunker? Wie tief reichen diese in die Erde?

Nach vier Wochen und mehrmaliger Nachfrage erhielt der Autor einen – höflich ausgedrückt – nichtssagenden kurzen Brief. Auf die inhaltliche Beantwortung der gestellten Fragen wartete er bis zur Drucklegung des Buches vergeblich.

Im Zuge der Globalisierung wird es für die amerikanischen Lauscher immer interessanter, das ECHELON-Informationsnetz zugunsten der heimischen Wirtschaft einzusetzen. Es ist einleuchtend, daß daraus Vorteile erwachsen. Der Neuseeländer Nicky Hager schreibt dazu: »Natürlich wird das System auch zur Wirtschaftsspionage eingesetzt. So erhält man die Verhandlungspositionen aller Teilnehmer bei GATT-Gesprächen schon lange vor deren Beginn. So weiß man aber auch, welches Produkt irgendwo auf der Welt neu entwickelt wird, was möglicherweise auch für die eigene Wirtschaft von Interesse sein könnte.«

Ein Beispiel für die ungeheure Ergiebigkeit des ECHELON-Systems war im April/Mai 1998 der Rohstoff Palladium. Er wird zum Bau von Autokatalysatoren ebenso wie für elektronische Bauteile in Mobiltelefonen benötigt. Rußland ist der weltgrößte Palladiumproduzent und beherrscht zusammen mit Südafrika den Weltmarkt. Auch die Vereinigten Staaten sind abhängig von diesen beiden Lieferanten. Über die Moskauer Zentralagentur Almaz wurden bis Anfang 1998 die meisten russischen Palladium-Lieferungen abgewickelt. Doch seit Jahresbeginn 1998 verkaufte Almaz nicht ein Gramm Palladium mehr. Die fortschreitende Finanzkrise in Rußland ließ auch Almaz zum Spielball der Moskauer Intrigenpolitik werden. Zugleich reifte in Moskau der Gedanke, durch eine künstliche Lieferverknappung den Weltmarktpreis weiter hochtreiben zu können. Es dauerte nicht lange, bis das Palladium und die Almaz in die Stichwortliste des ECHELON-Systems aufgenommen wurden. Nicht nur die Vereinigten Staaten, auch ihre westlichen Verbündeten wollten wissen, ob die Verknappung des strategisch wichtigen Rohstoffs kurzfristiger Natur oder von Dauer sein würde. Die Händler griffen unterdessen beim Palladium zu, als gäbe es zum letzten Mal auf dieser Welt noch etwas von dem seltenen Edelmetall – regelrechte Panikkäufe katapultierten die Preise für Palladium auf den höchsten Stand seit zwei Jahrzenten.

Mit Hilfe der ECHELON-Aufklärung fanden die amerikanischen Schnüffler schnell den Grund für die Verknappung heraus: Rußland hatte zwecks Forderungen von Bankkrediten Platin und Palladium als Sicherheit zurückgehalten. Den entsprechenden amerikanischen Unternehmen sollen Geheimdienste daher auf Nachfrage den Rat gegeben haben, ihre Lager nicht durch Panikkäufe zu füllen. Dennoch wird der Rohstoff sehr spekulationsanfällig bleiben, sind die Märkte dafür doch preisempfindlich, während die industrielle Nachfrage weiterhin hoch bleiben dürfte. Das Stichwort Palladium dürfte daher in absehbarer Zeit wohl nicht aus dem ECHELON-System gelöscht werden. Diese Erkenntnisse gewann das ECHELON-System nach Angaben deutscher Sicherheitskreise durch das Anzapfen der Intelsat-Satelliten.

Das ECHELON-System versetzt seine Betreiber in die Lage, früher als andere in den Besitz wichtiger Informationen zu gelangen.

Ein Beispiel dafür war der Rücktritt des Finanzministers Oskar Lafontaine im März 1999. Während die Medien lange über die Gründe für diesen Schritt und den möglichen Nachfolger spekulierten, wußten die ECHELON-Betreiber binnen weniger Minuten nach Lafontaines Rücktritt schon bestens Bescheid. Sie hatten ein Gespräch Schröders mit »Bundespräsident Herzog« mitgeschnitten, in dem letzterer sich nach den Gründen des Rücktritts erkundigte. Schröder teilte Herzog über sein Mobiltelefon vertraulich mit, der frühere hessische Ministerpräsident Eichel werde Lafontaines Nachfolger. Somit waren auch die ECHELON-Betreiber im Bilde. Das Gespräch hatte Folgen, denn nicht »Bundespräsident Herzog«, sondern ein für den Rundfunksender »100,4 RTL« tätiger Stimmenimitator hatte Schröder angerufen. Die Berliner Staatsanwaltschaft ermittelte anschließend wegen des Verdachts der »Verletzung der Vertraulichkeit des Wortes«.

Die Profiteure: Lockheed, Boeing und Raytheon

Doch wem stellt die NSA die mit Hilfe des ECHELON-Systems gewonnenen Erkenntnisse zur Verfügung? Die Antwort darauf liefert eine Studie mit dem Titel »ECHELON: America's secret global surveillance network«, die von der amerikanischen Free Congress Research and Education Foundation in Washington erarbeitet wurde. In ihr heißt es: »Im Handelsministerium wurde ein Büro, das Office of Intelligence Liaison, eingerichtet, das abgefangene Nachrichten an die großen amerikanischen Konzerne weitergeben soll. In vielen Fällen sind die Empfänger dieser Art der Wirtschaftsspionage eben jene Unternehmen, die der NSA schon bei der Entwicklung des ECHELON-Systems geholfen haben. Diese Beziehung ist derart eng, daß die so erlangten Geheiminformationen in manchen Fällen auch dazu genutzt worden sind, um amerikanische Mitbewerber aus dem Geschäft zu drängen. Die großen amerikanischen Konzerne, die beste

Beziehungen zu der Rüstungsindustrie und den Geheimdiensten unterhalten, machen dann das Rennen. Es sind jene Unternehmen, die auch bei den Parteispenden für beide amerikanische Parteien die vorderen Plätze einnehmen.«

Neben jenem Office of Intelligence Liaison dient auch der unter Präsident Clinton 1993 geschaffene National Economic Council vorrangig dem Ziel, Daten ausländischer Konkurrenten an die führenden amerikanischen Wirtschaftsunternehmen weiterzuleiten. Die Free Congress Research and Education Foundation behauptet, Lockheed, Boeing, Loral, TRW und Raytheon seien die Hauptnutznießer der wirtschaftlichen ECHELON-Ausspähung ausländischer Konkurrenten und zugleich die Hauptvertragspartner der NSA bei der technischen Neuausrüstung der Superbehörde. Die Bevorzugung dieser Konzerne auf dem Gebiet der Wirtschaftsspionage durch die NSA sei ein »gewaltiger Mißbrauch von Steuergeldern und den Möglichkeiten der Geheimdienste«.

In den Anfangsjahren der satellitengestützten Kommunikation hatten es die Geheimdienste einfacher als heute. Damals gab es nur die Intel-Kommunikationssatelliten über dem Indischen Ozean, dem Pazifik und dem Atlantik zwecks Ausspähung ziviler Ziele. Zum Abhören reichten eine NSA-Station im Westen der Vereinigten Staaten, Yakima (mit einer auf den Pazifik ausgerichteten Satellitenschüssel), und eine in Morwenstow (mit einer auf den Atlantik und einer weiteren auf den Indischen Ozean ausgerichteten Satellitenschüssel). Heute ist die Anzahl der Satelliten um ein Vielfaches gestiegen. Inmarsat- und Iridium-Satelliten konkurrieren um Kunden. Daher wächst auch der Umfang der von den Vereinigten Staaten kontrollierten Abhöreinrichtungen beständig. Aber nicht nur die Zahl der Abhörstationen, auch die Durchmesser der Satellitenantennen haben sich stetig vergrößert.

Eines haben die Schüsseln von Sugar Grove, Morwenstow und Yakima gemeinsam: Sie sind nicht weiter als 100 Kilometer von der nächsten zivilen Einrichtung entfernt, die über Satelliten geleitete

Telefongespräche oder Faxverkehr auffangen soll. Sugar Grove etwa liegt weniger als 100 Kilometer von der zivilen Telekommunikationsstation ETAM, Morwenstow 110 Kilometer von der Bodenstation der British Telecom in Goonhilly entfernt. Die Geheimdienste müssen sich also nicht sonderlich bemühen, um die unverschlüsselt übermittelten Daten mit ihren riesigen Schüsseln aufzufangen. Alle über den Globus verstreuten NSA-Einrichtungen verfügen mittlerweile auch zumindest über einen fensterlosen Gebäudeteil oder einen Bunker. So will man es gegnerischen Geheimdiensten erschweren, mit modernster drahtloser Technik in die Anlagen einzudringen und dort ihr Unwesen zu treiben.

Schon im Juni 1992 wandte sich eine Gruppe von Mitarbeitern des technischen britischen Geheimdienstes GCHQ, vom schlechten Gewissen geplagt, an die Zeitung *Observer*: »Wir sind der Auffassung, daß wir nicht länger zu dem Mißbrauch der technischen Möglichkeiten dieses Systems schweigen dürfen.« Einer erstaunten Öffentlichkeit offenbarten die Geheimdienstler, daß neben Unternehmen auch Hilfswerke systematisch abgehört würden.

Als einziger Feind des ECHELON-Systems galt in der Vergangenheit die Verschlüsselung der Datenübertragung. Das war der Hauptgrund dafür, warum die Vereinigten Staaten die Ausfuhr der neuesten Verschlüsselungssysteme unter Strafe stellen und in vielen Staaten (so auch in Deutschland) dafür werben, die Kryptographie zwar nicht zu verbieten, staatlichen Stellen aber einen Zugriff zum Schlüssel zu ermöglichen.

In Frankreich ist man sich in Industriekreisen sicher, daß mit Hilfe des ECHELON-Systems amerikanischen Unternehmen Wettbewerbsvorteile verschafft werden. So glaubte man in Paris, einen Auftrag im Wert von immerhin 30 Milliarden Francs über die Lieferung von Rüstungsgütern und Airbus-Flugzeugen an Saudi-Arabien schon sicher zu haben, und mochte es kaum glauben, als dann der amerikanische Konzern McDonnell-Douglas das Geschäft machte. Als der frühere französische Premierminister Balladur im Januar

1994 nach Riad reiste, war der Vertrag unterschriftsreif. Im Triumph wollte Balladur nach Paris zurückkehren. Doch in letzter Minute entschied sich König Fahd für Washington als Vertragspartner, und die Franzosen hatten das Nachsehen. Die Zeitung *San Francisco Chronicle* berichtete am 28. Februar 1995 über die Hintergründe des saudischen Simmungswechsels: »Washington hatte sein gewaltiges Netzwerk der Geheimdienste eingespannt – inklusive der CIA-Agenten und nach Angaben einer weiteren Quelle auch des internationalen Aufklärungssystems der National Security Agency –, um den französischen Konkurrenten und seine großzügigen Finanzierungsofferten aus dem Geschäft zu drängen.« Während andere amerikanische Zeitungen vorwiegend darüber berichteten, wie der amerikanische Präsident Clinton persönlich sich in einem Telefongespräch mit dem saudischen König Fahd für den Großauftrag einsetzte, bestätigte der *San Francisco Chronicle,* was französische und deutsche Luftfahrtmanager schon immer geahnt hatten: Die Amerikaner verfolgten jedes Stadium der Vertragsverhandlungen mit den Franzosen mit Hilfe des ECHELON-Systems und setzten so amerikanische Unternehmen in die Lage, zum Schluß ein noch besseres Angebot abzugeben. Wichtige Vertragsgespräche werden seither zumindest vom Airbus-Konsortium, aber auch in weiten Teilen der französischen Großindustrie nicht mehr per Telefon, Fax oder E-mail geführt. Statt dessen ist man dazu übergegangen, jedes Stadium von Verhandlungen mit einem persönlichen Ansprechpartner direkt zu erörtern.

Auch Laien können Faxe abfangen

Heute sind selbst Laien – die entsprechende Ausrüstung vorausgesetzt – in der Lage, Faxverbindungen anzuzapfen. Bei drahtgebundenen Mitteilungen ist das einfacher als bei via Satellit übertragenen. In die Leitung muß dann nur ein sogenannter Spy Fax Switcher zwischengeschaltet werden, der in jedem Fall unentdeckt bleibt, weil er das ausgehende Fax zum Empfänger nicht unterbricht, sondern die Informationen insgesamt in einem Block aufzeichnet. Auf der Empfängerseite gibt es daher auch keine (möglicherweise auffällige) Verzögerung. Doch im drahtlosen Faxverkehr – und der dürfte mittlerweile den weitaus größten Teil der Geschäftsfaxe betreffen – ist dieses System nicht anwendbar. In den Vereinigten Staaten werden heute aber schon auf dem zivilen Markt Geräte angeboten, mit denen Laien auch den drahtlosen Faxverkehr mitlesen können. Im Handel werden sie als »Testgeräte für den Service von Faxverbindungen oder Autotelefonen« (Fax-Interceptor) geführt.

Der niederländische Satellitenfachmann Christian Mass hat in seinem 1998 erschienenen Buch »*Satellitensignale anzapfen und auswerten – Satellitenspionage für Einsteiger*« das Abfangen von Faxen Schritt für Schritt beschrieben und kommt zu dem Ergebnis: »Der ganze Spaß kostet je nach Ausführung zwischen 1895 und 4950 US-Dollar. Viel für den Privatmann, doch Peanuts für Industriespione und kleinere Länder, vor allen Dingen leicht erwerblich durch Länder, an die solche Geräte nicht geliefert werden dürfen. Die durch uns genutzte Testversion war nahezu voll funktionsfähig… Na gut, nun hat ein Land ein solches Gerät und würde gerne teilweise den Faxverkehr des bösen Nachbarn kontrollieren. Einfach mal auf Intelsat 605 zu gehen, hat die Erfolgschancen eines Lottospiels. Kenner der Szene wissen jedoch, daß beispielsweise die Kommunikation zwischen den USA, Europa und Afrika in Bündeln erfolgt, die schnell aufzuspüren sind. Auch den richtigen Satelliten zu finden, dürfte mit Hilfe der Satelliten-Handbücher (Earth Station Service Capabilities bei Intelsat) kein Problem mehr sein. Spätestens hier ist dann auch FaxProbe kein Kinderspielzeug mehr. An einem einzigen Wochenende – ohne festen Suchplan – gelang es uns, etwa 70 Faxe zu dekodieren. Neun davon waren wirklich vertraulicher Natur.«

Und an anderer Stelle läßt sich Mass zur angeblich sicheren digitalen Datenkommunikation aus: »Sollte dies in der Tat der zukünftige Übertragungsstandard für hochempfindliche Daten sein, dann wäre der Begriff Datenschutz eine reine Sprechblase. Einige Banken planen, ebenfalls Datendienst in Anspruch zu nehmen. Kontenstände und Geldfluß wären dann ein offenes Geheimnis. Autohersteller offenbaren ihre Verkaufsstrategien – da bedarf es dann keines Herrn Lopez mehr, um ein wenig bei der Konkurrenz herumzuschnüffeln. Was hier mit recht bescheidenen Mitteln erreicht wurde, ist nur ein Bruchteil dessen, was einer kriminellen Organisation mit hochdotierten Fachleuten und entsprechender Hard- und Software möglich wäre.« Das gleiche dürfte in wohl weitaus höherem Maße auch für in die Wirtschaftsspionage verwickelte Geheimdienste gelten.

Brüsseler Spitzel?

Nicht alle Meldungen über angebliche Abhörmaßnahmen entsprechen auch der Wahrheit. So berichteten im Frühjahr 1999 viele Zeitungen reißerisch über ein angeblich neues Abhörsystem innerhalb der Europäischen Union mit dem wohlklingenden Namen Enfopol. Es hieß, die Neuentwicklung übertreffe noch die Möglichkeiten des amerikanisch-britischen ECHELON-Systems. Enfopol (das im vorherigen Kapitel mit dem Bericht von Steve Wright bereits kurz erwähnt wurde) entsetzte angeblich die Datenschützer. Die Abkürzung steht für »Enforcement of Police Cooperation«, also Verstärkung der Polizeizusammenarbeit. Wenn Wirklichkeit werde, was die Arbeitsgruppe »Polizeiliche Zusammenarbeit« des EU-Rates in Brüssel unter Ausschluß der Öffentlichkeit beschlossen habe, dann würden auch Wirtschaftsspionen innerhalb der EU bald weitere wundervolle Möglichkeiten – und zwar legal – zur Verfügung stehen. Eigentlich soll das System den Polizeibehörden die Verfolgung von Straftätern erleichtern. Der SPD-Bundestagsabgeordnete Jörg Tauss war entsetzt: »Diese gefährlichen Überwachungspläne zeigen, daß den EU-Fahndern jedes Augenmaß abhanden gekommen ist.« Sie könnten künftig von Oslo bis Athen Paßwörter oder Kontoverbindungen abrufen. Tauss sagte dem Autor: »Enfopol ist eine Einladung zur Wirtschaftskriminalität und zur Spionage für ausländische Dienste. Das wird in Deutschland ignoriert. Dieses Überwachungssystem ist zwar im ureigensten amerikanischen Interessse, entspricht aber nicht den deutschen Sicherheitsinteressen. Vorwände wie die Bekämpfung der Kinderpornographie sind aus meiner Sicht nur vorgeschoben, weil es auf diesem Gebiet im Internet keine Zuwachsraten gibt, sondern die Täter immer vorsichtiger werden.« Tauss schimpfte über die Brüsseler Bürokraten: »Die Überwachungspläne der Europäischen Union stellen alle deutschen Bestimmungen zum Lauschangriff in den Schatten.« Und Christian Ströbele, ein zum linken Flügel der Grünen gehörender Bundestagsabgeordneter, sagte: »Von rechtsstaatlichen Sicherungen – etwa einem Richtervorbehalt nach deutschen Standards – ist im Brüsseler Überwachungsentwurf keine Rede.«

Leider war es viel Lärm um nichts. Denn Enfopol war nicht der Name eines neuen Überwachungssystems, sondern schlicht die EU-interne Bezeichnung des Anhangs für ein Arbeitsdokument, das schon 1995 beschlossene Regelungen nur noch auf die seither rasante Zuwächse verzeichnenden neuen Kommunikationsmöglichkeiten erweiterte. Das Bonner Innenministerium versicherte glaubhaft, daß sich hinter dem angeblichen »Enfopol-System« weder eine geheimnisvolle neuartige Überwachungstechnik noch die Bereitstellung eines neuen Spezialsystems für Wirtschaftsspione verberge.

Offen für Schnüffler – Bundesbehördennetz 2000

Nicht immer ist das Ziel von Spionen das öffentliche Telefonnetz. Wenn sich oberste Bundesbehörden untereinander verständigen, können sie auf ein eigenes Kommunikationsnetz zurückgreifen. Was sich früher »Bundesbehördennetz« nannte (BBN), heißt seit dem 1. Januar 1999 »Informationsverbund Berlin–Bonn« (IVBB). Mit diesem System sind künftig die Ministerien von Bonn und Berlin verbunden. Damit werden nicht nur »Verschlußsachen« durchs Datennetz übertragen, sondern auch Vorlagen, vertrauliche Mitteilungen, Anweisungen und Anfragen von Wirtschaftsunternehmen, die etwa in Kooperation von Wirtschaftsministerium und Ausfuhramt bearbeitet werden. Es ist ein offenes Geheimnis, daß die Alliierten bis zur Wende über eine Schnittstelle direkten Zugang zu diesem Behördennetz hatten. In einer Informationsschrift des Bundes über das neue IVBB wird vollmundig getönt: »Durch den Einsatz moderner und zukunftssicherer Informations- und Kommunikationstechnologie in Form des Informationsverbundes Berlin–Bonn (IVBB) bleibt die Arbeitsfähigkeit der Bundesbehörden über eine räumliche Entfernung von mehr als 600 Kilometern uneingeschränkt erhalten – in vielen Bereichen wird sie nachhaltig verbessert.« Wirklich? Dem Autor liegen Angaben darüber vor, wie einfach es derzeit für unsere Verbündeten ist, die vertrauliche Kommunikation des IVBB abzuhören. Zu Unrecht heißt es in der erwähnten Informationsschrift: »Die Firewall schützt das Netz des IVBB vor unberechtigten Teilnehmern und Hackern.« Die Wahrheit sah im Frühjahr 1999 anders aus, verliefen die Leitungen zwischen Bonn und Berlin doch über Richtfunkstrecken (eine Art virtuelles Kabel) und waren für Geheimdienste leicht abhör- und abzapfbar. Zudem räumte man seitens des Innenministeriums ein, derzeit werde nur »punktuell« im IVBB verschlüsselt. Auch die Pressesprecherin der Aachener Kryptokom AG, die auf Sicherheitssysteme für den elektronischen Datenaustausch spezialisiert ist und den IVBB ausrüstete, sagte dem Autor: »Das wird wohl noch einige Jahre dauern, bis da alles komplett und abgeschottet ist, denn das IVBB ist ein Riesenprojekt.« Und Kryptokom wird man es wohl kaum vorwerfen können, wenn schlampige Behördenmitarbeiter die Verschlüsselung von Übertragungen im IVBB unterlassen. Bis es in diesem Netz keine zwangsweise Verschlüsselung gibt, wird es ein lohnendes Angriffsziel auch für Wirtschaftsspione bleiben.

Indirekt wurde das auch in einem Artikel des *Spiegel* bestätigt, in dem es am 15. Februar 1999 hieß, die Bundesregierung plagten Sorgen mit dem IVBB. Probleme mit Software und Verschlüsselungsgeräten legten das Regierungsnetz, für das das Bundesinnenministerium zuständig ist, immer wieder lahm. Der *Spiegel*: »Der Höhepunkt des Datenchaos war Ende Januar erreicht, als ein Austausch der Software zum Totalausfall führte.« Derzeit arbeiten Informatiker an einer »Sonderlösung« – die nicht notwendig wäre, wenn der IVBB »funktionieren würde«, so ein interner Vermerk aus dem Forschungsministerium.

Die (Un-)Sicherheit von Verschlüsselungsprogrammen

Nun glauben findige Zeitgenossen, mit sogenannten Verschlüsselungstechniken ihre Daten vor jeglichem fremden Zugriff sichern und so etwa auch den Schnüfflern der großen Geheimdienste dieser Welt ein Schnippchen schlagen zu können. Wohl kaum ein Gebiet der Mathematik ist von einem ähnlich mystischen Mantel umgeben wie die Lehre von der Verschlüsselung, der Kryptologie. Früher konnten sich nur finanzstarke Institutionen die wirksame Verschlüsselung von Daten und Nachrichten leisten: Regierungen, Wirtschaftskonzerne und auch Banken. Doch mit dem Preisverfall auf dem Computermarkt und ständig neuen Software-Entwicklungen ist es auch dem »Durchschnittsbürger« und kleineren Firmen möglich geworden, »per Mausklick« beliebige Daten zu verschlüsseln. Verschlüsselungstechniken finden sich heute von EC- und Kreditkarten über PC-Banking, Firmentelekommunikation bis hin zu Kaufverträgen im Internet. Doch sind Verschlüsselungstechniken wirklich sicher? Die aus Schülertagen geläufige Buchstaben- oder Zahlentauscherei ist jedenfalls leicht zu knacken und taugt deshalb nicht, um Nachrichten längere Zeit vor neugierigen Augen zu schützen. Wirtschaftsunternehmen wie Privatleute wähnen sich auf der sicheren

Seite, wenn sie die neuesten Kryptographieprogramme einsetzen. Doch die Sicherheit ist nur unter bestimmten Voraussetzungen gewährleistet, die fast nie beachtet werden.

Ein von RSA, einem amerikanischen Hersteller von Verschlüsselungs-Software, ausgeschriebener Wettbewerb hatte vor wenigen Jahren das Ziel, die von der amerikanischen Regierung als ausreichend sicher bezeichneten Codes zu knacken. Der Wettbewerb ging Anfang Februar 1997 in die zweite Runde. Nachdem der 40-Bit-Code am 28. Januar 1997 mit Hilfe von 1200 Rechnern innerhalb von vier Stunden geknackt worden war, dauerte das Knacken eines 48-Bit-Schlüssels immerhin 13 Tage. Doch selbst eine 56-Bit-Verschlüsselung, die man in den Vereinigten Staaten lange für absolut sicher erachtete, ist auf den zweiten Blick gar nicht mehr so sicher. Nach einer Umfrage der Zeitschrift *Computerworld USA* unter Verschlüsselungsfachleuten würde ein privater Hacker mit einem Budget von umgerechnet 600 Mark theoretisch 38 Jahre benötigen, um einen solchen Code zu knacken. Einem Unternehmen, das 450 000 Mark einsetzen würde, gelänge dies schon in drei Stunden. Und Geheimdiensten mit einer Ausrüstung im Wert von 450 Millionen Mark genügten ganze zwölf Sekunden. Es ist müßig zu erwähnen, daß diese Summen weder für amerikanische noch für französische oder britische Geheimdienste der Rede wert sind. Sie sind es jedoch, die in Deutschland Wirtschaftsspionage betreiben und jede Möglichkeit nutzen, um unbemerkt Know-how abzuziehen und zum Vorteil der heimischen Wirtschaft einzusetzen.

Sowohl der frühere amerikanische Präsident Clinton als auch der französische Premierminister haben ihre Geheimdienste dazu ermuntert, auch die Computerspionage für diese Ziele einzusetzen. Der 56-Bit-Code wurde schließlich im Juli 1998 auch von Zivilisten geknackt. John Gilmore und Paul Kocher benötigten dafür 56 Stunden. Der »Data Encryption Standard« (DES), die bis dahin als »bombensicher« geltende Schlüsseltechnologie der amerikanischen Kryptopolitik, war gefallen. Tatort war ein Rechner namens »Deep Crack«, zusammengeschraubt aus 1000 Chips und 27 Boards. Seit dem Ende des Kalten Krieges wurde DES in den Vereinigten Staaten von Regierung, Banken und Militärs benutzt, um Datentransaktionen zu sichern. In Washington hatte man stets behauptet, um DES zu knacken, sei ein solch gigantisches und teures Netzwerk vonnöten, daß es niemand schaffen werde. Doch »Deep Crack« bewies, wie hinfällig solche Behauptungen sind.

Wer sich in Anbetracht vermeintlich »sicherer« Verschlüsselungstechniken in Sicherheit wiegt, irrt. Das mußte nicht zuletzt auch jener österreichische Briefbombenbastler erfahren, der im Januar 1999 verurteilt wurde. Er hatte im Oktober 1996 in einer teils chiffrierten, teils offenen Botschaft an eine österreichische Nachrichtenagentur geprahlt: »Der Entschlüsselungsaufwand wurde von unserem Fachmann so bemessen, daß die eingedrungenen Ausbeuter und Völkermörder ohne Hilfe der NSA nicht mehr zeitgerecht vor den Herbstwahlen an die kodierte Wahlkampfmunition herankommen.« Doch mit diesem Hinweis auf die Komplexität der chiffrierten Botschaft überschätzte sich der rechtsextreme Attentäter der selbsternannten »Bajuwarischen Befreiungsarmee«. Der österreichische Innenminister Caspar konnte wenige Stunden später bei einer Pressekonferenz schon mitteilen, daß der Code geknackt worden sei. Das Kernstück des Codes, eine aus der Multiplikation zweier Primzahlen gewonnene Zahl von 243 Stellen, verriet, daß der Briefschreiber über erhebliche mathematische Kenntnisse verfügen mußte. Selbst der schnellste Computer der Welt hätte damals zum Entschlüsseln unter »normalen« Umständen mehrere tausend Jahre benötigt. Trotzdem gelang es der NSA, die in diesem Fall mit den Österreichern zusammenarbeitete, das Manifest binnen Stunden in Reinschrift zu übertragen. Das Ergebnis war enttäuschend, brachte die Ermittler jedoch auf die Spur des Täters. Die verschlüsselte Nachricht enthielt nicht die angekündigte Wahlkampfmunition, sondern aus historischer Sicht längst bekannte Fakten über Illyrer, die bereits vor den Römern und

Germanen im Gebiet des heutigen Österreich heimisch waren, sowie Beschimpfungen von Politikern und Journalisten. Sie wurden vom Innenministerium vor weiteren Anschlägen gewarnt.

Auch PGP ist knackbar

Manche Verschlüsselungsprogramme genießen den Ruf, absolut sicher zu sein. Das freut nicht nur die Hersteller, sondern auch die Geheimdienstwelt. Eines der bekanntesten Programme dieser Art nennt sich PGP, diese Abkürzung steht für »Pretty Good Privacy«. PGP wurde im Jahr 1990 von dem Amerikaner Philipp Zimmermann entwickelt und benutzt einen Code, der im Auftrag des technischen amerikanischen Geheimdienstes NSA geschrieben wurde. Diese angeblich sichere Verschlüsselungsmethode enthält den sogenannten RSA-Algorithmus, lange Zeit eines der am strengsten gehüteten Geheimnisse des amerikanischen Verteidigungsministeriums. Seine Verbreitung war durch das Waffenexportgesetz verboten. Zimmermann wurde berühmt, weil er wegen angeblichen Verstoßes gegen das amerikanische Waffenexportgesetz gerichtlich belangt wurde. Sein Programm PGP war im Sinne des Gesetzes »Munition«, da die USA zu jener Zeit Kryptoprogramme mit einer Schlüssellänge von mehr als 40 Bit als Waffe einstuften. Zimmermanns Vergehen bestand darin, dieses Programm auch außerhalb der Vereinigten Staaten zugänglich gemacht zu haben. Die Anklage wurde schließlich fallengelassen, und PGP ist heute eines der weltweit meistgebrauchten Verschlüsselungsprogramme. Nicht nur Unternehmen in vielen Teilen der Welt, auch Mitarbeiter der Vereinten Nationen wiegen sich dank PGP in der vermeintlichen Sicherheit, vertrauliche Informationen nun endlich sorglos über eine Datenleitung um die Welt schicken zu können.

Hunderte Artikel in Fachzeitschriften belegen angeblich, daß dank Programmen wie PGP vertrauliche Informationen mit ruhigem Gewissen verschickt werden können. Ganze Heerscharen von

Fachjournalisten erstellten mühsam Graphiken, in denen sie nachrechneten, wie lange es dauern würde, die Codes zu knacken. Solche Berichte sorgen in der Geheimdienstwelt jedoch immer wieder für Belustigung, da die Befürworter derartiger »sicherer Verschlüsselungsmethoden« gleich mehrere entscheidende Angriffspunkte außer acht lassen: Wer etwa eine E-mail verschlüsselt, der ist spätestens beim Absenden »online«, also über ein Datennetz mit einem Empfänger verbunden. Wieso sollte ein Geheimdienst aber teure Rechnerkapazitäten anhäufen, um Verschlüsselungen zu knacken (obwohl auch das möglich ist – siehe später), wenn er mit geringstem Aufwand sowohl in den Rechner des Senders als auch in den Rechner des Empfängers eindringen kann? Bevor Texte verschlüsselt werden, lagern sie unverschlüsselt auf einem Rechner. Ein Unternehmen, das aufgrund seiner Produktionstechniken oder Forschungen ohnehin schon ins Visier eines ausländischen Geheimdienstes geraten ist, sollte davon ausgehen, daß alle seine Computernetzwerke, die online mit der Außenwelt verbunden sind, regelmäßig insgeheim ausspioniert werden. Man wird somit entweder im Rechner die unverschlüsselte Nachricht finden oder aber durch den verschlüsselten Sendevorgang ein Signal erhalten, daß beim Empfänger der Nachricht möglicherweise Interessantes eingegangen ist. Hält man sich vor Augen, mit welcher Geschwindigkeit die Rechner der NSA heute die internationalen Datenströme überwachen (allein auf dem schon erwähnten britischen NSA-Stützpunkt Menwith Hill werden stündlich zwei Millionen Daten aus Kommunikationsleitungen vollautomatisch ausgewertet), so darf man annehmen, daß Empfänger solcher Nachrichten sehr schnell zu Zielobjekten jener Programme werden, die auf nichts anderes ausgerichtet sind, als auf Festplatten herumzuschnüffeln. Sobald die Nachricht dechiffriert, also entschlüsselt werden konnte, ist sie – sofern der Rechner noch online ist – auch für die großen Geheimdienste der Welt (selbst die Russen beherrschen diese Technik inzwischen hinlänglich) im Klartext lesbar.

Nun könnte man einwenden, daß die Nachrichten zuvor auf einem anderen als dem sendenden Rechner verschlüsselt wurden und auch beim Empfänger vor der Entschlüsselung wiederum auf einen anderen Rechner verlagert werden, der nicht regelmäßig online mit der Außenwelt verbunden ist. Das jedoch sind theoretische Voraussetzungen. Von dem deutschen Industriekonzern Veba AG bis zu Unternehmen wie Thyssen, Daimler-Chrysler oder Henkel reicht die Spanne jener, die zwar um ihre Datensicherheit besorgt sind, ihre Mitarbeiter aber leider immer nur zeitweilig darauf hinweisen können, daß Nachlässigkeit auf diesem Gebiet möglicherweise mit ungeahnten Folgen verbunden ist. Von der Bonner Niederlassung der Daimler-Chrysler-Tochter Debis-Systemhaus ist beispielsweise bekannt, daß dort die Sicherheitsvorschriften strikt befolgt werden: Sie ist nicht einmal mit dem Intranet der anderen Debis-Filialen verbunden, weil man fürchtet, daß diese es bezüglich der Sicherheit vielleicht nicht so genau nehmen.

Viele Mitarbeiter von Unternehmen lehnen es ab, gleich zwei Rechner unter dem Schreibtisch stehen zu haben. Und selbst in Fällen, wo die Sicherheitsvorschriften beachtet werden, gelangen die zuvor verschlüsselten Daten schnell in die Firmennetzwerke, die wiederum ohne weiteres – zumindest bei den von Geheimdiensten unterstützten Fällen der Wirtschaftsspionage – von außen angreifbar sind. Bei Privatleuten, die E-mails verschlüsseln, darf man annehmen, daß sie in ihrem Büro nur einen Rechner benutzen. Insofern ist die Debatte um die Sicherheit und Dekodierung von Verschlüsselungsprogrammen wie PGP verfehlt, solange die grundsätzlichen Voraussetzungen für seine Anwendung nicht beachtet werden.

Diese Auffassung bestätigen auch für die Sicherheit in der Informationstechnik (IT-Sicherheit) zuständige Mitarbeiter des Bundesinnenministeriums. Wendelin Bieser, Referent in der Abteilung Sicherheit in der Informationstechnik des Bundesinnenministeriums, hob in einem Gespräch mit dem Autor am 24. Februar 1999 in Bonn hervor: »Aus der Sicht des Innenministeriums sind die in der Öffentlichkeit als vermeintlich sicher geltenden Verschlüsselungsverfahren wie etwa PGP zumindest von staatlichen Geheimdiensten mit entsprechendem Know-how knackbar. Und man kann nur davor warnen, jenen Computerzeitschriften Glauben zu schenken, die immer wieder behaupten, Programme wie etwa PGP seien absolut sicher. Die allgemeine Einschätzung in wirklichen Fachkreisen ist, daß selbst PGP knackbar ist.« Auch Bernd Schmidbauer, ehemaliger Geheimdienstkoordinator im Kanzleramt, bestätigte dem Autor, Verschlüsselungstechniken böten zwar gegen Hacker und Konkurrenzspione einen zuverlässigen Schutz. Anders sei es dagegen, wenn ein ausländischer Geheimdienst selbst Wirtschaftsspionage betreibe. Schmidbauer: »Geheimdienste sind heute in der Lage, jeden Kryptographieschlüssel zu knacken.«

Konzertierte Aktionen – manipulierte Geräte

In den siebziger Jahren gab es konzertierte Aktionen westlicher Geheimdienste, um jene Unternehmen gezielt aufzukaufen, die neue Verschlüsselungsverfahren entwickelten. So wollte man Einfluß auf die Kryptographie gewinnen und für den Notfall sicher sein, jederzeit über den Schlüssel zu verfügen. Geheimdienstfachmann Erich Schmidt-Eenboom rückt in seinem Buch »*Die schmutzigen Geschäfte der Wirtschaftsspione*« auch den BND in die Nähe jener, die gern Hintertürchen in Verschlüsselungsgeräte einbauen. Er schreibt: »Hartnäckig hält sich das Gerücht, daß dies manchmal bereits geschieht – illegalerweise, versteht sich. Dabei bedient man sich bevorzugt Tarnfirmen wie etwa der Crypto AG im schweizerischen Steinhausen am Zuger See.« Ein ehemaliger Crypto-Finanzmanager bestätigte gegenüber dem Nachrichtenmagazin *Focus:* »Besitzer der Firma ist die Bundesrepublik.« Schmidt-Eenboom legt nach: »Die Crypto AG rüstet seit über 40 Jahren Armeen, Polizei und Geheimdienste in rund 120 Ländern mit Verschlüsselungsgeräten aus.« Auch der ehemalige Verkaufsingenieur der Crypto AG, Hans Bühler, hatte das behauptet und wurde deshalb von seinem einstigen Brötchengeber angezeigt.

Andreas Förster berichtet in seinem Buch »*Maulwürfe in Nadelstreifen*« über merkwürdige Zusammenhänge zwischen Geheimdiensten und der Crypto AG. Dort heißt es, schon Mitte der fünfziger Jahre habe die amerikanische NSA das Unternehmen für eine Zusammenarbeit zu gewinnen gesucht. Seit Mitte der siebziger Jahre sei mit Norma Mackabee »eine ausgewiesene Chiffrierexpertin der NSA« als Beraterin für die Crypto AG tätig gewesen. Förster: »Daß die Chiffriergeräte manipuliert und die Programme mit ›Fenstern‹ ausgestattet wurden, damit die NSA die noch unchiffrierte Meldung abfangen konnte, wird von der Crypto-Geschäftsleitung jedoch heftig bestritten. Bei den Mitarbeitern der Firma war es dagegen immer ein offenes Geheimnis, daß die Algorithmen, nach denen die Chiffrierprogramme eingestellt wurden, aus den USA vorgegeben wurden. Aber auch von den Deutschen, die von Zeit zu Zeit die Firma besuchten.« Seit 1979 sei der schwedische Mathematiker Kjell Ove Widman als Leiter der Programmierabteilung bei der Crypto AG tätig gewesen. Er habe »absolute Autorität« über die Verschlüsselungsprogramme gehabt. Widman sei oft nach Deutschland gereist und mit »neuen Instruktionen« für seine Geräte zurückgekehrt. Förster fährt fort: »Auffällig aber ist, daß hinter der obskuren liechtensteinischen Stiftung, der die Crypto seit einiger Zeit angehört, die deutsche Bundesvermögensverwaltung steckt, eine beliebte Tarnlegende des BND. Schon in den Jahren zuvor waren große Teile der Crypto-Aktien in deutschem Besitz.« Doch die Crypto AG dementiert weiterhin jegliche Einflußnahme durch Geheimdienste auf ihre Aktivitäten. Können sich ihre Kunden aus dem Wirtschaftsbereich, die einen Großteil des Crypto-Geschäfts ausmachen, auf diese Angaben verlassen?

Der ehemalige DDR-Spionagechef Markus Wolf deutet in seinem Buch »*Spionagechef im geheimen Krieg*« jedenfalls auf Seite 481 merkwürdige Verbindungen zwischen dem BND und jenen Firmen an, die

Verschlüsselungssoftware anbieten. Über den BND heißt es dort: »Er zeigte auch wenig Skrupel dabei, seine Beziehungen zu den Nachrichtendiensten verbündeter Länder zu nutzen, um deren Interna mittels jener Chiffriertechnik auszuforschen, die er ihnen selbst geliefert hatte. Überhaupt ist es kaum zu fassen, mit welchem Aufwand die NATO-Verbündeten sich untereinander überwacht und bespitzelt haben.«

Der amerikanische Journalist Wayne Madson nannte die Crypto AG »die Hure der NSA«. Er ließ die Leser der *Baltimore Sun* wissen, der NSA könne gemeinsam mit der Crypto AG einer der größten Geheimdienstcoups der Geschichte gelungen sein. Die Geräte der Crypto AG seien »manipuliert worden, so daß, wenn sie benutzt wurden, der willkürlich gewählte Verschlüsselungscode automatisch und unbemerkt mit der zu entziffernden Nachricht übermittelt wurde. Die Fachleute der NSA konnten das Nachrichtenaufkommen genauso leicht lesen wie die Morgenzeitung.«

Die Kunden der Crypto AG seien nicht nur die iranische Regierung, Saddam Hussein und der Papst, sondern außerdem insgesamt 120 Staaten gewesen. Ein Mitarbeiter – Jürgen Spörndli –, der bis 1994 für die Crypto AG tätig war, berichtet: »Das neue Ziel war es, dem großen Bruder USA dabei zu helfen, diesen Staaten über die Schulter zu schauen... Ich glaube aber nicht, daß man auf diese Art Geschäfte machen sollte.« Rüdi Hug, ein anderer Mitarbeiter, sagte: »Ich fühle mich betrogen. Sie haben uns immer gesagt, wir seien die Besten. Unsere Codes seien nicht knackbar, blah, blah, blah... Die Schweiz sei ja ein neutrales Land.«

Das aber stimmt offenbar nicht. Denn 1995 veröffentlichte die britische Regierung (Public Records Office) ein Geheimdokument aus dem Jahre 1956, das Aufschluß über die geheime Zusammenarbeit zwischen den Eidgenossen und der NATO gibt. Das vom 10. Februar 1956 stammende Papier (Referenznummer »prem 11/1224«) wurde vom berühmten Weltkriegsveteranen Feldmarschall Bernard Montgomery verfaßt. In ihm ist ein Abkommen festgehalten, in dem es heißt, in Friedenszeiten sei die Schweiz neutral, in Kriegszeiten aber stehe sie auf der Seite der NATO.

Nach Angaben des Journalisten Wayne Madson soll ein ehemaliger Siemens-Direktor die Crypto AG auch als »geheime Tochter von Siemens« bezeichnet haben. Wayne Madson behauptet, Siemens habe früher technische Beihilfe zur Manipulation der von der Crypto AG hergestellten Geräte geliefert. Auch ein weiteres Schweizer Unternehmen, die Gretag Data Systems AG, sei bedrängt worden, eine Software zu installieren, die Trojanische Pferde beinhalten könne. Und die Schweizer Info Guard AG gerät bei Wayne Madson ebenfalls in den Verdacht, mit der NSA zusammenzuarbeiten. Außerdem sei das amerikanische Unternehmen Motorola darin verwickelt.

Welche Folgen der Einsatz der manipulierten Geräte haben kann, zeigte nicht nur der Falklandkrieg. Weil Argentinien Verschlüsselungsmaschinen der Crypto AG eingesetzt habe, sei es den Briten möglich gewesen, alle Nachrichten im Klartext mitzulesen. Und auch das irische Außenministerium in Dublin, das für mehr als eine Million Pfund Geräte bei der Crypto AG gekauft haben soll, hätte seine Nachrichten gleich im Klartext senden können, da das GCHQ doch sämtliche Mitteilungen mitzulesen vermochte. Heute hat es den Anschein, daß alle Finanztransfers von und zu Schweizer Banken ebenso (im Klartext) von der NSA beobachtet werden wie die Kommunikation der meisten ausländischen Botschaften mit ihren Regierungen. Pakistan etwa soll amerikanische Militärhilfe nur unter der Bedingung erhalten haben, daß es Verschlüsselungsgeräte ausschließlich bei der Crypto AG erwerbe, berichtet Wayne Madson. Der Autor schließt seinen Bericht mit den Worten: »Über fünfzig Jahre abgefangene Nachrichten haben den Vereinigten Staaten und ihren Mitverschwörern Handels-, diplomatische, wirtschaftliche und strategische Vorteile beschert. Mit dem Abfangen von Verhandlungspositionen ausländischer Regierungen haben sie internationale Verträge und Verhandlungen ganz in ihrem Sinne beeinflussen können. Sie werden so etwa den genauen Gesundheitszustand des saudischen

Königs kennen, die geheimen Finanztransaktionen des Präsidenten von Peru, die Verhandlungsposition der südafrikanischen Handelsdelegation bei den WTO-Gesprächen und die Anti-Abtreibungsstrategie des Papstes bei den Vereinten Nationen. Solche Informationen, die dem Präsidenten und dem Außenminister in den täglichen Geheimdienst-Lagebesprechungen mitgeteilt werden, sind extrem nützlich, gestatten sie es den Vereinigten Staaten doch, hochgradig diplomatisch zu pokern und dabei hinter dem Rücken eines jeden Mitspielers einen Spielzug zu plazieren.«

Wayne Madson ist nicht der einzige, der sich näher mit der Crypto AG befaßte. Auch der *Spiegel* berichtete (Heft 36/1996, Seite 206 ff.) über das merkwürdige Unternehmen. Dort heißt es: »... schien traditionell dem deutschen Dienst... viel am Wohlergehen der Schweizer Firma zu liegen. So beriet eine geheime BND-Diskussionsrunde im Oktober 1970, ›wie die Schweizer Firma Grättner enger an die Crypto AG herangeführt bzw. fusioniert werden kann‹. Außerdem überlegte der Dienst, wie ›die schwedische Firma Ericsson möglicherweise über Siemens zur Aufgabe ihres Chiffriergeschäfts gebracht werden kann‹... In heikleren Fällen hätten die Spezialisten tief in die kryptologische Trickkiste gegriffen: Die so präparierten Maschinen hätten dem verschlüsselten Text ›Hilfsinformationen‹ beigefügt, mit denen all jene, die Bescheid wußten, den ursprünglichen Schlüssel rekonstruieren konnten. Das Ergebnis war stets dasselbe: Was für den gutgläubigen Benutzer der Crypto-Maschinen wie ein undurchdringlicher Geheimcode aussah, war für den eingeweihten Lauscher mit kaum mehr als einer Fingerübung wieder lesbar zu machen.« Ein ehemaliger Angestellter der Crypto AG berichtete zudem: »In der Branche weiß doch jeder, wie das läuft. Natürlich schützen solche Geräte davor, daß unbefugte Dritte mithören, wie es im Prospekt steht. Die interessante Frage ist aber doch: Wer ist der befugte Vierte?«

In Deutschland produzierte Rechner werden nur in Ausnahmefällen bauseitig so verändert, daß man von außen Zugriff auf ihren Inhalt nehmen kann. Dafür gibt es durchaus konkrete Beispiele. Als der frühere iranische Geheimdienstminister Fallahian 1996 zu einem Geheimbesuch in Bonn weilte, berichteten deutsche Zeitschriften empört darüber, daß der Iraner als Geschenk zwei deutsche Computer erhalten habe. Damit, so hieß es, seien nicht nur Embargo-Bestimmungen verletzt, sondern auch dem außenpolitischen Ansehen der Bundesrepublik Schaden zugefügt worden. Aus Sicht des Bundesnachrichtendienstes jedoch war das Geschenk ein »Volltreffer«. Fallahian nutzte die freundliche Gabe nicht nur daheim, sondern eines der Geräte auch in seinem Büro. Da sowohl Tastatur als auch weitere Bauteile der Hardware und die gleich mitgelieferte Software entsprechend präpariert waren, sah man sich in Pullach in der glücklichen Lage, regelmäßig alle Dateien aus diesen beiden Computern des iranischen Geheimdienstministers abzuziehen. Hätte man die Öffentlichkeit darüber unterrichtet, wären die innenpolitischen Wogen zwar wieder schneller geglättet worden. Doch die Islamische Republik Iran hätte zugleich die beiden deutschen Gastgeschenke dem Müll übereignet. Deshalb zog es die Bundesregierung vor, zu schweigen. Fallahian jedenfalls sollen die von seiner eigenen Kryptographieabteilung entwickelten Verschlüsselungstechniken nichts geholfen haben. Seine beiden deutschen Rechner nutzt der inzwischen abgelöste ehemalige Minister noch heute. Ähnlich präparierte deutsche Rechner verwenden auch der syrische, der libysche und der irakische Geheimdienst...

Dabei ist es nicht einmal erforderlich, daß die entsprechend präparierten Rechner online an einem Kommunikationsnetz hängen. Benutzt wird vielmehr die sogenannte kompromittierende Abstrahlung. Abhörfachmann Hans-Georg Wolf sagte der Fachzeitschrift *c't* dazu im Februar 1999: »Jeder Lauscher, der nicht mit normalen Mitteln ein Netz knacken kann, wird sicher über den Weg der Messung der Tastaturabstrahlung gehen... Ähnlich ist es bei Wissenschaftlern, die einen Großteil ihrer Arbeit ja zu Hause erledigen. Hier kann man verfolgen, welchen Fortgang eine Arbeit nimmt und wann eventuell eine Patentanmeldung ansteht. Viele Firmen legen Wert auf solche Ergebnisse, aber natürlich auch die Geheimdienste.«

Spione in Hard- und Software

Heute werden Verschlüsselungsverfahren auch von Studenten, Wissenschaftlern und Hackern entwickelt. Und so mußte die Geheimdienstwelt neue Methoden ersinnen, mit denen die kodierten Nachrichten möglichst kostengünstig und schnell entschlüsselt werden konnten. Einen besonders auffälligen Weg wählten dabei die Vereinigten Staaten. Weil es internationale Normierungsgremien (ISO) gibt, in denen über die Standardisierung von Übertragungsprotokollen gesprochen wird, war gerade der Ansatz der Amerikaner (und der NSA) denkbar einfach, diese so zu gestalten, daß eine Entzifferung verschlüsselter Nachrichten möglich bleibt: Er zielt auf das sogenannte Schlüsselmanagement im Übertragungsprotokoll. Wenn A eine verschlüsselte Nachricht an B sendet, dann benötigt B auch den Schlüssel, um die Mitteilung lesen zu können. In internationalen Ausschüssen wurde der Forderung der Vereinigten Staaten nach von ihnen vorgeschlagenen Übertragungsprotokollen nachgegeben. Heute weiß man in Fachkreisen, daß dies ein Fehler war. Denn genau hier greift die NSA an und liest den Schlüssel mit.

Am 15. Februar 1999 veröffentlichte der angesehene amerikanische Kryptographie-Fachmann Bruce Schneider auf seiner Internet-Seite *(http://www.counterpane.com/)* im Nachrichtenbulletin »Crypto-Gram« einen Bericht, der Aufsehen erregte: Die NSA, hieß es da, suche derzeit viele Software-Unternehmen, die Verschlüsselungstechniken anbieten, auf und ersuche diese, ihre Codes zu verändern, damit man eine Hintertür habe. Unter den Firmen begrüße man sich derzeit mit der Frage: »Hatten Sie auch schon ein Treffen mit Lew Giles?« Das sei die indirekte Frage, ob die NSA bereits vorstellig geworden sei und darum gebeten habe, den Code zu verändern. NSA-Mitarbeiter Lew Giles soll den Firmen dafür Vorteile angeboten haben: Wer mit der NSA zusammenarbeite, könne sicher sein, Exportlizenzen für die Verschlüsselungssoftware zu erhalten. Bruce Schneider bestätigte in einem Gespräch mit dem Autor am 18. März 1999 diese Angaben und fügte hinzu: »Das sollte uns nicht überraschen. Die NSA unternimmt alles, um Hintertüren in Krypto-Produkte einzubauen.« Auch der kanadische Geheimdienst CSE arbeite mit dieser Methode. Einer seiner Mitarbeiter namens Norm Weijer habe kanadische Krypto-Firmen besucht. Schneider berichtet: »Es ist einfacher für die NSA, Hintertüren einzubauen, als hinterher die Codes zu knacken.« Die angesehene französische Firmengruppe Indigo-Publications (142 rue Montmartre, Paris) – sie gibt mehrere Geheimdienst-Fachzeitschriften heraus – bestätigte diese Angaben und fügte hinzu, die NSA verändere die Algorithmen der Verschlüsselungen nur geringfügig. Wenn durch Zufall ein Fachmann den Binärcode analysiere und die Veränderungen erkenne, könne man behaupten, daß es sich »um ein bedauerliches Versehen« gehandelt habe.

Der mit dem Thema vertraute und im Innenministerium tätige Fachmann Bieser warnt auch vor einer anderen Methode, angeblich sichere Schlüssel zu knacken. Er hebt hervor: »Software – und das kann man nicht genug betonen – ist generell angreifbar, zum Beispiel durch sogenannte Trojanische Pferde, die veranlassen können, daß Krypto-Schlüssel noch einmal an das verschlüsselte Nachrichtenpaket offen angehängt werden. Es wäre geradezu unverständlich, wenn Geheimdienste die Möglichkeiten, die sich auf diesem Gebiet anbieten, im Hinblick auf ihre weltweiten Interessen nicht nutzen würden. Dieses jedoch in Produkten wie etwa von Microsoft nachzuweisen, ist fast unmöglich, weil die Komplexität der heutigen Betriebssysteme eine vollständige Untersuchung ausschließt und temporäre Veränderungen grundsätzlich nicht nachweisbar sind.«

Auf der Internet-Seite *http://www.codexdatasystems.com* wird behauptet, das in Bardonia im amerikanischen Bundesstaat New York ansässige Unternehmen Codex Data habe ein Software-Programm entwickelt, das sich per E-mail verschicken lasse und unbemerkt jegliche Tastatureingabe von jedem gewünschten Rechner der Welt kopieren könne. Das Programm nennt sich »Dirt« (data interception by remote transmission). Es benötigt nur zwölf K Speicherplatz, kann von »Firewalls« nicht abgefangen werden und ist auch für Fachleute kaum aufzuspüren. Dirt speichert alle Tastatureingaben eines PC-Benutzers so lange, bis er wieder einmal im Internet surft, um sie dann heimlich an den Absender des Dirt-Programms zu übertragen. Auf diese Weise können etwa auch die Schlüssel der Kryptographie abgefangen werden. Kryptographie-Schlüssel wie jener von Pretty Good Privacy (PGP) werden so sinnlos, da sie mit Dirt gestohlen werden können. In der Firmeneigenwerbung, die Wert auf die Feststellung legt, das Produkt nur an amerikanische und kanadische Geheimdienste, Militärs und Strafverfolgungsbehörden zu verkaufen, heißt es, die neueste Version müsse nicht einmal mehr als E-mail versendet werden. Wie sie jedoch auf den auszuspähenden Rechner kommt, bleibt ein Geheimnis, das offenbar nur dem Käufer mitgeteilt wird. Dirt läuft auf allen Windows-Programmen (95, 98 und NT). An einer Unix-Version wird derzeit angeblich gearbeitet. Wer die genannte Internet-Seite aufruft, wird mitverfolgen können, wie angeblich die Daten vom eigenen Rechner auf einen anderen Rechner kopiert werden. Dabei dürfte es sich in Wahrheit jedoch nur um einen Werbegag handeln, bei dem ein Java-Programm zu Hilfe genommen wurde. Niemand wird so dumm sein, das Ausspähen fremder Rechner durch einen entsprechenden Bildschirmhinweis zu dokumentieren.

Der bei der Ludwigshafener BASF für die Datensicherheit zuständige Gerhard Klett sagte dem Autor, daß mittlerweile eine ganze Reihe von Programmen wie Dirt in Umlauf seien, die Rechner ausspionieren können. Solche Programme würden beispielsweise als Werbemitteilung per E-mail verschickt. Im Anhang finde sich dann etwa ein schöner Bildschirmschoner oder beispielsweise die Aufforderung, einem an Krebs erkrankten Kind zu helfen und zum Aufbau einer Knochenspenderdatei ein beigefügtes Formular auszufüllen. Wer möchte einem krebskranken Kind schon die Hilfe verweigern? Doch Klett warnt: »Bei solchen Sendungen weiß man nie, ob nicht ein Makro beigefügt ist.« Ein Makro ist in einer Programmiersprache geschrieben, die von einer Anwendung wie beispielsweise Microsoft Word ausgeführt wird. Klett: »Tückisch ist, daß es bei Microsoft in allen Anwendungen eine Funktion ›auto open‹ gibt, die automatisch solche Makros öffnet. Die Funktion ›auto open‹ ist bei der Auslieferung von Microsoft-Produkten schon werksseitig aktiviert. Sie kann zwar abgeschaltet werden, doch welche Sekretärin kennt schon diese Funktion?« Solche Anhängsel an E-mails würden vom Anwender nicht bemerkt und automatisch aktiviert. Klett: »Aus Neugier klicken Sie darauf, und ›peng‹, schon ist es passiert.« Nicht nur Bildschirmschoner und Werbesendungen, sondern auch kostenlos angebotene »speed ups«, die angeblich Einstellungen von Internet-Anwendungen so ändern, daß sie schneller werden, könnten tückisch sein. Klett: »Werden solche Programme kostenlos angeboten, sollte man aufhorchen.« Wenn eine solche Anwendung verschickt werde, könnten nur Fachleute analysieren, welche verborgenen Funktionen sie beinhalte.

Doch der Fachmann weiß auch einen kostengünstigen Rat, mit dem auch Laien festzustellen vermögen, ob ihr Computer schon auf das ferngesteuerte Ausspähen programmiert worden ist: Wer unter einem Windows-Programm zunächst auf Arbeitsplatz, dann mit der rechten Maustaste auf Festplatte, dort mit der linken Maustaste auf »Eigenschaften« und dort auf »Extras« klicke, könne das Laufwerk defragmentieren, also die Festplatte aufräumen. Dabei werden die Zwischenräume überschriebener oder gelöschter Texte entfernt und das Laufwerk wieder optimiert. Bei diesem Vorgang finde sich ein deutlicher Hinweis darauf, ob auf der Festplatte fremde Programme arbeiten. Klett: »Wenn mehr als ein Prozent der dann sichtbaren

Kästchen sich nicht defragmentieren lassen, dann sollten die Alarmglocken angehen. Einige wenige nicht zu defragmentierende Kästchen sind okay, aber viele in den Reihen versprengte Kästchen sind ein deutliches Warnzeichen.«

In Fachkreisen ist es schon lange kein Geheimnis mehr, daß Staaten mit finanzstarken Geheimdiensten (Frankreich, Großbritannien, Vereinigte Staaten und Israel) grundsätzlich in der Lage sind, all jene Informationen, die verschlüsselt gesendet werden, zugleich auch unverschlüsselt von Rechnern abzuziehen. Im Bundesinnenministerium ist jedenfalls jene Angriffsmöglichkeit der Geheimdienste auf Rechner bekannt, die den Laien zunächst einmal entfernt an James-Bond-Filme erinnern könnte: So soll es nicht nur bei der Dasa vorgekommen sein, daß die Eingaben in die Tastatur eines Computers über eine »Mini-Wanze« unbemerkt erfaßt wurden. Neben »Mini-Wanzen« können auch jene Chips, die in den Tastaturen die Informationen an den Rechner übermitteln, schon werksseitig so präpariert werden, daß sie etwa bei jeder Verbindung des Rechners mit dem Internet unbemerkt die Tastatureingaben (also ein Datenpaket) an eine bestimmte Adresse senden. Bieser sagt dazu: »Solche Fälle sind mit Hinblick auf den Stand der Technik realistisch.« Dabei müssen die Produzenten der Tastaturen nicht einmal wissen, welche Möglichkeiten in den von ihnen vertriebenen elektronischen Bauteilen unter Umständen eingebaut sind. Fast alle Hersteller von Computer-Tastaturen beziehen die darin enthaltenen Chips von Zulieferern. Und für einen solchen Chip zu garantieren, daß er nicht mit verdeckten Befehlen präpariert worden ist, erscheint nahezu unmöglich. Bei Rechnern, die im militärischen Bereich verwendet werden, helfen Röntgenaufnahmen, an die wichtigsten Informationen über das Innenleben eines fremden Chips zu gelangen. Dabei werden die Röntgenaufnahmen mit Aufnahmen von baulichen – unverdächtigen – Chips verglichen. Zusätzlich werden die zu prüfenden Chips »Schicht für Schicht« abgetragen. Für den privaten Anwender gibt es solche weitreichenden Sicherheitsüberprüfungen nicht. Deshalb müssen neben der Software auch Hardwareprodukte wie Tastaturen in hochsensiblen Bereichen als »gefährlich« eingestuft werden.

Beim Bundesnachrichtendienst selbst ist man auf diesem Gebiet mehr als mißtrauisch. Der BND erhält regelmäßig von seinen amerikanischen »Partnerdiensten« kostenlos Rechner und Softwarepakete »zum Testen« angeboten. Aus Pullach heißt es, man nehme diese zwar dankend an, verschließe sie jedoch umgehend in einem Raum, der als »Faradayscher Käfig« präpariert sei: ein Gebilde, das ringsum mit leitfähigem Metall umgeben ist, in die kein äußeres elektrisches Feld eindringen kann. Er ist somit vollkommen abgeschirmt. Das äußere Feld induziert zwar eine Ladung auf der Oberfläche, doch bleibt das Innere des Käfigs »feldfrei«. Solche Faradayschen Käfige sind beispielsweise auch Fahrzeuge, Flugzeuge und das ein Gebäude umgebende Drahtsystem einer Blitzschutzanlage. Ein Faradayscher Käfig macht es einem Späher unmöglich, Daten beispielsweise über die sogenannte »Abstrahlung« eines Computers abzuziehen. Auch wenn Computersysteme nicht mit einem öffentlichen Netz verbunden sind, kann diese Abstrahlung aus einer Entfernung von bis zu 50 Metern genutzt werden, um unbemerkt an Daten zu gelangen. Stromleitungen und Heizungsrohre in der Nähe eines Rechners vergrößern diese Distanz, andere Einflüsse wie dicke Betonmauern verkleinern sie.

Die dazu erforderlichen Geräte werden manchmal von den Geheimdiensten sogar auf dem freien Markt angeboten. Abhörspezialist Hans-Georg Wolf berichtete der Fachzeitschrift *c't* im Februar 1999: »Als die französische Armee nach der Wiedervereinigung abzog, hat sie außerdem 50 Meßempfänger für Computerabstrahlungen ›schrottweise‹ verkauft, für einen Preis von je 50 Mark. Keiner weiß genau, wer damals zugeschlagen hat. Die Technik ist also vorhanden. Im Prinzip können Sie sogar mit jedem besseren Spektrumanalyzer und entsprechender Zusatzausrüstung arbeiten.«

Nun dürfte man wohl kaum auf einen deutschen Unternehmer

treffen, der einsehen wird, daß sicherheitsrelevante Bereiche eines Betriebs (Entwicklungsabteilung oder auch die Verwaltung von Kundendaten) wie ein »Faradayscher Käfig« konstruiert sein sollten, um fremden Zugriff auf Betriebsgeheimnisse abzuwehren. Das ist auch weder für den Durchschnittsbürger noch für die meisten mittelständischen Betriebe erforderlich. Sie haben jedoch eine andere Möglichkeit, sich vor eventuell manipulierten Erzeugnissen zu schützen: Statt amerikanischer, asiatischer oder sonstiger im Ausland produzierter Hard- und Software kann auf deutsche Produkte ausgewichen werden. Niemand im Bundesinnenministerium mag diese Empfehlung öffentlich aussprechen und Firmen wie Microsoft beim Namen nennen, sähe man sich dann doch wohl einer Fülle von Klagen ausländischer Unternehmen gegenüber. Doch Microsoft-Benutzer sind in gewissem Sinne ohnehin »gläserne Kunden«. Diese Überschrift wählte jedenfalls die Zeitschrift *Computer-Bild,* um ihren Lesern am 15. März 1999 mitzuteilen, daß Microsoft-Produkte wie Windows 98, Office und Encarta persönliche Daten des Kunden auch dann an die Microsoft-Zentrale übertragen, wenn der Kunde das ausdrücklich abgelehnt hat. Zuvor hatte auch die Zeitung *New York Times* darüber berichtet. Microsoft bestätigte diese Angaben.

Was auf den ersten Blick nationalistisch klingt – keine Produkte zweifelhafter und mit Sicherheitsrisiken behafteter Herkunft zu verwenden –, macht vor allem Sinn für jene, die daheim oder im Büro Kundendateien verwalten, Entwicklungsprojekte bearbeiten oder Planungsunterlagen speichern. Zwar lassen auch deutsche Hardwarehersteller wie Siemens-Nixdorf Chips noch in Asien produzieren, doch werden sie regelmäßig – soweit das möglich ist – auf bautechnische Veränderungen hin untersucht. Ausländischen Produkten aber sollte man gerade im sicherheitsrelevanten Bereich mit einem gesunden Mißtrauen begegnen. Zudem fragte der *Spiegel* am 15. März 1999 unter der Überschrift »Plaudertasche im System«: »Kann Microsoft die Benutzer von Windows ausspähen?« In dem Artikel hieß es, eine mögliche »Plaudertasche« sei der »Registration Wizard«, der nach der Installation persönliche Daten wie Namen, Telefonnummer und Adresse des Anwenders abfrage. Diese Daten würden zusammen mit einem im Hintergrund laufenden Programm, das die Hardware des Anwenders erkunde, in die Microsoft-Zentrale nach Redmond überspielt. Der *Spiegel* berichtete: »Mit einer Markt-Dominanz von 90 Prozent im Geschäft für Büroprogramme könnte Microsoft auf diese Weise eine riesige Personendatei seiner Kundschaft angelegt haben: Wo auch immer ein Word-Dokument von einem registrierten Anwender mit Ethernetkarte auftaucht, wären Microsoft-Dossiers in der Lage, den Klarnamen zu offenbaren. Ob anonyme Schreiben an die Presse, E-mails von chinesischen Dissidenten oder Verbreitung von Firmeninterna durch elektronischen Versand von Word-Dokumenten: Redmond hat den Schlüssel.«

Chipboykott

Siemens hat mittlerweile beschlossen, sich von der Chipproduktion zu trennen, in deren Aufbau fünf Milliarden Mark gesteckt wurden. Man begründete diesen Schritt einerseits mit dem hohen Kapitalbedarf. Es kostet etwa eine Milliarde Dollar, eine neue Chipgeneration zu entwickeln. Und eine neue Chipfabrik zu bauen ist noch teurer. Andere Bereiche mußten bei Siemens aufgrund der enormen Kosten der Chipproduktion zurückstecken. Ein weiterer Grund dafür, daß Siemens sich von dem Zukunftsgeschäft Chipproduktion trennen wird, hat mit den Aktionären zu tun. Das Chipgeschäft ist ein zyklisches Geschäft. Mal werden Milliarden damit verdient, dann wiederum gibt es für eine gewisse Zeitspanne auch Verluste – wie im Siemens-Bereich 1998 1,2 Milliarden Mark. Siemens-Aktionäre aber akzeptieren derart zyklische Geschäfte nicht. Statt dessen scheint Siemens verstärkt in »Silicon Wadi« (so wird die israelische Zukunftstechnologieschmiede im Branchenjargon genannt) investieren zu wollen. Siemens beteiligte sich dort an Firmen, die Spracherkennungs- und Internet-Lösungen anbieten. Siemens wird also kaum in Verlegenheit kommen, jenen Bürgerrechtsbewegungen Rede und Antwort stehen zu müssen, die für den Boykott bestimmter Chips kämpfen.

Es waren amerikanische Bürgerrechtsgruppen, die im Januar 1999 zum Boykott von Produkten des Chipherstellers Intel aufriefen. Die zu diesem Zeitpunkt neu auf den Markt gekommene Generation der Intel-Pentium-III-Prozessoren sei so programmiert, daß die Chips ihre Nutzer über das Internet identifizieren könnten, hieß es. Doch möglicherweise werde nicht nur die Seriennummer des jeweiligen Prozessors bei Online-Verbindungen vollautomatisch an Intel übertragen. Intel ist der weltweit größte Hersteller von Chips. 1998 verkaufte er für 26,2 Milliarden Dollar Prozessoren, die in rund 85 Prozent aller Computer enthalten sind. Amerikanische Bürgerrechtsvereinigungen wie »Junkbusters« forderten, Intel soll weltweit nicht mit dem Motto »Intel inside«, sondern mit dem Slogan »Big Brother inside« werben und die Nutzer somit auf die potentiellen Gefahren hinweisen. Jason Catlett, Präsident der Gruppe »Junkbusters«, hob in einem Gespräch mit der Nachrichtenagentur Associated Press hervor, die von den Intel-III-Prozessoren übertragenen Daten könnten in Datenbanken gesammelt werden und etwa mit Sozialversicherungsnummern, Kreditkartennummern und anderen Daten gemeinsam zu einem »Persönlichkeitsprofil« verarbeitet werden. Daran wären dann gewiß auch Geheimdienste interessiert. Den Boykottappellen zum Trotz startete Intel im Februar 1999 die größte Vermarktungskampagne, die je für einen Chip geplant wurde. Wie Firmenchef Craig Barnett bestätigte, stellte der Marktführer unter den Halbleiterproduzenten 300 Millionen Dollar für die Vermarktung seines umstrittenen neuen Flaggschiffprozessors Pentium-III bereit. Und am 26. Februar wurden die ersten neuen Personalcomputer mit dem neuen Mikroprozessor ausgeliefert.

Intel selbst ist leidgeprüftes Opfer jener Zeitgenossen, die Freude am Ausspähen haben. 1993 verschaffte sich der damals 43 Jahre alte

Argentinier Guillermo Gaede über seinen Heimcomputer Zugang zur Datenbank seines Arbeitgebers. Die dabei entdeckten Designpläne überspielte er und stellte sie dem Intel-Konkurrenten AMD zur Verfügung. Er wurde von einem amerikanischen Gericht zu 33 Monaten Haft verurteilt, der höchsten Strafe, die bis zu jenem Zeitpunkt von einem amerikanischen Gericht für Industriespionage verhängt worden war. Der Argentinier prahlte damit, er habe vertrauliche Informationen von Intel auch an China, Nordkorea, den Irak und Kuba weitergegeben.

Der stellvertretende Hamburger Datenschutzbeauftragte Peter Schaar sagte der *Welt am Sonntag* am 7. Februar 1999 auf die Frage, ob jeder Schritt eines Benutzers im Internet überwacht werde: »Offenbar wird vieles registriert. Wir haben einen Test mit dem Netscape-Service Netcenter gemacht.« Wenn man sich dort mit seinen Personendaten anmelde, dann setze Netscape ein »Cookie« auf die Festplatte. Schaar: »Die wissen nun, wann sich wer einwählt.« Wenn man das sogenannte *smart browsing* aufrufe, registriere der Browser die Internetadressen, die man anklicke. Auf diese Weise würden dem Benutzer automatisch ähnliche Links angeboten. Schaar: »Wir haben die Smart-browsing-Verbindung mal unterbrochen. Dann sind wir weiter durchs Netz gesurft. Später konnte uns der Browser zu allen Adressen, die wir angesteuert hatten, *related links* liefern. Das heißt: Die besuchten Adressen werden gespeichert – ob mit oder ohne smart browsing.« Nach deutschem Recht sei das verboten. Und zu den Boykottaufrufen gegenüber dem neuen Intel-Chip meinte Schaar: »Intel hat mittlerweile eingelenkt und will Geräte nur mit deaktivierter Seriennummer ausliefern. Dann kann jeder Nutzer selbst entscheiden, ob er den Code weitergibt und aktiviert. Das ist aus Datenschutzgründen in Ordnung. Ich bezweifle allerdings, daß ein solcher Chip überhaupt mehr Sicherheit bringt. Oft werden Rechner von mehreren Personen genutzt. Wo bleibt dann die Sicherheit?« Zudem dürfte es den Nutzern schwerfallen, nachzuprüfen, ob der Chip tatsächlich im Einzelfall aktiviert oder deaktiviert ausgeliefert wird, da sich die Software jederzeit manipulieren ließe und selbst vermeintlich deaktivierte Chips in Wahrheit aktiviert sein könnten. Prozessor-Spezialist Hans-Jürgen Werner, ein Mitarbeiter von Intel, räumte jedenfalls im *Spiegel* am 1. Februar 1999 auf die Frage nach der Möglichkeit der Weitergabe und Wiedererkennbarkeit von Kundendaten im Internet ein: »Schließlich können Sie auch schon heute in Ihre Software eine Funktion einbauen, die alle Daten von meiner Festplatte ins Internet überträgt.«

Die Nähe führender Computerausrüster zur NSA

Es ist eine nicht zu leugnende Tatsache, daß die NSA auf allen Knotenrechnern im Internet auch jene Suchmaschinen einsetzt, die im bereits beschriebenen ECHELON-System Verwendung finden und den Datenverkehr auf Stichwörter, Phrasen und Nachrichten hin durchscannen. Bekannt ist auch, daß jene amerikanischen Firmen, die Internet-Browser produzieren (Netscape und Microsoft) engste Verbindungen zur NSA unterhalten. So erhielt Netscape mehrfach Aufträge der NSA. Der TV-Nachrichtensender CNN zitierte den Microsoft-Anwalt Ira Rubinstein mit den Worten: »Jedesmal wenn man ein neues Produkt entwickelt, arbeitet man eng mit der NSA zusammen.« Und in der *Zeit* berichtete Christiane Schulzki-Haddouti in der Reportage »Hintertür für Spione« 1998: »Kürzlich veröffentlichte Dokumente zeigen, daß auch der Browser-Hersteller Netscape die NSA regelmäßig über seine Produktpläne informiert hat. NSA-Direktor William Crowel versuchte Netscape davon abzuhalten, starke Kryptographie einzusetzen – angeblich mit Erfolg. Der Chiphersteller Intel steht im Verdacht, eine Hintertür in seinen neuesten Prozessor einzubauen.« Damit habe die NSA angeblich Zugriff auf alle Computer, die mit Intel-Prozessoren ausgerüstet sind. Schulzki-Haddouti: »Gegen ein solches Leck in der Hardware oder dem Betriebssystem gibt es bislang keine Mittel.« Viele Fachleute argwöhnen, auch Microsoft und Netscape könnten – möglicherweise sogar ohne ihr Wissen – in ihren kostenlos angebotenen Browsern Hintertüren für die NSA eingebaut haben, die diesem Supergeheimdienst das unbeschränkte Ausspähen von Online-Verbindungen gestatten. Ähnliches soll – so Geheimdienstautor Wayne Madson im Juni 1995 in einem Artikel für die Zeitschrift *Computer Fraud & Security Bulletin* – auch für Lotus-Produkte gelten.

Die angeprangerten Unternehmen weisen solche Behauptungen natürlich zurück. Doch in der März-Ausgabe der Computerzeitschrift der Deutschen Telekom, *com!online*, hieß es auf Seite 16: »Der Datenverkehr der Bundeswehr könnte bald von US-Geheimdiensten mitgelesen werden. Grund: Die Bundeswehrverwaltung wird gerade mit der Netzwerk-Software Lotus-Notes ausgestattet. Lotus-Hersteller IBM hat sich als Mitglied der Key Recovery Alliance aber verpflichtet, US-Sicherheitsbehörden den Zugriff auf den Klartext verschlüsselter Daten zu ermöglichen.«

Steganographie

Warnungen sind auch gegenüber einer mehr und mehr in Mode kommenden Steigerungsform der Kryptographie berechtigt, der sogenannten Steganographie. Dies ist die Bezeichnung für den verdeckten Gebrauch eines Verfahrens, mit dessen Hilfe eine Botschaft in einem scheinbaren Klartext versteckt wird. Auch die Tatsache des Verschlüsselns selbst bleibt dabei geheim. Das aus dem Griechischen entlehnte Wort »Steganographie« bedeutet wörtlich übersetzt »verdecktes Schreiben«. Es ist also die Wissenschaft vom Verstecken von Daten. Wie die Kryptographie ist auch die Steganographie wesentlich älter als das Computerzeitalter. Der griechische Geschichtsschreiber Herodot (490–425 v. Chr.) berichtet etwa von einem Adligen, der seine Geheimbotschaften auf den geschorenen Kopf eines Sklaven tätowieren ließ. Nachdem das Haar wieder gewachsen war, machte sich der Sklave unbehelligt zu seinem Ziel auf, wo er zum

Lesen der Nachricht kahlgeschoren wurde. Herodot beschrieb auch Wachstafeln, die zur Übermittlung sensibler Nachrichten benutzt werden konnten. Wenn eine solche Nachricht überbracht werden sollte, entfernte der Absender das Wachs, gravierte den Text in das Holz darunter und füllte das Wachs wieder auf. Auf den ersten Blick erschienen die Tafeln leer.

Solche Methoden wurden im Laufe der Jahrhunderte immer weiter verfeinert. Eine Entwicklung der Nationalsozialisten war beispielsweise der sogenannte Microdot, ein Stück Mikrofilm in der Größe eines i-Punktes, der in unverdächtigen Schreibmaschinenseiten als Satzzeichen oder oberhalb des Buchstabens »i« eingeklebt wurde. Solche Microdots können große Datenmengen einschließlich technischer Zeichnungen und Fotos enthalten. Um Spionen das Übermitteln versteckter Informationen möglichst zu erschweren, beschränkten die Regierungen von Großbritannien und den Vereinigten Staaten im Zweiten Weltkrieg internationale Postsendungen. Verboten war etwa das Verschicken von Schachaufgaben, Kreuzworträtseln, Zeitungsausschnitten, Strickmustern, Liebesbriefen und Kinderzeichnungen. Auch Blumengrüße und Chiffreanzeigen galten als suspekt.

Heute ist die Steganographie nicht mehr allein der Geheimdienstwelt vorbehalten. Es gibt inzwischen eine ganze Reihe von preisgünstigen Computerprogrammen, die etwa in einem Pixel eines Bildes die eigentliche Nachricht als Datenpaket verstecken und sie somit für den Betrachter unsichtbar machen. Bei rechnergestützten, stenographischen Verfahren werden chiffrierte Nachrichten also innerhalb anderer, harmlos wirkender Daten versteckt. Die Informationen können ebenso in digitalen Bild- oder Tondateien verpackt wie auch über das Hintergrundrauschen beim Telefonieren übertragen werden. Doch auch hier gilt: Vorsicht! Niemand sollte sich der Gewißheit hingeben, daß staatliche Lauscher nicht über Programme verfügen, die den Hinweis auf versteckte Dateien melden. Dann aber sind sie ebenso angreifbar wie die hier geschilderte Kryptographie.

Paßwortknacker

Manche Leser werden einwenden, daß jene Rechner, auf denen zuvor verschlüsselte Nachrichten abgespeichert werden, durch Paßwörter geschützt sind. Doch es gibt eine ganze Reihe von Computerprogrammen, die auch für Laien erhältlich sind und Paßwörter von Programmen wie beispielsweise Word oder Excel knacken. Lediglich ein Schelm darf annehmen, daß Geheimdienste nicht nur diese, sondern auch weitaus bessere Programme verwenden.

Deren Bezeichnungen lauten etwa »BreakARJ« (ein Paßwort-Cracker für ARJ-gepackte Dateien von Anatoly Scoblov, Download 17,4 KB), »Advanced ZIP Password Recovery« (Paßwort-Cracker für ZIP-gepackte Dateien, in der Shareware-Version ist die maximale Paßwortlänge auf sieben Zeichen begrenzt, Download 164 KB), »BIOS-Cracker« (BIOS-Cracker für AMI und AWARD-BIOS, Download 43,7 KB), »F-DCRYPT« (Paßwort-Cracker für Word 6.0–7.0a und Excel 5.0–7.0, Download 18,8 KB), »MsOfPass« (hackt die Paßwörter von MS Excel 7.0 und MS Word 7.0, Download 8,64 KB) und »WPCRACK« (Paßwort-Cracker für Word-Perfect-Dateien, Download 8,92 KB). Sie alle kann man zum Beispiel unter der Internet-Adresse *http://people.frankfurt.netsurf.de/TAIKO/index2.html* auf der Homepage von Michael Seibold herunterladen. Michael Seibold wurde 1974 geboren und bietet die Programme zum kostenlosen Herunterladen all jenen an, die ihre Paßwörter »vergessen« haben. Wenn schon Menschen dieses Alters ein derartiges Fachwissen über das Knacken von Paßwörtern gesammelt haben, dann dürfte es auch Laien nicht schwerfallen, sich vorzustellen, zu was ein mit Milliardenetat ausgestatteter Geheimdienst auf diesem Gebiet imstande ist. Diese technischen Möglichkeiten verfeinern sich buchstäblich von Tag zu Tag.

Sicherheitsrisiko Internet

Im Februar 1999 berichtete die Computerzeitschrift der Deutschen Telekom, der neueste Internet-Browser der Firma Netscape (Version 4.5) habe Sicherheitslecks offenbart: »Hacker können über einen Befehl in Web-Dokumenten den Inhalt der Festplatte eines Surfers auslesen.« Etwa die Hälfte der Internet-Nutzer arbeitet mit den Browsern der Firma Netscape, die andere Hälfte mit Explorer, dem Browser des Konkurrenten Microsoft. Auch er ist für seine Sicherheitsrisiken bekannt. Wie steht es also wirklich um die Sicherheit jener, die im Internet surfen?

Amerikanische Wissenschaftler haben einen Supercomputer entwickelt, der angeblich alles wissen soll! Ein Kaufinteressent möchte ihn natürlich zunächst einmal prüfen und stellt eine Testfrage: »Wo ist mein Bruder zur Zeit?«, will er vom Computer wissen. Die Wissenschaftler geben die Frage ein, und der Computer rechnet. Dann druckt er das Ergebnis seiner Recherchen aus: »Ihr Bruder sitzt in der Lufthansa-Maschine LH474 auf dem Weg nach Peking! Er will dort mit der Firma Osuhushi einen Vertrag im Auftragswert von zwei Millionen Dollar abschließen über die Lieferungen von... [weitere diskrete Informationen folgen]. Der Käufer ist begeistert, aber er will den Computer weiter testen und stellt die Frage: »Wo ist mein Vater zur Zeit?« Wieder rechnet der Computer und druckt die Antwort aus: »Ihr Vater sitzt am Mississippi und angelt!« – »Ha!« schreit der Käufer: »Dachte ich es mir doch, daß er nicht alles weiß! Mein Vater ist seit fünf Jahren tot!« Die Wissenschaftler sind bestürzt, überlegen und geben dann die Frage nochmals zur Kontrolle ein. Der Computer rechnet länger. Dann druckt er das Ergebnis aus: »Tot ist der GATTE IHRER MUTTER! Ihr VATER sitzt am Mississippi und angelt!«

Man darf annehmen, daß Computer auch in den kommenden Jahren nicht in der Lage sein werden, derart genaue Angaben über das Privatleben von Menschen zu recherchieren. Doch ein Teil der Geschichte ist nicht weit von der Wahrheit entfernt, da die miteinander im Internet vernetzten Computer heute jedem Web-Surfer in Sekundenschnelle Informationen liefern können, die noch bis vor wenigen Jahren ausschließlich in zeitaufwendiger Kleinstarbeit in Bibliotheken erkundet werden mußten. Zum ersten Mal in der Geschichte der Menschheit öffnet eine Tastatur das Tor zur Welt. Ohne das Haus zu verlassen, kann man heute mit Hilfe des Internets Informationen zu allen erdenklichen Themen finden. Man kann mit Menschen in jedem Erdteil kommunizieren, Musik hören, Videos sehen, Bibliotheken durchforsten oder Museen auf einer virtuellen Tour besuchen. Heute spricht jeder vom Internet, doch kaum einer kennt seine wahre Entstehungsgeschichte in der Grauzone von Militärs und Geheimdiensten.

Ursprünge im Kalten Krieg

Begonnen hatte alles mit einem militärischen Forschungsprojekt in den sechziger Jahren. Damals – in der Zeit des Kalten Krieges, als sich der westliche und der östliche Machtblock unversöhnlich und drohend gegenüberstanden – machte man sich im amerikanischen Verteidigungsministerium, dem Pentagon, Gedanken über die Folgen eines möglichen sowjetischen Einsatzes von Atomwaffen. Würde der amerikanische Präsident noch die Möglichkeit zu einem Gegenschlag haben, wenn die Kommunikationseinrichtungen (Telefon, Telex und Funk) zerstört wären? Wie könnte man sicherstellen, daß die Militärs in den Atomwaffenbunkern noch den Befehl zu einem Gegenschlag erhielten? Präsident Eisenhower ließ deshalb nach der sogenannten Sputnik-Krise im Oktober 1957 eine Arbeitsgruppe des Pentagon ins Leben rufen, die dafür sorgen sollte, daß die Vereinigten Staaten an der technischen Front nie wieder überraschend geschlagen würden. Somit entstand die Advanced Research Projects Agency (ARPA) in der Chefetage des Pentagon. Zu jener Zeit bedeutete die Datenverarbeitung schnelles Rechnen. Unternehmen verwendeten die Datenverarbeitung für umfangreiche Berechnungen, doch die Militärs hatten ihre Vorzüge noch kaum erkannt. Der Hauptgrund dafür beruhte darauf, daß die Betriebsstandards noch nicht einheitlich waren, Rechner sich demnach nicht miteinander vernetzen ließen. Von 1966 an arbeitete ARPA unter Hochdruck daran, Computer miteinander zu vernetzen – ein Subnetz aus möglichst mobilen Knoten zu schaffen, die alle miteinander verbunden waren. Diese Idee mobiler, vernetzter Computer war für die Militärs attraktiv, da die Geräte im Kriegsfall weniger verwundbar und nützlicher als ortsfeste Anlagen waren. Ein solches System wäre selbst dann noch betriebsbereit, wenn einige seiner Vermittlungsknoten infolge eines sowjetischen Nuklearschlags zerstört worden wären. Das System sollte trotz der Eliminierung eines oder mehrerer Computer so funktionieren, daß die anderen Computer weiterhin miteinander kommunizieren konnten. Es war ein Wissenschaftler der Rand Corporation, der letztlich ein vollautomatisch umleitendes Datennetz entwickelte. Bei dieser Technik, dem *pocket switching,* wird jede Mitteilung in viele kleinere Pakete zerlegt. Die Rechner, die die Routen besorgen, sind intelligent genug, um die Gesamtbotschaft wieder in der richtigen Reihenfolge zusammenzusetzen. Die erste Mitteilung dieser Art wurde 1970 vom Stanford Research Institute in Menlo Park an eine Gruppe von Computerwissenschaftlern verschickt. Die Nachricht lautete: »Watson, komm rüber. Ich brauche Deine Hilfe.«

Seitdem sind die Dinge etwas außer Kontrolle geraten. Aus den ursprünglich zwei Anschlüssen des ARPA wurden bis heute mehr als 60 Millionen Anschlüsse (zur Jahrtausendwende werden es 800 Millionen sein), denn das zunächst rein paketorientierte Netzwerk funktionierte so hervorragend, daß immer mehr Einrichtungen hinzukamen. Waren es zu Beginn nur Universitäten, Forschungseinrichtungen und militärische Stellen, so erfolgte 1983 die Teilung in zwei separate Netze: dem MILNET als rein militärisches Netzwerk und dem Internet für den zivilen Bereich. Beide Netzwerke sind weiterhin miteinander verbunden, doch dürfte es für Zivilisten aufgrund von Schutzmaßnahmen wie Firewalls heute schwierig werden, in das militärische Netzwerk einzudringen.

Eingriffe aus dem Web in zivile Netze sind heute aber an der Tagesordnung. Wissen Sie eigentlich, welche fremden Programme auf Ihrem Rechner gerade aktiv sind, während Sie im Web flanieren? Sie sollten es immer wieder überprüfen. Es gibt viele Programme, die Sie nie und nimmer zulassen würden, wenn Sie davon wüßten. Solche Programme können etwa sogenannte »Applets« sein, darunter das ActiveX von Microsoft. Grundsätzlich besteht bei Applets die Möglichkeit, daß sie auf ihrer Festplatte schreiben oder von ihr lesen. Sie können damit aber auch Daten manipulieren oder aus dem Arbeitsspeicher schleusen. »Wer ActiveX-Programme aus dem Internet ausführt, kann gleich russisches Roulett spielen«, hieß es dazu warnend im Computermagazin *Chip*, Heft 1/1998. Microsoft entwickelte ActiveX, um seine PCs fernsteuern zu können. Hacker machen sich diese Technik nun zunutze. Microsoft scheint sich für weitere Angriffe auf Surfer zu rüsten, berichtete doch die Computerfachzeitschrift *inside online* im Heft 3/1998: »Wie unlängst verlautete, hat Microsoft die Summe von 20 Millionen Dollar an die Universität von Cambridge für ein Projekt bezahlt, das sich mit der Entwicklung eines Kundenbeobachtungssystems (böse Zungen sagen auch Spionagesystem dazu) zum Aufspüren von Raubkopien auf Kunden-PCs via Internet befaßt.« Auch wenn das System nicht zum Einsatz kommen sollte, zeigt es doch deutlich, wie auch die Entwicklung der geheimen Kundenbeobachtung derzeit voranschreitet.

Der gläserne Surfer

An die Tatsache, daß Surfer im Internet mitunter durchleuchtet werden, hat man sich mittlerweile gewöhnt. Doch auch wer in einem Unternehmen arbeitet, sollte bedenken, daß sein Arbeitgeber inzwischen über Programme verfügen könnte, mit deren Hilfe er genau feststellen kann, welche Internet-Seiten man aufgesucht hat. Offen oder verdeckt operierend zeichnen diese Programme Aktivitäten im Internet auf und bestücken die gesammelten Informationen auch noch mit Bildern der aktiv genutzten Software. Das Prinzip ist einfach: Die Adressen, die für den Aufruf einer Seite erforderlich sind, werden einerseits ins Internet verschickt, andererseits aber auch in einer speziellen Log-Datei gespeichert, in der alle Eingaben landen. Der Anwender hat kaum eine Chance, diese Art der Spionage zu erkennen. Es gibt auch eine wenig aufwendige Methode, besuchte Internet-Seiten auf Knopfdruck hin zu erkunden: So führt etwa der Netscape-Navigator von der Version 4.0 (beim Microsoft-Explorer 4.0 ist die Übersicht in der Schaltfläche »Verlauf« gespeichert) an genau Buch über Ihre Reisen im Datennetz. Die den meisten Surfern nicht bekannte Funktion nennt sich »History« und läßt sich über die Tastenkombination »Strg« plus »H« aufrufen. In einer Liste sind dort die Lesezeichen jener Internet-Seiten aufgeführt, die man in den vergangenen Tagen besucht hat. Jeder, der Zugang zu Ihrem Computer hat (ein Geheimdienst allemal), kann so einsehen, mit welchen Seiten Sie sich im Internet befaßt haben.

Ähnlich ist es mit dem Abfangen von E-mails. Die meisten Menschen haben sicher Bessers zu tun, als die Liebesgrüße des A an die B abzufangen und zu lesen. Das wahre Risiko verbirgt sich hinter jener kleinen Gruppe bösartiger Menschen, die Nachrichten nicht nur abfangen, sondern sie entweder verfälscht weiterleiten oder den Inhalt – etwa bei der Unternehmenskommunikation – an einen Konkurrenten weitergeben. Aber auch wenn kein Hacker oder Spion am Werke ist, verbleiben im Internet Datenspuren: Großrechner überwachen den gesamten Datenverkehr. Sie führen Buch darüber, welcher Nutzer wann welche Daten geladen hat. Doch die technischen Möglichkeiten des Ausspähens können Unternehmen heute auch einsetzen, um Spione zu überführen. Dazu benötigen sie die Hilfe von Daten-Detektiven.

Gegenmittel Daten-Detektive

Mehrfach schon hatte sich der Software-Ingenieur Thorsten Knäbel gewundert: Jedesmal, wenn er einen lukrativen Auftrag schon sicher in der Tasche zu haben glaubte, schnappte ihm diesen ein Konkurrent vor der Nase weg. Auffallend war vor allem die Ähnlichkeit des Produkts, mit dem die Konkurrenz ihn immer wieder austrickste. Jede seiner Neuentwicklungen schien »zufällig« auch der Konkurrenz eingefallen zu sein. Nachdem sich das Spielchen mehrfach wiederholt hatte, glaubte Thorsten Knäbel kaum noch an einen Zufall. Im schleswig-holsteinischen Uetersen fand er Hilfe in Person des Daten-Detektivs Peter Krohn. Dieser installierte dem Software-Ingenieur ein Programm, das sämtliche versendeten Daten, deren Inhalt, Empfänger und Absender protokolliert. Mit Hilfe dieses Programms konnte der Verdacht bestätigt werden: Ein Konkurrenzunternehmen gelangte per E-mail an alle geheimen Neuentwicklungen und ersparte sich so die Entwicklungskosten.

Der Daten-Detektiv Krohn ist in Deutschland ein Pionier. Nach amerikanischem Vorbild hat er Computerfachleute um sich geschart, die auf Wunsch in den Computernetzen von Unternehmen nach undichten Stellen in den eigenen Reihen suchen. In Amerika gehört der Daten-Detektiv längst zur Grundausstattung der Notrufnummern. Computer Forensics im nordwestlichen Seattle ist eine der so spezialisierten Firmen. In Deutschland dagegen vermögen viele Unternehmen mit dem Begriff noch nichts anzufangen. Das Europäische Sicherheits-Informations-System nennt auf seiner Homepage im Internet die Adressen von Daten-Detektiven. Wer auch im Internet Vorsicht walten lassen will, sollte die dort aufgeführten Firmen lieber anrufen. Denn die *Links* auf der Internet-Homepage sind mit *Cookies* (»Keksen« genannten Zusatzprogrammen) versehen, von denen man im Zweifelsfall nie genau wissen kann, welche Spuren sie auf dem eigenen Rechner hinterlassen. Sabotage, Manipulation und Preisgabe von Firmeninterna lassen sich heute in vielen Fällen mit Hilfe der Daten-Detektive aufspüren. Doch ein Allheilmittel sind sie nicht. Unklar ist in Deutschland vor allem noch, ob die von ihnen gesammelten Belege für das Anzapfen von Festplatten oder das elektronische Versenden von Firmengeheimnissen überhaupt gerichtlich verwertbar sind. Was in den Vereinigten Staaten schon lange selbstverständlich als Beweismittel zugelassen ist, bereitet deutschen Gerichten noch immer Kopfzerbrechen. In Deutschland müssen sich die den Entwicklungen hilflos hinterherhinkenden Juristen erst durch Sachverständige über die Funktionsweisen elektronischer Spionage aufklären lassen. Und weil auch die digitale Beweisführung in ihrem Studium nicht vorgekommen ist, wird es wohl noch Jahre dauern, ehe die Vorgänge auf dem Computermonitor als Indizien bei Prozessen herangezogen werden.

Wettervorhersagen und Fotosatelliten – Vorteile für die heimische Wirtschaft

Für Spione interessant sind auch die kommerziellen Satelliten – beispielsweise Wettersatelliten. In den Vereinigten Staaten gibt es mehr als 300 Unternehmen, die sich auf das Geschäft mit kurzfristigen Wetterprognosen spezialisiert haben. Diese Institute können allenfalls das Wetter für die nächsten 14 Tage annähernd voraussagen. Den meisten Konsumenten reicht das. Doch immer mehr Konzerne möchten auch ihre Produktion schon möglichst lange im voraus planen können. Für viele Branchen ist die Kenntnis der generellen Wetterlage in einem Jahr von großem Interesse. Wer weiß, ob das kommende Jahr über- oder unterdurchschnittlich trocken werden wird, kann nicht nur mit Warentermingeschäften viel Geld verdienen. Mit diesem Wissen können auch Energiekonzerne den Energieverbrauch wesentlich präziser vorhersagen und berechnen, wie groß etwa die Reserven in den Öllagern sein sollten. Ein amerikanisches Unternehmen, Strategic Weather Services in Wayne, hat sich seit Jahrzehnten auf langfristige Wettervorhersagen spezialisiert. Die Inanspruchnahme dieser Hilfe ist nicht billig. Sie kostet mindestens 50 000 Dollar. Doch für diesen Betrag erhält der Konsument nicht nur eine detaillierte Wettervorhersage, sondern darüber hinaus auch die Hilfestellung, die ermittelten Daten im Betrieb umzusetzen. Nicht nur die größten Hersteller von Klimaanlagen verlassen sich mittlerweile auf die Voraussagen von Strategic Weather Services. Weil fast alle Bestellungen heute rund sechs Monate vor der Lieferung getätigt werden müssen, gibt es kaum einen Anbieter, für den die Prognosen nicht interessant sind. Man weiß etwa, daß die Wetterlage zu zehn bis fünfzehn Prozent das Käuferverhalten zur Weihnachtszeit beeinflußt. Und auch für die amerikanischen Exportmärkte ist die Kenntnis zukünftiger Wetterlagen eine wichtige Geschäftsinformation, auf die immer weniger Unternehmen verzichten möchten.

Viele Metereologen vertreten die Auffassung, daß langfristige Wettervorhersagen nicht seriös seien. Sie vergessen dabei, daß sie selbst bei ihren eigenen kurzfristigen Wettervorhersagen Fehlerquoten von bis zu 70 Prozent haben. Demgegenüber kann das amerikanische Unternehmen Strategic Weather Services mit Trefferquoten von 60 bis 90 Prozent aufwarten. Deshalb verlassen sich auch Geheimdienste seit langem auf die Prognosen dieses Unternehmens. Dessen Gründer Irving P. Krick – er starb 1996 – hatte schon 1944 für General Eisenhower die Wettervorhersage für die Landung der Alliierten in der Normandie erstellt. Und auch bei der Planung der »Operation Wüstensturm« zur Befreiung Kuwaits waren Metereologen des Unternehmens involviert.

Auch die von den Geheimdiensten betriebenen Wettersatelliten haben in den vergangenen Jahren ihre Kosten immer wieder eingespielt. Ein Beispiel dafür ist das »Klimaphänomen El Niño«. Nach Angaben von BND-Mitarbeitern haben amerikanische Geheimdienste aufgrund ihres mit den militärischen Wettersatelliten erlangten Wissens schon frühzeitig Gelder aus schwarzen Kassen in jene Produkte investiert, die auf dem Höhepunkt des Wetterphänomens mit Sicherheit höhere Preise erzielen würden. So sah man angeblich voraus, daß die Anchoveta- und Sardinenschwärme wegen der aufkommenden Wärme des Pazifiks sich weiter von der Küste entfernen und tiefer abtauchen würden. Daher würden die Flotten weniger Fisch als in den vorangegangenen Jahren fangen und die Preise für Fischmehl enorm steigen. Und in der Tat gingen etwa in Peru und Chile 1997 die Fänge um mehr als 80 Prozent zurück. Der Preis für eine Tonne Fischmehl erhöhte sich von rund 500 Dollar (1996) auf 720 Dollar (1998). Amerikanische Geheimdienste wußten dank ihrer umfassenden Satellitenauswertung, daß die weltweit stark wachsende Produktion an Lachs, Krabben und anderen Meerestieren auf den Einsatz von Fischmehl angewiesen war, während man dieses bei Hühner- und Schweinezuchten beispielsweise durch Soja ersetzen konnte. Die Hausse-Spekulation mit Geldern aus schwarzen Kassen war daher ohne Risiko. Wieviel Millionen Dollar damit verdient wurden, wissen Mitarbeiter des BND jedoch nicht zu berichten.

Nicht nur für Wirtschaftsspione, auch für die politische Spionage sind zuverlässige Wettervorhersagen und die möglichen Veränderungen des Klimas eine wichtige Aufgabe. Die CIA hat aus diesem Grund 1997 eine eigene Umweltabteilung gegründet, in der auch Wetterdaten zusammengetragen und ausgewertet werden. Die Zeitschrift *U.S. News & World Report* berichtete im März 1998 unter der Überschrift »Enviro-intelligence: The CIA goes green«, die CIA verfolge damit die Absicht, infolge von Wetterveränderungen entstehende Krisen der Welt und deren Auswirkungen auf die Vereinigten Staaten vorhersagen zu können. Waldbrände in Indonesien führten nicht nur zu gigantischen Smogwolken, sondern auch zu politischer Unzufriedenheit und Unruhen. Weitere Beispiele seien der Bau des Drei-Schluchten-Staudamms in China, zu dessen ökologischen Folgen auch politische Auswirkungen hinzukommen würden, und die Knappheit von Trinkwasser im palästinensischen Gaza-Streifen.

Amerikanische und russische Geheimdienste fanden sich in Zusammenhang mit Umweltstudien im Frühjahr 1998 zu einem bemerkenswerten Schritt bereit. Sie vereinbarten, Spionagefotos vom Territorium des ehemaligen Gegners auszutauschen. Der Grund ist einfach: Die Amerikaner haben über Jahrzehnte regelmäßig aus dem All Aufnahmen von sowjetischen Truppenstützpunkten und deren Umgebung gemacht, Moskaus Agenten positionierten im Gegenzug ihre Satelliten über amerikanischen Einrichtungen. Diese Aufnahmen dokumentieren zugleich, ob und welche Umweltveränderungen es in der Zwischenzeit gegeben hat. Daher haben sowjetische Spionageaufnahmen der Bucht von Florida für die Amerikaner heute einen unschätzbaren Wert, zeigen sie doch, wo die Mangrovenbestände zurückgegangen sind oder das Seegras verschwunden ist. Im Gegenzug wird auch Moskau von der ungewohnten Zusammenarbeit profitieren.

Die CIA soll künftig mit Hilfe der NSA nicht nur die Umweltveränderungen in der Welt beobachten, sondern auch die Einhaltung internationaler Übereinkommen zum Umweltschutz. So obliegt es einem CIA-Team derzeit, die in Kyoto vereinbarte Reduzierung der Treibgase außerhalb der Vereinigten Staaten zu überwachen (deren größter Verursacher die USA selbst sind). Bei künftigen Umweltgesprächen dürfte daher die amerikanische Delegation besser als jede andere über die Veränderungen informiert sein. Natürlich dienen Wettersatelliten in erster Linie der Beobachtung des Wetters und der Wettervorhersage. Doch das weltumspannende Netz von geostationären Satelliten kann auch für Spionagezwecke mißbraucht werden.

Das Wunder vom Boxberg

Mit Hilfe von Foto-Satelliten werden heute etwa Teststrecken der Automobilindustrie ausgespäht. Eingesetzt werden jedoch auch mit einem Infrarotsender gesteuerte Videokameras. Einen solchen Fall gab es bei Volkswagen. In der Automobilindustrie unternimmt man heute erhebliche Anstrengungen zum Schutz der kostspieligen Prototypen vor neugierigen Blicken. Neue Designs verursachen etwa 30 Prozent der Entwicklungskosten. In einem Erdhügel auf dem VW-Gelände in Ehra-Lessien, 20 Kilometer nördlich von Wolfsburg, war eine mit einem Infrarotsender gesteuerte Videokamera vergraben. Durch vorbeifahrende Fahrzeuge wurde der Sensor automatisch ausgelöst und die Videobilder nach außen gefunkt. Zwei Männer wurden festgenommen. Sie hatten die Fotos der Erlkönige an eine Autozeitschrift verkauft. Ob die Bilder auch an Konkurrenten weitergegeben wurden, konnte nicht eindeutig geklärt werden.

Welcher internationale Konkurrent des deutschen Autozulieferers Bosch freut sich nicht auch über »das Wunder vom fränkischen Boxberg«, wie die neue Bosch-Teststrecke in Branchenkreisen genannt wird? Große Autokonzerne betreiben solche aufwendigen Versuchsgelände, um neue Fahrzeuge intensiv auf ihre Tauglichkeit zu prüfen. Und selbst für die Autozulieferer gewinnt der ausgiebige Praxistest wichtiger Bauteile immer mehr an Bedeutung. Das gilt vor allem auch für Unternehmen wie Bosch, jenen weltweit größten unabhängigen Autozulieferer, der allein 1996 in diesem Geschäft 24,5 Milliarden Mark umsetzte. Die Bosch-Palette reicht von Einspritztechnik, Motoren und Generatoren über Systeme für aktive und passive Sicherheit (Airbag und Bremsregelsysteme) bis hin zur mobilen Kommunikation. Die neue Bosch-Teststrecke in Boxberg ermöglicht nun Prüfungen unter allen denkbaren Fahrbedingungen und eignet sich auch für den sogenannten »Elchtest«. Über ein ähnliches Areal verfügt der Daimler-Chrysler-Konzern im Emsland. Das 600 Hektar große Terrain ist – aus verständlichen Gründen – ebensowenig wie das 100 Hektar große Bosch-Gelände überdacht. Die internationale Konkurrenz dürfte das mit Freuden zur Kenntnis genommen haben.

Die drei wichtigsten Systeme geostationärer Satelliten sind das amerikanische Goes, das europäische Meteosat und das aus den GUS-Staaten stammende Elektro. Doch die Bildauflösung dieser Systeme ist nicht überwältigend. Dazu bedarf es ausgeklügelterer Systeme.

Satellitenauswertung

Mit Hilfe von Satellitenaufnahmen können Unternehmen heute Geschäftsgeheimnisse der Konkurrenz ausspähen, ohne daß diese jemals auch nur den geringsten Hinweis darauf bekommt. Nachdem die Vereinigten Staaten mit ihren Keyhole-Satelliten über Jahrzehnte hinweg in die Feindaufklärung investiert haben, sollen die Kameras im All jetzt ansatzweise amortisiert werden. Das Publikum erhält für Geld, was bis dahin nur die Militärs zu sehen bekamen: den hochauflösenden Blick aus dem All auf jedes gewünschte Objekt der Erde – und zwar in fast jeder gewünschten Auflösung. Der amerikanische Anbieter Space Imaging Eosat beschreibt in Prospekten, was man auf den von ihm angebotenen Aufnahmen sehen kann: »Das kommende Bildmaterial mit einem Auflösungsvermögen von einem Meter auf der Erde wird Parkbänke zeigen, Schwimmbäder, Sicherheitsstreifen, Schachtabdeckungen und einzelne Bäume.« Natürlich wird niemand ein Bild bestellen, um sich aus dem All eine Parkbank anzuschauen. Doch schon weitaus größere Objekte können einen Schock auslösen, wenn sie aus dem Orbit fotografiert und dann veröffentlicht werden. Das bewies der amerikanische Fernsehsender ABC, als er im September 1992 auf russischen Satellitenaufnahmen das Pentagon in der Vogelschau präsentierte. Damit wurde einer breiten Öffentlichkeit zum ersten Mal eindringlich vor Augen geführt, was sich aus dem All – in hoher Auflösung – so alles beobachten läßt.

Seither ist die Kommerzialisierung der Fernerkundung weiter fortgeschritten. Die amerikanische Regierung hat ein Dutzend Lizenzen an Unternehmen vergeben, die Satellitenaufnahmen anfertigen und vertreiben dürfen. Washington behält sich jedoch das Recht vor, die Satelliten »aus Gründen der nationalen Sicherheit« im Krisenfalle abzuschalten. Während Space Imaging Fotografien mit einer Auflösung von einem Meter anbietet, hat Earth Watch schon Aufnahmen mit 80 Zentimetern Auflösung angekündigt. Die Technik der kommerziellen Bildsatelliten stammt aus der Rüstungsindustrie und wurde von Lockheed-Martin entwickelt. Dieser Konzern hatte auch die Keyhole-Spähsatelliten gebaut.

Die Kombination der verschiedenen Satellitensysteme macht die Aufnahmen auch für Industrieunternehmen zu einer gefährlichen Waffe. Radar-, Infrarot- und Bildsatelliten können die Konkurrenz besser ausspähen als jeder Mensch. Der Energieverbrauch eines Konkurrenten kann so mit Hilfe von satellitengestützten Infrarotaufnahmen ebenso beurteilt werden wie etwa Bautätigkeit oder die Einlagerung nicht verkaufter Produkte. Was in vergangenen Jahrzehnten ausschließlich den Geheimdiensten der Großmächte vorbehalten war, ist heute für jeden käuflich und auf dem freien Markt erhältlich. Der im Dezember 1997 von dem in Colorado ansässigen Unternehmen Earth Watch ins All geschossene Satellit mit dem Namen »Early Bird-1« war der erste einer neuen Baureihe, die vorrangig die Bedürfnisse ziviler Konsumenten befriedigen soll. Weitere Satelliten dieser Art werden folgen.

Konkurrenten des Systems sind das ebenfalls in Colorado beheimatete Unternehmen EOSAT, dessen kommerzielles Erdbeobachtungssystem »Ikonos-1« heißt, und die Orbital Imaging Corporation, deren Satellit »Obview-3« 1999 ins All befördert werden sollte. Das letztgenannte System wird neben »normalen« Fotos auch Ultraviolett- und Infrarotaufnahmen liefern. Mit Hilfe der Infrarotaufnahmen vermag ein Unternehmen dann zu beurteilen, ob und mit wieviel Mann einer Schicht in einer Konkurrenzfirma gearbeitet wird, denn die Messung erlaubt Aussagen auch durch die Mauern der Gebäude hindurch. So kann man wichtige Daten über die Konkurrenten erhalten, ohne jemals einen menschlichen Spion in dessen Produktionsstätten eingeschleust zu haben.

Die Aufnahmen, die innerhalb weniger Tage nach Bestellung erhältlich sein sollen, werden zudem erheblich weniger als der Einsatz eines menschlichen Spions kosten. Zusammen mit den schon existierenden Satellitensystemen der Vereinigten Staaten, Frankreichs, Japans, Indiens, Rußlands und Kanadas werden die Möglichkeiten der Industriespionage erheblich ausgeweitet. Die Vielzahl der künftig Zivilisten zugänglichen Satelliten wird dazu führen, daß auch eine große Auswahl von Aufnahmen zur Verfügung stehen wird. Konzerne werden es zu schätzen wissen, in Echtzeit über die Aktivitäten ihrer Konkurrenten in jedem Teil der Welt unterrichtet zu werden. Mit Hilfe von Satellitenauswertern werden Unternehmen über die Erweiterung der Produktionseinrichtungen der Konkurrenz früher als in der Vergangenheit informiert sein. Wer heute zwecks Analyse des Mitbewerbers vorwiegend Zeitungsausschnitte sammelt oder ein Detektivbüro mit der Beobachtung des Konkurrenten beauftragt, wird ein weiteres effektives Mittel für die Ausspähung an die Hand bekommen. Die Satellitenauswertung wird etwa unbestechlich die Frage beantworten können, wie viele Fahrzeuge ein asiatischer Automobilbauer auf (einer vom Werksschutz vor Einblicken von außen gesicherten) Halle stehen hat.

Diese Art der Industriespionage hat gegenüber der klassischen Aussendung von Werks- und Industriespionen einen unschätzbaren Vorteil: Sie ist legal. In fast allen Staaten der Welt hinkt die Gesetzgebung dem technischen Fortschritt weit abgeschlagen hinterher. Was nicht verboten ist, ist erlaubt. Das entsprechende amerikanische Gesetz, der »Economic Espionage Act of 1996, 18 U.S.C §1831«, verbietet etwa das Fotografieren von Handelsgeheimnissen. Was Handelsgeheimnisse sind, wird aber nicht erklärt. Herangezogen wird zur Erklärung vielmehr das entsprechende amerikanische Fallrecht: E.I. DuPont de Nemours & Co., Inc., v. Christopher, 431 F.2.d 1012 (5th Cir. 1970). In jenem Fall von Industriespionage hatte ein Konkurrent die Gebrüder Christopher angeworben, um Luftaufnahmen eines Baukomplexes des Chemiekonzerns DuPont anzufertigen. Der Mitbewerber wollte anhand dieser Fotos ein neues Verfahren von DuPont zur Methanolproduktion ausspähen. Was bei den Gebrüdern Christopher vor drei Jahrzehnten noch als Handelsspionage gewertet und bestraft wurde, ist heute wesentlich schwieriger zu beurteilen. Denn anders als in damaliger Zeit sind Satellitenaufnahmen jetzt von (fast) jedem Ort der Welt in Echtzeit zu erwerben. Damit kann niemand mehr die Auffassung vertreten, daß die Bautätigkeit auf einem Gelände einem Dritten nicht einsehbar oder zugänglich sei.

Fred Wergeles, der 18 Jahre bei der CIA in der Auswertung tätig war, berichtete in einem 1998 erschienenen Aufsatz für die auf Konkurrenzanalyse spezialisierte amerikanische Fachzeitschrift *Competitive Intelligence*, in Frankreich und Japan sei die Zusammenarbeit zwischen staatlichen Geheimdiensten einerseits und den mit der Handelsspionage befaßten Institutionen andererseits dann kaum noch zu entflechten, wenn es um die Auswertung von Satellitenaufnahmen gehe.

4. Innenansichten – Opfer und Täter

Der vorgenannten Methoden – Online-Spionage, Satellitenspionage, Anzapfen von Kommunikationsverbindungen und Knacken von Verschlüsselungen – bedienen sich alle großen Nachrichtendienste der Welt. Einige gehen dabei ganz offen vor, andere haben bislang kaum Spuren hinterlassen. Wer sind die Täter? Und welche Erkenntnisse gibt es über sie?

Die französischen Nachrichtendienste

Die französische Wirtschaftsspionage genießt nicht erst in der Gegenwart einen hervorragenden Ruf. Die Effizienz des Pariser Auslandsgeheimdienstes hat vielmehr Tradition. Schon vor dem Ersten Weltkrieg gliederte man das »Office National du Commerce Extérieur« nach geographischen Gesichtspunkten und Warengruppen. Jeder französische Exporteur sollte sich bei dieser Institution wertvolle Anregungen und Unterlagen über seine Konkurrenten und das Zielland abholen können. Die vorhergehenden Kriege – etwa der deutsch-französische – hatten in der französischen Regierung die Auffassung verstärkt, daß die seit der Mitte des 19. Jahrhunderts von der industriellen Revolution überschwemmte Wirtschaft im In- und Ausland ein lohnenswertes Spionageziel sein werde. Alle französischen Handelskammern standen daher schon seit dem Ende des vergangenen Jahrhunderts in engem Kontakt mit den einheimischen Geheimdiensten. Das Pariser Handelsministerium förderte diese Zusammenarbeit und hielt zugleich die Verbindung zu den militärischen

Geheimnisträgern aufrecht. Das Office National du Commerce Extérieur fertigte zwar auch Abhandlungen über die Zolltarife in anderen Staaten an. Seine wichtigste Aufgabe bestand jedoch darin, französischen Unternehmen Absatzchancen im Ausland aufzuzeigen. In einer Zeit, in der es noch nicht das heutige weltumspannende Netz von Kommunikationseinrichtungen gab und alle Staaten darauf bedacht waren, möglichst wenig von sich preiszugeben, war es eine Grundvoraussetzung dieses Büros, im Ausland Spione zu beschäftigen, welche die notwendigen Daten recherchierten.

Was heute in Tageszeitungen veröffentlicht wird, war in jener Zeit oftmals ein Staatsgeheimnis. Neben Frankreich unterhielten zu Beginn dieses Jahrhunderts auch Deutschland, Belgien, England, Japan, Italien, Polen, Spanien, die Schweiz, Norwegen, Ungarn, Kanada und die damals in der Weltpolitik noch kaum eine Rolle spielenden Vereinigten Staaten einen eigenen Nachrichtendienst für die Wirtschaftsspionage im Ausland.

Nach dem Zweiten Weltkrieg bot sich den französischen Agenten in Deutschland eine einzigartige Möglichkeit zur Wirtschaftsspionage. Der damalige staatliche Geheimdienst SDECE beschaffte sich systematisch jene Erkenntnisse, die man zum Wohle der französischen Industrie weiterleiten konnte. Das Programm trug den Decknamen »Onyx« und war von Etienne Bruin des Roziers, einem engen Vertrauten Charles de Gaulles, ausgearbeitet worden. Man nutzte dafür die Kontrollrechte der Alliierten über die westdeutschen Kommunikationsverbindungen. Welcher deutsche Unternehmer hat in der Aufbauphase wohl daran gedacht, daß die Besatzungsmächte über Jahrzehnte ihre Vorrechte zum gnadenlosen Ausspähen nutzen würden? Einer der Hauptprofiteure dieses Vorgehens soll damals der französische Mischkonzern Schlumberger gewesen sein. Ihm stellte man angeblich alle abgefangenen Unterlagen über die deutsche Ölindustrie zur Verfügung, so etwa die Ergebnisse der deutschen Suche nach Ölvorkommen in Libyen und anderen nordafrikanischen Staaten.

Peter Schweizer schreibt in seinem Buch »*Diebstahl bei Freunden*«: »Andere französische Firmen erhielten Informationen über die deutschen Konzerne Eisenwerk-Gesellschaft Maximilianshütte AG, Farbenfabriken Bayer AG und Entwicklungsring Süd. Wiederholt wurden Ausschreibungsangebote eines bedeutenden deutschen Bauunternehmens an französische Baufirmen weitergeleitet, und in mehreren Fällen gingen die Aufträge aufgrund dieser Vorinformationen an französische Konkurrenten.«

Eine Schule für Wirtschaftsspione

Heute hat man die Methoden verfeinert. Im Oktober 1997 öffnete nahe der Pariser Ecole Militaire, an der schon Napoleon das Kriegshandwerk erlernte, eine eigentümliche Schule ihre Pforten: Auf dem Stundenplan steht Wirtschaftsspionage. Was offiziell als »Abwehr unlauteren Wettbewerbs« ausgegeben wird, ist nichts anderes als die theoretische und praktische Ausbildung nach neuesten Spionagetechniken. Die Pariser Korrespondentin der *Frankfurter Allgemeinen Zeitung*, Michaela Wiegel, schrieb über dieses Institut, es sei »eine Strategenschmiede der besonderen Art«. Nicht nur Kritiker behaupten, daß das französische Verteidigungsministerium hinter der ungewöhnlichen Lehranstalt mit dem Namen »École de Guerre Economique« (6 rue du Colonel Combes, 75007 Paris, Telefon: 0033-1-45513259, Fax: 0033-1-47053411) steckt. Mit einer normalen Schule hat das der privaten Managementschulgruppe ESLCA angegliederte und inzwischen auch im Internet vertretene *(http://www.ege.eslsca.fr/)* Institut wenig gemein. Die 1949 gegründete ESLCA gilt als die private Grande Ecole und ist dementsprechend beim französischen Bildungsministerium als Business School voll akkreditiert. Doch auch wenn das Pariser Verteidigungsministerium und der Geheimdienst ihre schützende Hand über die neue, diskrete Agentenschule halten, ist deswegen der Einstieg in eine

Agentenkarriere noch längst nicht jedem Absolventen garantiert. Finanziert wird die Schule für den Wirtschaftskrieg von der im Rüstungsgeschäft tätigen Consultingfirma Défense Conseil International und deren auf Nachrichtenbeschaffung spezialisierten Tochterunternehmen Intelco. Haupteigner dieser Unternehmen ist – der französische Staat. Die *FAZ*-Korrespondentin Wiegel berichtete: »Und es ist kein Zufall, daß mit Christian Harbulot und dem General Jean Pichot-Duclos zwei leitende Intelco-Mitarbeiter das Programm gestalten.«

Ohne Codekarte ist der Zutritt zu den meisten Räumen der École de Guerre Economique nicht möglich. Und die Schulleitung verbirgt sich hinter einer zehn Zentimeter dicken Stahltür. Wer nicht angemeldet ist, braucht erst gar nicht zu klingeln. Hier sollen französische Unternehmer lernen, offensiv gegen ihre Konkurrenten vorzugehen. Das Motto der Schule lautet: »wissen, vorhersehen, agieren und reagieren«. Schon General de Gaulle, der in den sechziger Jahren Frankreich mit seinen Großmachtambitionen aufblühen ließ, schwor die Geheimdienste auf diese Maxime ein. Auch unter dem Sozialisten François Mitterrand behielten die französischen Dienste die ökonomischen Interessen der Nation im Auge. Pierre Marion, legendärer Chef des Auslandsgeheimdienstes DGSE, arrangierte ein Geflecht des Gebens und Nehmens: Manager berichteten der DGSE, was sie auf Auslandsreisen erfahren hatten. Dafür erhielten sie im Gegenzug die Leckerbissen der französischen technischen Auslandsaufklärung; so etwa abgehörte Telefongespräche oder als Fax versandte Konstruktionszeichnungen. Die DGSE (Direction Général de Sécurité Extérieur) arbeitet heute ausschließlich auf dem Gebiet der Wirtschaftsspionage. Sie ist der aggressivste Spionagedienst der Franzosen und verfügt über einen Jahresetat von 320 Millionen Mark – rund einem Drittel des gesamten Budgets des deutschen Auslandsgeheimdienstes BND. Heute sind schätzungsweise 3500 Mitarbeiter für die DGSE tätig. Kontrolliert und koordiniert wird die DSGE, deren Sitz sich seit 1993 nördlich von Paris in Fort

Noissy (»Fort 2000«) befindet, vom SGDN (Secrétariat Général de la Défense Nationale), einem »Supergeheimdienst«, der unmittelbar dem Premierminister unterstellt ist.

1995 sagte der Direktor der französischen Spionageabwehr DST, sechs von zehn Fällen, die seine Behörde zu bearbeiten habe, gehörten in den Bereich der Wirtschaftsspionage. Er verschwieg dabei, daß die DGSE in den Vereinigten Staaten, Großbritannien und Deutschland selbst die mit Abstand aktivste Organisation ist.

In Fort Noissy arbeitet die DGSE in einem Bunkersystem, dessen Länge insgesamt 17 Kilometer betragen soll. Dort werden auch die Ergebnisse des französischen Gegenstücks zum amerikanisch-britischen ECHELON-System ausgewertet. Auf deutsche Unternehmen, Politiker und Privatpersonen ausgerichtete Lauschstationen unterhält die DGSE auf dem Mont Valérien sowie in den Schweizer Orten Schaffhausen und Rüthi. Letztere werden mit den Schweizern gemeinsam genutzt. Wie gut die Lauscher der DGSE sind, belegte im Frühjahr 1999 der fanzösische Geheimdienstautor Jean Guisnel in seinem Buch »*Les Pires Amis du Monde*« (»Die schlechtesten Freunde der Welt«). Er veröffentlichte darin das Transkript eines Gesprächs an Bord eines amerikanischen Militärflugzeugs vom Typ C-141, das der amerikanische Botschafter in Paris, John Maresca, am 30. März 1993 auf dem Weg nach Armenien geführt hatte. Maresca reiste damals im Auftrag des früheren amerikanischen Präsidenten Bush. Seine Gesprächsinhalte galten als geheim. So sollte man sich nicht wundern, wenn auch andere vertrauliche Unterredungen von der DGSE abgefangen und der französischen Wirtschaft zur Verfügung gestellt werden.

Die französische Zeitung *Nouvel Observateur* berichtete, wenn die DGSE französischen Wirtschaftsvertretern Erkenntnisse übergebe, dann kämen beide Seiten dabei auf ihre Kosten. Als die Vereinigten Staaten 1989 rund 30 französische Agenten auffliegen ließen, mußten diese nicht etwa die Arbeitslosigkeit fürchten. Französische Konzerne waren gern bei der Beschaffung eines neuen Arbeitsplatzes für die »verdienten Staatsbürger« behilflich. Andreas Förster schreibt in seinem 1997 erschienenen Buch »*Maulwürfe in Nadelstreifen*«: »Die Manager dieser Unternehmen wechseln häufig aus der Wirtschaft in die Nachrichtendienste, von dort in den diplomatischen Dienst und kehren nach einiger Zeit wieder in die Unternehmen zurück. Der Kontakt und die Zusammenarbeit mit den französischen Geheimdiensten ist daher auch für viele Unternehmen nichts Besonderes.« Förster nennt auch ein Beispiel für die enge Zusammenarbeit: »So baute der staatseigene Energiekonzern Elf Aquitaine 1982 ohne Genehmigung eine Straße zum britischen Atomwaffentestgelände im südaustralischen Maralinga. Die Baumaßnahme diente dazu, möglichst unauffällig Bodenproben des verseuchten Gebietes zu entnehmen und heimlich nach Frankreich zu schmuggeln. Aus der Analyse der Proben wollten Atomwaffenexperten in Paris Rückschlüsse auf das britische Nuklearprogramm ziehen.«

Die Zusammenarbeit zwischen französischen Geheimdiensten, Universitäten und Wirtschaftsunternehmen erlebt seit dem Fall der Mauer eine Blütezeit. 1990 eröffnete die DGSE eine neue Abteilung mit dem Namen »Großaufträge in anderen Staaten« – die sogenannte »Spezialabteilung Nr. 7«. 20 französische Spione sind seither ausschließlich damit beschäftigt, über die 1000 wichtigsten Industriebosse der Welt jede Kleinigkeit herauszufinden, mit denen man bei Auftragsverhandlungen entweder Eindruck schinden kann – oder notfalls auch den Hebel in Hinblick auf eine Erpressung ansetzen könnte. Persönliche Vorlieben, Einkommensverhältnisse und Hobbys werden von ihnen ebenso gesammelt wie die Namen und Adressen ihrer Geliebten. Und 1995 wurde auf Anweisung von Staatspräsident Mitterrand und Premierminister Balladur die Organisation mit dem Namen CCSE (Komitee für Wettbewerb und Sicherheit der Wirtschaft) gegründet, die dafür sorgen soll, daß die Sammlung und Verarbeitung von Wirtschaftsinformationen besser mit industriellen und kommerziellen Strategien koordiniert wird. Das CCSE ist dem staatlichen Generalsekretariat für die nationale Verteidigung unterstellt, das die Regierung in strategischen Fragen berät und Studien über die geostrategische Situation anfertigt.

Mitarbeiter von BND und BfV berichten übereinstimmend, daß CCSE-Angehörige schon mehrfach beim Schnüffeln in deutschen Industriebetrieben erwischt worden seien. Allein die freundschaftliche Zusammenarbeit mit dem Nachbarland habe die Ausweisung verhindert. Auch hier fiel auf, daß über deutsche Industriebosse Details des Privatlebens zusammengetragen wurden. Offiziell sammelt das CCSE nur offene Quellen. Doch Mitglieder des Komitees wie Philippe Jaffre (Elf Aquitaine), André Levy-Lang (Banque Paribas) und Luc Montagnier (Pasteur-Institut) werden angeblich beim deutschen Staatsschutz auf einer internen »schwarzen Liste« jener geführt, die bei der Einreise in die Bundesrepublik wegen ihrer Geheimdienstaktivitäten besonders zu überwachen seien. Das aber braucht die Betroffenen nicht weiter zu stören, soll doch die Liste – so berichten es jedenfalls Mitarbeiter – nie an die einzelnen Staatsschutzabteilungen in den Bundesländern weitergeleitet worden sein und weiterhin als »Verschlußsache« in Köln ihr Dasein fristen.

Kaum bekannt dürfte deshalb auch die Anweisung des Präsidenten an die DGSE aus dem Jahre 1997 sein, der zufolge der französische Anteil an weltweiten Rüstungsexporten innerhalb von sechs Jahren um zehn bis fünfzehn Prozent gesteigert werden soll. Um dieses Ziel zu verwirklichen, müsse die DGSE ihre »Wirtschaftsaufklärung verstärken« und jegliches belastende Material sammeln, mit dem Konkurrenten behindert werden könnten. Und ebensowenig bekannt ist es, daß Frankreich ein eigenes weltweites elektronisches Überwachungssystem betreibt, das dem amerikanischen ECHELON-System (allerdings ohne ähnlich leistungsstarke Satelliten) vergleichbar ist. Das von der DGSE betriebene System verfügt weltweit über 17 Bodenstationen (die größte befindet sich in Dommel Dordogne; eine kleinere – Bouar Base in der Zentralafrikanischen Republik – wurde mittlerweile geschlossen) mit Antennen und Satellitenschüsseln, die auch in den verschiedenen Übersee-Departements von Neukaledonien bis Französisch-Guyana – aber auch in den Vereinigten Arabischen Emiraten – stehen (Agde, Rohrbach-les-Bitch, Domme, Mützig, Alluets-Feucherolles, Celar, Rennes, Metz, Plateau d'Albion, Boat, Solenzara auf Korsika, Saint-Barthélemy auf Guadeloupe, Réunion, Mayotte in Djibouti, Kourou Spatial Base in Guyana, Vereinigte Arabische Emirate und Neukaledonien). In Kourou (dort ist die DGSE gemeinsam mit dem deutschen BND aktiv) wird die nord- und südamerikanische Satellitenkommunikation abgefangen. Alle französischen Horchposten haben vor allem die Intelsat- und Iridium-Satelliten im Visier. Die angesehene französische Zeitschrift *Le Point* berichtete am 6. Juni 1998: »Die Ergebnisse dieses Abfangens – es ist keinen internationalen Gesetzen unterworfen – werden den Vorstandsvorsitzenden einiger Dutzend Unternehmen als vertrauliche Nachricht überlassen.« Und an anderer Stelle heißt es: »In Frankreich liefert die DGSE die Früchte dieser Tätigkeit an etwa 60 handverlesene Empfänger, unter ihnen auch die führenden Unternehmen. So haben sie Zugang zu einzigartigen Informationen über die Märkte, auf denen sie arbeiten…«

Nicht alle Spionagetechniken müssen aufgrund der ohnehin engen Verflechtungen zwischen französischer Wirtschaft und Geheimdienst an der Pariser Schule des Wirtschaftskriegs unterrichtet werden. Christian Harbulot, Autor des 1992 erschienenen Buches »*La machine de guerre économique*«, ist einer der Direktoren dieses Instituts. Er sagt zu dessen Aufgabe: »Französischen Unternehmen fehlt im internationalen Vergleich oft der offensive Charakter. Das wollen wir mit unserer Schule ändern.« Ein anderer Direktor, Benoit de Saint-Sernin, erklärt: »Informationen dienen im Wirtschaftskrieg als Waffe. Wir lehren, wie sich Firmen gegen solche Angriffe schützen können. Nehmen Sie Shell und Greenpeace. Oder Mercedes und die A-Klasse. Ich bin sicher, daß diese Kampagne gesteuert war, um Mercedes zu schaden.« Es sei höchste Zeit für französische Unternehmen, sich mit allen Mitteln auch den Herausforderungen des Zeitalters der Wirtschaftsspionage zu stellen. Die Lehrer sind ehemalige

Militärangehörige. Offiziell gibt es aber keine Verbindungen zu staatlichen Einrichtungen.

60 000 Francs (etwa 18 000 Mark) kostet der Besuch eines 750 Unterrichtseinheiten umfassenden Lehrgangs, der das strategische und taktische Rüstzeug für den Wirtschaftskrieg vermitteln soll. Nachrichtendienstliches Know-how steht ganz oben auf dem Stundenplan. Die Ausbildung setzt ein abgeschlossenes Studium der Wirtschaftswissenschaften oder praktische Berufserfahrung im Management voraus. Eine Jury, in der ehemalige französische Geheimdienstler sitzen sollen, prüft die zunächst schriftlichen Bewerbungen und lädt geeignete Interessenten zum mündlichen Vorstellungsgespräch ein. Kandidaten aus anderen Staaten dürfen sich zwar bewerben, sind jedoch immer dann als Studenten unerwünscht, wenn ihre Regierungen die Wirtschaftsspionage offen befürworten. So gesehen, brauchen sich Amerikaner, Japaner und Südkoreaner wohl gar nicht erst um eine Aufnahme an der Schule zu bemühen.

Dabei gehört Frankreich selbst zu jenen Staaten, die schon seit Jahren »halboffiziell« das Ausspähen der Geheimdienste anderer Industriestaaten befürworten. Als Claude Silberzahn 1989 zum DGSE-Chef ernannt wurde, bezeichnete er die Wirtschaftsspionage als eines der Hauptziele seiner Amtszeit: »Heutzutage muß Spionage vor allem auf die Wirtschaft, die Wissenschaften, die Technologie und Finanzen ausgerichtet sein.« Aus französischer Sicht waren wirtschaftliche und staatliche Interessen in dieser Zeit nicht zu entflechten, da viele große Betriebe dem Staat gehörten. Von der Fluggesellschaft Air France bis zu den Rüstungsbetrieben waren es Angestellte des französischen Staates, die direkt unter Arbeitsplatzverlust zu leiden hatten, wenn die Auftragslage sich verschlechterte. Und so wurde es zu einer Selbstverständlichkeit, daß alles, was auf dem Gebiet der Spionage gut für die französische Wirtschaft sein würde, zugleich auch dem französischen Staatswesen diente.

In diesem Sinne hatte sich auch schon der von 1970 bis 1981 für den französischen Auslandsgeheimdienst zuständige Graf Henri de

Marenches, ein französischer Aristokrat mit Charme und Talent für das Spionagegeschäft, geäußert. In seinen 1986 erschienenen Memoiren »*Dans les secrets des princes*« schreibt de Marenches: »Spionage im eigentlichen Sinne konzentriert sich zunehmend auf Business und Wirtschaft, Wissenschaft und Industrie – und ist in der Tat sehr ergiebig. Sie ermöglicht es den Nachrichtendiensten, in einem anderen Land ein Verfahren zu entdecken, das zu entwickeln oder zu verbessern Jahre und wohl auch Millionen Francs gekostet hätte. Diese Form der Spionage wird nicht nur beim Feind betrieben, sondern in einem gewissen Maß auch bei Freunden... In jedem Nachrichtendienst, der diese Bezeichnung verdient, trifft man leicht auf Fälle, in denen eine einzige Operation das gesamte Jahresbudget hereingeholt hat. Natürlich erhält der Nachrichtendienst dafür nicht wirklich eine Vergütung, doch die Industrie des Landes profitiert davon.«

Mit dieser Einstellung haben sich die Franzosen in der Welt wenig Freunde gemacht. Vor allem die Vereinigten Staaten – die selbst nicht anders handeln – sind mit Paris deshalb immer wieder öffentlich hart ins Gericht gegangen. Claude Silberzahn hat die Wirtschaftsspionage gleichwohl auch in der Öffentlichkeit verteidigt. Vor allem im Hinblick auf den Rüstungssektor warb er um Verständnis dafür, daß französische Waffenhersteller ohne diese Art der Spionage kaum überlebensfähig wären und damit auch die unabhängige französische Verteidigungspolitik bedroht wäre. So dürfte es kaum verwundern, daß die staatliche Air France den Spionen der DGSE behilflich war. Kanadische und amerikanische Geheimdienste warnten 1992 Geschäftsreisende davor, diese Fluggesellschaft zu benutzen, nachdem entdeckt worden war, daß auf Interkontinentalflügen die Sitze der ersten Klasse verwanzt waren. Und der frühere CIA-Direktor Robert Gates sagte: »Die Franzosen setzen Agenten auf ausländische Firmen an, stehlen Aktenkoffer amerikanischer Geschäftsleute, verwanzen Sitze der ersten Klasse von Air-France-Maschinen und wenden andere Methoden der klassischen Spionage an, um an wirtschaftliche Erkenntnisse zu kommen.« Nach Angaben von

»Privacy International« und deutschen Verfassungsschützern stehen nachfolgende französische Unternehmen im Verdacht, mit den Diensten ihres Landes zusammenzuarbeiten: Alcatel Alsthom, Alcatel Radio Space Defense, ALPA France, Compagnie Française d'Exportation (COFREXPORT) S. A., Data Mast, DICAR SA, Export Trading Services SARL, 12E SA, Intertechnique SA, L'Authentique, Morpho Systemes, ProtexArms, Racal-Datacom, SFIM – Societé de Fabrication d'Instruments de Mesure und SOFMA (Societé Française de Materials D'Armement).

Als im April 1993 eine Liste amerikanischer Rüstungsunternehmen veröffentlicht wurde, die als Ziele der staatlichen französischen Auslandsspionage ausersehen waren, war die Empörung groß: Nicht nur das Pentagon, auch die auf der Liste erwähnten amerikanischen Unternehmen boykottierten die Pariser Luftfahrtmesse von Le Bourget. Die CIA befürchtete eine ernstliche Gefährdung der dort präsentierten Objekte. Hughes Aircraft kam der Aufforderung zum Boykott nach, während McDonnell-Douglas zwar teilnahm, nicht aber wie im Jahre 1991 Stealth-Technologie – beispielsweise die F-117A (im März 1999 wurde im Kosovo-Krieg zum ersten Mal ein Exemplar dieses angeblich auf dem feindlichen Radar unsichtbaren Flugzeugs abgeschossen) – ausstellte.

Pierre Marion hatte schon 1981 eine erste kleine Abteilung für die Wirtschaftsspionage zugunsten französischer Unternehmer ins Leben gerufen. Seine Meinung hierzu drückte er folgendermaßen aus: »Diese Art der Spionage ist wichtig für Frankreich. Damit kann man bei Handel und Technologie im Rennen bleiben. Natürlich ist unsere Wirtschaftsspionage auch gegen die Vereinigten Staaten und andere Verbündete gerichtet. Erinnern Sie sich bitte immer daran: Während wir in Verteidigungsangelegenheiten Verbündete sind, sind wir beim Handel weltweit Konkurrenten.«

Obwohl die von Marion gegründete Abteilung nur aus wenigen Mitarbeitern bestand, sollen ihre Erfolge beachtlich gewesen sein: So hat man angeblich die Konstruktionsunterlagen mehrerer Kampfflugzeuge beschaffen können und war über die Verhandlungsstrategien der wichtigsten ausländischen Konzerne, mit denen französische Unternehmen konkurrierten, immer bestens unterrichtet. Der für die Zeitung *Le Monde* schreibende Journalist Jacques Isnard behauptete 1989 gar, diese Abteilung habe den sowjetischen Geheimdiensten regelmäßig jene Dossiers abgekauft, die diese zuvor über westliche Unternehmen angefertigt hätten. Wenngleich diese Aussage bis heute von der Pariser Regierung nicht bestätigt worden ist, darf als sicher gelten, daß viele französische Unternehmen dem Geheimdienst mit ihren Auslandsniederlassungen als Tarnadressen für Spionageoperationen zur Verfügung stehen. Auch dafür sollen diese im Gegenzug mit Ergebnissen der technischen Aufklärung, die für sie von Interesse sein könnten, »versorgt« werden.

Die Vereinigten Staaten werfen dem französischen Geheimdienst nicht nur das Ausspähen amerikanischer Unternehmen vor, sondern bezichtigen ihn auch, Dossiers über das Privatleben des Präsidenten erstellt zu haben. Die britische Zeitung *Sunday Times* zitierte 1993 jedenfalls einen Mitarbeiter der CIA, der sich über dieses Treiben empörte. Doch man darf annehmen, daß jeder Geheimdienst der Welt im Panzerschrank über ein Dossier verfügt, dessen Gegenstand der amerikanische Präsident ist. Und wird nicht auch die CIA ein entsprechendes Dossier über den französischen Staatspräsidenten besitzen?

Die Indiskretionen von Pierre Marion und anderen Angehörigen der DGSE führten in den Vereinigten Staaten zu einer intensiveren Beobachtung der Franzosen. Man weiß nicht, ob man es glauben soll, wenn heute behauptet wird, das FBI habe den französischen Konsul in Houston im Zuge verschärfter Überwachung dabei erwischt, wie er heimlich die Mülltonnen seiner Nachbarn auf der Suche nach Wirtschaftsgeheimnissen durchwühlt habe. Vielleicht ist es ja nur eine Anekdote, die sich inzwischen verselbständigt hat. John Fialka, einer der angesehensten amerikanischen Geheimdienstfachleute, schreibt dazu in seinem 1997 erschienenen Buch »*War by other means«*, im Mai 1991 seien im Houstoner Ortsteil River Oaks zwei Herren mit gutsitzenden Maßanzügen Wachen dabei aufgefallen, wie sie Müllsäcke in einen Kleintransporter geladen hätten. River Oaks gehöre zu jenen vornehmen Stadtteilen, in denen der Reichtum beheimatet sei »und selbst Hunde einen Psychiater« hätten. Weil Müllmänner dort nicht Maßanzüge trügen, hätten vor Ort patrouillierende private Sicherheitsunternehmen das Kennzeichen des Fahrzeugs an das FBI gemeldet. Es habe Bernard Guillet, dem damaligen französischen Konsul in Houston, gehört. Guillet gestand im FBI-Verhör ein, die Müllsäcke verladen zu haben, behauptete jedoch, er sei auf der Suche nach Grasabfällen gewesen, um damit das ursprünglich für einen Swimmingpool auf dem Gelände seiner Residenz ausgehobene Loch, der wegen eines Streits nicht habe fertiggestellt werden können, wieder aufzufüllen.

Ein Schwimmbad? Jetzt wurde das FBI erst recht hellhörig. Denn auf französisch heißt das Wort dafür »La Piscine«. Und »La Piscine« ist der Spitzname der DGSE. Doch »La Piscine« war dem Houstoner FBI nicht zum ersten Mal aufgefallen. 1989 hatte man dort einen »Schläfer« der DGSE ausgemacht. Als Schläfer werden jene Agenten bezeichnet, die unerkannt »wie ein Fisch im Wasser« im Zielland leben und einer geregelten Tätigkeit nachgehen, bis sie für eine Spionageoperation »aktiviert« werden. Der Mann lebte seit 1976 in Houston und war als Ingenieur für Texas Instruments tätig. Auch er wurde verdächtigt, den Franzosen vertrauliche Firmeninterna zugespielt zu haben. In der Vergangenheit hatten die Vereinigten Staaten Personen wie den Ingenieur als »persona non grata« in aller Heimlichkeit abgeschoben. Doch mit dem Fall Bernard Guillet sollte Schluß damit sein.

Begonnen hatte die französische Wirtschaftsspionage in den Vereinigten Staaten im Dezember 1962. Damals erhielt der französische Geheimdienstchef in Washington, Thyraud de Vosjoli, aus Paris die Anweisung, in den USA ein Spionagenetzwerk zu installieren, das sowohl die Militäreinrichtungen als auch wissenschaftliche Institute beobachten sollte. De Vosjoli war auf diesem Gebiet nicht unerfahren: Im Zweiten Weltkrieg hatte er schon ein ähnliches Netzwerk gegen Nazi-Deutschland aufgebaut. Seit 1951 war er in Washington und unterhielt beste Beziehungen zu den amerikanischen Diensten. Ebenso wie der spätere Filmheld James Bond trank er seinen Martini nur »geschüttelt« und hatte sein Ansehen im Gastland stetig gesteigert, weil er etwa während der kubanischen Raketenkrise der Kennedy-Regierung angeboten hatte, selbst für die Amerikaner in Kuba zu spionieren. De Vosjoli versuchte 1962, sich der Order aus Paris zu widersetzen und brachte vor, daß dadurch irgendwann die amerikanisch-französischen Beziehungen schwer belastet würden. Doch General de Gaulle blieb hart. Er war verärgert darüber, daß Washington seine Atomrüstung mit den Briten abstimmte – nicht jedoch mit Frankreich. Am 18. Oktober 1963 unterrichtete de Vosjoli aus seinem Sitz in der früheren französischen Botschaft an der Belmont Road die Pariser Zentrale darüber, daß er den Auftrag ablehne und von seinem Posten zurücktreten werde. Er war sich darüber im klaren, daß ein anderer, skrupelloserer Mann seine Stelle einnehmen würde, ahnte jedoch nicht, zu welchem Schritt sich seine Kollegen in Paris entschließen würden. Am 22. November bereitete er sich auf seinen Rückflug vor und erhielt zwei schlechte Nachrichten: Präsident Kennedy war erschossen worden. Das traf ihn hart. Dann aber rief ihn einer seiner Freunde aus Paris an und warnte ihn, daß der französische Geheimdienst seine Liquidierung beschlossen habe. De Vosjoli wußte um die vortrefflichen Methoden der Franzosen, Menschen für immer zum Schweigen zu bringen. Üblicherweise nutzte man damals amerikanische Betäubungsmittel, die man mit einem Präparat vermischt hatte, das den Herzstillstand herbeiführen würde, und mit einer winzigen Gewehrkugel abfeuerte. Ärzte würden dann nur noch einen Herzinfarkt feststellen und das winzige Loch einer Verletzung zuschreiben, die sich das Opfer beim Aufprall zugezogen habe. De Vosjoli setzte sich mit Hilfe der CIA nach Mexiko ab und soll später in den Vereinigten Staaten Asyl erhalten haben.

Seinem Nachfolger gelang es, in den Vereinigten Staaten ein Netz von Schläfern zu errichten, das von der amerikanischen Spionageabwehr lange Zeit unentdeckt blieb. Ziel der Operationen waren unter anderem IBM, Corning Inc. und Texas Instruments. Doch in den achtziger Jahren wurden die ersten dieser Schläfer enttarnt und fünf von ihnen ausgewiesen. Gleichwohl beschloß man, die Affäre zu verschweigen – »*non-dit*« nannten die Franzosen dieses Verfahren. Amerikanische Geschäftsleute werden seither vor Reisen nach Frankreich gewarnt, daß ihre Aktenkoffer und Anzüge in den Hotelzimmern vom französischen Geheimdienst möglicherweise durchsucht werden.

Wie aggressiv französische Wirtschaftsspionage sein kann, belegt vor allem die Ausspähung der amerikanischen Computerindustrie: 1989 erhielt ein IBM-Mitarbeiter der Niederlassung in Frankreich ein Päckchen, das von IBM an irgend jemanden verschickt worden war, aber nicht weiterbefördert werden konnte, weil die Anschrift wohl versehentlich abgerissen worden war. Die französische Post stellte es also wieder IBM zu. Beim Öffnen fand man Wundersames: vertrauliche IBM-Forschungsdaten, die offenkundig an einen Konkurrenten geschickt worden waren. IBM schaltete das FBI ein. Innerhalb von sieben Monaten wurden drei französische Spione bei IBM/Frankreich ausgemacht. Natürlich wurde auch dieser Fall »*non-dit*« behandelt.

Ein weiterer Fall ereignete sich im Sommer 1990. Der Franzose Marc Goldberg arbeitete damals als Computerfachmann beim amerikanischen Hersteller Renaissance Software Inc. in Palo Alto. Dort kopierte er vertrauliche Software-Neuentwicklungen, wurde jedoch vor seiner Abreise nach Paris auf dem Flughafen von San Francisco verhaftet. Erst später stellte sich heraus, daß Goldberg im Auftrag der französischen Regierung gehandelt hatte. Statt des Wehrdienstes wurde er zur Spionage in die Vereinigten Staaten entsandt. Getarnt war das Beschaffungsprogramm als »Arbeitsaufenthalt von Wissenschaftlern«. Obwohl er von der Firma Renaissance Software Inc. ein

Gehalt für seine Tätigkeit erhielt, wurde er auch von Frankreich entlohnt. Zuvor hatte Goldberg schon bei der Thomson-CSF-Tochter Must Software Inc. in Connecticut gearbeitet, allerdings ohne von der Firma dafür bezahlt zu werden. Die Vermutung liegt nahe, daß die Tätigkeit bei dem Tochterunternehmen des französischen Konzerns Thomson-CSF eine Art Ausbildungszeit war. Inzwischen ist eine ganze Reihe von Fällen aufgedeckt worden, bei denen sich die DGSE französischer Stipendiaten in den Vereinigten Staaten, aber auch in Großbritannien und Deutschland bediente, um Firmen auszuspähen. Diese Fälle sind ebenfalls »*non-dit*«.

Doch französische Unternehmen schienen es fortan als ein sportliches Unterfangen zu betrachten, die amerikanische Konkurrenz hereinzulegen. Besonders drastisch ist der Fall des französischen Staatsunternehmens Compagnie des Machines Bull, das im Oktober 1993 Texas Instruments zum Schadensersatz aufforderte, weil man dort angeblich einen Chip von Bull kopiert hatte. Bull behauptete, den Chip 1978 entwickelt und patentiert zu haben. Zunächst waren die Amerikaner sogar bereit, den Franzosen Schadensersatz zu leisten, doch dann entdeckte man zufällig, daß Michael Cochran, der 1974 für Texas Instruments arbeitete, den Chip schon vier Jahre vor Bull entwickelt hatte. In jener Abteilung, in der damals Cochran tätig war, hatte man auch den später entlarvten französischen Spion Jean-Pierre Dolait beschäftigt. Den Juristen von Texas Instruments ging ein Licht auf: Bull hatte die Schadensersatzforderung nur angestrengt, um von dem eigenen Diebstahl bei Texas Instruments abzulenken. Im Januar 1995 einigten sich die beiden Unternehmen. Aber auch hier war die Angelegenheit »*non-dit*«. Es wurde nicht bekannt, wer welchen Betrag an wen zahlte.

In einem anderen Fall spielte ein Zimmermädchen – eine DGSE-Agentin – die entscheidende Rolle. Als Angehörige eines amerikanischen Unternehmens nach Paris reisten, um der staatlichen französischen Air France ein neues Gerät der Flugelektronik vorzustellen, war man sich sicher, daß man seitens der Fluggesellschaft keine

Kenntnis über technische Details, Marketing-Strategie und sonstige Einzelheiten des Angebots haben würde. Doch die Air-France-Gesprächspartner waren bestens vorbereitet. Später erst stellte sich heraus, daß ein Zimmermädchen die Unterlagen kopiert hatte, während die Amerikaner Paris erkundeten.

Im März 1993 wurde der amerikanischen Botschaft in Paris ein Papier zugespielt, das eine 21 Seiten lange Liste mit den Namen von 49 amerikanischen Rüstungs- und High-Tech-Firmen enthielt, die von der DGSE ausspioniert werden sollten. Zusätzlich waren 24 Banken und Investmenthäuser sowie vier amerikanische Ministerien für Spionageoperationen auserkoren worden. Die Namen lasen sich wie ein »Who is who« der amerikanischen Industrie: Rockwell International, General Dynamics, Martin Marietta, AlliedSignal, Aerojet, Boeing, Lockheed, McDonnell-Douglas, Northtrop und Hughes Aircraft Company, ein Tochterunternehmen von GM Hughes Electronics. Auch elf Schweizer Firmen standen auf der französischen Spionageliste, unter ihnen Nestlé und Örlikon-Bührle.

Doch genannt wurden nicht nur die Namen der Unternehmen, sondern auch jene Produkte und Forschungsunterlagen, die kopiert werden sollten. Im Fall von Boeing etwa interessierte man sich für dessen Strategie im Konkurrenzkampf gegen das Airbus-Konsortium. Die Namen sind nicht schlecht gewählt, ist doch die Flugzeugindustrie ein profitabler Zukunftsmarkt. Etwa 800 Milliarden bis eine Billion Dollar, so schätzt John Fialka in seinem Buch »*War by other means*«, werden in den kommenden zwei Jahrzehnten auf diesem Gebiet umgesetzt werden. Hunderttausende Arbeitsplätze werden bei jenem, der im Rennen vorn liegt, gesichert, oder beim Verlierer abgebaut werden müssen. Jeder, der sich ein Stück dieses schmackhaften Kuchens sichert, kann sich glücklich schätzen. Doch für die Unterlegenen wird es Arbeitslosigkeit, Handelsbilanzdefizit und unrentable Produktionsstätten bedeuten. Deshalb sind auf diesem Gebiet alle Staaten, die Fabriken für den Großraum-Flugzeugbau unterhalten oder als Zulieferer fungieren, an Geheimdiensterkenntnissen brennend interessiert. Das gilt nicht nur für Frankreich, sondern auch für die Vereinigten Staaten – was Fialka in seinem Buch geflissentlich verschweigt.

Ehrlicher ist da schon der amerikanische Geheimdienstexperte Peter Schweizer. Er schreibt in »*Diebstahl bei Freunden*«: »Es wäre mehr als unaufrichtig, wollten die Vereinigten Staaaten ihre Verbündeten der Spionage zeihen und zugleich behaupten, man habe sich selbst keine entsprechenden Aktivitäten zuschulden kommen lassen. Kein leitender US-Geheimdienstbeamter wird das tun, ist doch bekannt, daß die Vereinigten Staaten von Zeit zu Zeit ihre Freunde und Verbündeten bespitzelt haben. Richard Helms wurde einmal von einer europäischen Zeitschrift gefragt, ob die USA gegen ihre Freunde spionieren. Helms gab die ehrliche Antwort: ›Das hoffe ich doch.‹«

Besonders interessiert zeigten sich die Franzosen an Details über geplante Geschäfte im Nahen und Mittleren Osten, einer Region, in der Frankreich seit jeher ureigene Wirtschaftspläne hegt. Auch die Erkenntnisse über die Strategie des amerikanischen Telekommunikationsherstellers Motorola für den europäischen Mobilfunkmarkt erhielten die oberste Priorität. Für ebenso wichtig befunden wurde die Erlangung von Informationen über das neue High-Definition-TV-Programm. Doch auch Unternehmensberater und die Finanzbranche sollten ausgespäht werden. Zielobjekte waren etwa die Finanzhäuser Goldman Sachs, Salomon Brothers, Merill Lynch und die Citibank, aber auch die Unternehmensberatung McKinsey. Über die vorgenannten Firmen hoffte man vorab in Erfahrung zu bringen, wann und wo es Firmenfusionen oder Joint-ventures geben werde und welche Marktstrategien amerikanische Unternehmen verfolgten. Dazu sollten auch beteiligte Anwaltskanzleien bespitzelt werden.

Im Jahresbericht 1997 des amerikanischen National Counter Intelligence Center (NACIC) ist nachzulesen, welche Spionageaktivitäten gerade bei den zunehmenden Joint-ventures erwartet werden: »Joint-ventures, gemeinsame Forschung und Austauschvereinbarungen, bieten ausländischen Organisationen hervorragende potentielle Beschaffungsmöglichkeiten. Wie bei anderen Vorgehensweisen kommt bei gemeinsamen Projekten ausländisches Personal in Tuchfühlung mit amerikanischem Personal, und es entsteht potentieller Zugang zu Programmen und Information aus Wissenschaft und Technik. Über Joint-venture-Verhandlungen können US-Partner technische Daten in unnötig großem Umfang im Rahmen einer Ausschreibung offenlegen. Außerdem benutzt eine Reihe von Staaten Tarnfirmen zum Zwecke der Aufklärung und als Abdeckung bei Beschaffungsmaßnahmen.«

Das der amerikanischen Botschaft in Paris 1993 zugespielte französische Geheimdienstpapier bestätigte im nachhinein auch, wie gut es war, daß ein französisch-amerikanisches Joint-venture 1992 nicht zustande kam. Damals wollte der französische Rüstungskonzern Thomson-CSF den amerikanischen Raketenproduzenten LTV Corp. für die Zusammenarbeit gewinnen. Doch wie sich im März 1993 herausstellte, stand dieses in Dallas ansässige Unternehmen ganz oben auf der Liste der von der DGSE auszuspähenden Betriebe.

Genüßlich berichteten französische Zeitungen darüber, als im Frühjahr 1995 fünf Mitarbeiter der amerikanischen Botschaft in Paris – Wirtschaftsspione der CIA – des Landes verwiesen wurden und ihre Koffer packen mußten. Eine Liebesaffäre war den sonst so sorgsam auf Tarnung bedachten Amerikanern zum Verhängnis geworden: Die amerikanische Agentin, die auf einen französischen Ministerialbeamten angesetzt war, verliebte sich so gründlich in diesen, daß es ihr entging, wie sie selbst von der französischen Spionageabwehr beobachtet wurde. Der französische Regierungsberater Henri Pagnol hatte auf einem Fest einer in Dallas beheimateten Stiftung eine amerikanische PR-Mitarbeiterin kennengelernt. Später traf er diese Frau, die in Wahrheit CIA-Angehörige war, in Paris wieder. Sie ersuchte den jungen Franzosen, in den sie sich inzwischen verliebt hatte, auch um Informationen bezüglich der französischen Position bei den bevorstehenden GATT-Verhandlungen. Henri Pagnol schaltete die französische Spionageabwehr ein: Fünf Amerikaner, unter ihnen die »PR-Mitarbeiterin«, mußten das Land verlassen. Der den Stoff für eine Hollywood-Schnulze liefernde sentimentale Fehlschlag war ursprünglich auch dazu auserkoren, der amerikanischen Filmindustrie Vorteile zu bringen, bestand doch die Aufgabe der CIA-Spione unter anderem darin, herauszufinden, mit welchen Mitteln die französische Regierung amerikanischen Fernsehserien den Zugang zum französischen Markt verbauen wollte.

Die Tageszeitung *Le Monde* berichtete am 23. Februar 1995 über den Fall. Ungewöhnlich daran war, daß die Affäre publik wurde. Französische Medien mutmaßten damals fast einhellig, daß das diplomatische Intermezzo als Ablenkungsmanöver benutzt wurde, nachdem Innenminister Pasqua wegen einer umstrittenen Abhöraktion innenpolitisch unter Druck geraten war. Die fünf Amerikaner, unter denen sich auch der Leiter der CIA in Frankreich befunden haben soll, forschten nach Angaben von *Le Monde* auch die französische Rüstungsindustrie, audiovisuelle Technologien und andere Entwicklungen auf dem Gebiet der Spitzentechnologie aus. Des weiteren waren sie an innenpolitischen Informationen interessiert, vor allem während der Verhandlungen über das Allgemeine Zoll- und Handelsabkommen (GATT), bei denen es 1993 Streit zwischen Franzosen und Amerikanern gab. Die CIA warb einen französischen Fachmann für Kabel- und Satellitentechnik ebenso an wie ein Mitglied des Conseil d'etat. Trotz der Ausweisung unterhielt die CIA weiterhin ein Netz von rund 80 amerikanischen Wirtschaftsspionen in Frankreich – laut *Le Monde* doppelt so viele wie die Russen. (Öffentliche Aufregung über amerikanische Spionageaktivitäten in Frankreich hatte es schon 1976 gegeben. Damals erschien in der Zeitung *Libération* eine Namensliste der CIA-Agenten in Frankreich.)

Am Tage der *Le-Monde*-Veröffentlichung (23. Februar 1995) reagierte der französische Außenminister Juppè empört auf die Berichte über die Spionageaffäre. Er sagte, es sei ein »Skandal«, daß dieses »heiße Thema« publik geworden sei. Seine Regierung war anschließend sichtlich bemüht, die Beziehungen zu den Vereinigten Staaten nicht weiter abkühlen zu lassen. Mit keinem Wort wies er auf die Tätigkeit französischer Dienste in den Vereinigten Staaten hin.

Am Beispiel Frankreichs wird deutlich, wie wichtig Wirtschaftsspionage heute in Geheimdienstkreisen geworden ist: Die Fachzeitschrift *Intelligence Newsletter* berichtete, daß der Haushalt für die DGSE 1999 um 11,4 Prozent auf 1,45 Milliarden Francs erhöht worden sei. Allein für Neuanschaffungen im Bereich der Abhörtechnik seien 482 Millionen Francs (das entspricht gegenüber 1998 einer Steigerung von 19 Prozent oder etwa 100 Millionen Francs) vorgesehen. Auch das Personal des französischen Auslandsgeheimdienstes wird um 119 Mitarbeiter aufgestockt. In Pullach nahm man dies mit Verbitterung zur Kenntnis, sieht man sich doch dort unter dem Sparzwang der Bundesregierung dazu genötigt, auch 1999 den Personalbestand »abzuschmelzen«.

Der frühere französische Geheimdienstchef Claude Silberzahn mußte jedoch ebenso wie der ehemalige CIA-Direktor Robert Gates einsehen, daß Wirtschaftsspionage im Zeitalter der Globalisierung immer schwieriger wird. Nicht weil es größere Probleme bereitet, an Informationen zu gelangen, sondern weil es angesichts der Fusionen und der Internationalisierung von Unternehmen zunehmend schwerer fällt herauszufinden, ob eine Übereinstimmung zwischen nationalen Interessen und den Interessen eines im Staatsgebiet angesiedelten Industriebetriebs gegeben ist.

Dabei behilflich sind den Franzosen jene Organisationen von »Konkurrenzbeobachtern«, die engen Kontakt zur Geheimdienstszene halten. Eine von ihnen ist die halbstaatliche Firma Intelco. Sie gehört zu 49 Prozent der französischen Regierung und wird von dem ehemaligen Geheimdienstmitarbeiter Jean Pichot-Duclos geleitet. General Pichot-Duclos war bis 1992 Chef einer Schule für Militärspionage. Intelco ist einer der Herausgeber einer Schrift, die in Frankreich als Handbuch der Wirtschaftsspionage gilt. 1994 wurde diese als Sonderausgabe der Zeitschrift *Echanges* veröffentlicht. Darin werden französische Unternehmer anhand von Strategien und Fallstudien dazu ermuntert, gegenüber der ausländischen Konkurrenz »nicht zimperlich« zu sein.

Rußland: Wettbewerb der besonderen Art

Wenn russische Geheimdienste wissen möchten, welche neuen Produkte amerikanische Unternehmen zur Zeit entwickeln, dann pilgern sie nach Lourdes. Doch jene Wallfahrtsstätte, in der sie Computerdateien, vertrauliche Faxe und Blaupausen einsehen, liegt nicht in Frankreich, sondern an der kubanischen Nordküste. Im Land Fidel Castros steht einer der größten Lauschposten der Welt. 73 Quadratkilometer groß ist das militärische Sperrgebiet, in dem sich zahllose Antennen in den karibischen Himmel recken. Mehr als 2000 russische Techniker, Ingenieure und Computerfachleute tragen dort mit ihren Kenntnissen dazu bei, daß man in Moskau den Inhalt von amerikanischen Telefongesprächen, Faxen und sonstigen Datenübermittlungen erfährt. Letztere sind mehrheitlich ohnehin nicht verschlüsselt, und so genügt es zumeist, Computer die Arbeit des Abhörens erledigen zu lassen. Die Russen müssen dann nur noch wichtige von unwichtigen Informationen trennen.

Weltweit nutzt Rußland zur Wirtschaftsspionage seit Mitte der achtziger Jahre auch Hacker. So trafen sich im Frühjahr 1985 drei deutsche Computerfreaks mit Agenten des damaligen sowjetischen Geheimdienstes KGB. Die Sowjets boten den Jugendlichen an, ihren Zeitvertreib zu finanzieren. Dafür sollten sie alles Material, das sie während ihrer nächtlichen Hacker-Streifzüge erbeuteten, in Moskau abliefern. Die drei akzeptierten. Bald nach dem ersten Treffen übergaben die Hacker ein Magnetband, das Codewörter und Zugangsnummern für Computersysteme enthielt. Die KGB-Agenten zeigten sich zufrieden, belohnten die Deutschen und verlangten weitere Daten. Doch die Jugendlichen weigerten sich. Nun aber wurden sie erpreßt: Wenn sie nicht weiter für das KGB arbeiten würden, werde man sie auffliegen lassen. Die drei gehorchten. Immer wieder schleusten sie sich in den Zentralrechner der Deutschen Bundespost ein, drangen von dort aus in weitere Großcomputer ein und entwendeten Daten: aus dem amerikanischen Verteidigungsministerium, den Atomlabors von Los Alamos, der Weltraumbehörde NASA und in vielen Industrieunternehmen. Im Sommer 1986 fielen die Eindringlinge erstmals auf, aber es gelang zunächst nicht, sie zu fassen.

Erst als man ihnen eine verlockende Falle – eine angeblich neue militärische Datenbank mit dem wohlklingenden Namen »SDI-Net« – präsentierte, verweilten sie lange genug, um identifiziert werden zu können. Die Zeitschrift *Computerwoche* berichtete dazu: »Obwohl die Aktivität des Hackers einem Verwalter eines Militärrechners auffiel und dieser daraufhin den Zugriff auf den Rechner sperrte, erwies es sich als sehr schwierig, die Aktivitäten des Hackers aufzuspüren... Da dieser Fall einer der ersten bekannten Fälle der Computerspionage war, war es sehr schwer für den Systemverwalter, die erforderliche Unterstützung durch die Behörden zu erlangen... Es wurde also entschieden, den Hacker gewähren zu lassen und ihn lediglich von wichtigen Militärgeheimnissen fernzuhalten, um die Spur verfolgen zu können. Nach mehreren Monaten und der schließlich von höherer Stelle angeordneten Unterstützung durch FBI und CIA gelang es, die Spur des Hackers bis nach Deutschland zurückzuverfolgen...« 1989 wurde ein Computerfreak, der Paßwörter von Militärs, Raumfahrt- und Rüstungsunternehmen an den KGB weitergeleitet hatte, tot aufgefunden.

Ende Juli 1999 wurden in Hannover und Ottobrunn zwei Deutsche festgenommen, die russischen Geheimdiensten Unterlagen über deutsche Rüstungsprojekte geliefert hatten. Ein bei der DASA-Tochter Lenkflugkörper-Systeme GmbH tätiger Ingenieur hatte geheime Studien des Rüstungsunternehmens für eine bessere Treffsicherheit von Luftkampf-Raketen an einen Kaufmann weitergereicht, der das brisante Material dann nach Moskau brachte. Die DASA stand unter erheblichem Druck, schien es doch zunächst so, als ob auch Unterlagen über den Eurofighter in russische Hände gelangt seien. Es war einer der größten Fälle von Militärspionage seit der Wende. Der damalige Präsident des niedersächsischen Landesamtes für Verfassungsschutz, Rolf-Peter Minier, sagte: »Uns ist da ein ganz dicker Fisch ins Netz gegangen.« Seine Mitarbeiter hatten einen der beiden Männer verhaftet, nachdem sie ihn zuvor über Monate hin observiert und seine Telefonleitungen angezapft hatten. Der im Walsroder Stadtteil Kirchboitzen lebende Michael Koch, einer der beiden Spione, hatte davon nichts mitbekommen. Als Mitinhaber der Firma Wal-Trans Transport- und Handelsgesellschaft mbH Export-Import legte er eigentlich Wert auf größte Sicherheit und hatte das Firmengelände mit Stacheldraht und Bewegungsmeldern bewehrt. Im Mai 2000 wurden Koch und sein Komplize vom Oberlandgericht Celle wegen Agententätigkeit für einen russischen Geheimdienst zu mehr als drei Jahren Haft verurteilt. Beide mußten zudem 280 000 Mark Agentenlohn an die Staatskasse zahlen. Damit war nach Angaben der Bundesanwaltschaft erstmals nach der Wende ein Spionageverfahren abgeschlossen worden, in dem die deutsche Teilung keine Rolle spielte.

Im Urteil des OLG Celle vom 29. Mai 2000 heißt es zu der Tat: »Bei nachfolgenden Zusammenkünften und Telefongesprächen ... kamen beide Angeklagte im Sommer 1997 überein, daß S. dem K. Unterlagen aus den Firmen DASA/Bayern Chemie/LFK überließ und K. diese Unterlagen zu Geld machte. Spätestens bei seinem Aufenthalt in Moskau in der Zeit vom 14. bis zum 16. Juli 1997 hatte K. erfahren, daß der russische Geheimdienst als Abnehmer der Dokumente und damit zugleich als Geldgeber feststand, hielt es S. zunächst nur für möglich, daß K. in Verbindung zum Nachrichtendienst eines fremden Staates – möglicherweise Pakistan – stand, fand sich mit dieser Möglichkeit jedoch ab. Ihm wurde aber schon bald bekannt, daß K. vor allem Verbindungen nach Rußland hatte. Doch auch eine positive Kenntnis von Lieferungen an einen russischen Dienst hätten ihn von seiner Mitwirkung nicht abgehalten.«

Wie aber konnten die Angeklagten an geheime Unterlagen kommen? Einzelheiten sind dem Urteil zu entnehmen: »Mit den an K. übergebenen Firmenunterlagen war S. nur zu einem geringen Teil dienstlich befaßt und zu ihrem Besitz auch nur innerhalb der Firmenräume berechtigt; andernfalls hätte er die Mitnahme einem Vorgesetzten melden müssen. Von dem ihm offiziell zugänglichen Material konnte er problemlos Ablichtungen fertigen oder Überstücke an sich nehmen. Für die Mehrzahl der Materialien verschaffte er sich anderweitigen Zugang. So ließ er sich von Kollegen unter dem Vorwand, einen Vortrag halten oder ein Angebot ausarbeiten zu müssen, bestimmtes Material zur Verfügung stellen. Die Abwesenheit von Kollegen nutzte er aus, um in deren Dienstzimmern nach geeigneten Unterlagen zu suchen, die er ablichtete und anschließend wieder an ihren Platz zurücklegte. Soweit die Unterlagen in Mehrfertigungen vorhanden waren, nahm er hiervon ein Exemplar an sich, falls er davon ausgehen konnte, daß das Fehlen nicht auffallen werde. Des weiteren suchte er am frühen Morgen im Posteingang des Sekretariats nach Dokumenten, die ihm für eine Weitergabe an K. geeignet erschienen, um von diesen gegebenenfalls eine Ablichtung zu fertigen. Schließlich nutzte S. die freundschaftlichen Beziehungen zu seinem Arbeitskollegen R. bei der DASA aus, indem er sich angeblich zu Lehrzwecken aus dessen Tätigkeitsbereich Firmenunterlagen und Demonstrationsmodelle, bei denen es sich um Hüllenteile des Lenkflugkörpers HOT und um ein Wärmebildgerät handelte, übergeben ließ.« Wären grundlegende Sicherheitsvorkehrungen eingehalten worden, wäre es den Tätern und damit den russischen Diensten wohl kaum möglich gewesen, an die Unterlagen zu gelangen. Immerhin heißt es in dem Urteil: »Das schriftliche Verratsmaterial war nur zum Teil offen, zum überwiegenden Teil unterlag es dem Verschlußsachenschutz. Das von der DASA und ihren Tochterfirmen stammende Material war zu etwa 90 % mit dem Geheimhaltungsgrad ›VS – Nur für den Dienstgebrauch‹ oder mit einer ähnlichen Firmensekretur eingestuft.« Zu den Geheimnissen, die Moskau so auskundschaften konnte, zählen POLYPHEM, ein lichtwellengeleiteter gelenkter Flugkörper für Heer und Marine, der eine Ausrüstungslücke im Bereich der Artillerie schließen sollte, der Hochgeschwindigkeitsflugkörper, ein mechanisiertes Flugsystem, das Panzerabwehr-Raketensystem PARS 3LR (Long Range), das Panzerabwehr-Lenkflugkörpersystem HOT, der Panzerabwehrhubschrauber UH-Tiger, der Luft-Luft-Flugkörper Meteor, das Panzerabwehr-Lenkflugkörpersystem PARS 3 MR (Middle Range), das Flugabwehr-Lenkflugkörpersystem Roland, das Triebwerk Mead und die Firmenstudie »Erweiterte Bodenverteidigung«.

Der zivile russische Auslandsnachrichtendienst SWR betreibt heute weltweit klassische Spionage auf den Gebieten Innen-, Außen- und Sicherheitspolitik. Stark zugenommen hat seit dem Beginn der neunziger Jahre aber auch die Informationsbeschaffung im Bereich von Wirtschaft, Wissenschaft und Technik. Der SWR ist eine Nachfolgeorganisation des KGB. In jenem Gesetz, das seine Zuständigkeiten regelt, heißt es, er habe ausdrücklich die Aufgabe, »durch Beschaffung von wirtschaftlichen und wissenschaftlich-technischen Informationen bei der wirtschaftlichen Entfaltung des Landes mitzuwirken«. Das sind deutliche Worte. Präsident Boris Jelzin ermunterte den SWR denn auch mehrfach öffentlich, westliche Staaten aggressiv auszuspionieren. Die Übernahme von etwa 300 früheren Stasi-Spitzeln zu diesem Zweck wird von den Russen nicht bestritten. Dirigiert wurden diese neuen Kräfte zunächst von Arealen der Besatzungstruppen der GUS-Staaten in Osteuropa, seit etwa 1995 auch verstärkt durch Repräsentanten russischer Firmen in westlichen Staaten.

In einem neueren Verfassungsschutz-Papier heißt es: »Im Februar 1996 rief Jelzin persönlich zu verstärkter Wirtschaftsspionage auf, um so den technologischen Rückstand zu den entwickelten Ländern des Westens zu reduzieren.« Obwohl die Sitzung des russischen nationalen Sicherheitsrats, bei der diese Äußerung gemacht wurde, hinter verschlossenen Türen stattfand, brauchte sich der Verfassungsschutz nicht zu bemühen, das Manuskript konspirativ zu beschaffen, da die Rede im Fernsehen übertragen wurde.

Früher hatte es der Verfassungsschutz mit zwei großen sowjetischen Geheimdiensten zu tun: KGB und GRU. Heute verfügt allein Rußland über sechs Dienste. Nach dem Zusammenbruch des Ostblocks hatten Optimisten an den Niedergang des »zweitältesten Gewerbes der Welt« geglaubt. Die Verfassungsschützer bauten in der Spionageabwehr Personal ab. Doch immer öfter werden unter russischen Staatsbürgern, die ein Visum für Deutschland beantragen, Geheimdienstler entdeckt. Der Rückstand der russischen Wirtschaft gegenüber dem Westen scheint sich zunehmend zu beschleunigen. Schon im Juli 1989 sagte der Vizepräsident der sowjetischen Akademie der Wissenschaften, Jewgenij Wenichow, in der Zeitschrift *Poisk*, die Sowjetunion sei nicht mehr imstande, ihre wirtschaftlichen Schwierigkeiten selbst zu lösen: »In den wichtigsten Kernbereichen Elektronik und Informatik hat der Abstand zu den Vereinigten Staaten sich schon verzehn- bis verhundertfacht.« Die wissenschaftliche Forschung, aber auch die Wirtschaftsspionage müsse deshalb verstärkt werden.

Der SWR ging zur Jahreswende 1991/92 aus der Ersten Hauptverwaltung des KGB hervor und beschäftigt heute etwa 15 000 Mitarbeiter. Er ist der Hauptträger der russischen Wirtschaftsspionage. Anläßlich eines offiziellen Besuchs in der SWR-Zentrale hielt Boris Jelzin am 27. April 1994 eine bemerkenswert offene Rede über die Aufgabenstellung des SWR, in der es hieß, der SWR müsse zur »Gewährleistung der wirtschaftlichen Sicherheit sowie zur Wahrung der Wirtschaftsinteressen Rußlands einen wichtigen Beitrag leisten«. Im Bereich der Wirtschaftsaufklärung brauche niemand zu befürchten, arbeitslos zu werden. In einer Zeit, in der die Militärbudgets gekürzt würden, seien die von Agenten beschafften Wirtschaftsinformationen von besonderer Bedeutung. Deshalb müsse die Nachrichtenbeschaffung gesteigert werden. Zunehmend spielt beim SWR die offene Gesprächsabschöpfung westlicher Geschäftsleute eine wichtige Rolle.

In Belgien wurde am 10. April 1992 ein Wirtschaftsspionage-

Agentenring des SWR enttarnt. Insgesamt wurden 17 Mitarbeiter vernommen. Das seit 25 Jahren in Belgien bestehende russische Spionagenetz hatte es – das ergaben Verhöre – vorwiegend auf Informationen aus der Wirtschaft und Forschung abgesehen. Zugleich mit der Enttarnung in Belgien flog auch ein russisches Spionagenetz in Frankreich auf.

Neben dem »zivilen« SWR späht auch der 12 000 Mitarbeiter zählende militärische russische Geheimdienst GRU westliche Unternehmen aus. Er ist keineswegs auf Rüstungsspionage beschränkt und verkauft die gewonnenen Erkenntnisse auch an die russische Privatwirtschaft. Zum Teil finanziert sich GRU also selbst. Er dürfte gegenwärtig die wohl effizienteste russische Spionageorganisation sein. GRU macht dem SWR zunehmend im wissenschaftlich-technischen Bereich Konkurrenz und versucht, die Beschaffungslücken des »zivilen« Dienstes auszufüllen.

Vergleichbar der amerikanischen NSA, gibt es in Rußland zudem einen technischen Geheimdienst, die FAPSI. Sie erfaßt unter anderem den ausländischen Fernmeldeverkehr und dringt in geheime Netze von Sicherheitsbehörden und geschützten Objekten ein. Die Ende 1991 vollzogene Errichtung des für die Beobachtung chiffrierter und anderer »spezieller« Verbindungen zuständigen Nachrichtendienstes FAPSI mit schätzungsweise 100 000 Mitarbeitern ist ein Indiz für die herausragende Bedeutung der Funk-, Fernmelde- und elektronischen Aufklärung in Rußland. Die für die Sicherung von Kommunikationswegen verantwortliche Behörde arbeitet nicht nur im herkömmlichen Sinne nachrichtendienstlich. Sie betätigt sich vielmehr auf dem russischen Inlandsmarkt auch als Dienstleistungsunternehmen der Kommunikationsbranche. Vielen ausländischen Unternehmen bietet die FAPSI – unter Klar- und Decknamen – ihre Dienste an. Damit gewinnt sie auf perfekte Weise die Möglichkeit, entweder Spionagequellen in den Unternehmen direkt zu plazieren oder aber regelmäßig deren Kommunikationsverbindungen zu überwachen und zu kontrollieren.

Die wirtschaftliche Unterentwicklung Rußlands kann nur durch den Einsatz modernster Technologien behoben werden. Nur so könnte der wirtschaftliche Aufschwung und die damit einhergehende Entwicklung nicht subventionierter und damit konkurrenzfähiger Produkte erreicht werden. Doch Rußland mangelt es an Erfahrung und an modernen Anlagen. Es fehlen die Mittel, die nötig sind, um moderne Technologien selbst zu entwickeln. Die Devisen sind knapp. Und so werden die Bemühungen verstärkt, westliches Know-how entweder aus Joint-ventures abzuziehen oder durch Wirtschaftsspionage zu beschaffen. Doch Staaten wie Rußland haben Schwierigkeiten bei der Umsetzung der durch solche Schnüffelaktivitäten erlangten Kenntnisse. Bis diese Umsetzung erfolgt ist, sind im Westen in der Regel schon zwei weitere Produktgenerationen entwickelt worden. Nicht hier liegt somit die Gefahr für westliche Unternehmen: Wirklich gefährlich ist östliche Wirtschaftsspionage nur dann, wenn die Dienste dieser Länder ihre Informationen anderen – fortschrittlicheren Staaten oder Unternehmen – weiterverkaufen.

Doch Rußlands Schattenmänner arbeiten nicht nur im Verborgenen. Sie drängen auch ans Tageslicht. Im Reich des Präsidenten Putin, eines früheren KGB-Spions, werden wichtige Verwaltungsposten nach und nach mit ehemaligen Agenten des KGB besetzt. Unter Putin, einst Leiter des Inlandsgeheimdienstes FSB, sind russische Spione wie zu besten Sowjetzeiten wieder angesehene Männer. Putin selbst sorgte dafür, daß seine wichtigsten Freunde einflußreiche Positionen bekamen: Der ehemalige KGB-Spion Sergej Iwanow wurde unter Putin zum Leiter des Moskauer Sicherheitsrates. Und zwei von sieben Distriktverwaltern sind frühere Spione des Inlandsgeheimdienstes. Auch im Waffenhandel sind die KGB-Spione heute führend vertreten: Der ehemalige Analysechef der Auslandsaufklärung General Michail Dimitrov ist als stellvertretnder Verteidigungsminister für die russischen Waffenexporte zuständig. Stellvertretender Justizminister wurde KGB-Veteran Juri Demin. Und der stellvertretende Minister für Steuerfragen ist der früher beim FSB für den Osten des Landes zuständige General Sergej Werewkin-Rochalski. Vertreter des Kommunikationsministers ist Geheimdienstmann Alexej Schtscherbakow. So verwundert es denn kaum, daß leitende Funktionäre heute überall auf der Jagd nach angeblichen feindlichen Agenten sind. Allein im Jahr 2000 glaubte man mehr als vierhundert von ihnen identifiziert zu haben. Die russische Bevölkerung scheint fest hinter dem Machtklüngel der früheren KGB-Männer zu stehen. Immerhin 44 Prozent sollen diese Entwicklung »positiv« beurteilen.

Zumindest in einem Falle ging den russischen Agenten ein dicker Fisch ins Netz. Mit der Verurteilung des Amerikaners Edmund Pope zu zwanzig Jahren Haft im Dezember 2000 (er wurde wenige Tage später auf Geheiß Putins in die Vereinigten Staaten abgeschoben) wurde ein schwerer Fall amerikanischer Spionage bekannt: Edmund Pope, ein pensionierter Mitarbeiter des amerikanischen Marinegeheimdienstes, hatte nach russischen Angaben versucht, an eines der größten Geheimnisse russischer Militärs zu gelangen: die Blaupausen des »Shkval«-Torpedos BA-111. Pope hatte die Vorwürfe bestritten. Außer Zweifel stand jedoch, daß die Vereinigten Staaten seit vielen Jahren alle Anstrengungen unternahmen, um Näheres über die russische »Wunderwaffe« zu erfahren. Schon die ersten Prototypen der »Shkval« (»Sturm«) genannten russischen Torpedos waren mit einer Unterwassergeschwindigkeit von mehr als hundert Metern in der Sekunde (360 Stundenkilometern) etwa viermal schneller als die derzeit besten Torpedos der Nato, die – kurzfristig – eine Geschwindigkeit von höchstens achtzig Kilometern erreichen. Kaum eine andere russische Waffe stellt deshalb heute eine ähnlich große Bedrohung etwa für amerikanischen Flugzeugträger dar. Worin aber liegt das Geheimnis dieser Technik, die westlichen Marinefachleuten bislang weitgehend fremd ist?

In den sechziger Jahren erhielt der sowjetische Waffentechniker Michail Merkulow den Auftrag, etwas zu entwickeln, das die Bedrohung durch die Nuklear-U-Boote der Nato weitgehend neutralisieren sollte. In einem Bedrohungsfall, so die Idee, sollten sowjetische

U-Boote sich nicht nur lautloser als jene der Nato ihrem Ziel nähern, sie sollten dieses auch mit einem uneinholbaren Zeitvorteil »ausschalten« können. Das von Merkulow geleitete Kiewer Forschungszentrum NII-24 stand damit vor der Aufgabe, letztlich die Widerstandskraft des Wassers, das tausendmal dichter ist als Luft, zu überwinden. Unterstützt wurde er von Wissenschaftlern eines Moskauer Forschungsinstitutes.

Die Steigerung der Antriebskraft allein, so fand man bald heraus, würde kaum ausreichen, um Festkörper wie ein Torpedo unter Wasser und dauerhaft auf dort bislang unbekannte Geschindigkeit zu beschleunigen. Deshalb nutzten die sowjetischen Militärforscher in den folgenden Jahren eine schon 1687 von Newton beschriebene physikalische Eigenschaft, die heute als »Kavitation« bekannt ist. Diese bewirkt bei Geschwindigkeiten einen thermophysikalischen Effekt: Um einen so schnellen Schwimmkörper bilden sich eine oder viele Dampfblasen.

»Kavitation« wird von den U-Boot-Fahrern aller Flotten gefürchtet, kann sie doch selbst bei einer sich zu schnell drehenden Schraube dazu führen, daß diese von einer Luftblase eingeschlossen wird und sich ins Leere dreht. Wenn sich ein U-Boot-Propeller »zu schnell« dreht, sinkt hinter diesem der Druck und damit auch der Siede- und Verdampfungspunkt des Wassers. Und so kann sich eine Dampfblase entwickeln, die den Propeller umschließt und diesen nun ohne Vortrieb drehen läßt. Das Phänomen ist auch amerikanischen Marinefachleuten bekannt. Doch es waren sowjetische Ingenieure, die es zur Entwicklung eines neuen Unterwassergeschosses nutzten, der »Shkval«. Deren in den achtziger Jahren gebaute Prototypen nutzen die »Kavitation« und bewegen sich innerhalb einer aus unzähligen Einzelblasen bestehenden Luftblase, die den Reibungswiderstand zwischen Wasser und Festkörper erheblich mindert. Inzwischen sollen russische Militärforscher daran arbeiten, mit Hilfe der »Kavitation« unter Wasser in Zukunft auch Überschallgeschwindigkeiten zu erreichen. Ohnehin scheint es grundsätzlich möglich, eines Tages auch bei

U-Booten mit Hilfe der »Kavitation« Geschwindigkeitsrekorde zu brechen.

Gerüchte über die sowjetische »Wunderwaffe« gab es seit dem Ende der achtziger Jahre. Doch westliche Militärs glaubten ihnen nicht, bis die britische Fachzeitschrift »International Defense Review« 1995 berichtete, die Gerüchte »könnten wirklich stimmen«. In jenem Jahr präsentierte Moskau in Abu Dhabi auf der Waffenmesse »Idex 95« einen älteren konventionell bestückten Prototyp, der jedoch nicht zielgenau war. Erst auf der »Idex 99« wurde eine Exportversion der »Shkval« vorgestellt, die den britischen Torpedofachmann Nettleford zu der Aussage veranlaßten: »Wenn diese Torpedos so günstig hergestellt werden können, dann besteht die Gefahr, daß Länder wie Iran oder Libyen mit ihnen amerikanische Marineverbände oder internationale Schiffahrtsrouten bedrohen.«

Während westliche Spione seit 1995 die Geheimnisse der »Shkval« aus Rußland oder Kasachstan, das 1998 vierzig dieser Torpedos an China lieferte, beschaffen sollen, forscht das in Newport auf Rhode Island ansässige amerikanische Naval Undersea Warfare Center (NUWC) auf dem Gebiet der »Kavitation«. Ihm gelang es zwar schon vor drei Jahren, ein kleines Unterwasserprojektil auf 1549 Meter in der Sekunde (5400 Stundenkilometer) zu beschleunigen und somit die Geschwindigkeit des Schalls von einem Festkörper unter Wasser zu übertreffen. Doch es fehlt dem NUWC jene Erfahrung, die sowjetische und russische Forscher auf diesem Gebiet in den vergangenen Jahrzehnten gesammelt haben. Daher könnte es noch Jahre dauern, bis die Nato der »Shkval« etwas Gleichwertiges entgegensetzten kann, es sei denn, man erhielte russische Forschungsunterlagen. Zwar gibt es mittlerweile Zeichnungen der »Shkval«, doch kann man aus ihnen weder Einzelheiten des angeblich auf pulverisiertem Aluminium basierenden Raketenantriebs noch Einzelheiten der Steuerung und damit die Treffsicherheit ableiten.

Inzwischen sind alle diesel- und atomgetriebenen russischen U-Boote mit »Shkval«-Torpedos ausgerüstet. Auch die Mitte August

2000 gesunkene »Kursk« soll mit 29 solcher Torpedos ausgerüstet gewesen sein. Die neuesten »Shkval«-Torpedos sollen eine Geschwindigkeit von bis zu fünfhundert Stundenkilometer erreichen. Bei der Erprobung der neuesten »Shkval« soll die »Kursk« nach Auffassung amerikanischer und britischer Marinefachleute untergegangen sein. Das würde erklären, warum russische Militärs in den ersten Tagen alles unternahmen, um westliche Bergungsteams von der Unglücksstelle fernzuhalten.

Ein von der »Shkval« aus wenigen Meilen Entfernung angegriffenes Nato-U-Boot wäre zerstört, noch ehe die Aufklärungssysteme den Angriff gemeldet hätten. Deshalb ist es weiterhin ein vorrangiges Bestreben aller Nato-Staaten, die Geheimnisse der in der Welt einzigartigen »Shkval«, die aus bis zu vierhundert Meter Tiefe und zwölf Kilometer Entfernung abgefeuert werden kann, zu lüften. Und dieses Geheimnis suchte auch der Amerikaner Edmund Pope zu erforschen. Doch Spione – auch wenn sie sich selbst nicht so nennen würden – werden eben manchmal erwischt.

Die amerikanischen Geheimdienste

Amerikanische Wirtschaftsspionage ist älter als die Geheimdienste der USA. Einer der ersten und erfolgreichsten – heute fast vergessenen – amerikanischen Wirtschaftsspione war der 1847 gestorbene Francis Cabot Lowell. Er hatte in Boston studiert und es mit einem Warenhaus zu einem kleinen Vermögen gebracht. Doch weil er sich als Händler darüber ärgerte, daß englische Textilwaren aufgrund der jenseits des Atlantiks angewandten neuen Webstuhltechniken den amerikanischen Produkten keine Absatzchancen mehr ließen, beschloß er 1811, das Geheimnis der englischen Webstühle in seine neuenglische Heimat einzuführen. Mit seiner Familie reiste er nach Edinburgh und unternahm von dort aus ausgiebige Touren nach Lancashire und Derbyshire – unter dem Vorwand, dort die Landluft genießen zu wollen. Diese Grafschaften waren zu jener Zeit ein Gegenstück des heutigen amerikanischen Silicon Valley. Nur dort kannte man das Geheimnis mechanischer – von Wasserkraft angetriebener – Webstühle, deren Produkte reichen Gewinn versprachen. Man weiß heute nicht mehr, wie es Lowell gelang, trotz der mit Glasscherben bespickten Fabrikmauern und des strengen Verbots für die Arbeiter, mit Fremden über die Arbeit zu sprechen, die Skizzen zu ergattern. Als Lowell 1813 England verließ, wurde sein Gepäck zweifach kontrolliert. Skizzen fand man nicht. Er soll über ein fotografisches Gedächtnis verfügt haben und wird vielleicht ohne jegliche Aufzeichung nach Neuengland zurückgereist sein. In Waltham und dem später im Bundesstaat Massachusetts nach ihm benannten Ort Lowell baute er anschließend die ersten mechanischen, von Wasserkraft betriebenen amerikanischen Webstühle. Er legte damit nicht nur den Grundstein für jenen industriellen Aufschwung, der später dem Norden im Bürgerkrieg den Sieg über den Süden (finanziell) ermöglichte, sondern war auch einer der Wegbereiter des »amerikanischen Jahrhunderts«, in dem die Vereinigten Staaten zur reichsten Wirtschaftsmacht aufsteigen sollten.

Seither hat sich vieles geändert. Geheimdienste wurden gegründet. Doch diese haben die Wirtschaftsspionage nicht nur im Hinterkopf, sondern seit wenigen Jahren auch offiziell auf ihre Fahnen geschrieben. Die Central Intelligence Agency (CIA) ist der bekannteste amerikanische Geheimdienst, gleichwohl nur einer von insgesamt 13 Organisationen der amerikanischen Geheimdienstgemeinde. Der Amerikaner Peter Schweizer behauptet in seinem 1993 erschienenen Buch »*Diebstahl bei Freunden*«: »…wir Amerikaner sehen unsere Verbündeten als Partner, die im gemeinsamen Kampf gegen feindliche Geheimdienste mutig die westlichen Geheimnisse verteidigen«. Das kommt einer Verhöhnung der Opfer gleich, haben sich doch mittlerweile sowohl der amerikanische Präsident als auch CIA-Direktoren öffentlich zur amerikanischen Wirtschaftsspionage bekannt. Und Schweizer selbst schreibt auf Seite 211: »…bezichtigte ein ranghohes

Mitglied der bundesdeutschen Regierung die Westmächte öffentlich der Wirtschaftsspionage. Martin Hirsch, ein Mitglied des Bundestages und stellvertretender Vorsitzender der SPD-Bundestagsfraktion, behauptete, die Kontrollrechte der Alliierten über die westdeutschen Kommunikationswege hätten einen beständigen Abfluß von Industriegeheimnissen an Unternehmen in den Vereinigten Staaten, Frankreich und Großbritannien zur Folge... Eine interne Untersuchung in der US-Army... ergab, daß tatsächlich Informationen weitergegeben worden waren. Der Bericht enthüllte, daß zwei jüngere Offiziere einer amerikanischen Firma zum Preis von zweitausend Dollar Material über die deutsche optische Industrie angeboten hatten.« Was Schweizer hier zitiert, ist nur die Spitze eines Eisbergs. Und die beiden erwähnten amerikanischen Offiziere waren nichts anderes als Bauernopfer. Die wirklich brisanten Fälle hielt man unter Verschluß.

Die Vereinigten Staaten selbst nutzen die gleichen Spionagemethoden, die sie ihren Verbündeten vorhalten. So berichtete das französische Wirtschaftsmagazin *L'Expansion*, die Amerikaner gingen mit einer »Desinformationskampagne« gegen französische Konkurrenten vor, um deren Ansehen zu schmälern. Auch versuche Washington, mittels solcher Taktiken französische Firmen in den Ruin zu treiben.

Es kommt selten vor, daß amerikanische Spione aus Deutschland ausgewiesen werden. Im Februar 1997 aber war es soweit: Der Bonner CIA-Resident Floyd Pasemann wurde in das Kölner Bundesamt für Verfassungsschutz beordert und aufgefordert, den Wirtschaftsspion Peyton Humphries vom Rhein abzuziehen. Seit 1994 hatte dieser regelmäßig den Leiter des Referats VB-7 im Bonner Wirtschaftsministerium, Klaus-Dieter Horn, getroffen und auszuhorchen versucht. Über Horn, einen Iran-Fachmann, wollte Humphries Einzelheiten der deutsch-iranischen Zusammenarbeit in Erfahrung bringen. Ebenso interessiert waren die Amerikaner an Hintergrundinformationen über Hermes-Kredite. Auch die Namen von im

Iran tätigen deutschen Geschäftsleuten sollte Horn ausplaudern. Der aber hatte schon beim ersten Anbahnungsversuch BND und BfV eingeschaltet, die fortan die Gespräche der beiden belauschten, bis es der Bundesregierung dann doch zu dumm wurde und man den CIA-Residenten Pasemann herbeizitierte.

Der *Spiegel* berichtete 1997 über den »Fall Horn«: »In Bonn fürchten die Zaghaften nun Ärger mit dem großen Bruder. Aber es macht sich auch Erleichterung breit. Der Rauswurf des CIA-Mannes bietet die Chance, das Spionieren unter Freunden nicht länger als Tabu behandeln zu müssen.«

Ein Jahr später hatte der Bonner Botschafter in Washington, Jürgen Chrobog, eine heikle Aufgabe zu erledigen: Er mußte, so die *Süddeutsche Zeitung,* seinen amerikanischen Gesprächspartnern im Außenministerium erklären, »daß Deutschland ein souveränes Land sei. Acht Jahre nach der Wiedervereinigung und nach dem Ende der Sonderrechte der alliierten Streitkräfte müsse, bei aller Freundschaft, die Schnüffelei amerikanischer Agenten in Deutschland aufhören. Die US-Kundschafter dürften nicht mehr ungehemmt wie auf ihrem eigenen Hinterhof agieren.« Mit den Privilegien amerikanischer Agenten in Deutschland müsse endlich Schluß sein. Chrobog habe mit der Ausweisung amerikanischer Spione gedroht. Die Reaktion sei frostig gewesen, hieß es.

Eigentlich würde es den amerikanischen Geheimdiensten nicht schwerfallen, sich in Deutschland wieder den Ruf eines »verläßlichen Partners«, den man über Jahrzehnte hin in Pullach genoß, zu erlangen. Doch damit ist es spätestens seit der Wende vorbei. Denn während der Wirren des Umbruchs in der DDR 1989/90 gelang der CIA ein Meisterstück: Sie verschaffte sich die Mitarbeiterdatei der DDR-Spionageabteilung »Hauptverwaltung Aufklärung« (HVA). Bei der »Aktion Rosenholz« fielen der CIA die Personendaten der Inlandsmitarbeiter der HVA und auch aller Auslandsspione in Form von Mikrofilmen in die Hände. Sie sollen mehr als 20 000 Namen umfassen, zudem die jeweiligen Operationsgebiete. Nur für einen kurzen Zeitraum durften Mitarbeiter des Kölner Bundesamts für Verfassungsschutz in den Vereinigten Staaten Einsicht in die Dateien nehmen, erhielten jedoch keine Kopien. Warum die Amerikaner die Dokumente über das Inlandsnetz der HVA hartnäckig unter Verschluß hielten, war lange Zeit niemandem so richtig klar. Doch heute weiß man, daß die CIA die früheren HVA-Agenten selbst angeworben hat und sie als potentielle Mitarbeiter betrachtete. Nicht nur die CIA, sondern auch andere amerikanische Geheimdienste greifen somit heute auf das frühere DDR-Spionagenetz in Deutschland zurück. Denn die ehemaligen DDR-Spione kennen sich in deutschen Betrieben bestens aus, da eine ihrer wesentlichen Aufträge in der Ausspähung der deutschen Wirtschaft bestand. Um Washington zur Herausgabe der brisanten Unterlagen zu zwingen, kam im März 1999 kurzfristig in der Bundesregierung sogar die Idee auf, den Amerikanern den Zugang zu ihren Abhöreinrichtungen in Bad Aibling zu sperren. Doch Washington machte schnell klar, wer Herr im Hause ist.

Seit 1991 unterhält das amerikanische Handelsministerium engste Verbindungen zu den Diensten. Verhandlungspositionen von Konkurrenten im Ausland, Marktstrategien, Entwicklungsvorhaben und auch kompromittierende Berichte über die Führer der größten westlichen Wirtschaftsunternehmen werden hier gesammelt. Bill Clinton ermunterte sie dazu mit den Worten: »Die amerikanischen Geheimdienste sollen auf aggressive Spionage aggressiv reagieren.«

Nun soll nicht verheimlicht werden, daß auch die USA von europäischen und asiatischen Spionen heimgesucht werden. Spätestens dann, wenn sich die Unternehmen auch mit Klagen gegen die sie gerichtete Spionage wehren, werden Einzelfälle bekannt. Diese betreffen mitunter staatlich gelenkte Kundschaftertätigkeit, oft aber auch reine Konkurrenzspionage zugunsten ausländischer Anbieter. Der Amerikaner Harold Worden ist ein solcher Fall. 28 Jahre arbeitete er für Eastman Kodak in Rochester im Bundesstaat New York. Der Familienvater war bei seinen Nachbarn beliebt. Er ging jeden Sonntag in die Kirche und bewohnte ein kleines Einfamilienhaus im Vorort Hamlin, nur wenige Kilometer vom Lake Ontario enfernt. Doch der angesehene Ingenieur führte ein zweites Leben: als Wirtschaftsspion. Mit 52 Jahren frühpensioniert, mochte sich Harold Worden 1992 noch nicht zum alten Eisen zählen und eröffnete in New York und South Carolina eine Consulting-Firma. Dort engagierte er vornehmlich ehemalige Angestellte seines früheren Arbeitgebers Eastman Kodak. Sie alle sammelten als »*confidential*« (vertraulich) gestempelte Unterlagen von Kodak, vor allem über den Bau einer Maschine mit der Codebezeichnung »401«, welche die Filmentwicklung verbilligen sollte. Die Zeichnungen und Dokumente fanden begeisterte Abnehmer – bei ausländischen Rivalen von Kodak. Worden wurde erwischt und zu 15 Monaten Gefängnis verurteilt. Zum Verhängnis wurde ihm, daß er sich auch erbot, China Kodak-Unterlagen zum Bau einer Fabrik zu beschaffen. Die heimlich gefilmte mündliche Offerte reichte für einen Durchsuchungsbefehl, der Tausende vertraulicher Firmenunterlagen von Kodak in Wordens Consulting-Firma zutage brachte.

Die in diesen Fall verwickelte Volksrepublik China ist heute in den Vereinigten Staaten stärker noch als vor wenigen Jahren auf dem Gebiet der Wirtschaftsspionage engagiert. Senator Richard Shelby spricht von einer »ernsten Angelegenheit«. Er ist Vorsitzender des nachrichtendienstlichen Ausschusses des amerikanischen Senats und muß es wissen. Eine Umfrage bei 1350 amerikanischen Unternehmen ergab 1998, daß sie heute China als die weltweit größte Spionagebedrohung betrachten. So wurde in der kalifornischen Biotech-Firma Amgen ein Angestellter dabei erwischt, wie er Zellkulturen stehlen wollte, die gegen Blutarmut eingesetzt werden. Das Unternehmen erzielt mit diesen Kulturen einen Umsatz von 1,2 Milliarden Dollar pro Jahr. Schnell stellte sich heraus, daß der Mann für chinesische Auftraggeber arbeitete. Und in Boulder im Bundesstaat Colorado entwendete ein chinesischer Elektroingenieur Betriebsgeheimnisse, die er an China weiterleitete. In Hongkong wurde ein chinesischer Spion beim Mithören vertraulicher Telefongespräche von amerikanischen Managern ertappt. Auftraggeber solcher Machenschaften ist fast immer das chinesische Ministerium für Staatssicherheit (MSS). Es rekrutiert Geschäftsleute, Studenten und Wissenschaftler, die sich in High-Tech-Staaten um Aufnahme in Forschungsinstitute, Unternehmen und Behörden bemühen. Im März 1999 wurde ein amerikanischer Computerwissenschaftler chinesischer Abstammung entlassen, weil er geheime Unterlagen über Nuklearsprengköpfe an China weitergeleitet haben soll. Das teilte das amerikanische Energieministerium mit. China war schon während der achtziger Jahre in den Besitz amerikanischer Forschungsunterlagen gelangt und hatte damit bei der Entwicklung eigener Atomsprengköpfe Fortschritte gemacht.

Im September 1997 erließ das FBI Haftbefehl gegen den Taiwanesen Pin Yen Yang, der dem amerikanischen Hersteller von Adhäsionsstoffen (Klebstoffen für Briefmarken etc.) Produktionsgeheimnisse entwendet hatte. Yang ist Präsident der taiwanesischen Firma Four Pillars Enterprises, die ebenfalls solche Klebstoffe produziert.

Wurden 1992 in den Vereinigten Staaten dem FBI noch 589 Spionagefälle bekannt, die insgesamt 246 amerikanische Unternehmen betrafen, so erhöhte sich diese Zahl 1996 auf 1100 Vorfälle, in deren Mittelpunkt 1300 amerikanische Firmen standen. Das FBI schätzte den daraus entstandenen Schaden auf 300 Milliarden Dollar. Doch wie sollen Unternehmen darauf reagieren? Manche statten nun jedes Büro mit einem Aktenvernichter aus, andere engagieren pensionierte Mitarbeiter von CIA, FBI und anderen mit Sicherheitsaufgaben befaßten Behörden. Innerhalb von drei Jahren stieg die Zahl der Mitgliedsanträge bei der ASIS (American Society for Industrial Security – eine regierungsnahe Organisation zur Verbesserung der Standards der industriellen Sicherheit) um 20 Prozent auf jetzt 30 000 amerikanische Firmen. Weltweites Aufsehen erregte eine ASIS-Dokumentation, die für das Jahr 1997 immerhin 1100 Fälle von Wirtschaftsspionage in den Vereinigten Staaten auflistete und weitere 550

Fälle nannte, bei denen die Zielrichtung nicht zweifelsfrei nachgewiesen werden konnte. Zur gleichen Zeit behauptete eine vom Weißen Haus (White House Office of Science and Technology) in Auftrag gegebene Studie, daß in den USA von 1990 bis 1997 etwa sechs Millionen Arbeitsplätze als Folge von Industriespionage abgebaut worden seien, weil ausländische Unternehmen mit den geraubten Unterlagen gegen ein amerikanisches Produkt konkurrieren konnten.

Aus diesem Grund geht man selbst bei jeder Gelegenheit aggressiv gegen Partnerstaaten vor. Das Washingtoner Magazin *Insight* berichtete am 15. September 1997, ein fünf Tage dauerndes asiatisch-pazifisches Wirtschaftstreffen in Seattle, an dem im Herbst 1993 die Staatschefs von 15 Ländern über die Zukunft der Handelsbeziehungen zwischen Asien und den Vereinigten Staaten berieten, sei ein Tummelplatz amerikanischer Spione gewesen. Insgesamt seien 300 Wanzen von der NSA, dem FBI und anderen amerikanischen Diensten in den Hotelzimmern der Konferenzteilnehmer versteckt worden. Nicht nur Fahrzeuge, die der Personenbeförderung dienten, sogar eine Yacht, die man für einen Ausflug nach Blake Island gechartert habe, sei »verwanzt« gewesen. Die mit Hilfe der insgesamt 250 000 Dollar teuren Operation gewonnenen Daten seien von der NSA amerikanischen Wirtschaftsfachleuten – vor allem aus der Ölindustrie – zur Verfügung gestellt worden.

Der Washingtoner Autor Robert Dreyfuss behauptet, mit dem Ausspähen amerikanischer Partnerländer habe Washington auf dem Gebiet der Wirtschaftsspionage die Büchse der Pandora geöffnet. Als Präsident Clinton den drei größten amerikanischen Automobilherstellern (General Motors, Ford und Chrysler) am 29. September 1993 staatliche Hilfe bei der Verbesserung der technologischen Entwicklung amerikanischer Fahrzeuge angeboten habe, da habe er verschwiegen, daß auch die CIA an dieser Operation beteiligt werde. Die Idee, mit Hilfe der CIA amerikanischen Fahrzeugproduzenten Wettbewerbsvorteile zu verschaffen, habe die CIA in Gegner und

Befürworter der Wirtschaftsspionage gespalten. Clinton hatte damals von einer »neuen Partnerschaft zwischen Regierung und Industrie« gesprochen. Sechs Regierungsbehörden, elf Forschungseinrichtungen und auch das Pentagon wollten mit den Automobilherstellern zusammenarbeiten. Die CIA erwähnte Clinton nicht. Doch in Gesprächen mit Journalisten bestätigten Mitarbeiter des Weißen Hauses, daß diese der amerikanischen Regierung vertrauliche Daten über japanische Automobilbauer übermittelt. Die CIA soll Ford, General Motors und Chrysler nicht nur japanische Neuentwicklungen von Katalysatoren vor deren Markteinführung zur Verfügung gestellt haben, sondern auch Proben aller Materialien, welche das Gewicht der Karosserien verringern. Don Walkowicz, Leiter des Automobilforschungszentrums in Detroit, behauptet, die CIA versorge amerikanische Fahrzeughersteller schon seit langem mit vertraulichen japanischen Unterlagen.

Ein wichtiger Ansatz dabei sind die sogenannten NOC-Agenten *(non official cover)*. Amerikanische Unternehmen gestatten es der CIA, Agenten in die eigene Firma einzuschleusen, die dann im Auftrag der CIA Handelspartner oder Konkurrenten auspähen. Gegenwärtig sind von 80 in Frankreich tätigen Wirtschaftsspionen 30 NOCs. Geheimdienstfachmann Robert Dreyfuss nennt amerikanische Unternehmen, die den NOCs angeblich Tarnposten verschaffen: RJR Nabisco, Prentice-Hall, Ford Motor Co., Procter & Gamble, General Electric, IBM, Bank of America, Chase Manhattan Bank, Rockwell International, Campbell Group und Sears Roebuck. Auch der frühere amerikanische Präsidentschaftsbewerber Ross Perot – aber auch Malcolm Forbes – hätten der CIA in ihren Unternehmen Tarnungen verschafft. Des weiteren seien weltweit tätige Firmen wie die Bechtel Corp. zur Zusammenarbeit mit der CIA bereit. NOCs blieben fünf bis zehn Jahre an einem Standort und unterhielten keinen Kontakt zu einer amerikanischen Botschaft. Der frühere CIA-Direktor William Colby weigerte sich stets, zum NOC-Programm öffentlich Stellung zu beziehen. Er sagte nur: »Sie haben meine Bewunderung. Sie machen es nur, weil sie Patrioten sind.« Mitarbeiter des BND behaupten, in Pullach gebe es eine umfangreiche Liste mit den Namen amerikanischer NOCs in Deutschland. In der Niederlassung der Citibank in Frankfurt, in der deutschen IBM-Zentrale und auch bei Ford in Köln hat man angeblich Agenten der CIA ausgemacht. Glaubt man den BND-Leuten, so werden sie nicht einmal beobachtet.

Nach Angaben eines ehemaligen NOC-Agenten kam diese Art der Spionage in der Vergangenheit insbesondere gegen japanische Unternehmen zum Einsatz. William Casey sah darin vor allem eine Möglichkeit, der ökonomischen Bedrohung der Vereinigten Staaten durch Japan »etwas« entgegenzusetzen. Mitte der achtziger Jahre sollen in Japan 113 NOCs stationiert gewesen sein. Doch sie wurden entdeckt. 1988 ersuchte die japanische Spionageabwehr den Tokioter CIA-Residenten offiziell, »eine Gruppe unfreundlich gesonnener Geschäftsleute« abzuziehen. Doch der Resident reagierte nicht. Statt dessen verletzte er die CIA-Sicherheitsbestimmungen und traf sich öffentlich mit den Undercover-Agenten. Im Jahre 1989 gelang es den japanischen Behörden, ein komplettes amerikanisches NOC-Team auffliegen zu lassen. Die japanische Spionageabwehr verwüstete die Wohnungen von mehr als zehn NOCs bis zur Unkenntlichkeit. Erst jetzt verstand man in Langley die Botschaft und zog die zum Teil seit 15 Jahren in Japan ansässigen amerikanischen »Geschäftsleute« ab.

In einem BND-Bericht aus dem Jahre 1997 heißt es zu den NOC-Einsätzen: »Im Sommer 1995 erließ der amerikanische Präsident eine Direktive, nach der die US-Nachrichtendienste Wirtschaftsspionage zu einem Bereich hoher Priorität machen müssen. Markantestes Beispiel ist die nachrichtendienstliche Aktivität bei den Genfer Verhandlungen im Jahre 1995 über die Autoexportquoten zwischen Japan und den USA. Sowohl der Verhandlungsführer der USA als auch Präsident Clinton haben... herausgefunden, daß die US-Delegation mit Hilfe der CIA stets über die Verhandlungspositionen der Japaner informiert gewesen sei. Erwähnenswert ist auch, daß in allen Regelungen und Anordnungen zur Wirtschaftsspionage die Abgrenzung zwischen Spionageabwehr und eigenen aktiven Beschaffungsbemühungen vage und nebulös gehalten wird... Mit Billigung der Geschäftsführung amerikanischer Firmen sollen CIA-Mitarbeiter als NOCs in wichtige Unternehmen integriert worden sein. Ihre Aufgabe soll die Überwachung von Auslandskontakten und das Mitprüfen bei der Weitergabe entwicklungstechnischer Sachverhalte sein. Daß die CIA-Mitarbeiter über diese defensiven Aufgaben hinaus auch offensiv Wirtschaftsspionage betreiben, ist zu vermuten. Es hat auch schon erheblichen Ärger unter den Verbündeten gegeben.«

Daß aus Freunden Rivalen geworden sind, hatte der frühere amerikanische Handelsbeauftragte Mickey Kantor schon lange verinnerlicht. Er nannte sein Büro, in dem alle Informationen über Weltwirtschaft und Welthandel zusammenliefen, früher gern »*war room*« (»Kriegszimmer«). Bei den erwähnten Verhandlungen über die Importquoten für amerikanische Fahrzeuge war Kantor den Japanern in Genf dank CIA-Hilfe immer einen Schritt voraus. Die *Wirtschaftswoche* berichtete damals: »Kaum bewegten sich die Japaner um einen Millimeter, wußte Kantor schon, wo er die nächste Lücke zu suchen habe. Der Mann hatte interne Informationen. Der damalige japanische Handelsminister... Hashimoto sperrte sich zwar öffentlich gegen Forderungen nach weitgehender Marktöffnung, in der Tasche aber hatte er ein Papier, in dem ihm seine Beamten großzügige Zugeständnisse empfohlen hatten. Kantor hatte das Papier auch, dazu Protokolle von Besprechungen im japanischen Handelsministerium mit Vertretern von Nissan und Toyota – von der CIA.«

Die Gründe für das aggressive Vorgehen der amerikanischen Dienste beruhen vor allem auf der Neuorientierung, die mit dem Zusammenbruch der Sowjetunion auf die amerikanischen Geheimdienste zukam. CIA, NSA und auch die militärischen Nachrichtendienste mußten Haushaltskürzungen hinnehmen. Erst die Wirtschaftsspionage befreite die 13 amerikanischen Geheimdienste aus dieser prekären Situation. Mit dem Amtsantritt Clintons wurde die Wirtschaftsspionage instrumentalisiert. Hatte sie während der Phase des Kalten Krieges ausschließlich das Ziel verfolgt, Rohdaten über den Ostblock und dessen ökonomische Lage zu liefern, so sollte sie fortan dem Ziel dienen, amerikanischen Unternehmern Wettbewerbsvorteile zu verschaffen. Seit Jahrzehnten war es üblich, daß die CIA amerikanischen Rüstungsunternehmen Unterlagen und Vertragsdetails ihrer nicht-amerikanischen Konkurrenten besorgte. Routinemäßig ließ das Pentagon Unternehmen wie Lockheed, TRW, Martin Marietta und Dutzende andere an seinem Geheimwissen partizipieren. Kenneth Bass, ein Washingtoner Anwalt, der unter Präsident Carter im Justizministerium mit derartigen Aufgaben befaßt war, sagt dazu: »Technologische Informationen hat die CIA immer mit amerikanischen Rüstungsunternehmen geteilt.« Robert Steel, ein CIA-Veteran, beschreibt, wie das Verfahren heute funktioniert: »Die NSA arbeitet wie ein Staubsauger. Wenn etwa Toyota Japan mit Toyota Singapur telefoniert, dann fangen wir das ab. Die NSA-Analytiker geben einfach das Stichwort ›Toyota‹ ein und bestellen so all das, was von der NSA über den japanischen Hersteller aufgeschnappt worden ist.«

So sieht sie also aus, die von den Vereinigten Staaten propagierte »neue Weltordnung«. Zumindest ist Wirtschafts- und Konkurrenzspionage eine der nun verstärkt angewandten Methoden, um diese »neue Weltordnung« durchzusetzen. Die USA, Asien und Europa ringen um ihre Marktanteile. Jene, die dabei keine Rückendeckung durch die Geheimdienste genießen und auch nicht mit Hilfe von Konkurrenzspionage selbst aggressiv vorgehen, werden das Nachsehen haben.

Das mußte auch der britische Reuters-Konzern erfahren. Im Frühjahr 1998 berichteten amerikanische Zeitungen darüber, daß die Nachrichtenagentur Reuters ihren amerikanischen Mitbewerber Bloomberg unziemlich behandelt und dessen Daten ausspioniert haben soll: Reuters bestritt die Vorwürfe und arbeitete mit den Untersuchungsrichtern zusammen. Am 8. Februar 1998 berichtete die Zeitung *Business News:* »Bis vor zehn Tagen war es eine enttäuschende Zeit für die Reuters-Aktionäre... Doch wenn es noch vor wenigen Tagen schlecht aussah, so ist die Lage jetzt schlicht grausam geworden... Was die Reuters-Investoren durchschüttelt, ist der Verdacht, daß Reuters Analytics, eine amerikanische Tochter von Reuters, möglicherweise Industriespionage bei seinem Erzrivalen Bloomberg betrieben hat. Reuters dementierte formal den Vorwurf, daß Mitarbeiter von Reuters Analytics den Zugangscode zu den Bloomberg-Computern gestohlen hätten.«

David Schwartz, ein ehemaliger Mitarbeiter von Bloomberg, stand im Zentrum der Ermittlungen. Die von ihm gegründete Consulting-Firma Cyberspace Research Associates war von Bloomberg damit beauftragt worden, eine Studie dieser Nachrichtenagentur anzufertigen. Die nachfolgenden Ermittlungen konzentrierten sich dann auf die Frage, ob Schwartz – wie von Bloomberg behauptet – vertrauliche Bloomberg-Daten auf seine Computersysteme geladen hatte und diese an Reuters weitergab, damit man sie dort analysieren konnte. Reuters scheint jedenfalls die von Bloomberg ausgehende Gefahr zunächst unterschätzt zu haben. Als die *Sunday Times* 1993 berichtete, Bloomberg sei ein aufsteigender Stern am Himmel der Finanznachrichten-Agenturen, da hatte man bei Reuters nur Hohn und Spott für den »Konkurrenten« übrig. Bloomberg war 1998, verglichen mit Reuters, noch immer ein Winzling. Doch die Zuwachsraten waren wesentlich größer als bei Reuters. Mike Bloomberg, der mehr als 60 Nachrichtenbüros rund um die Welt unterhält und Fernsehsender, Radiostationen und Zeitungen besitzt, ist eine Kämpfernatur. Er hatte die Nachrichtenagentur Bloomberg 1981 nach einem Streit mit den Salomon-Brothers gegründet. Das Magazin *Fortune* schätzt, daß das Privatunternehmen, an dem Bloomberg noch immer 70 Prozent der Anteile hält, heute rund vier Milliarden Dollar wert ist. 75 000 Broker und Finanzdienstleister der Welt sind heute Abonnenten von Bloomberg gegenüber 300 000, die sich auf den Reuters-Finanzservice verlassen. Bloomberg verklagte Reuters. Das Ergebnis des Prozesses steht noch aus.

Frühere CIA-Direktoren sind sich mit dem Geheimdienstfachmann John Fialka einig: »In keinem anderen Land der Welt kommt man einfacher an vertrauliche Daten heran.« Das dürfte wohl auch der gegenwärtige CIA-Direktor George Tennet, den Präsident Bush jr. von Clinton übernahm, ähnlich sehen. In einer CIA-Studie mit dem Titel »Economic Intelligence in the Post-Cold War: Issues for Reform« heißt es: »Aufgrund der Globalisierung können nationale Wirtschaften nicht länger Inseln des Wohlstands sein, wenn sie nicht auch in anderen Wirtschaften einen Fuß in der Tür haben. Die gegen die Vereinigten Staaten gerichtete Wirtschaftsspionage richtet jährlich einen Schaden in Höhe von 260 Milliarden Dollar an. Immer mehr Staaten beteiligen sich am Ausspähen amerikanischer Unternehmen. Mittlerweile können wir 23 Ländern solche Praktiken nachweisen. Sie stehlen mit staatlicher Unterstützung amerikanische Ideen, lassen sie ihren Unternehmen zukommen und Produkte entwickeln, die dann amerikanischen Waren Konkurrenz machen.«

In diesem Bericht werden auch Namen und Daten genannt. Rußland, Japan und Frankreich förderten die gegen die Vereinigten Staaten gerichtete Wirtschaftsspionage am stärksten, wird behauptet. Das FBI habe 1996 etwa 800 Fälle von Wirtschaftsspionage untersucht; die Zahl der Fälle habe sich seit 1994 verdoppelt. Die CIA empfahl der Regierung in Washington daher, nicht nur die Abwehr fremder Wirtschaftsspionage *(counter intelligence)* zu verstärken, sondern selbst auch verstärkt Wirtschaftsspionage zu betreiben. Aufgrund der so gewonnenen Daten könne die amerikanische Notenbank ihre Zinspolitik optimieren und die Regierung sich vor Handelsgesprächen Vorteile verschaffen.

Wenn es um das nationale Interesse ging, sind die Vereinigten Staaten noch nie vor staatlich gelenkter Wirtschaftsspionage zurückgeschreckt. Bei jedem Handelsstreit etwa zwischen der EU und den

Vereinigten Staaten – 1999 etwa über die Bananeneinfuhrquote – bedient man sich dieses Mittels. Die amerikanische Geschichte lehrt, daß Washington weder den Einsatz von Wirtschaftsspionen noch der Armee scheut, wenn es gilt, amerikanische Wirtschaftsbelange in der Welt durchzusetzen. Die Interessen der amerikanischen United Fruit Company in Guatemala sind dafür ein ebenso gutes Beispiel wie der Sturz der iranischen Regierung unter Mohammed Mossadegh, der zuvor die Anglo-Persian Oil Company (heute British Petrol) verstaatlicht hatte und damit amerikanische und britische Interessen bedrohte. Auf Druck von ITT wurde in Chile die Regierung von Salvador Allende gestürzt.

Alle vorgenannten Geheimdienstoperationen Washingtons dienten den Interessen amerikanischer Aktionäre. Dieses – offiziell mit nationalen Sicherheitsbelangen begründete – Vorgehen hat sich seit jenen Tagen nicht geändert. Als die ersten amerikanischen Flugzeuge in Zusammenhang mit einer offiziellen Friedensmission im früheren Jugoslawien landeten, hatte die amerikanische Luftwaffe ihre Wirtschaftsvertreter in Uniform gesteckt und unter dem Schutz der Friedenstruppe zu den Verhandlungen über den lukrativen Wiederaufbau geflogen. In der Bonner Hardthöhe ärgert man sich noch heute darüber, mit welcher Unverschämtheit Washington die NATO auf dem Gebiet des früheren Jugoslawien zur Durchsetzung eigener wirtschaftlicher Ziele mißbrauchte.

Und stetig entwickelt man auch die Spionagetechniken weiter. Neben dem schon beschriebenen ECHELON-System soll zukünftig auch eine Neuentwicklung zum Einsatz kommen, die ein wenig an James Bond erinnert: Spionage mit künstlichen Insekten. Der britische Tüftler Charles Ellington von der Zoologischen Fakultät der Universität Cambridge hätte sich wohl nicht im Traum einfallen lassen, zu was seine neueste Erfindung künftig genutzt werden soll. Er konstruierte einen fliegenden Roboter in Insektenform, ein Fluggerät, das sich nicht mit starren Flügeln durch die Luft bewegt, sondern flattert wie ein Schmetterling. Ellington bot den Mikro-Flieger der Forschungsabteilung des britischen Verteidigungsministeriums an. Doch dort zeigte man sich nicht interessiert. Statt dessen förderte das Pentagon sein Projekt mit mehr als zwei Millionen Dollar. Die amerikanischen Geheimdienste wollen aus dem Prototypen einen einsatzfähigen Spionageroboter machen, der kleiner als jede Hand sein und eine Spannweite von zehn Zentimetern haben wird. Ausgerüstet mit einer Weitwinkelkamera, einem Ultraschalldetektor und einem chemischen Analysegerät zum Aufspüren von Menschen, soll das Insekt nicht nur von Geiselnehmern gehaltene Gebäude untersuchen, sondern nach Informationen deutscher Sicherheitskreise auch bei der Wirtschaftsspionage eingesetzt werden. Im Jahre 2001 wird das Gerät einsatzfähig sein.

Ähnlich innovativ verhalten sich amerikanische Geheimdienste auch bei der Neuentwicklung von Lauschtechniken: So hatten finnische Forscher 1998 eine Folie entdeckt, die schnell das Interesse der CIA weckte. EMFI (»Elektromechanischer Film«) nennt sich die Kunststoffolie mit speziellen elektrischen Eigenschaften. Sie vermag mechanische Energie in elektrische umzuwandeln. Mit Hilfe der Folie kann man etwa Flächenlautsprecher oder Mikrofone bauen, die nur wenige Millimeter groß sind, aber die Leistung der bislang verwendeten Geräte um ein Vielfaches übertreffen. Zivil wird die Folie in einigen Jahren wohl als Freisprecheinrichtung für Mobiltelefone in Fahrzeugen angeboten werden. Das mit ihr überzogene Armaturenbrett wird dann bei Bedarf das gesprochene Wort aufnehmen und ansonsten als Musikstrahler für das Radio dienen. Bei der CIA ist man inzwischen davon überzeugt, daß die EMFI genannte finnische Folie des Erfinders Karl Kirjaweinen auch für das – unauffällige – Ausspähen ganz neue Möglichkeiten eröffnen wird, da sich dann im Gegensatz zu klassischen Wanzen kaum noch ein Hinweis auf Lauschaktionen finden lassen wird.

Amerikanische Wirtschaftsspione geben immer öfter vor, aus moralischen Gründen zu handeln. So fand die CIA im Jahre 1993 mit Hilfe der ECHELON-Aufklärungsergebnisse der NSA heraus, daß ein französisches Unternehmen beim Wettbewerb um einen Auftrag für den Bau eines Radarsystems in Brasilien im Wert von 1,4 Milliarden Dollar Bestechungsgelder einsetzte. Paris erhielt den Zuschlag, doch Washington intervenierte in Brasilien und drohte, die Zahlung der Bestechungsgelder publik zu machen. Schließlich sicherte sich Raytheon – ein amerikanisches Unternehmen – das lukrative Geschäft. Ein anderes Beispiel betraf den Ausbau des indonesischen Telefonnetzes: Das amerikanische Unternehmen AT&T konkurrierte 1990 mit einem japanischen Konsortium um den Milliardenauftrag. Wieder einmal waren die Erkenntnisse des ECHELON-Systems ausschlaggebend dafür, daß der amerikanische Anbieter den Zuschlag bekam: Die Japaner hatten per Fax und auch in Telefongesprächen der indonesischen Regierung zugesichert, falls Tokio den Auftrag bekomme, dürfe Präsident Suharto künftig die wohlwollende Erhöhung der japanischen Entwicklungshilfe für sein Land erwarten. Der damalige amerikanische Präsident Bush soll persönlich dafür gesorgt haben, daß Jakarta den Auftrag nicht ausschließlich an die Japaner erteilte, er wurde zwischen AT&T – ohne daß dieser Konzern je mit der CIA darüber gesprochen hätte – und einem japanischen Unternehmen geteilt.

Laut Angaben der CIA wurden 1994 mit Hilfe der weltweiten NSA-Überwachung aller Kommunikationsströme 51 Fälle entdeckt, in denen Washington auf ausländische Anbieter bei Vertragsverhandlungen Druck ausüben konnte, weil die Verhandlungen nicht amerikanischen Vorstellungen entsprachen. Mit diesem Geheimwissen ausgerüstet, soll es der amerikanischen Regierung gelungen sein, Aufträge im Wert von rund 28 Milliarden Dollar für amerikanische Unternehmen zu sichern, die ohne diese Hintergrundkenntnisse an nicht-amerikanische Anbieter gegangen wären. Mit derartigen Methoden spielt die amerikanische Geheimdienstgemeinde nicht nur einen großen Teil der für sie aufgewandten Steuergelder wieder ein; sie sichert damit zugleich auch amerikanische Arbeitsplätze – und trägt zu deren Abbau in anderen Ländern bei.

Der frühere CIA-Direktor James Woolsey soll öffentlich damit geworben haben, daß die amerikanischen Geheimdienste für 30 Milliarden Dollar Aufträge gesichert hätten. Längst ist wirtschaftliche Stärke für die amerikanische Regierung auch zu einem Thema der nationalen Sicherheit geworden. Schon 1994 ließ Präsident Clinton die seit dem Ende des Kalten Krieges unter einer Identitätskrise leidende amerikanische Geheimdienstgemeinde wissen, was er zukünftig von ihr erwarte: »Um Gefahren für die amerikanische Demokratie und das wirtschaftliche Wohlergehen der Nation abzuwehren, muß die Geheimdienstgemeinde politische, wirtschaftliche, soziale und militärische Entwicklungen in jenen Teilen der Welt beobachten, wo es größere amerikanische Interessen gibt und wo das offene Sammeln von allgemein zugänglichen Informationen nur unzureichende Ergebnisse bringt.« In der Gewichtung setzte Clinton die Wirtschaftsspionage absichtlich an die zweite Stelle – weit vor der militärischen Spionage, die bis 1989 die Hauptaufgabe amerikanischer Geheimdienste gewesen war.

Nach dem Amtsantritt Clintons wurden zunächst einmal jene Abteilungen der amerikanischen Geheimdienste, die mit der beständigen Beobachtung der ölproduzierenden Staaten beauftragt sind, personell verstärkt. Nicht nur die Ölminister und Büros der ölproduzierenden Staaten, sondern auch alle Ölgesellschaften der Welt werden weltweit mit höchster Priorität abgehört. Egal ob auf dem in der westlichen Wüste des Sultanats Oman gelegenen und von Shell betriebenen »Fahud«-Ölfeld Ingenieure mit ihrer Konzernzentrale in London telefonieren oder Mitarbeiter der fanzösischen Ölgesellschaft Elf Aquitaine in Kongo-Brazzaville sich am Telefon über die Exploration neuer Lagerstätten unterhalten – die NSA zeichnet mit Hilfe des ECHELON-Systems alle Gespräche vollständig und ohne vorherige Auswahl mittels einer Textdatenbank *(dictionary)* auf. Dieses gewaltige Informationsaufkommen zum Thema Energiereserven soll sicherstellen, daß amerikanische Unternehmen unabhängig von ihrem Produktionsort auf der Welt nicht unter Energiemangel leiden müssen.

Eine weitere Priorität neben der Ausspähung der weltweiten Energiereserven und deren Förderung betrifft die Fiskalpolitik der wichtigsten Handelsnationen. Ein Beispiel dafür ist Mexiko. Die Krise des Peso 1994/95 bereitete nicht nur mexikanischen Bürgern, sondern auch amerikanischen Unternehmen, die im südlichen Nachbarland investiert hatten, Kopfzerbrechen. Washington ließ alle Gespräche der mexikanischen Regierung abhören, um so einen Eindruck davon zu bekommen, ob es Mexiko selbst gelingen werde, die Krise zu bewältigen. Die US-Regierung fürchtete, in die wirtschaftlichen Auswirkungen der Pesokrise hineingezogen zu werden. Deshalb schnürte man ein Hilfspaket – das allerdings nicht Washington, sondern die internationale Staatengemeinschaft finanzierte. Trotzdem führte die Krise der mexikanischen Wirtschaft auch zu einer spürbaren Abschwächung der amerikanischen Konjunktur und trug 1995 außerdem zum Kursverlust des Dollar bei. Über die Entstehung ähnlicher Krisen, die sich negativ auf die amerikanische Wirtschaft auswirken könnten, will Washington deshalb möglichst weit im Vorfeld unterrichtet werden. Auch dazu tragen amerikanische Geheimdienste bei. Das ist ein Grund, warum die für die Stärke der deutschen Mark verantwortliche Bundesbank in der Vergangenheit ebenfalls ganz oben auf der Prioritätenliste amerikanischer Geheimdienste stand. Seit Mai 1998 kleben die Abhörspezialisten nun auch am Telefon des ersten Präsidenten der Europäischen Zentralbank, des Niederländers Wim Duisenberg.

Ein weiterer Grund für die Wachstumsraten nicht nur bei der amerikanischen Industriespionage liegt in den sich ständig verkürzenden Produktzyklen. Die Forschungslabors der Konzerne sehen sich einem wachsenden Druck ausgesetzt, immer schneller eine neue Generation von Produkten zu entwickeln und dabei auch die Konkurrenz nicht aus den Augen zu verlieren. Zugleich sind die Laboratorien von außen angreifbarer als jemals zuvor: Was früher im Stahlschrank eines Unternehmens lagerte, wird heute auf Disketten oder Festplatten der Computernetzwerke gespeichert. So hat ein immer größerer Kreis von Mitarbeitern – theoretisch – Zugriff auf die nur durch Paßwörter geschützten sensibelsten Daten. Alan Brill, ein Manager der in New York ansässigen privaten Wirtschaftsdetektei Kroll Associates, sagt dazu: »Das geistige Eigentum der Unternehmen ist aus dem Tresor auf die Magnetbänder gewandert.« Viele Firmen schaffen selbst zusätzliche Sicherheitsrisiken durch die Auslagerung von Produktions- oder Forschungseinrichtungen.

Kaum in den Griff bekommen werden amerikanische Geheimdienste die Computerspionage durch Hacker. Immer mehr Vertreter dieser Spezies sehen es als eine Herausforderung an, in die angeblich sicheren Computernetzwerke von Unternehmen einzudringen, vertrauliche Daten herunterzuladen und im Internet zu präsentieren. Nur in wenigen Fällen geht es dabei um finanziellen Vorteil. Diesen hatten aber jene russischen Hacker im Auge, die 1994 von Sankt Petersburg aus der amerikanischen Citibank zehn Millionen Dollar stahlen, indem sie die Firewall durchbrachen und sich das Geld auf Konten in sieben Ländern überwiesen. Bei der Citibank war man ratlos. Erst die Computerfachleute des FBI konnten den Online-Diebstahl bis nach Sankt Petersburg zurückverfolgen. Neben zehn Millionen Dollar verlor das Bankhaus nach dem Bekanntwerden der Aktion auch noch mehrere Großkunden. Und am 13. Oktober 1997 berichtete die amerikanische Tageszeitung *The Business Journal of Charlotte*, die geheimsten Daten einer in Charlotte ansässigen Bank seien von Hackern ausgespäht und dann zur Freude der Konkurrenz auf einem elektronischen Schwarzen Brett im Internet publik gemacht worden.

Ein FBI-Bericht aus dem Jahre 1996 behauptet, daß 97 Prozent aller Computerdiebstähle nicht entdeckt werden. Doch da es die Eigenart einer Dunkelziffer ist, im dunkeln zu liegen, dürften die FBI-Zahlen ebenso unzuverlässig sein wie alle anderen Schätzungen zu diesem Thema. Eine Zahl dürfte jedoch verläßlicher als andere sein: Der amerikanische Rechnungshof hat Hinweise auf alljährlich rund 250 000 Dateneinbrüche allein in die militärischen Computernetzwerke der Vereinigten Staaten. Und 93 Prozent der vom Rechnungshof für eine Studie ausgewählten amerikanischen Unternehmen gaben an, schon einmal nachweislich Fälle von Computerkriminalität im Unternehmen gehabt zu haben. Leider schlüsselt die Studie nicht auf, ob auch Fälle von Wirtschaftsspionage online zurückverfolgt werden konnten.

Headhunter, Recycling-Unternehmen und mit Fotozellen präparierte Kopierer

Daniel Geer, Fachmann für Computerspionage aus Cambridge im US-Bundesstaat Massachusetts, sagte in einer Anhörung vor dem Kongreß 1997: »Wenn ich Geld stehlen will, dann ist der Computer eine weitaus bessere Waffe als eine Maschinenpistole. Mit der kann es mich ziemlich viel Zeit kosten, bis ich zehn Millionen Dollar beisammen habe. Mit dem Computer kostet es mich unter günstigen Umständen gerade mal ein paar Mausklicks. Das gleiche gilt für Geschäftsgeheimnisse. Zudem ist die Chance, daß ich angezeigt und gefaßt werde, relativ gering.« Diese Auffassung vertritt auch Don Marx, ein ehemaliger CIA-Mitarbeiter, der jetzt in Colorado Springs das auf Sicherheitsmanagement spezialisierte Unternehmen Global Key leitet. Nach seinen Angaben fürchtete jede amerikanische Großbank, ein Opfer von Online-Einbrüchen zu werden.

Doch um die Geschäftsgeheimnisse fremder Unternehmen auszuspähen, muß man nicht gleich in deren Computersysteme eindringen. Weltweit rund 15 000 Datenbanken konkurrieren damit, eine Antwort auf fast jede Frage liefern zu dürfen. Milliarden von Dokumenten und Bits warten auf Interessenten. Etwa die Hälfte dieser Datenbanken ist online erreichbar. Von dem amerikanischen Ölkonzern Texaco weiß man, daß dessen Manager auch im Internet nach allen vertraulichen Daten über die Absichten der Mitbewerber suchen lassen. Auch die Stellenangebote der Konkurrenten werden von vielen amerikanischen Unternehmen mit großer Sorgfalt ausgewertet. So hofft man, Hinweise darauf zu finden, in welche Richtung der Mitbewerber expandieren möchte. Seitdem immer mehr Unternehmen auch online im Internet nach geeigneten Kandidaten für offene oder neue Stellen suchen, fällt es den Konkurrenten leicht, allein mit Hilfe der vielen Suchmaschinen aus der gewaltigen Datenflut die gewünschten Inserate herauszufiltern.

Ethisch verwerflich, aber nicht verboten ist es, den für den Erfolg eines Konkurrenzunternehmens verantwortlichen Personen über einen Headhunter ein (nicht ernst gemeintes) Stellenangebot zu unterbreiten und diese zu einem verlockenden »Vorstellungsgespräch« einzuladen. Dabei sollen die Betroffenen ihre Fähigkeiten offenbaren und durch eine psychologisch geschickte Gesprächsführung »ganz im Vertrauen« dazu ermuntert werden, Konzepte der Zukunftsplanung ihres momentanen Arbeitgebers auszuplaudern, damit man ihre Eignung, an der man nur noch geringe Zweifel hege, für das angeblich neue Stellenangebot besser einschätzen könne. In Erwartung eines wesentlich besser dotierten Salärs und vom Headhunter immer wieder darauf hingewiesen, daß der bisherige Arbeitgeber die wahren Fähigkeiten des Interviewten wohl gar nicht erkannt habe, sind selbst ansonsten besonnene Mitarbeiter häufig zum Geheimnisverrat bereit. Kritiker werfen beispielsweise dem amerikanischen Unternehmen General Electric den Einsatz solcher aggressiven Methoden vor.

General Electric fiel der Konkurrenz ohnehin schon mehrfach auf: Unlängst bot die nahe Milwaukee beheimatete medizinische Produktion von General Electric der amerikanischen Tochter von Bayer-Agfa Gespräche über ein Joint-venture auf dem Gebiet der diagnostischen Fotografie an. Agfa hatte mit dem neuen PACS (Picture Archiving and Communications System) eine Methode entwickelt, um Röntgenaufnahmen über die Telefonleitung zu einem anderen Arzt zwecks dessen Diagnose zu übermitteln. Höflich, aber bestimmt entzog sich Agfa dem Angebot. Daraufhin soll General Electric den mit dem neuen System Vertrauten große Summen für den Wechsel zur Konkurrenz geboten haben. Selbstverständlich zeigt man sich bei General Electric über entsprechende Vorwürfe empört. Auffallend ist jedoch, daß selbst Vishal Wanchoo, ehemals »Vice President« der für das Agfa-PACS-Projekt zuständigen Abeilung, zu General Electric wechselte. Zu einem Gerichtsverfahren kam es nicht. Beide Unternehmen verständigten sich auf ein Stillschweigen. Vishal Wanchoo und einige seiner ehemaligen Angestellten entwickeln nun bei General Electric ein dem PACS nachempfundenes System – zu Lasten von Bayer-Agfa.

Der genannte Fall zählt zur Kategorie Konkurrenzspionage. Eher zur Industriespionage gehört der nachfolgende Fall, an dessen Aufklärung das FBI maßgeblich beteiligt war: Der FBI-Beamte John Hartman eröffnete 1995 in Philadelphia ein Büro als Konsultant für technisches Know-how. Es sollte nicht lange dauern, bis sich das taiwanesische Unternehmen Yuen Foong Paper Co. bei ihm meldete. Dessen technischer Direktor Hsu Kai-Lo und mehrere Ingenieure fragten Hartman per E-mail, welche Einzelheiten er zur Taxol-Herstellung des amerikanischen Pharmaunternehmens Bristol-Meyers beschaffen könne. Taxol ist ein synthetisch hergestellter Stoff, der in der Krebsbehandlung eingesetzt wird und in der Natur nur in Eiben vorkommt. Der Markt für das weltweit gefragte Taxol ist groß. Ebenso groß war das Interesse der Taiwanesen, die es ohne Forschungsaufwand oder Lizenzgebühren ebenfalls herstellen wollten. In Los Angeles kam es im Februar 1996 zu einem Treffen zwischen Hartman und Hsu, bei dem dieser Wert auf die Feststellung legte, daß man keine Lizenzgebühren zu zahlen gedenke. Aufgezeichnet wurde sein Satz: »Wir werden einen anderen Weg finden.« Ein verdeckt arbeitender FBI-Agent behauptete gegenüber den Taiwanesen, er habe einen korrupten Wissenschaftler bei Bristol-Meyers gefunden, der das Herstellungsverfahren kenne. Immerhin boten die Asiaten 200 000 Dollar und eine Umsatzbeteiligung. Am 14. Juni 1997 wurden sie in einem Hotelzimmer in Philadelphia festgenommen.

Ähnlich dreist arbeiten auch südkoreanische Wirtschaftsspione. Im

Mai 1989 machte ein gewisser Mr. Larry King von der Firma Sanyang Engeneering Services dem für General Electric arbeitenden Amerikaner Joe Elliot ein unglaubliches Angebot: Sein Arbeitgeber wisse seine Fähigkeiten nicht recht zu würdigen, und zufällig suche man einen Fachmann wie ihn, der sich mit der Herstellung von synthetischen Diamanten auskenne, in Südkorea. Man werde sein Gehalt verdoppeln, ihm einen Bonus in Höhe von 20 000 Dollar zahlen und ihm zwei Monate Jahresurlaub gewähren. Joe Elliot war verblüfft und ahnte wohl kaum, wer ihn da angerufen hatte. Larry King hieß in Wirklichkeit Chien Ming Sung und war damals einer der erfolgreichsten Makler für Geheiminformationen. Er war Angehöriger eines großen südkoreanischen Konzerns, der vom staatlichen Geheimdienst gelenkt wurde, um in aller Welt Betriebsgeheimnisse zu rauben. 1972 war Chien Ming Sung in die Vereinigten Staaten gekommen. Nach einem Studium erhielt er eine leitende Stelle bei General Electric, wechselte aber 1984 zum Konkurrenten Norton. Dort entwendete er ebenso wie zuvor bei General Electric geheime Forschungsunterlagen über die Produktion von Industriediamanten und stellte sie später dem südkoreanischen Unternehmen Iljin zur Verfügung. Erst der Anruf bei Joe Elliot wurde Larry King alias Chien Ming Sung zum Verhängnis und führte zu seiner Festnahme. Gemessen an seiner Größe hat kein anderes Land der Welt einen so umfangreichen Geheimdienstapparat wie Südkorea. Dessen Agenten sind weltweit im Einsatz. Und weil sie vor allem in den USA immer häufiger ihr Unwesen treiben, hat man in Washington mit einem Gesetz darauf reagiert.

Durch das 1996 zur Abwehr der Industriespionage geschaffene amerikanische Gesetz mit dem Namen »Economic Espionage Act« wurden dem FBI neue Aufgaben zugewiesen: 150 Computerfachleute bearbeiten nicht nur Fälle der Konkurrenzspionage, sondern auch die von ausländischen Regierungen geförderten Aktivitäten der Wirtschaftsspionage. Im Jahresdurchschnitt decken sie etwa 250 Fälle von Online-Einbrüchen in Firmencomputern auf, bei denen Daten gestohlen werden. Scott Harper, ein für Computerspionage zuständiger FBI-Abteilungsleiter, sagt dazu: »Bei den meisten Fällen von Online-Wirtschaftsspionage werden kaum Spuren hinterlassen. Die Täter lotsen Dateien an virtuelle Adressen, versenden sie in Sekundenschnelle um die Welt und passieren dabei so viele miteinander vernetzte Rechner, daß es kaum noch gelingt, ihren Weg zu verfolgen.« Das ist aber nur ein Teil der Wahrheit, denn beim FBI sieht man sich inzwischen ebenso wie beim Pentagon, bei der CIA, NSA und anderen amerikanischen Geheimdiensten in der Lage, mit Hilfe neuester Programme jeden Mausklick rund um den Globus nachzuvollziehen. Das ist zwar teuer, aber möglich. Oft sind es unzufriedene Angestellte, die mit Hilfe ihrer persönlichen Paßwörter in den Firmennetzwerken stöbern und die Ergebnisse an die Konkurrenz verkaufen. Immer öfter stößt das FBI aber auch auf Online-Wirtschaftsspione. Bei der Bundespolizei interessiert es weniger, wenn amerikanische Unternehmen sich untereinander streiten. Das wahre Augenmerk der neuen Abteilungen gilt den ausländischen Wirtschaftsspionen.

Wie clever manche dabei vorgehen, belegt ein Fall, in dem ein deutscher Hersteller von Regel- und Meßtechnik ein amerikanisches Unternehmen über zwei Wochen hin jeweils in der Mittagspause aufsuchen ließ. Der Spion trug einen Kopfhörer und in der Jackentasche ein Gerät, das einem tragbaren CD-Spieler zum Verwechseln ähnlich sah. Auf den ersten Rillen der CD war tatsächlich Musik, so daß der Mann selbst bei einer genaueren Kontrolle kaum aufgefallen wäre. In jedem Büro, in dem die Computer in der Mittagspause nicht abgeschaltet waren, schloß der Spion das Gerät mit einem Handgriff an den »CD-Spieler« an (in Wirklichkeit handelte es sich um ein tragbares Gerät zum Beschreiben von CD-ROMs) und kopierte alle auf der Festplatte enthaltenen Daten auf beschreibbare CD-ROMs. Ohne eine Spur zu hinterlassen, verließ er nach zwei Wochen das auf dem Gebiet der Meßtechnik führende Unternehmen und bestieg mitsamt den »Musik-CDs« ein Flugzeug nach Deutschland. Der Auftraggeber soll begeistert gewesen sein – und wird den »Musikliebhaber« wohl noch öfter zur Konkurrenz schicken.

Über einen anderen Fall berichtete am 11. November 1996 die Zeitung *Dallas Business Journal*: 1995 verhandelte der koreanische Samsung-Konzern mit dem amerikanischen Ausrüster für Telekommunikationseinrichtungen, DSC, über die Lizenzproduktion von Software, die Samsung in seine Produkte einbauen wollte. Obwohl man nicht handelseinig wurde, soll Samsung die Software produziert haben. DSC bezichtigte daraufhin den koreanischen Konzern der Industriespionage und konnte nachweisen, daß dieser mindestens neun DSC-Mitarbeiter (James Bunch, Leo Putchinski, Kevin Gallagher, Jim Oliver, Nancy Korman, Martin Wu, David Fox, Bhushan Gupta und Michael Bray) abgeworben hatte. DSC machte vor Gericht geltend, Tausende von Arbeitsstunden und viele Millionen Dollar in die Entwicklung der von Samsung nachgebauten Soft- und Hardware investiert zu haben. Infolge des Prozesses fiel zudem der Aktienkurs von DSC. Insgesamt soll den Amerikanern ein Schaden von mindestens 96 Millionen Dollar entstanden sein.

Bei der Erkundung fremder Geschäftsgeheimnisse werden manchmal die absurdesten Wege beschritten. So berichtet die New Yorker Detektei Kroll über einen Fall, in dem eine Firma mehreren Recycling-Unternehmen fünf Dollar für jedes Schriftstück eines bestimmten Konkurrenten geboten habe. Dieses Vorgehen bewegt sich sicherlich in der Grauzone zwischen Legalität und Illegalität. Die amerikanische Zeitung *Sacramento Business Journal* befaßte sich am 23. März 1998 mit dem unglaublichen Boom in dieser Branche. Vor allem Unternehmen, die vor der Wiederverwertung die eingesammelten Daten in Aktenvernichtern zerkleinern, erfreuen sich wachsenden Zuspruchs. Machte sich noch 1970 höchstens ein Drittel der Amerikaner Gedanken darüber, was mit in den Müll geworfenen vertraulichen Unterlagen geschehen könnte, so zeigten 1990 mehr als 90 Prozent ein Interesse daran, daß ihre dem Müll anvertrauten Daten auch wirklich vernichtet wurden. Im Bundesstaat Kalifornien verzeichnet das Unternehmen »American Mobile Shredding« immer größere Zuwächse. Nicht nur Hewlett-Packard schärft mittlerweile allen Angestellten regelmäßig ein, sensible Unterlagen, die Rückschlüsse auf Kunden oder die Produktion zulassen könnten, beim Ausrangieren nicht dem Abfall, sondern einem Aktenvernichter zuzuführen. Spätestens seitdem Spezialfirmen den Unternehmen das Vernichten nicht mehr benötigter Disketten, Mikrofilme und Festplatten anbieten, sind diese Unternehmen auch zu einem Ziel für Spione geworden. In den Vereinigten Staaten unterliegen sie daher strengen Sicherheitsvorschriften.

Eine andere Methode wandte die CIA in den sechziger Jahren an, als sie Einblick in die geheimen Dokumente der sowjetischen Botschaft in Washington zu nehmen wünschte. Erst 1996 wurde bekannt, mit welcher Raffinesse der Geheimdienst dabei vorging. Er ließ einen Fotokopierer der Firma Xerox, Modell 914, mit einem winzigen Fotoapparat präparieren, der bei jeder abzulichtenden Kopie auch gleich ein Foto schoß. Der Servicetechniker von Xerox brauchte später nur noch den Film in der Kamera zu wechseln – und schon hatte die CIA das brisante Material. Der ehemalige Xerox-Techniker soll behauptet haben, daß damals in vielen Kopierern solche Kameras plaziert gewesen seien – um Feinde, aber auch Verbündete und Unternehmen zu überwachen.

Späher in Nadelstreifen – Competitive Intelligence

Dabei gibt es einen wesentlich einfacheren und zudem legalen Weg, um heute mehr über ein Konkurrenzunternehmen zu erfahren. Die Stichworte dafür lauten »*corporate intelligence*«, »*corporate analysis*« und »*competitive intelligence*«. So wird in den Vereinigten Staaten jene Art von Konkurrenzausspähung genannt, welche die dortigen Gesetze nicht verletzt (vgl. dazu Roman Hummelt, »*Wirtschaftsspionage auf dem Datenhighway*«, S. 5 f.). Hummelt schreibt: »Sie gehört dort zum Standard-Instrumentarium eines Unternehmens im Krieg um Marktanteile. Denn die strategische Position eines Unternehmens hängt von den jeweiligen Stärken und Schwächen in den Bereichen Forschung und Entwicklung, Finanzen und Controlling, Produktlinien, Zielmärkte, Marketing, Verkauf, Distribution, Produktion, Arbeitskräfte und Einkauf ab. Informationsvorteile in diesen Teilbereichen des Unternehmens sind Erfolgsfaktoren, die über Überleben und Untergang im Wettbewerb entscheiden. Ein Unternehmen, das keine Informationsvorteile hat, geht unter... Kriminell wird die Wirtschaftsspionage erst dann, wenn die Gesetze des jeweiligen Landes, in dem das Delikt vorliegt, durch Einbruch, Geheimnisverrat oder Bestechung u.a.m. verletzt worden sind. Bei uns in Deutschland könnte man aber durchaus sagen, daß sich die kriminelle Art der Wirtschaftsspionage lohnen kann, denn die Strafen sind im Verhältnis zum Profit lächerlich gering.«

Wen wundert es da, daß es in den Vereinigten Staaten auch eine Vereinigung derjenigen gibt, die sich gewerbsmäßig für das Ausspähen von Konkurrenten interessieren: die Society of Competitive Intelligence Professionals (SCIP). In ihr sind nicht nur die größten amerikanischen Firmen vertreten, sondern inzwischen auch einige Europäer. SCIP verfügt auch in Deutschland über eine Niederlassung, die in Düsseldorf von der Amerikanerin Gloria Rayes geleitet wird. Wenn SCIP in den Vereinigten Staaten Seminare veranstaltet, liest sich die Teilnehmerliste wie ein »Who is Who« der internationalen Konzerne: Procter & Gamble ist ebenso vertreten wie American Express, Eastman Kodak, Philip Morris, Ford Motor, Compaq Computer, die Bayer AG, Spring Corp., Avon Products, 3M, The Dow Chemical Corp., Merck & Co., J.C. Penny und Amoco. »Zufällig« sind viele Referenten der SCIP-Veranstaltungen CIA- oder NSA-Mitarbeiter. Und wohl ebenso »zufällig« residiert SCIP nicht sonderlich weit von Einrichtungen der CIA in Alexandria, 1700 Diagonal Road, Suite 520, VA 22314 USA (Tel. 001-703-739-0696). Auf der Internet-Homepage *(http://www.scip.org)* kann man sich einen ersten Eindruck über die Mitglieder dieser Gemeinschaft verschaffen, die alle acht Wochen mit dem *Competitive Intelligence Magazine* per Post über die jüngsten Entwicklungen auf dem Gebiet des gewerbsmäßigen Datensammelns unterrichtet werden.

Die Gesellschaft hat inzwischen weltweit mehr als 6500 Mitglieder (in Deutschland 160). In dieser erlesenen Gemeinschaft unterhält man sich über die täglich weltweit 2000 neuen Patente und 5000 Seiten Forschungsergebnisse und tauscht die neuesten Tips zum Ausspähen der Konkurrenz aus. Um einen guten Lageplan aller Einrichtungen eines Konzerns zu bekommen, muß man nach Angaben von SCIP-Mitgliedern nicht etwa Raum für Raum aufsuchen und mühsam skizzieren oder nachts in das Büro der Baufirma einbrechen. Es genügt, wenn man Mitarbeiter der zuständigen Feuerwehrstation besticht, da diese für alle größeren Unternehmen die Baupläne und Aufrisse griffbereit halten müssen, um im Ernstfall ohne Zeitverlust vorgehen zu können. Die Zeitung *Financial Times* berichtete am 12. April 1997 über SCIP: »SCIP wird beeinflußt von der Association of Former Intelligence Officers, einer Gruppe, die nach Angaben von Andre Pienaar, einem jungen Manager bei Kroll Associates, der seine Doktorarbeit über das Thema Wirtschaft und Spionage geschrieben hat, sehr mächtig ist.« In Deutschland veranstaltete SCIP im Juni 1999 in Frankfurt eine Konferenz zum Thema »Firmeninformation mal anders: Ausleuchten eines Konkurrenzunternehmens mit Daten aus diversen Quellen«. In der Einladung hieß es: »Im Mittelpunkt steht die funktionale Betrachtung des Unternehmens: Von der Forschung bis hin zum Marketing wird ein Konkurrenzunternehmen untersucht. Durch den Einstieg aus dem Ausland – in diesem Fall England – können wir überraschenderweise Daten zusammentragen, die hier nur schwer erforschbar sind.« Und im selben Monat lautete das Motto einer Kölner SCIP-Veranstaltung: »Internet-Monitoring – Methoden zur Verfolgung von Konkurrenzaktivitäten im Internet«.

Top secret: Amerikanische Unternehmen und Geheimdienste

Viele Mitarbeiter von deutschen Unternehmen wissen nicht, welche amerikanischen Firmen engen Kontakt zu den amerikanischen Geheimdiensten halten und für diese etwa als Zulieferer arbeiten. Wie sollten sie auch, sind solche Angaben doch streng geheim. Eine Liste mit detaillierten Angaben – versehen mit dem Stempel »*top secret*« – liegt der seriösen Federation of American Scientists (FAS) vor. Sie liest sich wie ein »Who is Who« der amerikanischen Industrie. Wer Kontakt zu diesen Unternehmen hält, sollte auch wissen, daß sie zugleich Geschäftsfreunde in der amerikanischen Geheimdienstwelt haben, und bei Gesprächen ein Höchstmaß an Mißtrauen walten lassen. Einige der von der FAS genannten 163 Unternehmen verschaffen laut anderen Angaben auch »Non-official-cover-Agenten« (NOCs) von CIA und NSA Legenden. Viele sind Sponsoren der National Military Intelligence Association. Diese wurde 1974 gegründet, und auf ihrer Homepage im Internet *(htt://www.nmia.org/)* heißt es, man verfolge den Zweck, den beruflich mit Geheimdiensten Befaßten in »Militär, Geheimdiensten, Büros der amerikanischen Regierung, dem Kongreß, der Industrie und unter Akademikern ein professionelles Forum zu bieten«, um Informationen zum eigenen Wohle und dem der ganzen Nation »auszutauschen«. Dieser Hinweis legt die Vermutung nahe, daß bei den Treffen möglicherweise auch Informationen weitergegeben werden, die durch Spionage erlangt wurden.

In der FAS-Liste werden unter anderen folgende amerikanische Firmen genannt:

Die *AAI Corporation* (York Road, Cockeysville Hunt Valley, MD 21030), mit 1100 Beschäftigten einer der führenden Arbeitgeber in Baltimore, verkauft ihre Produkte auch an die NSA. *Adroit Systems Inc.* (209 Madison Street, Alexandria, VA 22314) gilt als Sponsor der

National Military Intelligence Association. *Advanced Paradigms Inc.* (API, 1725 Duke Street, Suite 200, Alexandria, VA 22314) ist Zulieferer des National Maritime Intelligence Center. Die *Aegis Research Corp.* (17135 North Lynn Street, Rosslyn, VA) war Sponsor jenes Symposiums, auf dem 1995 Einzelheiten über das Corona-Programm bekannt wurden. Die *Aerospace Corporation* (Corporate Headquarters, El Segundo, CA 90245-4691) beschäftigt 3100 Angestellte und befaßt sich neben Frühwarnsystemen auch mit Geheimdiensttechniken. Die *Allied Signal Inc.* (Headquarters, Morristown, NJ) beschäftigt 83 500 Menschen und arbeitet auch für die National Military Intelligence Association und die Armed Forces Communications and Electronics Association. *Alliant TechSystems* (401 Defense Highway, Annapolis, MD 21401) ist auf dem Gebiet der Kryptographie ein begehrter Ansprechpartner amerikanischer Dienste. Die *Amdahl Corp.* (Worldwide Headquarters, 1250 East Arques Avenue, Sunnyvale, CA 94088-3470) ist ebenso wie die *AmerInd Inc.* (1310 Braddock Place, Alexandria, VA 22314) im Bereich der Informationstechnologie tätig. *AMP Inc.* (AMP Incorporated, Harrisburg, PA 17105) liefert beispielsweise Bildbearbeitungssoftware. Die nicht im Telefonbuch eingetragene *Analysis Corp.* (Arlington, VA) unterstützt die CIA. *Analytical & Research Technology Inc.* (10565 Lee Highway, Suite 300, Fairfax, VA 22030) beschäftigt 35 Mitarbeiter und liefert Hard- und Softwareprodukte. *Analytical Systems Engineering Corp.* (5 Burlington Woods, Burlington, MA 01893) befaßt sich mit der Sicherung von Gebäuden. *Apcom Inc.* (8-4 Metropolitan Court, Gaithersburg, MD 20878) liefert Aufzeichnungsgeräte für die Satellitenspionage. *Applied Signal Technology* (Headquarters, 400 West California Avenue, Sunnyvale, CA 94086) entwirft und fertigt Hardware für die »Signal Intelligence«. *Arca Systems Inc.* (2540 North First Street, Suite 301, San Jose, CA 95131) arbeitet auf dem Gebiet der IT-Sicherheit. *ARINC* (Headquarters, 2551 Riva Road, Annapolis, MD 21401) ist ein führender Ausrüster der Luftfahrt-Kommunikation und arbeitet sowohl mit der NASA als auch mit dem Pentagon zusammen. *Arvin Industries* (One Noblitt Plaza, Columbus, IN 47202) liefert technische Analysegeräte für das National Air Intelligence Center. *Asic International Inc.* (2902 Tazewell Pike, Suite G, Knoxville, TN 37918) ist ein führender Entwickler digitaler Aufnahmegeräte. *Astronautics Corp. of America* (Headquarters, 4115 N. Teutonia, Milwaukee, WI, 53209) liefert Luftfahrt- und Verteidigungselektronik. *AT & T* (Advanced Technologies, 1120 20th Street NW, Washington, DC 20036), weltweit führend auf dem Gebiet der Telekommunikation, ist zusammen mit den Tochterunternehmen ein Sponsor für die National Military Intelligence Association, liefert Unterwasserbeobachtungssysteme und rüstet die Geheimdienste und Militärs mit Kommunikationseinrichtungen aus. *Autometric Inc.* (5301 Shawnee Road, Alexandria, VA 22312), ein Tochterunternehmen von Paramount Pictures, liefert seit 30 Jahren elektro-optische Systeme für die Fernaufklärung.

Ball Aerospace & Technologies Corp. (Headquarters, 345 South High Street, Muncie, IN 47305) ist ein führender Hersteller von Komponenten für die Raumfahrtindustrie. *BBN* (Bolt, Beranek & Newman Corporation, Headquarters, 150 Cambridge Park Drive, Cambridge, MA 02140) hat vom Arpanet bis zum Internet der Regierung im Bereich der Kommunikationstechnologie geholfen. *Betac Corporation* (Headquarters, 2001 N. Beauregard Street, Alexandria, VA 22312), 1977 gegründet und Arbeitgeber von 2000 Menschen, ist Sponsor der National Military Intelligence Association. *Boeing* (Headquarters, 7755 East Marginal Way South, Seattle, WA 98108) ist der weltweit größte Hersteller von Flugzeugen, beschäftigt 110 000 Menschen und stellt im Regierungsauftrag auch Raketenbatterien, Kampfflugzeuge und Militärelektronik her. Präsident Clinton ließ sich zum Thema Wirtschaftsspionage und Boeing mit dem Satz vernehmen: »Was gut ist für Boeing, Chrysler und Coca-Cola, ist gut für die USA.« Zuvor hatte der frühere CIA-Chef Woolsey mitgeteilt, daß Boeing Empfänger geheimdienstlich gewonnener Informationen war. *Booz, Allen & Hamilton Inc.* (Corporate Headquarters, Allen

Building, 8283 Greensboro Drive, McLean, VA 22102) ist ein weltweit tätiges Consulting-Unternehmen, das auch im Auftrag amerikanischer Geheimdienste aktiv wird. *Bourns Inc.* – Recon Optical – (Bourns, Inc. 1200 Columbia Avenue, Riverside, CA 92507) ist spezialisiert auf Überwachungskameras. *Brightstar, Inc.* (113 Center Drive North, North Brunswick, NJ 08902) ist Sponsor der National Military Intelligence Association. Von 650 Angestellten der *BTG* (Headquarters, 1945 Old Gallows Road, Vienna, VA 22182) arbeiten 300 in »Top-secret«-Bereichen, vornehmlich auf dem Gebiet der Informationsanalyse.

Cadence (Corporate Headquarters, San Jose River Oaks Campus, 555 River Oaks Parkway, San Jose, CA 95134) liefert Software, *California Microwave Inc.* (Corporate Headquarters, 985 Almanor Avenue, Sunnyvale, California 94086) Telekommunikation für die geheimdienstliche und militärische Nachrichtengewinnung. *Camber* (Headquarters, 635 Discovery Drive, Huntsville, AL 35806) erstellt Computerprogramme. *Cambridge Research Associates* (1430 Springhill Road, Suite 200, McLean, VA 22102) gehört zum Teil einer Holding, die vom früheren CIA-Direktor John Deutch und dem ehemaligen Verteidigungsminister William Perry gegründet wurde. *Carlyle Group – BDM* (BDM Headquarters, 1501 BDM Way, McLean, VA) wird geführt vom früheren Verteidigungsminister und stellvertretenden CIA-Direktor Frank Carlucci. *CAS Inc.* (Corporate Headquarters, 650 Discovery Drive, Post Office Box 11190, Huntsville, AL 35806) und *Ceridian Corporation* (Ceridian Corporation, 8100 34th Avenue South, Bloomington, MN 55425) sind Sponsoren der National Military Intelligence Association. *Chrysler Electrospace* (Chrysler World Headquarters, 1000 Chrysler Drive, Auburn Hills, Michigan 48326) liefert Satellitentechnologie. *Command & Control Consulting Inc.* (406 North Pitt Street, Alexandria, VA 22314) arbeitet auch im Regierungsauftrag auf dem Gebiet der Informationstechnologie. *Command Technologies Inc.* (405 Belle Air Lane, Warrenton, VA 22186) arbeitet unter anderem für die Air Intelligence Agency und verfügt über drei Einrichtungen, die als »*top secret*« klassifiziert wurden. *Computational Logic Inc. – CLI –* (1717 W. 6th Street, Suite 290, Austin, TX 78703-4776) wurde 1983 gegründet und ist Zulieferer für Softwaresysteme von AT&T, Honeywell, TRW und Motorola. *Computer Sciences Corporation* (Corporate Office, 2100 East Grand Avenue, El Segundo, CA 90245) ist führend auf dem Gebiet der Informationstechnologie. *Condor Systems* (2133 Samaritan Drive, San Jose, CA 95124) ist Sponsor der National Military Intelligence Association. *Cordant Inc.* (11400 Commerce Park Drive, Reston, VA) beliefert die amerikanische Geheimdienstgemeinde mit Hard- und Software. *CTA* (Headquarters, 6116 Executive Boulevard, Rockville MD 20852) wurde 1979 gegründet und arbeitet auf dem Gebiet der Luftfahrttechnik.

Data General (Headquarters, 4400 Computer Drive, Westboro, MA 01580) beschäftigt weltweit 5800 Mitarbeiter und liefert Server. *Delfin Systems* (Corporate Headquarters, 3000 Patrick Henry Drive, Santa Clara, CA 95054) stellt Software-Analyse-Tools für amerikanische Geheimdienste her. *Digital Equipment Corporation* (Headquarters, 111 Powdermill Road, Maynard, MA 01754), gegründet 1957, ist einer der größten Computerhersteller der Welt. *Docu-Data Corp.* (Docu-Data Corporation, Glen Burnie, Maryland) erhielt 1995 einen Milliardenauftrag in Fort Meade/Maryland, dem Sitz der NSA.

Eagle-Picher (Headquarters, 580 Walnut Street, Cincinnati, OH 45202) stellt Batterien auch für Spionagesatelliten her. *Eastman Kodak Company* (Headquarters, 1447 St. Paul Street, Rochester, NY 14653) ist Sponsor der National Military Intelligence Association. *EDS* (EDS Headquarters, 5400 Legacy Drive, Plano, TX 75024-3199) stellt Kommunikationssysteme für amerikanische Geheimdienste her. *EG&G* (EG&G Washington Analytical Services Center, 1396 Piccard Drive, Rockville, MD 20850) unterstützt CIA-Operationen mit Software-Ausrüstungen. *EOSAT* (4300 Forbes Boulevard, Lanham, MD 20706) wurde 1984 von Hughes und Lockheed-Martin gegründet und liefert ein breites Spektrum von Satellitenaufnahmen. *ERG – Energy Research Generation* (4300 Forbes Boulevard, Lanham, MD 20706) ist Zulieferer für das amerikanische Satellitenaufklärungsprogramm. *ETI* (112 Elden Street, Suite Q, Herndon, VA 22070) entwickelt Signalverarbeitungs- und -auswertungssysteme. *Electronic Warfare Associates* (13873 Park Center Road, Herndon, VA 22701) ist Hard- und Softwareausrüster.

FGM Inc. (131 Elden Street, Suite 308, Herndon, VA 22070) entwickelt Kartographieprogramme für Militärs und Geheimdienste. *Forecast International/DMS* (Headquarters, 22 Commerce Road, Newtown, CT 06470) ist Zulieferer der Armed Forces Communications and Electronics Association.

GenCorp. – Aerojet (Headquarters, 175 Ghent Road, Fairlawn, OH 44333) stellt neben Waffen auch Satellitenüberwachungssysteme her. *General Motors – Hughes&Magnavox* (3044 West Grand Boulevard, Detroit, MI 48202) und die zum Konzern gehörenden Tochterunternehmen fertigen nicht nur Fahrzeuge, sondern auch Militärelektronik. *Geodynamics Corp.* (21171 Western Avenue, Suite 110, Torrance, CA 90501) ist ein Anbieter geographischer Informationssysteme. *GRC International Inc.* (Headquarters, 1900 Gallows Road, Vienna, VA 22182) ist Zulieferer mehrerer amerikanischer Geheimdienste für Informationstechnologie. *GTE Corp.* (GTE Government Systems Corporation [GSC], 1001, 19th Street North, Arlington, VA 22209) ist Sponsor der National Military Intelligence Association.

Harris Corporation (Headquarters, 1025 West NASA Boulevard, Melbourne, FL 32919) liefert Datenverarbeitungssysteme und befaßt sich mit der Bearbeitung von SIGINT-Signalen. *Horizons Technology Inc.* (700 Technology Park Drive, Billerica, MA 01821) ist Sponsor der National Military Intelligence Association. *HTR* (Headquarters, 6110 Executive Boulevard, Suite 810, Rockville, MD 20852) arbeitet auch für die CIA.

IBM (Corporate Headquarters, One Old Orchard Road, Armonk, NY 10504) beliefert auch NSA, CIA, und manche der Tochtergesellschaften machen 60 Prozent ihres Umsatzes mit amerikanischen Geheimdiensten. *IDG* (3110 Fairview Drive, Suite 1100, Falls Church, VA 22043) liefert Informationstechnologie. *I-NET Inc.* (Headquarters, 6700 Rockledge Drive, Bethesda, MD 20817) erhielt 1995 zwei Aufträge vom U.S. Air Force Space Warfare Center. *Information Technology & Applications* (1875 Campus Commons Drive, Reston, VA 22091) liefert Satellitenkommunikationsausrüstungen. *Infosystems Technology Inc.* (6411 Ivy Lane, Greenbelt, MD 20770) ist ebenso wie auch *Infotech Development Inc.* (3611 South Harbor Boulevard, Santa Ana, CA 92704) Sponsor der National Military Intelligence Association. *Intermetrics* (Corporate Office, 733 Concord Avenue, Cambridge, MA 02138) liefert Hard- und Software auch für die Geheimdienste. *Intergraph* (Headquarters, Huntsville, AL 35894-0001) stattet die Geheimdienste mit jener Hard- und Software aus, die in dem Film »Clear and Present Danger« – basierend auf dem Buch von Tom Clancy – in verschiedenen CIA-Technologiezentren zu sehen ist. *ITT Corporation* (ITT Defense & Electronics, 1650 Tysons Boulevard, Suite 1700, McLean, VA 22102) arbeitet bei der Entwicklung elektronischer Produkte mit amerikanischen Diensten zusammen.

Jaycor (Headquarters, 9775 Town Center Drive, San Diego, CA 92121) wartet Telekommunikationsanlagen. *J.G. Van Dyke & Associates* (6550 Rock Spring Drive, Suite 360, Bethesda, Maryland 20817) liefert Pentagon und Geheimdiensten Problemlösungen bei der IT-Sicherheit. *Johns Hopkins Applied Physics Laboratory* (Laurel, MD 20723), eine Einrichtung der Johns Hopkins University, verfügt in 140 Labors über 2500 Mitarbeiter und wird nach Angaben der Zeitung *Baltimore Sun* auch von der NSA finanziert. *James Martin Government Intelligence* (4350 North Fairfax Drive, Arlington, VA 22203) ist Zulieferer von Computersystemen. *Jet Propulsion Laboratory* (4350 North Fairfax Drive, Arlington, VA 22203) ist ein mit öffentlichen Mitteln gefördertes Forschungsinstitut.

Keane Inc. (Corporate Headquarters, Ten City Square, Boston, MA 02129) ist ein Softwareunternehmen. Auch *Klassic Concepts*

(4813 Lake Hurst Drive, Waco, Texas 76710) arbeitet für amerikanische Geheimdienste.

LGA Inc. (12500 Fair Lakes Circle, Suite 130, Fairfax, VA. 22033) arbeitet unter anderem für das National Photographic Interpretation Center. *Lee Thomas Careers Inc.* (4832 Park Avenue, Bethesda, MD 20816) sucht für NSA und CIA Systemverwalter und andere Computerfachleute. *Litton Industries* (1500 Planning Research Center Drive, McLean, VA 22102) ist wie auch *Lockheed-Martin* (Headquarters, 6801 Rockledge Drive, Bethesda, MD 20817) Sponsor der National Military Intelligence Association. *Logicon Inc.* (Headquarters, 3701 Skypark Drive, Torrance, CA 90505) arbeitet für die Central Imagery Offices. *Loral* (Headquarters, 600 Third Avenue, New York, NY 10016) ist Sponsor der National Military Intelligence Association.

ManTech International (ManTech Advanced Systems International, Inc., Columbia, Maryland) hat einen Wartungsvertrag für Einrichtungen der NSA in Fort Meade/Maryland. *McDonnell-Douglas Aerospace* (McDonnell-Douglas, Saint Louis, MO 63166) arbeitet eng mit vielen amerikanischen Geheimdiensten zusammen. *M&Q Associates, Inc.* (1551 Forbes Street, Suite 100, Fredricksburg, VA 22405) ist ein auf Überwachungsanlagen spezialisiertes High-Tech-Unternehmen. *Mead Data General* (9443 Springboro Pike, Miamisburg, OH 45343) ist Sponsor der National Military Intelligence Association. *Merdan Group* (Headquarters, 4617 Ruffner Street, San Diego, CA 92111) gilt als führend auf dem Gebiet der Computersicherheit. *MITRE* (202 Burlington Road, Bedford, MA 01730) arbeitet in unterschiedlichen Bereichen auch für die Dienste. *Motorola* (8201 E. McDowell Road, Scottsdale, AZ 85257) ist Sponsor der National Military Intelligence Association. *MPRI – Military Professional Ressources, Inc.* (1201 East Abingdon Drive, Alexandria, VA) berät und trainiert im amerikanischen Regierungsauftrag fremde Armeen – so etwa das kroatische Militär seit 1995. *MRJ Inc.* (10560 Arrowhead Drive, Fairfax, VA 22030) arbeitet auf dem Gebiet des Informations-Managements. *MTL Systems, Inc.* (Headquarters, 3481 Dayton-Xenia

Road, Dayton, OH 45432-2796) liefert den Diensten Systeme und Serviceleistungen bei »*electronic warfare*« und Überwachungstechniken. *Mystech Associates* (5205 Leesburg Pike, Falls Church, VA 2204) ist Sponsor der National Military Intelligence Association.

NAI Technologies, Inc. (7125 Riverwood Drive, Columbia, MD 21046) liefert Kommunikations- und Computersysteme. *National Semiconductor Corp.* (Headquarters, Santa Clara, CA) hat mehr als 22 000 Angestellte und ist der viertgrößte amerikanische Hersteller von Halbleitern. *Nichols Research* (Headquarters, 4040 South Memorial Parkway, Huntsville, AL 35815) entwickelt SIGINT-Systeme. *Northrop-Grumman* (1840 Century Park East, Los Angeles, CA 90067) betreut unter anderem das Westinghouse Science & Technology Center – ein Projekt mit der Einstufung »*top secret*« –, das nach Angaben der *Baltimore Sun* auch die NSA zu seinen Kunden zählt.

OAO (Headquarters, 7500 Greenway Center, Greenbelt, MD 20770) ist ein 1973 gegründetes Software-Unternehmen. *Open Source Solution, Inc.* (11005 Langton Arms Court, Oakton, VA 22124) liefert amerikanischen Geheimdiensten offen zugängliche Daten, die nicht durch verdeckte Operationen beschafft werden müssen. *Oracle Corporation* (3 Bethesda Metro Center, Bethesda, MD 20814 N) ist Sponsor der National Military Intelligence Association. Einer ihrer Vizepräsidenten ist Admiral Jerry O. Tuttle, der im Pentagon Direktor der Abteilung »Space & Electronic Warfare« war. *Orbital Sciences Corporation* (21700 Atlantic Boulevard, Dulles, VA 20166) wurde 1982 gegründet und ist auf dem Gebiet der Raumfahrtforschung tätig. *Organon Motives* (36 Warwick Road, Watertown, MA 02172) und *Orion Scientific Systems* (Headquarters, 8400 Westpark Drive, Suite 200, McLean, VA 22102) sind Softwareanbieter. *Overlook Systems Technologies* (1950 Old Gallows Road, Suite 700, Vienna, VA 22182) liefert Sicherheitssysteme.

Pacific-Sierra Research Corp. (Corporate Headquarters & Santa Monica Ops – 2901 28th Street, Santa Monica, CA 90405) liefert Software zur Analyse von Geheimdienstoperationen. *Paracel, Inc.*

(80 South Lake Avenue, Suite 650, Pasadena, CA 91101) hat ein System entwickelt, das mit hoher Geschwindigkeit Texte und Daten aus verschiedenen Sprachen filtern kann. *Parallax Graphix, Inc.* (World Headquarters, 2500 Condensa Street, Santa Clara, CA 95051) liefert Software und andere Produkte für Videokonferenzen, die auch von Geheimdiensten genutzt werden. *Pixel Soft, Inc.* (101 First Street, Suite 429, Los Altos, CA 94022) liefert Software zur Bildbearbeitung und -animation. *PRB Associates, Inc.* (Headquarters, 47 Airport View Drive, Hollywood, MD 20636) bietet etwa »*joint intelligence support tools*« an. *Presearch, Inc.* (8500 Executive Park Avenue, Fairfax, VA 22031) ist ein Hard- und Softwarevertrieb. *Primark-TASC* (TASC Corporate Headquarters, 55 Walkers Brook Drive, Reading, MA 01867) bietet einen auf offenen Quellen basierenden Informationsservice an, der auch den Bereich der Wirtschaftsspionage und Entwicklungen der Märkte sowie technologische Neuerungen abdeckt. *PSYTEP Corporation* (101 North Shoreline Boulevard, Corpus Christi, TX 78401) ist Sponsor der National Military Intelligence Association. *Pulse Engineering* (Headquarters, 12220 World Trade Drive, San Diego, CA 92128) produziert Komponenten, die den Einsatz von Magneten erfordern.

QSI – Quality Systems, Inc. (4000 Legato Road, Suite 1100, Fairfax, VA 22033) liefert Informationssysteme für Geheimdienste und Unternehmen. *Questech* (7600 Leesburg Pike, Falls Church, VA 22043) liefert wissenschaftliche und technische Software vor allem für jene Dienste, die sich mit »*electronic warfare*« und »*information* warfare« befassen.

Die *Rand Corporation* (RAND, 1700 Main Street, PO Box 2138, Santa Monica, CA 90407) wird auch von amerikanischen Geheimdiensten mitfinanziert. *Raytheon* (Headquarters, Lexington, MA) bietet neben seinen militärischen Produkten seit 1947 auch den amerikanischen Geheimdiensten eine Fülle elektronischer Aufklärungstechniken an. *Research Associates of Syracuse* (Syracuse, NY) genießt ebenso wie *Rockwell* (Headquarters, Seal Beach, CA) bei den Geheimdiensten aufgrund des geballten Fachwissens einen hervorragenden Ruf.

Science Applications International Corporation – SAIC (Headquarters, 1710 Goodridge Drive, McLean, VA 22102) ist Sponsor der National Military Intelligence Association. *Scientech Inc.* (1690 International Way, Idaho Falls, Idaho 83402) unterstützt mit seinem Know-how Überwachungsaktionen der CIA. *SCO – The Santa Cruz Operation, Inc.* (Headquarters, 400 Encinal Street, Santa Cruz, CA 95061) liefert Software für jene Computersysteme, auf denen »Topsecret«-Nachrichten abgespeichert werden. *Secure Solutions* (9404 Genesee Avenue, Suite 237, La Jolla, CA 92037) arbeitet auch im Auftrag der NSA. *SIGTEC, Inc.* (9821 Broken Land Parkway, Columbia, MD 21046) produziert Signal-Übermittlungstechniken. *Silicon Graphics Computer Systems* (2011 North Shoreline Boulevard, Mountain View, CA 94039) ist Sponsor der National Military Intelligence Association. *Space Applications Corp.* (Headquarters, 200 East Sandpoint Avenue, Suite 200, Santa Ana, CA 92707) ist technischer Ausrüster und liefert auch Satellitensoftware. *Sparta* (Headquarters, Huntsville, AL) bietet Informations-Management-Unterstützung an. *SpotImage* (5, rue des Satellites, BP 4359, F-31030 Toulouse cedex, France) ist ein französisches Unternehmen und liefert Satellitenaufnahmen auch für amerikanische Geheimdienste. *SRA International* (Headquarters, 2000 15th Street North, Arlington, VA 22201) entwickelt Sprachverarbeitungs- und Texterkennungssysteme. *System Research Corporation – SRC* (128 Wheeler Road, Burlington, MA 01803) arbeitet auf dem Gebiet der LAN- und WAN-Kommunikation. *SRL International* (1611 North Kent Street, Arlington, VA 22209) und das dazugehörige *David Sarnoff Research Center* (CN 5300, Princeton, NJ 08543) sind Sponsoren der National Military Intelligence Association. *SSDC, Inc.* (Corporate Headquarters, 6595 S. Dayton Street, Suite 300, Englewood, CO 80111) arbeitet auf jenem Gebiet der Informationsgewinnung, die Konkurrenten einen Vorsprung geben soll, und zählt auch Geheimdienste zu seinen Kunden. *Scientific and Technical Analysis Corp. – STAC* (11250 Waples Mill Road, Suite 300, Fairfax, VA 22030) stellt Analysehilfen für

Geheimdienste wie etwa Satellitensimulationen her. *Sterlin Software* (Federal Systems Group – FSG, 1650 Tysons Boulevard, Suite 800, McLean, VA 22102) ist ebenso wie *Sun Microsystems* (Headquarters, 2550 Garcia Avenue, Mountain View, CA 94043) Sponsor der National Military Intelligence Association. *Sybase, Inc.* (Headquarters, 6475 Christie Avenue, Emeryville, CA 94608) ist ein führender Software-Anbieter und steht in engem Kontakt mit fast allen amerikanischen Diensten. *Synetics Corp.* (10400 Eaton Place, Suite 200, Fairfax, VA 22030) arbeitet auf dem Gebiet der Informationstechnologie. *Syracuse Research Corp.* (Merril Land, Syracuse, NY 13210) liefert Forschungs- und Entwicklungsleistungen beispielsweise auf dem Gebiet der Satellitenkommunikation. *System Planning Corporation* (1000 Wilson Boulevard, Arlington, VA 22209) entwickelt Radar- und Sensorsysteme und unterhält verschiedene Einrichtungen, die als »*top secret*« klassifiziert wurden. *Sytex Inc.* (Headquarters, 22 Bailiwick Office Campus, Doylestown, PA 18091) liefert Informationssysteme, die bei Operationen fast in Echtzeit arbeiten.

Tech-Ed Services (5430F Lynx Lane 308P, Columbia, MD 21044) ist Dienstleister. *3Com* (Headquarters, Santa Clara, CA) arbeitet auch im Auftrag von CIA und NSA. *Titan Corporation* (Headquarters, 3033 Science Park Road, San Diego, CA 92121) ist ein weltweiter Marktführer bei Informationssystemen. *Tracor – GDE Systems, Inc.* (6500 Tracor Lane, Austin, TX 78725) ist Hersteller beispielsweise des »Intelligence Data Handling System (IDHS)«. *TRW* (Space & Electronics Group [S & EG], One Space Park Redondo Beach, CA 90278) ist Sponsor der National Military Intelligence Association.

Unisys (Headquarters, Township Line Road, Blue Bell, PA 19424) entwickelt auch für amerikanische Dienste Softwareprodukte.

Verity (Headquarters, 1550 Plymouth Street, Mountain View, CA 94043) arbeitet unter anderem für das Pentagon.

Wallach Associates (6101 Executive Boulevard Department 1112, Box 6016, Rockville, MD 20849) sucht auf verschiedenen Gebieten Fachleute für die Dienste. *Wang Laboratories, Inc.* (Wang Federal Systems, Inc., 7900 Westpark Drive, McLean, VA 22102) ist Sponsor der National Military Intelligence Association. Die *Watkins-Johnson Company* (3333 Hillview Avenue, Palo Alto, CA 93404) bietet Hilfestellung zur Fertigung von Halbleitern. *Welkin Associates* (1300 Eaton Place, Fairfax, VA 22030) ist ebenso wie *Wheat International Communications* (8229 Boone Boulevard, Vienna, VA 22182) Sponsor der National Military Intelligence Association.

Zudem berichtet die Federation of American Scientists auch über jene amerikanischen Universitäten, die mit der NSA bei Ausbildungsprogrammen zusammenarbeiten. In einem FAS-Bericht mit dem Titel »Facilities« *(http://www.fas.org/irp/nsa/nsafacil.htm)* heißt es, solche NSA-Programme gebe es neben der schon erwähnten Johns Hopkins University auch an der American University, der George Washington University, der University of Maryland und der Catholic University. Gelegentlich unterrichteten auch NSA-Mitarbeiter an diesen Universitäten. Man stelle sich vor, welchen Aufschrei es verursachen würde, wenn der Bundesnachrichtendienst an deutschen Universitäten unterrichten, an Studenten offiziell Stipendien vergeben oder diese zu Universitäts-Seminaren einladen würde. Was in Deutschland undenkbar erscheint, ist in den Vereinigten Staaten üblich. Das aber sollte man wissen, wenn man Kontakt zu den vorgenannten Institutionen hält oder mit diesen Geschäfte machen möchte.

Nippons Späher

Nicht erst in den sechziger und siebziger Jahren des 20. Jahrhunderts, sondern bereits zur Zeit des deutschen Kaiserreichs wurden japanische Wirtschaftsspione eine Plage. Ihr erstes Ziel waren die Werften. Während sie vorgaben, Schiffe bestellen zu wollen, forderten sie auch deren komplette Konstruktionspläne an. Dann jedoch bauten sie die Schiffe selber nach. Über dieses Geschäftsgebaren verärgert, spielte man den Japanern angeblich auch »getürkte« Schiffsbaupläne zu. Mehrere Chronisten berichten, daß sich ein Frachter, den die Japaner anhand dieser Pläne bauten, beim Stapellauf quergelegt haben soll.

Jacques Bergier beschreibt das japanische Vorgehen in seinem 1970 erschienenen Buch »*Industriespionage*« an einem amüsanten Beispiel: »Die Japaner ließen sich den Prototyp einer Pumpe schicken, von der sie angeblich große Serien bestellen wollten. Man überließ ihnen ein Versuchsexemplar, das einen Schaden aufwies: ein Loch im Kolben. Dieses Loch hatte man durch eine Schraube und eine Mutter verstopft. Die Japaner stellten die Pumpe so her, wie sie war, mitsamt der Schraube und der Mutter. Das Gerät rief bei den europäischen und amerikanischen Industriellen große Heiterkeit hervor und bestärkte den Ruf der Japaner als Fälscher und Nachmacher.«

Mittels Industriespionage eigneten sich die Japaner vor dem Ersten Weltkrieg neben den Blaupausen für Schiffe und Motoren auch das Wissen um die Stahl- und Hüttenindustrie, die Linsenschleiferei und das Fabrikationsgeheimnis des rauchlosen Schießpulvers an. Heute sammelt das mächtige Wirtschaftskoordinierungsorgan MITI (Ministry of International Trade and Industry) Wirtschaftsinformationen über die Konkurrenten der japanischen Industrie. In einem gemeinsam vom Bundesamt für Verfassungsschutz und dem Bundesnachrichtendienst im März 1997 erstellten Geheimbericht heißt es, das MITI bewege sich dabei »vorsichtig ausgedrückt – am Rande nachrichtendienstlicher Methoden«. Dieses Handelsministerium bemühe sich mit enormem Aufwand, systematisch alle weltweit verfügbaren Informationen über das internationale Patentwesen, wirtschaftliche Entwicklungen – sowohl einzelner Unternehmen als auch ganzer Volkswirtschaften – sowie technologische Zukunftstrends zu erfassen und auszuwerten. In dem BfV/BND-Bericht heißt es dazu, Tausende wissenschaftlicher Übersetzer und Technologie-Experten studierten permanent die internationale Fachpresse, um neue Erkenntnisse unmittelbar der japanischen Forschung und Industrie zugänglich zu machen.

Seit der Gründung des MITI im Jahre 1949 war es dessen oberstes Ziel, Japan um jeden Preis zu einer schlagkräftigen Wirtschaftsmacht zu machen. Weder das deutsche Wirtschaftsministerium noch das amerikanische Handelsministerium können mit dem MITI verglichen werden, da letzteres eine für andere Staaten der Welt untypische Verquickung von Geheimdiensten und Wirtschaftslenkern aufweist.

Den großen Einfluß dieser japanischen Institution versteht man nur, wenn man die Verknüpfung von Ministerium und privaten japanischen Wirtschaftsunternehmen kennt. Viele der Vorstandsvorsitzenden japanischer Konzerne wurden im MITI ausgebildet, und auch das Management zahlreicher Betriebe stammt aus diesem Superministerium. So war etwa der Management-Direktor der Mitsubishi Corporation, Makoto Kuroda, früher einmal stellvertretender MITI-Präsident. Diese für Japan typischen Verbindungen erklären auch, warum etliche Auslandsniederlassungen japanischer Konzerne zugleich als Residenturen für japanische Wirtschaftsspione dienen. Dabei verschwimmen die Interessen der Privatunternehmen und der staatlichen Institutionen, für die sie tätig sind. Fast alle großen japanischen Unternehmen betreiben zudem selbst weltweit Industriespionage. Weil sie den JETRO-Mitarbeitern Auslandsniederlassungen zur Tarnung überlassen, kann man hier aber nicht mehr zwischen Konkurrenz- und Wirtschaftsspionage trennen. Der technische amerikanische Geheimdienst National Security Agency beobachtet diese japanischen Niederlassungen deshalb ebenso argwöhnisch wie auch der deutsche BND. Die NSA stellte mit Hilfe ihrer schon eingehend beschriebenen Satellitenüberwachung im Juli 1982 fest, daß Mitsubishi in Washington an das Mutterhaus in Tokio Dokumente übergab. Sie entpuppten sich bei genauerem Hinsehen als eigentlich für den Präsidenten der Vereinigten Staaten bestimmte Geheimdienstberichte mit Informationen über den irakisch-iranischen Krieg.

Jene Angehörigen des MITI, die sich ausschließlich der Wirtschaftsspionage widmen, arbeiten in der Abteilung JETRO (Japanese External Trade Organization). Sie soll zum einen das Ansehen japanischer Produkte in der Welt fördern und andererseits die notwendigen Informationen beschaffen, mit denen japanischen Unternehmen auf dem Weltmarkt Wettbewerbsvorteile verschafft werden können. Die JETRO wurde 1958 gegründet, 1982 unterhielt sie in 59 Staaten der Welt 81 Büros mit insgesamt 270 Angestellten, die ihre Informationen täglich in die Tokioter Zentrale liefern mußten. Dort arbeiten 1200 Auswerter. Japan ist der einzige Staat der Welt, der einen dem Handelsministerium angegliederten reinen Wirtschaftsgeheimdienst unterhält. Die Büros der JETRO liegen außerhalb des MITI (2–5 Toranomon, 2-chome, Minato-ku) gegenüber der amerikanischen Botschaft in Tokio, nahe der Nachrichtenagentur Kyodo. Allein in den Vereinigten Staaten unterhält die JETRO heute acht Büros: in New York, San Francisco, Chicago, Los Angeles, Houston, Atlanta, Denver und Puerto Rico. JETRO spioniert vorwiegend in den Vereinigten Staaten. In Europa hat die JETRO nach Angaben von BND-Mitarbeitern vor allem folgende Staaten im Visier: Großbritannien, Frankreich, Deutschland, Spanien und Italien.

Auch James Hansen, Autor eines 1996 erschienenen Buches mit dem Titel »*Japanese Intelligence*«, bescheinigt der JETRO, neben amerikanischen auch deutsche Unternehmen auszuspionieren. Diese Spionageaktivitäten in Europa dürften in letzter Zeit zugenommen haben. Während in den Vereinigten Staaten weiterhin nur acht JETRO-Büros arbeiten, gibt es in Westeuropa mittlerweile 27 Büros. Das dürfte amerikanische Behauptungen entkräften, wonach amerikanische Unternehmen weiterhin das vorrangige Ziel japanischer Wirtschaftsspionage seien. Zu den Klienten der JETRO zählen bekannte japanische Konzerne wie Fujitsu, Toshiba, Matsushita, Hitachi, NEC, Mitsubishi und Sony. Diese Unternehmen unterhalten zugleich auch Abteilungen, die aus der Sicht deutscher Sicherheitsfachleute nichts anderes als Industriespionage-Abteilungen sind. Den Großteil ihrer Informationen gewinnt die JETRO legal, ohne Einsatz verdeckter Ermittlungstechniken, ohne Erpressung und ohne Bezahlung. Mehr als 90 Prozent der Erkenntnisse stammen aus offenen Quellen (ähnliches gilt ja auch für den deutschen BND). Doch neben dieser legalen Informationsbeschaffung gibt es auch illegale nachrichtendienstliche Operationen. So versuchten 1982 Manager von Hitachi und Mitsubishi, Informationen über neue Hard- und Software des amerikanischen Computerherstellers IBM von einem FBI-Agenten zu kaufen und wurden verhaftet. 1991 wurden 15 japanische Unternehmen – darunter Hitachi, Mitsubishi Heavy Industries und Toyota – der Spionage angeklagt. Sie hatten versucht, beim größten Baustoffhersteller Komatsu entwendete Pläne über neue Produkte und Marktstrategien aufzukaufen. Und auch das amerikanisch-japanische Joint-venture-Unternehmen Shin Caterpillar Mitsubishi soll Opfer japanischer Industriespionage geworden sein.

Auch religiöse Organisationen werden in die japanische Wirtschaftsspionage eingespannt. So wurde 1991 in Frankreich ein Angestellter der Rüstungsagentur Direction générale de l'armement entlassen. Während ihm nach offiziellen Angaben sein mehrfaches Zuspätkommen zum Verhängnis wurde, soll in Wahrheit die französische Spionageabwehr festgestellt haben, daß der Angestellte ein Mitglied der buddhistischen japanischen Sekte Soka Gakkai war. Von ihr wird behauptet, sie betreibe zugunsten Japans weltweit Technologiespionage.

Mossad – das Auge Davids

Nicht nur Insider wissen um den legendären Ruf des israelischen Auslandsgeheimdienstes Mossad (hebräisch für »Institution«). Als der amerikanische Präsident Clinton intime Telefongespräche mit der Praktikantin Monika Lewinsky führte, wähnte sich das Paar unbelauscht, war es aber nicht. Als im September 1998 der Bericht des amerikanischen Chefermittlers Kenneth Starr über die Sexspielchen im Weißen Haus veröffentlicht wurde, fand sich darin eine aufschlußreiche Passage. Es hieß, bei einem letzten Treffen mit seiner Geliebten habe Clinton den Verdacht geäußert, eine »ausländische Botschaft« zeichne ihre Gespräche auf. Der 65 Jahre alte britische Geheimdienstfachmann Gordon Thomas enthüllte im Frühjahr 1999 in seinem spannenden Buch *Die Mossad-Akte*, wer die ungebetenen Lauscher waren: Was auch immer Ermittler Starr der Weltöffentlichkeit an schlüpfrigen Neuigkeiten mitteilte, der Mossad war darüber längst im Bilde. Mit Hilfe der israelischen Botschaft in Washington habe der Mossad (in Israel »Ohr und Auge Davids« genannt) über Monate die Wohnung von Frau Lewinsky überwacht – und auch abgehört. Der Staat der Juden habe die Mitschnitte als Option auf »ein politisches Druckmittel« verstanden. Dieses Druckmittel sollte eingesetzt werden, wenn der amerikanische Präsident zuviel Verständnis für die Forderungen der Palästinenser nach Rückgabe ihres von Israel widerrechtlich besetzten Landes geäußert oder gar die Ausrufung eines unabhängigen palästinensischen Staates befürwortet hätte. Mit solchen erpresserischen Methoden arbeitet der Mossad schon seit Jahrzehnten.

Seine Informationen setzt der Mossad ausschließlich zum Wohle des Staates Israel ein – und geht dabei über Leichen. Glaubt man Gordon Thomas, so haben die Mossad-Mitarbeiter auch 241 Leben ihres wichtigsten Verbündeten auf dem Gewissen. Im August 1983 schon sollen israelische Agenten gewußt haben, daß ein Anschlag auf die in der libanesischen Hauptstadt Beirut stationierten amerikanischen *Marines* geplant war. Ein Mossad-Mann habe einen mit einer halben Tonne Sprengstoff präparierten Lkw entdeckt, die CIA darüber jedoch nicht informiert. Statt dessen habe man protokolliert: »Was die Amerikaner betrifft, so ist es nicht unsere Aufgabe, sie zu schützen. Sie können selber aufpassen.« Und so schaute der Mossad seelenruhig zu, als am 23. Oktober 1983 der Lastwagen mit der tödlichen Fracht in das Hauptquartier des 8. Amerikanischen Marinebataillons in Beirut fuhr und 241 Soldaten in den Tod riß. Für derartige Skrupellosigkeit sind alle israelischen Geheimdienstmitarbeiter bekannt. Wen wundert es da, daß die israelischen Dienste systematisch auch Unternehmen ausplündern?

In der Liga der Geheimdienste, die seit dem Ende des Zweiten Weltkriegs von der CIA, dem KGB, seinen Nachfolgeorganisationen und vom britischen SIS beherrscht worden ist, gliederte sich der Mossad erst verhältnismäßig spät als Synonym für Professionalität, Härte und Mut ein. Nach 1960, als »Freiwillige« aus Israel den Nazi-Kriegsverbrecher Adolf Eichmann aus Argentinien entführten und die Operation vom Kopf des Geheimdienstes, Isser Harel, persönlich überwacht wurde, sollte es noch Jahre dauern, bis der Name Mossad seine heutige – inzwischen aufgrund zahlreicher Pannen wieder verblassende – Bedeutung erlangte.

In den Vereinigten Staaten sind israelische Spione inzwischen verhaßt. Anlaß waren zwei herausragende Fälle, die sich Mitte der achtziger Jahre ereigneten. In einem Fall importierte Israel 1985 über einen Richard Smyth illegal 800 Kryptonen, elektronische Hochleistungsschalter, die zum Zünden von Nuklearwaffen genutzt werden können. Im selben Jahr flog auch Jonathan Pollard auf, der als Auswerter bei der amerikanischen Marine gearbeitet hatte und den Israelis monatelang amerikanische Geheimdokumente zuschanzte. Pollard wurde 1987 zu lebenslanger Haft verurteilt. Über die Einzelheiten des von Pollard angerichteten Schadens hüllte sich die amerikanische Regierung seither in Schweigen. Doch weil israelischer Druck bei Präsident Clinton im Frühjahr 1999 Wirkung zu zeigen schien, den Spion zu begnadigen, drangen von Gegnern der Freilassung dann doch Details des Geheimnisverrats an die Öffentlichkeit. Nach Angaben des amerikanischen Fernsehsenders ABC zahlte Israel Pollard in den achtziger Jahren zunächst 1500 Dollar monatlich und erhöhte die finanziellen Zuwendungen später auf 2500 Dollar. Zudem soll er eine jährliche Prämie von 30 000 Dollar erhalten haben. Seit seiner Inhaftierung überweise der israelische Staat dem Spion jährlich auch 120 000 Dollar auf ein Schweizer Bankkonto, berichtete der Sender. Im Falle seiner Freilassung wäre Pollard damit ein Millionär. Doch die Großzügigkeit Israels habe damit nicht geendet: Auch eine Urlaubsreise nach Frankreich im Wert von 10 000 Dollar, ein 7000 Dollar teurer Diamantring und die 12 000 Dollar teure Hochzeitsreise wurden angeblich vom israelischen Geheimdienst übernommen. Die Großzügigkeit wurde belohnt: Nicht nur elf Kubikmeter geheimer Unterlagen lieferte Pollard den israelischen Spionen. Er schaffte auch das Kunststück, »*RASIN*« (Radio Signals Information Manual), ein zehn Bände umfassendes geheimes Werk mit genauen Angaben über alle Frequenzen, Module und Charakteristiken der Funksignalspionage nebst Gebrauchsanleitung, außer Landes zu schaffen.

Der langjährige NSA-Mitarbeiter Ira Winkler sprach für sein 1997 erschienenes Buch »*Corporate Espionage*« auch mit dem früheren CIA-Direktor Robert Gates über Israel. Gates sagte ihm, Israel mache viel Illegales. Israel ziehe es vor, daß solche Aktionen nicht bekannt würden, schere sich aber eigentlich nicht so recht darum, da die jüdische Lobby in Washington zu stark sei, daß man ernsthaft etwas dagegen unternehmen könne.

Ein früherer Mitarbeiter des Verfassungsschutzes berichtete dem Autor im Frühjahr 1999: »Auch in Deutschland sind die israelischen Dienste bei der Wirtschaftsspionage massiv tätig. Während meiner Zeit waren sie fast überall. Wenn man einen Fall entdeckt hatte, kamen zwei neue auf. Doch wir durften dagegen nicht vorgehen. Sonst hätte es gleich geheißen, unsere moralische Schuld müsse erst noch gesühnt werden. Ich erinnere mich an einen Fall in den achtziger Jahren, als die Israelis in Düsseldorf Rheinmetall ausspähten. Wir mußten so tun, als hätten wir nichts gesehen.« Auch andere Mitarbeiter des Verfassungsschutzes bestätigten diese Auffassung. Einer berichtete, es sei »kriminell« gewesen, mit welcher Energie die Israelis in deutschen Unternehmen agiert hätten. Jüngstes Ziel der Israelis soll die Abteilung Triebwerkbau beim BMW-Konzern gewesen sein.

In den Vereinigten Staaten wurde Recon/Optical, ein in der optischen Industrie auf militärische Aufträge spezialisiertes Unternehmen, ausgespäht. Israel ging dabei nach klassischem Muster vor: Man erteilte dem Unternehmen Aufträge für die israelische Rüstungsindustrie, erhielt so die Genehmigung, zwei Isarelis zur Begutachtung der Produktion bei Recon zu plazieren, und zog dann alle Informationen ab, derer man habhaft werden konnte. Die israelischen Spione leiteten diese Informationen an das israelische Unternehmen Electro-Opticas Industries Ltd. weiter, das anschließend die gleichen Produkte wie Recon anbieten konnte – doch zu weitaus geringerem Preis, weil man die Entwicklungskosten eingespart hatte. NSA-Fachmann Ira Winkler schreibt in seinem Buch »*Corporate Espionage*«, Recon habe Millionen Dollar in die Entwicklung der Produkte investiert; Israel habe »alles gestohlen«.

Auch in den USA sorgte die Aggressivität der israelischen Wirtschaftsspionage schon mehrfach für Dissonanzen. So warnte das Pentagon in einem an amerikanische Rüstungsunternehmen gerichteten Schreiben im Oktober 1995 vor israelischen Wirtschaftsspionen. Es dauerte nicht lange, bis der Vorsitzende der jüdischen Anti-Diffamation League (ADL), Abraham Foxman, von diesem Papier Kenntnis erhielt und dem US-Verteidigungsministerium »Antisemitismus« vorwarf. Dieses lenkte ein, zog das Papier zurück und soll ihm zugesagt haben, niemals wieder ein ähnliches Schreiben zu verfassen. Doch es dauerte nur wenige Tage, bis das General Accounting Office einen Bericht veröffentlichte (»Defense Industrial Security: Weaknesses in US Security Arrangements with foreign-owned defense contractors«), der zwar Israel nicht namentlich erwähnte, gleichwohl in diesem von einem »Land A« sprach. Und die *Washington Times* enthüllte am 22. Februar 1996, wer damit gemeint war: Israel.

Die Liste der Vorwürfe war lang. Es hieß, Israel verfolge das Ziel, vor allem die eigene Rüstungsindustrie zu stärken, verkaufe die gestohlenen Informationen aber auch an andere Staaten, um aus politischen Gründen Allianzen zu schmieden. In dem Bericht werden acht schwere Fälle von israelischer Wirtschaftsspionage in den Vereinigten Staaten genannt: So habe es weiterhin Versuche gegeben, amerikanische Regierungsangestellte zum Verkauf von klassifizierten Berichten zu bewegen, Agenten des Landes seien beim Diebstahl von

Technologie für Artilleriegeschütze erwischt worden, hätten Projektstudien für ein neues militärisches Aufklärungssystem entwendet, das Pentagon abgehört, Flugzeug- und Raketenbauer ausgespäht, Software für die Freund-Feind-Radarerkennung gestohlen und sich Beschichtungen für Raketen angeeignet. Der amerikanische Geheimdienstfachmann John Fialka sagte dazu in einer Anhörung vor dem Kongreß am 17. Juni 1997: »Rußland und Israel betreiben in den Vereinigten Staaten Wirtschaftsspionage – mit verschiedenen Abstufungen staatlicher Unterstützung.«

Doch es blieb nicht bei diesem Bericht. Auch das Office of Naval Intelligence (ONI) erstellte einen 36 Seiten umfassenden Bericht zur israelischen Rüstungsspionage. Zum ersten Mal wurde darin bestätigt, daß Israel nicht nur amerikanische Waffentechnologie stiehlt, sondern diese auch an andere Staaten weiterveräußert. Geschildert wurde der Fall des Kampfflugzeugs »Lavi« (»Löwe«), das auf amerikanischer Technologie basiert. Doch nicht nur diese, sondern auch die Blaupausen von Boden-Luft-Raketen amerikanischer Produktion habe Israel den Chinesen geliefert. Führende Amerikaner jüdischen Glaubens, unter ihnen Stephen Bryen (er war im Pentagon *undersecretary of defense for trade security policy*) nannten diese Veröffentlichungen »rassistisch«. Ein anderer ranghoher Amerikaner jüdischen Glaubens, Dov Zakheim (auch er arbeitete im Verteidigungsministerium), hob allerdings hervor: »Wissen Sie eigentlich, wie viele Juden im Pentagon arbeiten? Ich empfehle sowohl Israel als auch dem jüdischen Establishment, diese Karte nicht auszuspielen. Sie kann nur Schaden anrichten.«

Hauptträger der israelischen Wirtschaftsspionage war über Jahrzehnte nicht der Auslandsgeheimdienst Mossad, sondern ein »Büro für wissenschaftliche Beziehungen«, das im Hebräischen »Lakam« genannt wird. Es wurde 1960, als Schimon Peres stellvertretender Verteidigungsminister war, zur Beschaffung von rüstungstechnologischem und wissenschaftlichem Know-how eingerichtet. Einer breiteren Öffentlichkeit wurde Lakam zum ersten Mal im Zusammenhang mit der Entwendung von Bauplänen des französischen Kampfflugzeugs Mirage im Jahre 1968 bekannt. In jener Zeit unterhielt Lakam in den Vereinigten Staaten noch offizielle Verbindungsbüros, so etwa in New York, Washington, Boston und Los Angeles. Am 1. Februar 1982 zitierte die *Washington Post* aus einem CIA-Bericht, in dem es über Israel hieß: »Die Israelis widmen einen beträchtlichen Teil ihrer verdeckten Unternehmungen der Beschaffung wissenschaftlicher und technischer Geheiminformationen.« Im Zusammenhang mit solchen von da an vermehrt auftauchenden Berichten wurden die Lakam-Büros 1986 angeblich aufgelöst. Lakam-Chef Rafi Eitan wurde zum Vorsitzenden von Israel Chemical Industries ernannt. Die Federation of American Scientists behauptet, daß die früher von Lakam betriebene Wirtschaftsspionage heute offenbar von einer Abteilung des israelischen Außenministeriums fortgesetzt werde.

Auch in Deutschland gibt es Geheimberichte über die Wühltätigkeit israelischer Agenten in deutschen Unternehmen. Doch anders als ähnliche Berichte der »befreundeten« westlichen Staaten werden sie nicht als »VS – vertraulich« eingestuft, sondern sind geheim. An ihrer Veröffentlichung möchte sich in Deutschland auch mehr als fünf Jahrzehnte nach dem Ende des Zweiten Weltkriegs niemand die Finger verbrennen. In ihnen sind beispielsweise jene Belege gesammelt, die den Stand der israelischen Computerspionage dokumentieren. So weist ein Gesprächspartner aus dem BND darauf hin, daß fast alle führenden Hersteller von »Firewalls«, die Unternehmen vor Einbrüchen in ihre sensibelsten Datennetze schützen sollen, entweder von israelischen Entwicklern stammten oder aber die Anbieter »direkt oder indirekt« Israelis seien. »Im Ergebnis können Sie sich vorstellen, was das bedeutet. Das gleiche gilt auch für Verschlüsselungssysteme oder Spracherkennung. Doch Warnungen aussprechen dürfen wir nicht. Wir müssen da wohl noch eine moralische Schuld abbauen. Und die mahnt uns, dazu zu schweigen.«

Made in Pullach – deutsche Schlapphüte

Der Bundesnachrichtendienst (BND) ist der Auslandsgeheimdienst der Bundesrepublik. Er schlingert zwischen den Tätigkeiten der westlichen »Partnerdienste« hin und her und soll im Ausland jene Informationen über politische, militärische, technische und wirtschaftliche Vorgänge beschaffen und auswerten, welche die äußere Sicherheit Deutschlands beeinträchtigen können. Im Inland darf der BND nicht tätig werden. Die Behörde untersteht dem Bundeskanzleramt und wird von der Parlamentarischen Kontrollkommission des Bundestags überwacht.

Der BND ging 1956 aus der »Organisation Gehlen« hervor. Reinhard Gehlen war als Generalmajor der Wehrmacht Leiter der Abwehr-Abteilung »Fremde Heere Ost« und hatte sich bei Kriegsende mit mehreren Mitarbeitern den Vereinigten Staaten zur Verfügung gestellt. Er wurde der erste Präsident des BND. Ihm folgten Gerhard Wessel, Klaus Kinkel, Eberhard Blum, Heribert Hellenbroich, Hans-Georg Wieck, Gerhard Güllich, Konrad Porzner, Hansjörg Geiger und im November 1998 August Hanning.

Während viele westliche Geheimdienste sich zunehmend bürgernah in der Öffentlichkeit präsentieren, zieht man in Pullach das Versteckspielen vor. Fast jeder neue BND-Präsident kündigte bei seiner Amtseinführung »mehr Bürgernähe« an, hielt sich jedoch nicht daran. Hansjörg Geiger etwa ließ zumindest am Eingang des Geländes in Pullach ein Schild mit der Aufschrift »Bundesnachrichtendienst« anbringen, brachte es jedoch ebenfalls nicht fertig, zum Ende seiner Amtszeit den Bundesbürgern mehr als nur nichtssagende bunte Heftchen über die Arbeit dieser 6000 Mitarbeiter zählenden Behörde zu hinterlassen.

In früheren Glanzzeiten hatten die Mitarbeiter des Bundesnachrichtendienstes für Außenstehende nicht einmal einen Namen. Bei Anrufen ertönten Zahlen: Die Damen und Herren durften sich am

Telefon nur mit einer Ziffernfolge melden. Später gab es auch Zeiten, in denen sich wenigstens einige Mitarbeiter zu erkennen gaben. Doch es waren Decknamen, mit denen sie sich meldeten. Niemals konnte man sicher sein, daß der Gesprächspartner tatsächlich »Schmidt« oder »Bauer« hieß. Mit solchen Versteckspielchen wollte auch BND-Präsident Geiger aufräumen. Seine Antrittsrede muß seinen Untergebenen wie ein Paukenschlag vorgekommen sein. Er sagte etwa: »Für einen modernen Dienst ist die Orientierung am Gestern nicht hinnehmbar. Sollte es solches im Dienst geben, werde ich es nicht dulden«. Jedem im Raum war zu diesem Zeitpunkt klar: Der »Neue« weiß nicht nur um den schlechten Ruf seiner Mitarbeiter, er hat auch die feste Absicht, das Image grundlegend zu verändern, den Dienst aus seinem Tief herauszuholen. Doch geändert hat sich seither – auch unter der Amtsführung seines Nachfolgers Hanning – kaum etwas.

Einzig die Telefonnummer des BND ist heute nicht mehr geheim: Doch kein Steuerzahler sollte auf die Idee verfallen, die BND-Rufnummer 0 89/7 93 15 67 als Servicedienststelle zu verstehen. Wer etwa von Spionen in seinem Unternehmen bedrängt wird, wird hier ebenso abgewiesen wie jene, die näheren Einblick in das Innenleben des BND nehmen möchten. Deutsche Unternehmer, die in ihren Betrieben Späher ausgemacht zu haben glauben, sollten sich auch aus einem anderen Grund davor hüten, Pullach über die Telefonleitung darüber zu informieren: Dank der Sparsamkeit der BND-Bürokraten sind die Telefonleitungen nach Pullach nur bedingt abhörsicher. Als der BND zur Jahreswende 1996/97 eine neue ISDN-Telefonanlage installieren ließ, sollte es eigentlich High-Tech vom Feinsten werden. Doch Behörden müssen sparen. Und so berücksichtigte man bei der Ausschreibung nicht den deutschen Anbieter Siemens, sondern den französischen Konkurrenten Alcatel. Doch die Alcatel-Anlage – das stellte sich nach der Installation schnell heraus – war zwar zunächst günstiger, aber dafür nicht abhörsicher. Und so mußte sie mehrfach nachgerüstet werden, mit Kosten, die das Angebot des deutschen Anbieters Siemens inzwischen überstiegen haben. Den Steuerzahler, so berichtete die Zeitschrift *Focus* im Juni 1998, komme die Neuinstallation deshalb teuer zu stehen. Doch selbst unter Laien dürfte es sich herumgesprochen haben, daß zwischen französischen Elektronikunternehmen und französischem Auslandsgeheimdienst engste Beziehungen bestehen. Möglicherweise würden Unternehmer mit einem besorgten Anruf beim BND also nicht nur deutsche Behörden, sondern zugleich auch noch den französischen Geheimdienst mobilisieren. Der BND, der eigentlich Spionage beispielsweise gegen im Ausland tätige deutsche Unternehmen aufklären helfen sollte, wird hier zu einem Sicherheitsrisiko für die deutsche Wirtschaft.

Der in der deutschen Öffentlichkeit trotz vielerlei Pannen zu Unrecht mit einem schlechten Ruf behaftete Auslandsgeheimdienst betreibt in westlichen Staaten keine Wirtschaftsspionage. Lediglich im Osten, seinem klassischen Operationsgebiet, sammelt er systematisch Informationen über die Stärken und Schwächen der Wirtschaftssysteme.

Der BND ist in sechs Abteilungen untergliedert: Operative Abteilung (Abt. I), Technische Abteilung (Abt. II), Auswertung (Abt. III), Verwaltung (Abt. IV), Sicherheit (Abt. V) und die Technische Unterstützung (Abt. VI). Er verfügt zudem über eine Fülle von Einrichtungen und Tarnfirmen auf deutschem Boden. Erich Schmidt-Eenboom erwähnt in seiner Studie »Nachrichtendienste in Nordamerika, Europa und Japan« 1995 im Kapitel über den BND etwa »in Bonn das Verbindungsbüro des BND zur Bundesregierung und eine Verbindungsstelle zu den Legalresidenturen, die ›Bundesvermögensverwaltung, Abt. Sondervermögen‹, und eine Außenstelle für Sowjetspionage« und »in Düsseldorf den Wirtschaftsverbindungsdient, der früher auch Außenstellen in Hamburg und Frankfurt hatte, und ein Observationskommando West; in Köln eine BND-Nebenstelle beim Bundesverwaltungsamt, eine Führungsstelle für die Spionage in Polen sowie im Butzweilerhof die Gegenspionagezentrale/Ostdienste als ›Wehrwissenschaftliche Forschungsstelle der Bundeswehr‹« sowie »in Frankfurt eine Materialerfassungsgruppe; in München die ›Bundesvermögensverwaltung, Abt. Sondervermögen‹...«, ein Amt für Schadensabwicklung, die Außenstellen BD 20 und CB 40, Außenstellen für Sowjetspionage und für die Spionage im Donauraum und Tschechoslowakei« und »in Tutzing im ›Objekt Alpina‹ die Fälscherwerkstatt des BND«. Ein Teil dieser Einrichtungen ist nach dem Ende des Kalten Krieges abgebaut worden: Scheinfirmen wie ein »Demoskopieunternehmen« in Garbsen, weil sie enttarnt wurden, Einrichtungen der Post- und Fernmeldekontrolle, weil die Überwachung deutsch-deutscher Kommunikation entfiel, und kleinere Funkaufklärungsstationen im Zuge von Sparmaßnahmen.

Nur in der Operativen Abteilung findet man jene »Spione«, die an »James-Bond«-Filme erinnern. 1100 Personen, etwa ein Sechstel des gesamten Personalbestands, sind hier tätig. Diese Abteilung ist dafür zuständig, Menschen als Agenten an jenen Stellen einzuschleusen, die für die Aufklärung interessant sein könnten. Dabei werden manchmal auch unschöne Erkenntnisse gewonnen. Der Autor hatte in seinem Buch »*Verschlußsache BND*« 1997 geschrieben: »Die Bundesregierung könnte auch auf anderem Gebiet vom BND ›profitieren‹: Aufgrund der Zusammenarbeit mit 200 Geheimdiensten der Welt verfügt man in Pullach angeblich über eine ›Negativ-Kartei‹ deutscher Abgeordneter. Deutsche Abgeordnete, die fern der Heimat sexuelle Abenteuer mit Prostituierten suchen, dürfen sich freuen: Viele von ihnen werden angeblich von den örtlichen ›Partnerdiensten‹ des BND heimlich beobachtet und oftmals auch fotografiert und gefilmt. Das Material lande dann im Austausch mit deutschen Erkenntnissen über Politiker jener Länder in Pullach, heißt es.« Natürlich rief diese Veröffentlichung in der Zentrale bei München keine Freude hervor und wurde dort im Gespräch mit anrufenden Journalisten immer wieder dementiert.

Doch wo Rauch ist, da ist auch Feuer: Mehrere Abgeordnete meldeten sich beim Autor. Einem von ihnen wurde nach eigenen Angaben besonders übel mitgespielt. Er hoffte ein Jahr vor der Bundestagswahl 1998, bei Hintergrundgesprächen seiner Fraktion über die Verteilung künftiger Ministerposten berücksichtigt zu werden, und meldete sich zu Wort. Dann, so berichtet er, habe ihn ein anderer Parteifunktionär – dessen Verbindungen zum BND ihm bekannt waren – beiseite genommen und ihm trocken mitgeteilt: »Ich weiß von einem Abgeordneten, nennen wir ihn einmal A., durch den BND, daß er ein Verhältnis mit der Gattin des B. hat. Und es ist nie bekannt geworden. Auch über Sie gibt es entsprechende Erkenntnisse. Sollten Sie weiter auf einem Ministerposten bestehen, dann würde es mir schwerfallen, die schützende Hand über Sie zu halten.« Der angesprochene Abgeordnete unterhielt zu jener Zeit eine außereheliche Beziehung und wollte natürlich nicht, daß diese der Öffentlichkeit bekannt wurde. Er berichtet, allein aufgrund dieser handfesten Drohung habe er auf die Forderung nach einem Ministerposten verzichtet. Niemand behauptet, daß der BND deutsche Abgeordnete erpreßt. Doch es scheint Mitarbeiter zu geben, die möglicherweise auch zufällig gewonnene Erkenntnisse mit politischen Zielsetzungen weitergeben. Zumindest in diesem einen Fall klingt jedenfalls die Behauptung des Abgeordneten durchaus glaubhaft.

Mit solchen erpresserischen Methoden (die von der BND-Leitung keinesfalls gedeckt werden) arbeiten andere Dienste weltweit auch auf dem Gebiet der Wirtschaftsspionage. Der früher für das DDR-Außenministerium tätige Sicherheitsberater und Abhörfachmann Hans-Georg Wolf berichtete in einem Gespräch mit der Computerzeitschrift *c't* (Heft 4/1999): »Nehmen Sie eine Stadt... wie Friedrichshafen. Diese Stadt lebt bekanntlich von der Rüstungsindustrie, und fast alle Ärzte haben Klientel in einem der Konzerne. Sie setzen sich also dort vor ein Arzthaus und hören ab. Sie erfahren die Namen, wie viele Personen von einem Patienten noch abhängig sind, oder Ergebnisse der Anamnese. Das ergibt oft einen interessanten Werdegang. Mit diesen Daten können Sie viele erpreßbar machen, egal ob es wechselnder Geschlechtsverkehr ist, Schizophrenie bei den Großeltern oder Aids.«

Solche Angriffe auf die Persönlichkeitssphäre nennt man in der Geheimdienstsprache Kompromittat. Alle Geheimdienste der Welt nutzen sie. Im Februar 1999 wurde bekannt, daß auch der russische Unternehmer Boris Beresowskij mit diesen Methoden arbeitete. Die Moskauer Boulevardzeitung *Moskowskij Komsomoljez* berichtete, die Detektei Atoll habe im Auftrag Beresowskijs mit modernster Technik die Familie des Präsidenten Boris Jelzin abgehört. Im Visier seien die Jelzin-Tochter Tatjana Djatschenko – sie galt als engste Beraterin ihres Vaters –, aber auch führende Staatsbeamte gewesen. Mit dem Sammeln kompromittierenden Materials habe Beresowskij seine Geschäftsinteressen absichern wollen. Die Moskauer Generalstaatsanwaltschaft bestätigte den Bericht. Ihren Angaben zufolge wurden bei Atoll und dem von Beresowskij geleiteten Erdölkonzern Sibneft Beweise für »ungesetzliches Abhören« gefunden. Video- und Audiokassetten seien sichergestellt worden. Beresowskij, einer der reichsten Russen, geriet damit unter Druck seines innenpolitischen Widersachers Jewgeni Primakow, des damaligen russischen Regierungschefs. Dieser wollte mit der vom russischen Inlandsgeheimdienst FSB koordinierten Aktion gegen den Finanzoligarchen mehr Einfluß auf Jelzin gewinnen. Beresowskij wurde nachgesagt, Jelzin in seiner Entscheidung beeinflußt zu haben, Primakows Vorgänger Sergej Kirijenko und Viktor Tschernomyrdin zu entlassen. Man darf annehmen, daß nicht nur Beresowskij zum geheimdienstlichen Mittel des Kompromittats gegriffen hat und auch Primakow, der selbst früher einmal Geheimdienstchef war, damit arbeiten ließ. Fälle wie dieser legen die Vermutung nahe, daß politische Entscheidungen weltweit mehr durch Kompromittate beeinflußt werden, als wir ahnen. Erkenntnisse darüber gibt der BND jedoch leider nicht preis.

In 88 Staaten der Welt unterhält die BND-Abteilung I Residenturen. Die meisten von ihnen sind den Botschaften angegliedert (die deutschen Späher arbeiten dort etwa als »Pressereferenten«, »Militärattachés« oder sonstige Referenten), andere sind als Firmenniederlassungen getarnt. Das ist vor allem dort wichtig, wo der BND keinen offiziellen Kontakt zu den »Partnerdiensten« unterhält.

Die Technische Aufklärung nutzt im Gegensatz zur Abteilung I nicht Menschen, sondern Daten- oder sonstige Signalübertragungen als Informationsquelle. Hier arbeiten 1450 Menschen in den Unterabteilungen Führungsunterstützung, Funküberwachung, Nachrichten gewinnung (Militär, Politik, Wirtschaft), Zentrale Nachrichtenbearbeitung, Betriebsverfahren und Unterstützung, Steuerung und Projektbearbeitung, Nachrichtentechnik, Technische Versorgung, Technische Datenverarbeitungsunterstützung und Fernmelde-Verbindungsdienst. Sie hören beispielsweise Mobilfunktelefonate über Richtfunk ab, nutzen das Internet, betreiben aber auch den sogenannten »Staubsauger im Äther«, der von Dezember 1998 an Gegenstand einer mündlichen Verhandlung vor dem Bundesverfassungsgericht war, in dem sich mehrere Kläger durch dessen an eine Rasterfahndung erinnernde »Hit-Wort-Datenbank« in ihren Grundrechten beeinträchtigt wähnten.

Einer der Kläger, der Hamburger Strafrechtsprofessor Michael Köhler, überließ dem Autor Teile der Zusammenfassung der Niederschrift des Prozesses gegen den BND. Der vom Bundesverfassungsgericht geladene Sachverständige Professor Wiesbeck und zwei andere Gutachter listeten in mehreren Punkten auf, welche technischen Möglichkeiten der Abteilung II des BND zur Verfügung stehen. In ihrem Vortrag vor dem Bundesverfassungsgericht, den Professor Köhler am 7. Januar in dem nachfolgend auszugsweise wiedergegebenen Brief an das Bundesverfassungsgericht zusammenfaßte, heißt es:

»1. Die vollständige Erfassung der zwischen Inland und Ausland stattfindenden Fernmeldeverkehre ist prinzipiell möglich und hängt lediglich von verfügbaren Kapazitäten und technischem Geschick ab.

2. Gleiches gilt für die über Satellit abgewickelten internationalen

Fernmeldebeziehungen, und zwar nicht nur für die älteren Satelliten und ›global beam‹, sondern auch für die neueren mit geographisch eingeschränktem ›uplink‹ bzw. ›downlink‹, denn auch Antennenaufstellung in der Nähe der Sendestation oder durch koordinierte Antennen im Ausland ist die Erfassung des ›uplink‹ (direkt oder als ›downlink‹ an anderem Ort) verfügbar. Auch Richtfunk kann im Empfangsbereich gut erfaßt werden. Für den möglichen Umfang der Erfaßbarkeit ist in Betracht zu ziehen, daß hinsichtlich internationaler Fernmeldeverkehrsbeziehungen ein Zugang zu den Kommunikationszentralen dem angegriffenen Normprogramm möglich wäre.

3. Der Anteil der nicht leitungsgebundenen internationalen Fernmeldebeziehungen liegt bei 10 %, aufgrund der technischen Entwicklung im Satellitenbereich mit zunehmender Tendenz…
4. Durch den Erfassungsvorgang können auch alle Anschlußdaten verfügbar gemacht werden.
5. Die Kontrolle bestimmter (ausländischer) Anschlüsse (sog. Formaler Suchwortabgleich) funktioniert problemlos. Der inhaltliche Suchwortabgleich funktioniert bei Telex, weitestgehend auch bei Telefax und E-mail. Bei Telefonaten (fließend gesprochener natürlicher Sprache) findet, wie der Sachverständige Prof. Waibel ausführte, ein rascher Fortschritt der Spracherkennungsverfahren statt. Jedenfalls was die Erkennbarkeit von Schlüsselworten bzw. Kombinationen angeht, berichtete der Sachverständige von großen Verbesserungsschritten mit Fehlerraten von unter 30 % als realistischer Perspektive. Zusätzlich wurde deutlich, daß die Erkennungsverfahren eine Identifikation der Sprache und des Sprechers (›akustischer Fingerabdruck‹) ermöglichen.
6. Hinsichtlich des Umfangs der Überwachung bekundete das Mitglied des G-10-Gremiums, Prof. Arndt, daß die früher als Begrenzung gegenüber einer Globalkontrolle gedachte Einschränkung auf ›bestimmte Fernmeldeverkehrsbeziehungen‹ inzwischen ›weggebrochen‹ sei; es würden inzwischen ganze Länder/Regio-

nen (²/₃ der Erde) in die Überwachung einbezogen. In Anbetracht der handbuchdicken Sammlung von inhaltlichen Suchbegriffen finde insoweit auch eine Kontrolle durch die G-10-Kommission nicht statt.
7. In der faktischen Überwachungspraxis dominiert nach Bekundungen der Bundesregierung und Mitgliedern der G-10-Kommission die Kontrolle ausländischer Anschlüsse, sog. Formale Suchbegriffe, die aufgrund von vorherigen Anhaltspunkten (Vermutungen, mehr oder weniger bestimmten Verdachtsgründen) als relevant eingestuft werden.«

Im Urteil vom Juli 1999 befanden die Karlsruher Richter den Einsatz des »Staubsaugers« für verfassungskonform.

Die technische BND-Abteilung, die mit den vorgenannten Methoden arbeitet, bildet das deutsche Gegenstück zur amerikanischen NSA, muß aber mit weitaus geringeren Mitteln auskommen. Der BND darf zur heimlichen Beschaffung von Informationen die im Verfassungsschutzgesetz genannten nachrichtendienstlichen Mittel anwenden, als da sind: »Methoden, Gegenstände und Instrumente zur heimlichen Informationsbeschaffung, wie der Einsatz von Vertrauensleuten und Gewährspersonen, Observationen, Bild- und Tonaufzeichnungen, Tarnpapieren und Tarnkennzeichen«. Es gibt demnach keine technischen Hilfsmittel, die der Abteilung II verboten wären.

Wer sich einen anschaulichen Überblick über das zur technischen Spionage benutzte Gerät verschaffen möchte, sollte im Internet etwa die deutschsprachigen Seiten der Firma Radtke KG-SPYTEC unter der Homepage *http://www.spytec.com* aufsuchen und sich dort einmal die Produkte anschauen. Minisender, Kugelschreibersender (Reichweite 300 Meter), ein erbsengroßer Sender (10 mal 7 mal 5 Millimeter groß), Richtmikrofone und Laserabhörgeräte, Relaisstationen zur Reichweitenerhöhung, Telefonüberwachungsanlagen, Rufnummerndekoder, Peilsender, Aufspürgeräte, Verschlüsselungssysteme, Nachtsichtgeräte und Selbstschußgeräte bieten einen Einblick in die Möglichkeiten, andere auszuspionieren. Dort bekommt man unter dem Link »Aufsperrwerkzeuge« auch den »Zieh-Fix Einsatzkoffer«. Der dazugehörige Text wirbt mit den Worten: »Haben Sie einen Schlüssel verloren? Machen Sie sich Sorgen um einen Verwandten, den Sie nicht erreichen können, obwohl er zu Hause sein müßte? Jetzt müssen Sie nicht mehr den Schlüsseldienst beauftragen. Öffnen Sie ab sofort versperrte Türen selbst! Durch ein geschicktes Anwenden unseres Türöffnersets gelingt Ihnen das Öffnen von verschlossenen Türen und Fenstern innerhalb kürzester Zeit. Selbst die kompliziertesten Schlösser verlieren ihren Schrecken, wenn Sie einen Öffner zur Hand haben. Bei Schlüsseldiensten, Hausmeistern und vielen anderen Anwendern sind diese Spezialwerkzeuge bereits zu geschätzten Hilfsmitteln geworden, auf die niemand mehr verzichten möchte.«

Was kann die Firma Radtke KG dafür, wenn neben Hausmeistern auch zukünftige Wirtschaftsspione nicht nur den »Zieh-Fix-Einsatzkoffer«, sondern auch noch das Handbuch »*Aufsperrtechnik*« (160 Mark) bestellen und sich diese wie auch andere von ihr angebotenen technischen Hilfsmittel zunutze machen? Wer in eine Suchmaschine wie »altavista.com« das Suchwort »*surveillance equipment*« eingibt, wird auf Anhieb Tausende von Internet-Seiten finden, auf denen ähnliche Produkte angeboten werden. Die israelische Firma Spy Electronics (Kontakt über Hana Shoval, E-mail SPY@w972.com) operiert ebenso weltweit wie die Manchester Suveillance Company (Telefonnummer 00 44-1 61-2 05 96 36). Professionelle Spionagetechnik – ein Boomgeschäft mit Umsatzsteigerungen von bis zu 70 Prozent. Abgehörte Gespräche aus dem Buckingham-Palast, intime Fotos der Hollywood-Berühmtheiten, Aufnahmen von der VW-Teststrecke: undenkbar ohne die technischen Helfer.

In einem Buch der Berner Sicherheitsberater Zbinden Infosec AG (Rufnummer 00 41-31-3 00 73 73; *http://www.infosec.ch)* heißt es: »Hektor, ein Lausch-Gerät der NSA, erlaubt es mittels auch in die Schweiz gerichteter Parabolantennen und Mikrowellen die Satelliten sowie die Richtstrahlanlagen der PTT-Sender nach vordefinierten

Telefonnummern abzuhorchen. ›Telefon-Ohren‹ werden als Transistor getarnt im Telefonapparat der zu überwachenden Person eingebaut. Wenn ich die Nummer dieser Person wähle, wird ein kodiertes, akustisches Signal durch die Telefonleitung gesendet. Dieses bewirkt, daß das präparierte Telefon nicht klingelt. Statt dessen wird das Ohr in Betrieb gesetzt. Preis: 4500 Franken... Selbst geflüsterte Gespräche können aus einer Entfernung von zehn Metern noch glasklar mitgehört werden. Lasergeräte schaffen spielend 500 Meter. Sie kosten fünfmal mehr als Infrarotgeräte – nämlich 20 000 Franken. Der Laserstrahl wird auf ein Fenster des abzuhörenden Raumes gerichtet. Sobald in diesem Raum auch nur ein Wort gesprochen wird, vibriert die Scheibe minimal. Der Empfänger registriert diese Bewegung und wandelt sie in Worte um.«

Die Technische Aufklärung des BND hält zu den besten dieser Firmen ständigen Kontakt. Kein Wunder, daß die von ihr eingesetzten Mittel zum Teil das Vorstellungsvermögen mancher Bundesbürger übersteigen.

Von Pullach aus können die Mitarbeiter heute in die Schaltzentren der Telefongesellschaften eindringen, Computer manipulieren oder E-mails abfangen. Wer diese Abteilung in Pullach besucht, wird schnell den Eindruck gewinnen, daß das Bemühen, den Stand der eigenen Fähigkeiten als möglichst gering erscheinen zu lassen, groß ist. Seit 1988 bedient man sich auch junger Hacker, um in fremde Datennetze einzudringen. Das Konzept wurde 1985 unter dem damaligen BND-Präsidenten Eberhard Blum entwickelt. »Rahab« nannte man das Vorhaben – in Anlehnung an jene Prostituierte, die den Israeliten half, in die Stadt Jericho einzudringen. Zunächst beobachtete man die Fähigkeiten des Hamburger »Chaos Computer Clubs« – und war beeindruckt. Damals gab es noch kein klares Konzept. Man wußte nicht, wo und wie man die Computerspionage einmal würde gebrauchen können. Das Internet steckte noch in den Kinderschuhen und war höchstens einigen Fachleuten ein Begriff.

Am 17. November 1988 wurde es ernst. An jenem Tag soll der BND-Präsident den schriftlichen Auftrag erteilt haben, das »Projekt Rahab« einer näheren Machbarkeitsstudie zu unterziehen. »Rahab« wurde nicht in die BND-Zentrale eingegliedert, da man die Auffassung vertrat, es sei »ungut«, wenn befreundete Staaten feststellen würden, von wo aus man in ihre Datennetze eingedrungen war. Und so siedelte man eine Gruppe von dreißig EDV-Fachleuten auf einem bewaldeten Grundstück nahe Frankfurt an. 1989 wurde dort der erste eigene BND-Computervirus produziert, der im Ernstfall östliche Rechner lahmlegen sollte. »Zu Trainingszwecken« drang man damals auch erstmals in ausländische Firmennetze ein. Peter Schweizer schreibt in seinem Buch »*Diebstahl bei Freunden*«: »Zu den Zielobjekten gehörten die Datenbanken von Unternehmen in Großbritannien und den USA.« Doch nicht Wirtschaftsspionage, sondern politische und militärische Schnüffelei ist der vorrangige Auftrag dieser BND-Computerfachleute. Während des Zusammenbruchs der Sowjetunion sollen sie beispielsweise in die Rechner der sowjetischen Regierung eingedrungen sein.

Niemand gesteht in Pullach heute auch offiziell ein, daß man schon lange in der Lage ist, aus dem weltweiten Telefonverkehr eine bestimmte Stimme herauszufiltern, die zuvor mit einer Stimmfrequenzanalyse eingescannt wurde und nun als Zielperson geortet werden kann. Doch die Ausführungen vor dem Bundesverfassungsgericht bieten Anlaß zu der Annahme, daß solcherlei auch dem BND möglich ist. Wenn somit ein amerikanischer Unternehmer im internationalen Telefonverkehr über ein neues Produkt sprechen würde und man zuvor in Pullach wüßte, daß dieses für die deutsche Wirtschaft interessant wäre, dann hätte man theoretisch die Möglichkeit, solche Gespräche auch gezielt aus der weltweiten Datenflut abzufangen. Doch BND-Mitarbeiter behaupten ebenso wie auch das Kanzleramt, daß es solche Fälle in der Vergangenheit nicht gegeben habe.

Das sieht der ehemalige Direktor des französischen Nachrichtendienstes DGSE, Pierre Marion, anders. Er sagte: »Von der Organisation des BND, den ich genauer kannte, als ich für die DGSE zuständig war, weiß ich, daß er jede Menge Informationen in den Bereichen Wirtschaft, Technik und Industrie sammelt. Das ist eines der Hauptanliegen der Leitung des BND. Diese Informationen beschaffen sie sich mit verschiedenen Methoden, sowohl offen als auch verdeckt.« Und ein ehemaliger amerikanischer Geheimdienstmitarbeiter ergänzt: »Wenn man bei der CIA an den BND denkt, dann denkt man erstens an die Arbeit, die er in Osteuropa geleistet hat, und zweitens schlicht und einfach an Wirtschaftsspionage.«

Doch betreibt der BND wirklich Wirtschaftsspionage? Der einstige Kanzler Kurt Georg Kiesinger ärgerte sich jedenfalls maßlos über die Art, wie die Alliierten deutsche Kommunikationsverbindungen anzapften und die so gewonnenen Erkenntnisse außer Landes schafften. Er suchte nach einem Weg, um den so entstandenen Nachteil für deutsche Unternehmen auf dem Weltmarkt auszugleichen. Kiesinger beauftragte den damaligen BND-Präsidenten Reinhard Gehlen deshalb zunächst einmal damit, alle in Deutschland tätigen ausländischen Unternehmen insgeheim daraufhin zu überwachen, ob sie deutschen Firmen Know-how zu entwenden suchten. Ray Cline, der von 1962 bis 1969 CIA-Resident in Deutschland war, erinnert sich an jene Aktionen des BND: »Sie arbeiteten genau nach Vorschrift. Mit Sicherheit hörten sie auch in Gespräche ausländischer Geschäftsleute in Deutschland hinein... Der BND überließ es dann der Bundesregierung, welche deutsche Firmen welche Informationen erhielten, wenn überhaupt.« Ja – »wenn überhaupt« –, dieser Vorbehalt verdeutlicht, daß zumindest in jener Zeit deutsche Unternehmen nicht regelmäßig von der BND-Aufklärung profitierten konnten.

Klassische Wirtschaftsspionage gehört laut Bekunden der Bundesregierung nicht zu den Aufgaben des BND. Es ist jedoch kein Geheimnis, daß der BND im Kalten Krieg die DDR auch wirtschaftlich auspähen sollte. Erich Schmidt-Eenboom schreibt in seinem 1993 erschienenen Buch »*Schnüffler ohne Nase*« (Seite 81 ff.): »Auch Wirtschaftsspionage gegenüber der DDR gehörte zum Aufgabenfeld des BND. Im strategischen Bereich war sie darauf gerichtet, die gesamtwirtschaftliche Lage zu beurteilen und Anhaltspunkte für Finanzoperationen zur Schwächung der Planwirtschaft zu finden. VEB-Direktoren wurden auf Messen – zum Beispiel in Leipzig, lieber aber auf Auslandsreisen – von bundesdeutschen Geschäftsleuten ausgefragt, die als reisende Gesprächsaufklärer für Pullach arbeiteten... Wirtschaftsspionage wurde nicht nur betrieben, um ein Gesamtbild der Wirtschaft zu erhalten, sondern auch direkt gegen Kombinate und Betriebe – insbesondere der Rüstungsindustrie – eingesetzt.«

Unsicheres Geschäft – Einbruch beim BSI

Einige Abteilungen wurden aus dem BND ausgegliedert. Dazu zählt auch das Bonner Bundesamt für die Sicherheit in der Informationstechnik (BSI). Dieses soll nun auch dafür sorgen, daß Unternehmen über die Risiken der Informationstechnologie unterrichtet werden. In der Eigenwerbung des BSI, der früheren BND-Zentralstelle für Chiffrierwesen, heißt es: »Bereits in den frühen 80er Jahren wuchs bei Bundesregierung und Parlament die Erkenntnis, daß bei der Anwendung der Informationstechnik das jeweils gebotene Maß an Sicherheit zu formulieren und realisieren sei. Unter der Federführung des Bundesministers des Innern wurden somit einige Maßnahmen getroffen, um diesem Bedürfnis zu entsprechen.«

1989 wurde die Zentralstelle für das Chiffrierwesen in die Zentralstelle für die Sicherheit in der Informationstechnik umgewandelt. In dem von der Bundesregierung im Juni 1989 verabschiedeten »Zukunftskonzept IT« hieß es mit Blick auf das BSI: »Die Bundesregierung wird dafür sorgen, daß alle Betroffenen und Interessierten über Risiken, Schutzmaßnahmen und das Zusammenwirken verschiedener Stellen (Hersteller, Sicherheitsbehörden, Anwender) unterrichtet werden.« Das klingt zunächst einmal gut, erweist sich bei näherem

Hinsehen jedoch als Übertreibung. Denn wer in der Vergangenheit als Privatmann oder Unternehmer darauf hoffte, von dem durch Steuergelder finanzierten BSI etwa ein Zertifikat über die Sicherheit einer Verschlüsselungssoftware zu bekommen, ging leer aus.

Seit einem Jahrzehnt ist das BSI nunmehr tätig, um Staatsbürgern Hilfestellung beim Thema Sicherheit in der Informationstechnik zu leisten. Doch bis zum März 1999 gab es nicht ein Sicherheitszertifikat für Verschlüsselungsverfahren. Während Wegfahrsperren und Einbruch-Meldeanlagen getestet und für mehr oder weniger sicher befunden werden, herrscht beim Thema Verschlüsselung ein merkwürdiges Stillschweigen. Das hatte nach Angaben ehemaliger Mitarbeiter einen geheimdienstlichen Hintergrund: Sie berichteten dem Autor, zwar seien vom BSI alle gängigen Verschlüsselungsmethoden überprüft worden, doch hätte man mit der Veröffentlichung der Schwachstellen entweder dem deutschen Bundesnachrichtendienst oder anderen »befreundeten« Geheimdiensten »vors Schienbein getreten«. Im BSI, so heißt es, wisse man, daß der BND über einen Schlüssel zu jeder in Deutschland hergestellten Kryptographie verfüge. Und der technische amerikanische Geheimdienst verfüge über die Schlüssel zu amerikanischen Krypto-Produkten. Mit der Ausstellung eines Prüfzertifikats hätte man entweder die Bevölkerung anlügen oder aber mit der Wahrheit herausrücken müssen. Deshalb habe man sich bei diesem heiklen Thema auf einen Passus im BSI-Gesetz besonnen, in dem es sinngemäß heißt, aus Gründen der nationalen Sicherheit könne das BSI die Veröffentlichung von Erkenntnissen verweigern. In der BSI-Pressestelle begründet man die Zurückhaltung der Informationen damit, daß Straftäter nicht auf die sichersten Verschlüsselungssysteme aufmerksam gemacht werden sollen.

Das aus dem BND hervorgegangene BSI genießt in Kreisen der deutschen Industrie einen guten Ruf. Geschadet hat diesem Renommee jedoch ein merkwürdiger Einbruch: Zwar gibt es beim BSI ein auch im Internet *(www.bsi.de)* abrufbares Merkblatt zu Einbruch-Meldeanlagen, und auch in den eigenen Niederlassungen hat man solche – zuvor für gut befundene Anlagen – installiert, doch gar so gut können sie nicht sein. Im Herbst 1998 soll einem befreundeten westlichen Geheimdienst nach Angaben von ehemaligen BSI-Mitarbeitern ein Einbruch beim BSI gelungen sein, welcher der Öffentlichkeit bislang verschämt verschwiegen wurde.

Wie heißt es doch gleich in einem BSI-Faltblatt zu Einbruch-Meldeanlagen (EMA): »Wegen der erforderlichen Funktionssicherheit (u.a. zuverlässige Detektion, Schutz gegen Überwindungsversuche, Vermeidung von Falschalarmen) sind EMA besonders sorgfältig zu planen und zu installieren. Für einen ausreichenden Schutz genügt es jedoch nicht, lediglich eine EMA zu errichten. Um ein erkanntes Schutzziel zu erreichen, muß eine Bedrohungsanalyse durchgeführt und anschließend ein umfassendes Schutzkonzept entwickelt werden. Hierbei sollten fachkompetente Firmen beziehungsweise die zuständigen Behörden beteiligt werden.« Dem ist wohl nichts mehr hinzuzufügen...

Produktpiraten auf dem Vormarsch

Vielleicht werden deutsche Unternehmen künftig einmal ungezwungener mit jener Thematik umgehen, die sie heute noch schamvoll vor der Öffentlichkeit verschweigen. Vielleicht werden sie dann auch nicht schweigen, wenn sie von ausländischen Unternehmen selbst wahrheitswidrig der Spionage bezichtigt werden. Solche Vorwürfe gibt es gegen deutsche Firmen im Ausland vor allem im Zusammenhang mit ihrem Kampf gegen die Produktpiraterie. Wenn deutsche Unternehmen sich gegen solche Fälle zur Wehr setzen wollen, benötigen sie zunächst einmal Beweise. Sie beauftragen dann oftmals Detekteien.

Ist die Arbeit solcher Detekteien Spionage? Solche Vorwürfe mußte im Januar 1999 die Leverkusener Bayer AG über sich ergehen lassen. Am 17. Januar des Jahres titelte die britische *Sunday Times*:

»Pharmakonzern spioniert Rivalen aus«. Einer der weltgrößten Pharmahersteller, die Bayer AG, sei verwickelt in eine Schmutzkampagne gegen einen ihrer Rivalen. Die Geschichte hätte ein Thriller-Autor wohl kaum besser ersinnen können: Die britischen Industriespione Michael Flack und Bill Whybrow, zwei ehemalige Polizisten, sollten im Auftrag der Bayer AG nachprüfen, ob die britische Firma Holliday Chemical Holdings über die spanische Tochter Uquifa illegal Bayer-Medikamente kopieren ließ. Die beiden Briten gaben an, von Bayer dafür bezahlt worden zu sein, die Wettbewerber auszuspionieren. Weltweit seien sie bei Bayer-Konkurrenten eingebrochen, hätten Mülltonnen durchsucht, Dokumente gestohlen sowie Telefone und Faxgeräte angezapft. Whybrow berichtete der *Sunday Times*, es sei »sehr gefährlich« gewesen. In Spanien, Italien, der Schweiz, Zypern und Kanada wollen sie tätig gewesen sein. Fast 1500 Mark ließen sie sich dafür pro Tag bezahlen. Genüßlich breitete die *Sunday Times* diese Geschichte über die angeblich so bösartigen, von Bayer beauftragten Spione aus. Das Unternehmen hatte kaum eine Chance, die Geschichte nach der Veröffentlichung ins rechte Licht zu rücken.

In der Tat ist die Bayer AG – wie viele andere Unternehmen auch – das Opfer von Produktpiraten, die Forschungsergebnisse stehlen und mit geringem Kostenaufwand gleichwertige Erzeugnisse am Markt anbieten. Deshalb muß jedes Unternehmen ein Interesse daran haben dürfen, solche Machenschaften aufzuklären. Mit keinem Wort ging die *Sunday Times* auf die Frage ein, ob denn die Bayer-Produkte wirklich kopiert worden waren. Sie beschränkte sich vielmehr auf die Darstellung der illegalen Vorgehensweise – verschwieg jedoch, daß der deutsche Konzern darauf gar keinen Einfluß hatte. Denn Bayer hatte weder Bill Whybrow noch Michael Flack beauftragt, sondern einen Briten namens Stephen Smith. Dieser frühere Marineoffizier war von 1995 bis Ende 1997 in der Leverkusener Patentabteilung von Bayer beschäftigt. Nicht Bayer, sondern Smith vergab die Aufträge. Er nutzte dafür allerdings – ohne Rückendeckung durch die Geschäftsführung – Bayer-Briefpapier. In einem seiner

Schreiben hieß es etwa: »Es wäre interessant zu erfahren, welcher Art die Beziehung zwischen F&G und Chemo ist und welchen Schaden Bayer erleiden könnte... Können Sie behilflich sein?«

F&G (Fox und Gibbons) war das Anwaltsbüro des spanischen Pharmaherstellers Chemo-Iberica. Mit keinem Wort ersuchte Smith oder die Bayer AG die beiden Spione, in Büros einzubrechen oder Telefone abzuhören. Dennoch behauptete Michael Flack gegenüber der britischen Presse: »Im Klartext bat er uns, das Hotelzimmer und das Büro in London auf den Kopf zu stellen. Er hätte es niemals so geschrieben. Aber wir wußten ja, was gemeint war. Später brach jemand in das Büro der Londoner Anwälte ein und stahl dort Dokumente.« Bayer-Sprecher Thomas Reinert gesteht offen ein, daß man Detekteien wie etwa die Londoner Carratu International in der Vergangenheit zu Rate gezogen habe, wenn es galt, dem Verdacht von Produktpiraterie nachzugehen. Das heiße aber keinesfalls, daß man die von Flack und Whybrow angewandten Methoden billige, wie es die britischen Presseberichte reißerisch suggerierten. Vielmehr hatte man sich von den beiden umgehend getrennt, nachdem der Bayer AG erstmals bekannt geworden war, daß sie in ein Gebäude eingebrochen waren. Anfang 1997 waren sie auf Zypern erwischt worden. Sie wurden zu jeweils acht Monaten Haft verurteilt. Bayer zahlte ihnen noch 50 000 Pfund – nicht etwa ein Schweigegeld (wie von britischen Zeitungen behauptet), sondern Außenstände und den Anwalt. Damit wurde die Zusammenarbeit beendet. Nach ihrer Freilassung packten die beiden unrühmlichen Spione aus – und verdienten mit ihrer Enthüllungsgeschichte ein weiteres Mal Geld. Der Schaden, der dem Ansehen des deutschen Unternehmens dadurch entstanden ist, kann kaum abgeschätzt werden.

Ausländische Konkurrenten geißeln die Bayer AG derzeit auch mit dem Vorwurf der Industriespionage durch sogenannte »Scouts« (Pfadfinder). So nennt man bei Bayer eine im Frühjahr 1998 gegründete Truppe, die den Chemie- und Pharmakonzern auf dem internationalen Markt des Spähens und Erspähtwerdens beweglicher machen soll. Unterstützt werden die »Scouts« von »Piraten«. Die Bayer AG will mit diesen Begriffen nicht etwa jugendliche Kunden in ihrer Freizeitgestaltung beeinflussen. Die »Piraten« sind vielmehr zehn jüngere Mitarbeiter der Bayer AG, die alle Geschäftsbereiche beraten sollen. Sie reisen durch die Welt und spüren für Bayer interessante Firmen auf. Seit der Abwertung asiatischer Währungen sind es vor allem asiatische Unternehmen, die günstig (mit ihrem Knowhow) aufgekauft werden können. Früher hatte sich darum die Abteilung Bayer-Konzernrevision gekümmert, doch der Vorstand beschloß 1997 die Gründung der »Abteilung Piraten«. Sie sollen schneller und effektiver als bisher auf die Jagd gehen. Die »Scouts« – alle mit einer pharmazeutischen Ausbildung – teilen die Welt nach Forschungsschwerpunkten ein. Zusammen mit den »Piraten«, die etwa nach innovativen Biotech-Unternehmen Ausschau halten, durchkämmen die »Scouts« Handelsregister, besuchen Messen und surfen im Internet. Die *Welt am Sonntag* schrieb dazu am 15. Februar 1998: »Ein bestimmter Scout hat beispielsweise die Mission, die Welt immer wieder nach neu entdeckten Proteinen abzusuchen, die als Wirkstoffe für die von Bayer bearbeiteten Indikationen von Interesse sein können. Ein anderer kümmert sich um Biotech-Pioniere auf dem Gebiet der Herz-Kreislauf-Medikamente, ein Dritter um Antibiotika, ein Vierter um Krebs-Mittel.« Bayer-Konkurrenten warfen dem Unternehmen sofort vor, in der Grauzone von offener Informationsgewinnung und Konkurrenzspionage zu arbeiten. Dabei haben auch die »Scouts« und die »Piraten« die Aufgabe, der Konzernleitung Fälle von Produktpiraterie zur Kenntnis zu bringen.

Bernd Kröger, Mitarbeiter der Patentabteilung von Bayer, und der Münchener Patentanwalt Thorsten Bausch berichteten 1997 in einem Aufsatz in der Zeitschrift *Gewerblicher Rechtsschutz und Urheberrecht* (Heft 1/1997, Seite 321 ff.) mit dem Titel »Produktpiraterie im Patentwesen« über Schäden, die der Bayer AG durch Produktpiraterie entstehen. Die in dem folgenden Text erwähnten Produkte werden in Deutschland unter dem Namen »Ciprobay« (Wirkstoff Cipro-Floxazin) und »Baytril« (Wirkstoff Enro-Floxazin) angeboten.

In dem Aufsatz heißt es: »Anfang der 80er Jahre wurden von dem... Unternehmen zwei neue Breitspektrum-Antibiotika aus der Gruppe der Chinolone entwickelt und auf den Markt gebracht. Eine dieser Verbindungen findet Verwendung in der Humanmedizin, die ›Schwestersubstanz‹ wird auf dem Gebiet der Tiermedizin antibiotisch eingesetzt.« Für die beiden Wirkstoffe sei in mehr als 50 Staaten Patentschutz erzielt worden. Der Jahresumsatz von Bayer – das namentlich in dem Aufsatz nicht erwähnt wird – mit den genannten Präparaten liege bei zwei Milliarden Mark. Die Entwicklungskosten hätten rund 600 Millionen Mark betragen. Und weiter: »Die Nachahmung allein der beiden oben erwähnten Antibiotika ist derart umfangreich und erheblich, daß der Patentinhaberin Umsatzverluste entstehen, die in der gleichen Größenordnung wie der erzielte Umsatz liegen dürften. Nachahmungstätigkeiten – ein großer Teil davon muß als Produktpiraterie bezeichnet werden – haben allein bei diesen beiden Produkten mittlerweile eine ähnliche Größenordnung erreicht wie ihre legale Verbreitung. Allein bezüglich der beiden hier betrachteten Pharmazeutika sind der Patentinhaberin bisher ca. 1000 Einzelfälle von Patentverletzungshandlungen aufgefallen, die nur mit großem Zeit-, Personal- und Geldaufwand nachgewiesen und verfolgt werden konnten und können.« Der finanzielle Aufwand der Bayer AG zur Abwehr von Patentverletzungen lediglich dieser beider Produkte liege alljährlich im siebenstelligen DM-Bereich (eigene Personalkosten nicht inbegriffen). Hergestellt würden die nachgeahmten Wirkstoffe vor allem im asiatischen Raum (Indien und China), teilweise aber auch in Spanien und Griechenland, in denen für Arzneimittel bis zum 7. Oktober 1992 ein Stoffschutz nicht möglich war.

Die Autoren fahren fort: »Die Produktpiraterie-Szene ist sehr effizient organisiert und wird klar dominiert von länderübergreifend arbeitenden, systematisch und aggressiv planenden Organisationen mafia-ähnlichen Zuschnitts.« Welche Folgen sehen die Autoren auf uns zukommen?: »Ist ein Produkt grob gefälscht, d. h. nur ein weißes Pulver, aber kein pharmazeutischer Wirkstoff, oder enthält ein Wirkstoff wegen eines unsauber ausgeführten und nicht kontrollierten Herstellungsverfahrens toxische Nebenprodukte, kann die Gesundheit oder sogar das Leben ernsthaft gefährdet sein. Zum dritten zahlen den Preis die europäischen Volkswirtschaften, denen beachtliche Steuereinnahmen entgehen und die auch unter dem Gesichtspunkt der Arbeitsplatzsicherung und Innovationskraft an einer funktionierenden pharmazeutischen Industrie ein Interesse haben sollten.« Der Fall zeigt die Hintergründe dafür, warum Bayer gegen britische und spanische Pharmaunternehmen Detektive – wie oben geschildert – einsetzte. Nur so hätte die Bayer AG nachweisen können, daß ihre Produkte gefälscht wurden. Bayer hat ein berechtigtes Interesse an einem solchen Nachweis, muß es doch die Kundschaft vor möglicherweise schlecht gefälschten Kopien seiner eigenen Marken schützen, die gesundheitsgefährdend sein könnten. Bayer ist auf diesem Gebiet kein Einzelfall. Alle deutschen Pharmahersteller – und nicht nur sie – werden regelmäßig Opfer von Produktpiraten.

Bis zu einer gewissen Grenze tolerieren deutsche Unternehmen Produktpiraterie. Überschritten hatte die Grenze ein chinesisches Unternehmen, in das die nördlich von Hannover in Wedemark ansässige Firma Sennheiser Electronic einst große Hoffnungen setzte. Gemeinsam mit dem chinesischen Partner entwickelte man 1992 einen Empfänger für drahtlose Mikrofone. Weil die Produktion in China billiger erschien, einigte man sich darauf, die Baugruppen auch in dem asiatischen Land fertigen zu lassen. Es dauerte nicht lange, bis man bei Sennheiser Electronic feststellen mußte, daß der chinesische Partner Geschäfte auf eigene Rechnung tätigte. Nicht nur ein identisches Produkt bot dieser zunächst in China und dann im gesamten asiatischen Raum an, sondern er nutzte auch die Bekanntheit des Namens der Firma Sennheiser. Deshalb brach das Unternehmen aus Wedemark 1996 die Geschäftsbeziehungen zum chinesischen Partner ab. Wie hoch der durch diese Produktpiraterie angerichtete Schaden für Sennheiser war, läßt sich nicht genau ermitteln, da dort die Verkaufszahlen des ausschließlich in die eigene Tasche wirtschaftenden ehemaligen Partners nicht bekannt sind. Sennheiser schätzt »vorsichtig«, daß der Verlust allein in diesem Fall in die Millionen ging. Sennheiser entwickelte den Empfänger für drahtlose Mikrofone seither – in der heimischen Forschungsabteilung – weiter und produziert ihn heute am Firmensitz in Deutschland. Dennoch sanken die Kosten durch Einsparungen um zehn bis fünfzehn Prozent unter die früheren chinesischen Produktionskosten, während die Qualität zugleich noch verbessert werden konnte.

Sennheiser hat den chinesischen Partner nicht verklagt. Aus der Unternehmensleitung heißt es, das wäre »ohnehin aussichtslos« gewesen. Als man die Kooperation mit den Chinesen eingegangen sei, habe man die Auffassung vertreten, mit einem Geschäftspartner zusammenzuarbeiten, der einem »kaum das Wasser reichen« könne. Doch man habe dabei vergessen, daß dieser Partner über »hervorragende Ingenieure verfügte, die an der Technischen Universität Aachen und anderen deutschen Hochschulen ausgebildet« worden seien. Heute kauft Sennheiser zwar noch Teile in China ein, läßt dort aber nicht länger deutsche Eigenentwicklungen anfertigen.

Als »Rolls-Royce« unter den Mikrofonen gelten jene der Sennheiser-Tochter Neumann. 80 Prozent aller CD-Aufnahmen weltweit werden mit Mikrofonen dieses Herstellers erstellt. Diese haben einen Stückpreis von 4000 bis 5000 Mark. Wen mag es da verwundern, daß der chinesische Staat begehrliche Blicke auch auf Neumann-Mikrofone geworfen hat. In einem Vorort von Peking läßt er sie in der »Fabrik Nr. 6« nachbauen. Äußerlich sind sie von dem deutschen Produkt nicht zu unterscheiden. Die Technik ist veraltet und nicht einmal den Bruchteil des geforderten Preises wert. Doch es finden sich offenbar reichlich Kunden, die in der Annahme, ein deutsches

Produkt zu erwerben, die nachgemachten chinesischen »Neumann«-Mikrofone kaufen. Der chinesische Staat fördert somit jene Grauzone von Produktpiraterie und Wirtschaftsspionage, die in manchen Fällen kaum noch auseinanderzuhalten ist. Die »Fabrik Nr. 6« produziert zu 80 Prozent Mikrofone für den chinesischen Markt. Mit den restlichen 20 Prozent Produktionskapazität werden Raubkopien für den Weltmarkt hergestellt – unter ihnen auch die »Neumann«-Mikrofone.

Doch es trifft nicht nur deutsche Mikrofonhersteller. Der größte amerikanische Produzent Shure ist ebenso davon betroffen wie das österreichische Unternehmen AKG. Als ein Sennheiser-Mitarbeiter in China eine Firma besichtigte, in der Mikrofon-Drahtkörbe hergestellt werden, teilte man ihm stolz mit, daß in der Fabrik jährlich 3,5 Millionen Mikrofon-Drahtkörbe produziert würden. 200 000 von ihnen kauft Sennheiser. Der Mitarbeiter berichtet: »Weitere zwei Millionen Drahtkörbe sahen aus wie die Produkte unserer westlichen Wettbewerber – doch ich wußte, daß dieses Unternehmen keinen einzigen Auftrag von den Wettbewerbern bekommen hat.« Damit dürfte klar sein, daß allein diese Fabrik jährlich rund zwei Millionen Drahtkörbe für Mikrofone produziert, die später auf dem Weltmarkt als angebliche Produkte von Shure, AKG und anderen angeboten werden. Der Sennheiser-Mitarbeiter weiter: »Auf einer Fachmesse in Los Angeles erhielt ich den Katalog eines chinesischen Mikrofon-Anbieters. Er sah aus wie der Gesamtkatalog von Sennheiser, Shure, AKF, Neumann und den anderen auf diesem Gebiet führenden Unternehmen.«

Deutschland ist der größte Handelspartner Chinas in Europa. Die Bundesregierung hat deutsche Unternehmen immer wieder dazu ermuntert, dort zu investieren, ihnen aber in den meisten Fällen keinen hinreichenden Schutz geboten, wenn es darum ging, Produktpiraterie abzuwehren. Mit Direktinvestitionen in 125 Projekten nimmt die deutsche Wirtschaft auch weiterhin den Spitzenplatz unter den

EU-Staaten in China ein. Deutsche Technologie, Anlagen und Management-Erfahrung sind für die chinesische Wirtschaft dringend nötig – werden aber, siehe Sennheiser Electronics, oftmals zum Nulltarif und zum Nachteil des deutschen Unternehmens abgezogen.

Das chinesische Rechtssystem bietet westlichen Unternehmen dabei kaum Hilfe, ist es doch weitestgehend undurchsichtig. Zwar sind auch in China Gesetze die wichtigsten Rechtsquellen. Doch neben diese treten in Form von Verordnungen ergangene »Anweisungen«, »Antworten« und »Rundschreiben« verschiedener Ministerien und des Obersten Gerichtshofs, die nur intern verbreitet werden. Zudem sind – anders als in Deutschland – die Urteile höherer Gerichte für die nachgeordneten nicht bindend. Der zunehmende wirtschaftliche Wert von Informationen machte es deshalb erforderlich, auch das chinesische Patentrecht zu novellieren und dem internationalen Standard anzupassen. Zum Januar 1993 trat ein solches Patentrecht in Kraft, das im September desselben Jahres durch ein Gesetz gegen den unlauteren Wettbewerb ergänzt wurde. Ein offizielles Elf-Punkte-Programm sollte zudem Maßnahmen der Verwaltung und Gerichte beim Kampf gegen Verletzungen des geistigen Eigentums verstärken. Gefruchtet hat es wenig. Sennheiser ist nur einer von Dutzenden deutschen Geschädigten. Hier stehen deutsche Unternehmen mit ihren Problemen jedoch nicht allein. Probleme damit haben alle westlichen Industriestaaten, auch die USA, wie Mitte der neunziger Jahre der Handelsstreit zwischen Washington und Peking, bei dem es vor allem um die große Zahl illegaler Raubkopien von CDs ging, zeigte.

In China werden heute allenfalls zehn Prozent der gefälschten Waren eingezogen. Mittlerweile gibt es aber auch einen Chinesen, der seinen Landsleuten das Leben auf diesem Gebiet erschwert. Wang Hai verfolgt die Trittbrettfahrer dieses Booms. Vor vier Jahren begann er damit, chinesische Produktpiraten zu jagen. Mittlerweile genießt er einen legendären Ruf. Als Präsident Clinton im Sommer 1998 Peking und Shanghai besuchte, lud er Wang Hai zu einem Gespräch über Konsumentenrechte ein. Immer mehr westliche Markenhersteller buhlen heute um die Gunst des jungen Mannes, der inzwischen 200 Testkäufer im ganzen Land beschäftigt. Der Sechsundzwanzigjährige inspiziert vor allem die bei Touristen beliebten Märkte. Auf dem Seidenmarkt neben dem Pekinger Jianguo-Hotel fand er Versace-Jeans für 30 Mark das Stück – 90 Prozent günstiger als in Deutschland. Das *Handelsblatt* berichtete am 2. März 1999 über ihn: »Wang geht in Kaufhäuser und auf Märkte, kauft Farbeimer, Lampen, Mobiltelefone und selbst Schlagbohrer, die er als billige Imitate geschützter Originalwaren identifiziert.« Doch sein Kampf erscheint aussichtslos, denn, so der *Handelsblatt*-Reporter weiter: »Als Wang Hai das Jianguo-Hotel verläßt und die zweite Ringstraße in Peking überquert, wird er von einem verwahrlost aussehenden Mann angesprochen. Nur kurz öffnet der sein ausgefranstes Jackett, um den Blick auf einige Silberscheiben freizugeben: CDs, CDs, internationale CDs.«

Auch die Frankfurter Fachmesse »Ambiente« bewies im Februar 1999, daß sich hier nicht nur ehrenwerte Aussteller betätigen. Dem Frankfurter Rechtsanwalt Richard Cremer, der in den vergangenen 15 Jahren rund 3000 Fälle von Produktpiraterie bearbeitet hat, wurde auch dort fündig. Cremer sagte dem Autor: »Die ›Ambiente‹ ist ein Tummelplatz der Produktpiraten.« Dort entdeckte er etwa einen nachgeahmten Besteckhalter in Form von Früchten. Das ist kein Einzelfall. Der für die Frankfurter Anwaltskanzlei Graf von Westphalen tätige Jurist kennt viele weitere Fälle. So habe es auf den Frankfurter Frühjahrs- und Herbstmessen der vergangenen drei Jahre stets auch thailändische Aussteller gegeben, die beispielsweise die nachgemachten Scheren des deutschen Herstellers Zwilling im Angebot hatten. Cremer vertritt vor allem bekannte Schmuck- und Uhrenhersteller wie Cartier, Piaget, Baume-Mercier, Swatch, Omega, Rado und Longine. Anhand eines Katalogs des in Istanbul ansässigen Schmuck-Lieferanten »Cetas« (Nurosmaniye, Caddesi No. 40, Istanbul; Rufnummer 90 212 512 41 42; E-mail: *cetas@turk.net*) belegte er die Kopierfreudigkeit ausländischer Unternehmer. Auf 82 Seiten finden sich dort mehrere Hundert Plagiate: Farbseite 1 zeigt ein nachgeahmtes »Bulgari«-Goldkollier, Seite 2 »Chopard«-Fälschungen – Ketten und Kolliers, Seite 6 »Cartier«-Schmuck der Modellreihe »Pharaon«, Seite 13 »Bulgari«-Armketten, Seite 22 eine »Piaget«-Kette Modell »Tanagra«, auf Seite 59 finden sich »Tiffany«- und »Cartier«-Ringe, auf Seite 60 ein »Cartier«-Armreif. Und so geht es weiter bis zur letzten Seite. Es gibt fast keine Seite des Farbprospekts, auf der nicht Markenzeichen europäischer Hersteller verletzt werden. Zu den Geschädigten zählen auch Fahrzeugproduzenten, bietet »Cetas« doch goldene Schlüsselanhänger mit BMW-, Mercedes- und Ford-Logo an. »Cetas« verkauft nicht nur innerhalb der Türkei, sondern beliefert nach Angaben von Cremer auch deutsche Händler. Der Anwalt sagt: »Es ist sehr schwer, in der Türkei gegen solche Unternehmen vorzugehen. Nur wenn Cetas nach Deutschland liefert, können wir die Ware beschlagnahmen – vorausgesetzt, wir finden sie.« Ganze Straßenzüge der Produktfälscher hat Cremer in Süd- und Osteuropa gesehen. Etwa acht bis zehn Monate dauere es, bis beispielsweise das neue Modell einer Swatch-Uhr auch als Plagiat angeboten werde.

Der Deutsche Industrie- und Handelstag (DIHT) schätzt, daß jedes zwölfte am Markt angebotene Produkt eine Fälschung ist. Die Imitate werden immer perfekter. Häufig können Fachleute Original und Fälschung nur noch anhand der Qualität unterscheiden, nicht jedoch an falsch plazierten Markenzeichen. Die Zeitschrift *DM* schrieb deshalb im März 1999: »Da wundert es nicht, daß viele Einzelhändler ahnungslos sind.« In einem Münchener Kaufhaus seien Jeans und T-Shirts zu Sonderpreisen angeboten worden, die den Originalhersteller stutzig gemacht hätten. Die Firma habe Testkäufer in das Kaufhaus geschickt. Dort habe sich der Verdacht bestätigt: Die Teile waren gefälscht. *DM* mahnte: »Ein deutlich niedrigerer als der vom Marken-Hersteller empfohlene Preis ist immer der erste Indikator für eine Fälschung.«

Produktpiraterie ist der Wirtschafts- und Konkurrenzspionage eng verwandt, wird aber trotz bestehender Gesetze in Deutschland immer noch nicht wirksam verfolgt. Von den etwa 5000 stafrechtlichen Ermittlungsverfahren, die man nach dem Produktpiraterie-Gesetz in Deutschland einleitete, wurden mehr als 95 Prozent eingestellt. Wirtschaftlich spielt es für den Verletzten ohnehin in der Regel keine Rolle, ob der Verletzer bestraft wird oder nicht. Dennoch ist das strafrechtliche Ermittlungsverfahren für den in seinen Rechten Verletzten immer vorteilhaft, zuweilen unverzichtbar: Im Wege der Durchsuchung und Beschlagnahme können Beweismittel beigebracht werden, die sonst außer Reichweite des Verletzten liegen. In den wenigen Fällen, in denen es tatsächlich zu einem Strafverfahren kommt, erschließt die strafrechtliche Nebenklage den betroffenen Unternehmen weitere Informationsquellen. All dies geschieht allerdings ohne das erhebliche Kostenrisiko eines Zivilprozesses und mit überschaubarem Kostenaufwand. Die Staatsanwaltschaft arbeitet gebührenfrei.

Gefälscht werden heute »Fischer-Dübel«, »Novalgin«-Tabletten und »Staedler-Bleistifte«, aber auch Zuchtrosen wie Bonica und Friesia. Fachleute schätzen den Wert der Fälschungen auf etwa zehn Prozent des Welthandels. Die Umsatzeinbußen der Hersteller sind beträchtlich. Schlimmer jedoch ist der Vertrauensverlust. Die mindere Qualität der gefälschten Produkte wird den Originalherstellern zugerechnet, die auf diese Weise den so Geschädigten als Kunden verlieren.

Rund 2300 Fernseh-Werbespots, 4500 Hörfunk-Spots und 1600 Anzeigenseiten prasseln täglich auf den Konsumenten ein, um in erster Linie das Image eines Markenartikels zu prägen. Denn schon längst bestimmt nicht mehr der Nutzen eines Produkts allein die Kaufentscheidung. Doch die Plazierung von neuen Waren wird am Markt immer schwieriger. Die Aufnahmebereitschaft und -fähigkeit der Kunden für Werbebotschaften wird zunehmend geringer. Welches Unternehmen möchte da schon sein schwer erarbeitetes Markenimage an Imitatoren verlieren?

Der DIHT schätzt, daß Produktpiraterie der deutschen Wirtschaft

Schäden in Milliardenhöhe verursacht und jährlich rund 70 000 Arbeitsplätze kostet. Zugleich entstehen bei den Fälschern im Ausland neue Arbeitsplätze. Allein in Italien sollen etwa 200 000 Menschen ihren Lebensunterhalt durch das Fälschen von Markenprodukten verdienen. Und in der Tschechischen Republik sind staatlich geförderte Einkaufszentren mit gefälschter Ware entstanden, zu denen von Deutschland aus Busfahrten angeboten werden. Der Vorsitzende der Vereinigung zur Bekämpfung der Produktpiraterie, Volker Spitz, sagt deshalb: »Es ist unvermeidbar, gezielte Aktionen in denjenigen Ländern durchzuführen, die als Hauptquelle der Fälschungen gelten, und politischen Druck auf die Verantwortlichen auszuüben.«

Neben der Bekämpfung der Hintermänner wird aber auch der wirksame Schutz von Markenzeichen, Patenten, Urheberrechten sowie Geschmacks- und Gebrauchsmustern immer wichtiger. Die Möglichkeiten sind vielfältig und reichen über den nationalen Markenschutz (Antrag beim Deutschen Patentamt) bis hin zum europaweiten Schutz von Patenten und Marken (Antrag beim Europäischen Patent- und Markenamt). Doch ein effektiver Schutz läßt sich erst dann verwirklichen, wenn auch eine entsprechende Kontrolle stattfindet. Der seit zwei Jahrzehnten auf Fälle von Wirtschaftsspionage spezialisierte Münchener Rechtsanwalt Peter Kragler berichtete dem Autor, in der Schweiz seien eigens kleine Aktiengesellschaften gegründet worden, die ausschließlich das Ziel verfolgen, in deutschen Unternehmen jene Spione einzuschleusen, die dort im Auftrag ausländischer Firmen Know-how abziehen sollten.

Der Gründungskanzler der Bundesrepublik Deutschland, Konrad Adenauer, dürfte nur wenigen als Erfinder bekannt sein. Doch er erfand nicht nur das innenbeleuchtete Stopfei, die Blendschutzbrille für Fußgänger und den beleuchteten Brotröster, sondern auch die »Wurst mit Friedensgeschmack« und eine besondere Variante eines Schrotbrotes. Allerdings erhielt er nur für die beiden letztgenannten Erfindungen ein Schutzrecht. Die »Wurst mit Friedensgeschmack«

aus dem Jahr 1918 wurde unter anderem in Österreich, Belgien und Großbritannien patentiert, jedoch nicht in Deutschland. Das Patent zum »Verfahren zur Herstellung eines dem rheinischen Roggenschwarzbrot ähnelnden Schrotbrotes« von 1915, das Konrad Adenauer zusammen mit Jean und Josef Oebel, den Inhabern der Rheinischen Brotfabrik, erhielt, stellt somit das einzige deutsche Patent von Konrad Adenauer dar. Bekanntere deutsche Patente sind die Gas-Kraftmaschine von Gottfried Daimler (1886), das Verfahren zur Herstellung von dauerhaftem Backpulver oder backfertigem Mehl von August Oetker (1903), die Zündkerze für Explosionskraftmaschinen von Robert Bosch (1906) und das Verfahren zur Herstellung von »Thier- und anderen als Spielzeug dienenden Figuren« von Fritz Steiff (1893). Sie alle betreffen Produkte, die den Ruf Deutschlands als Herkunftsort von Qualitätsprodukten gemehrt haben. Produktpiraten erreichen das Gegenteil.

Auch der finnische Formel-1-Fahrer Mika Häkkinen wurde das Opfer von Produktpiraten. Ihn packte im Sommer 1998 blankes Entsetzen. Obwohl er noch führend in der Formel-1-Weltmeisterschaftswertung war, mußte er beim »Großen Preis von San Marino« aufgeben. Sein Rennteam war auf ein gefälschtes Kugellager hereingefallen. Dieses hielt den Belastungen des Rennens nicht stand. Einer der Zulieferer des Teams hatte von einem asiatischen Produktfälscher ein kopiertes Billigteil erhalten. Der Hauptgeschäftsführer des Deutschen Industrie- und Handelstages und Vorsitzende des Aktionskreises Deutsche Wirtschaft gegen Produkt- und Markenpiraterie (APM), Franz Schoser, sagt dazu: »Niemand ist heute mehr vor gefälschten Produkten gefeit.« Die Zahl der aus dem Ausland auf den deutschen Markt gelangten Fälschungen hat sich in den letzten Jahren nach seinen Angaben sprunghaft erhöht. Die Oberfinanzdirektion Hannover teilte im Sommer 1998 mit, der Zoll habe 1997 bei rund 1400 Einsätzen gefälschte Artikel im Wert von 9,3 Millionen Mark sichergestellt. 1995 hatte der Warenwert gefälschter Produkte nur 270 000 DM betragen.

Selbst Fachleute fallen heute auf solche Fälschungen herein, denn deren Qualität verbessert sich. Das »Schnäppchen« vom Flohmarkt, der gefälschte Sportschuh von Adidas, gibt sein Geheimnis erst auf dem Seziertisch preis: Statt eines hochwertigen Innenlebens findet sich nur Pappe darin. Und manches T-Shirt von Hugo Boss verursacht nicht nur Juckreiz, sondern färbt auch noch auf der Haut ab.

Nichts ist einfacher, als Markenlogos auf Schundware zu drucken – etwa mit dem Farbkopierer. Die Hersteller von Qualitätswaren wenden große Summen für Forschung, Entwicklung, Material und Patente auf, um ihre Produkte für die Anforderungen des Marktes zu optimieren. Auf der Internationalen Spielwarenmesse 1999 kam es zu einem Eklat um ein Plagiat: Der Spieleherstelle Hasbro aus Dietzenbach verbot einem Hongkonger Konkurrenten per einstweiliger Verfügung die Nachahmung seines Plüschtiers »Furby«. Es sei kopiert worden, berichtete die Hasbro Deutschland im Februar. Allein in der deutschen Spielzeugbranche richten Plagiate pro Jahr einen wirtschaftlichen Schaden von rund einer Milliarde Mark an.

Wenn der geschäftsführende Inhaber der Windsurfing Chiemsee GmbH, Jörg Kaller, über Flohmärkte streift, dann kommt ihm nach eigenem Bekunden meist »die Galle hoch«. Kaller ärgert es, daß die Politiker für dieses »Milliardenthema« weiterhin kaum zu sensibilisieren sind. »Windsurfing Chiemsee« ist inzwischen im internationalen Ranking der gefälschten Marken durch Calvin Klein vom ersten Platz verdrängt worden. Vor der Fashion-Sport-Kultmarke stehen jetzt in der Gunst der internationalen Fälscher auch noch Adidas, Tommy Hilfinger, Boss und Reebok. Den jetzt sechsten Platz in dieser zweifelhaften Liste mußte sich »Windsurfing Chiemsee« teuer erkaufen: mit dem Verlust von Arbeitsplätzen. Hatten einst nur klangvolle Namen wie Armani, Boss oder Rolex unter der Produktpiraterie zu leiden, so ist heute keine Branche mehr vor den Fälschern sicher. Hersteller von Spielzeug, Textilien oder Parfüm klagen ebenso wie die Uhren- oder Pharmaindustrie, die Unterhaltungselektronik und die Softwarebranche. Und beim bisher vielleicht tragischsten Fälschungsfall – betroffen war die Flugzeugindustrie – kamen 1989 55 Menschen ums Leben, weil minderwertige Aufhängungsbolzen am Seitenleitwerk einer Chartermaschine gebrochen waren.

Neuerdings werden auch die Hersteller von Autoersatzteilen von Produktpiraterie heimgesucht. Die großen europäischen Fahrzeughersteller veranschlagen den Schaden durch nachgemachte Ersatzteile inzwischen auf viele hundert Millionen Mark. Beim Kölner Automobilbauer Ford jagt Steffen Dörner die Produktpiraten. »Manager, Markenschutz« steht auf seiner Visitenkarte. Er formuliert seinen Auftrag: »Ich will unsere Kunden vor gefälschten Ersatzteilen schützen, weil sie sehr gefährlich sein können.« Dörner berichtet über gefälschte Lenkgestänge, die brechen, und über Fußmatten, die unter das Bremspedal rutschen und es blockieren. Millionen Kunden erliegen offenbar der Versuchung, Ersatzteile für VW-, Ford- oder Opel-Fahrzeuge bis zu einem Drittel des Werksverkaufspreises auf Trödelmärkten kaufen zu können. Doch mit gefälschten Autoteilen riskieren die Kunden ihr Leben. Durchschnittlich 22 Prozent ihres Umsatzes büßten deutsche Firmen in den vergangenen drei Jahren durch Produktpiraterie ein.

Eines der betroffenen Unternehmen ist die Firma Staedtler Mars GmbH & Co in Nürnberg, ein bekannter Hersteller von Schreib- und Zeichengeräten. Am 21. Februar 1997, drei Wochen vor einer Reise des damaligen Bundeswirtschaftsministers Rexrodt nach Saudi-Arabien, schrieb Staedtler einen Brief an das Wirtschaftsministerium, in dem es hieß: »Wir vertreiben unsere Schreibgeräte, insbesondere unsere Bleistifte und Kugelschreiber, seit Jahren in Saudi-Arabien. Nahezu alle unsere Produkte werden in Deutschland hergestellt. Der Kugelschreiber Staedtler Stick 430 wird in Großbritannien produziert. Der Vertrieb unserer Produkte in Saudi-Arabien wird durch eine steigende Anzahl von Imitationen unserer Produkte, insbesondere aus der Volksrepublik China, Indien etc., beeinträchtigt.

Die Produkte sind von ihrer Gestaltung ähnlich oder gleich zu unseren Stiftaufmachungen und werden teilweise unter eigenen Marken, teilweise auch mit Marken vertrieben, die unseren Marken ähnlich oder gleich sind. Die sogenannten *look-a-likes* werden zu Niedrigpreisen im Markt vertrieben und haben deshalb einen beträchtlichen Einfluß auf die Umsätze unserer Produkte, was zu negativen Auswirkungen auf unsere Produktion und somit auf die deutschen Arbeitsplätze führt. Alle Anstrengungen, den Vertrieb der *look-a-likes* zu untersagen, waren bisher vergeblich. Unsere Markenanwälte informierten uns, daß es keine rechtlichen Möglichkeiten gibt, den Vertrieb unserer Produkte zu untersagen. Wir fügen Farbkopien der nachfolgend aufgeführten *look-a-likes* im Vergleich zu unseren Originalprodukten bei, aus denen Sie die hohe Verwechselungsgefahr für den Verbraucher erkennen können: Kugelschreiber ›Nutec 05‹, produziert von einer indischen Firma namens Rotomac, und unseren Originalkugelschreiber ›Ball 401‹, Bleistift mit dem Aufdruck ›Standard‹, produziert in der Volksrepublik China, dessen Design ähnlich zu dem Design unseres Bleistiftes, der unter der Marke ›Noris‹ vertrieben wird, ist; Kugelschreiber ›Stick 430M‹, produziert in Indien, mit einer identischen Stiftaufmachung zu unserem Kugelschreiber ›Staedtler Stick 430M‹. Auch die Verpackung dieses *look-a-likes* ist unserer Originalverpackung ähnlich; Textmarker mit der Aufschrift ›Winner Topstar‹, produziert in Bangladesch, der unserem Originaltextmarker ›Topstar‹ ähnlich ist. Die vorgenannten Beispiele sind nur eine kleine Auswahl aus einer Vielzahl von *look-a-likes*, die auf dem saudiarabischen Markt vertrieben werden.«

Am 26. Februar 1997 ging das Schreiben im Referat VB7 ein und wurde dort unter dem Aktenzeichen 975-147 von einem Herrn Meyer geführt. Vom 21. bis 23. März hielt sich Bundeswirtschaftsminister Rexrodt in Saudi-Arabien auf, auch, um dort das Thema Produktpiraterie zur Sprache zu bringen. Geändert hat sich seither offenkundig nichts. Im Gegenteil: Anläßlich der ersten Reise einer deutschen Touristengruppe nach Saudi-Arabien fand der Autor am

10. Februar 1999 in der saudiarabischen Stadt Medina gegenüber der Einfahrt zum Palast des Königs Fahd ein Geschäft, das außen auf seiner Leuchtreklame zwar mit den Worten »STAEDTLER – licensed dealer« warb, innen jedoch nur die von Staedtler aufgeführten Plagiate aus Bangladesch, Indien und China verkaufte.

Wenig gebracht hat auch das im März 1990 verabschiedete Gesetz zur Stärkung des Schutzes des geistigen Eigentums und zur Bekämpfung der Produktpiraterie. Schon damals wurden in der Unterrichtung durch die Bundesregierung (Drucksache 12/4427) jene Länder angeprangert, die mit Produktpiraterie deutsche Arbeitsplätze gefährden: »Als Herkunftsländer wurden das Inland, Frankreich, Italien, die Niederlande, Polen, die Türkei, der Nahe Osten, die Volksrepublik China, Taiwan, Korea, Hongkong und die USA aufgeführt.«

Mit der Vernichtung nachgemachter Markenuhren von Adidas und Nike, mit Videofilmen, Flugblättern und einer Ausstellung haben Zollbehörden und Hersteller von Markenprodukten deshalb unlängst Fluggäste vor dem Kauf gefälschter Produkte im Ausland gewarnt. Anlaß war der erste »World Anti-Counterfeiting Day« (Welttag gegen Fälschungen) mit Aktionen auf je einem Flughafen in Frankreich, Italien, England sowie in München. Der DIHT, der Bundesverband der Deutschen Industrie (BDI) und der Markenverband haben den »Aktionskreis Deutsche Wirtschaft gegen Produkt- und Markenpiraterie (APM)« ins Leben gerufen. Zu den 20 Gründungsmitgliedern des APM zählen die meisten großen Automobilhersteller, der Pharmakonzern Bayer und das Kosmetikunternehmen Lancaster. Der Verein will durch den Einsatz von Detektiven und eine enge Zusammenarbeit mit dem Zoll die Ermittlungen gegen Produkt- und Markenpiraten vorantreiben. Nach einer DIHT-Umfrage – auf die 1200 Unternehmen geantwortet hatten – gaben mehr als 60 Prozent der Betriebe an, schon mit Marken- und Produktpiraterie konfrontiert worden zu sein. Die Fälscher haben offenkundig entdeckt, daß Produktpiraterie genauso lukrativ ist wie der Drogenhandel.

Schutzmaßnahmen

Wie aber schützt man sich vor Spionen und Schnüfflern, die Unternehmen schweren Schaden zufügen können? Detektive und Sicherheitsberater sind gewiß eine Möglichkeit, Spione abzuschrecken. Doch wer sie beauftragt, hat in aller Regel schon einen Schaden erlitten. Begriffe wie »Guerillamarketing« und die Bezeichnung von Marketingabteilungen als »Geheimdienste eines Unternehmens« zeigen deutlich, daß Konkurrenz- und Wirtschaftsspionage immer mehr zum Instrument eines globalen Wirtschaftskriegs werden. Nur wer sich defensiv vor solchen Machenschaften schützt, wird die Chance haben, dauerhaft in diesem Krieg zu überleben.

Zunächst einmal sollte man die Warnungen des früheren Geheimdienstkoordinators Schmidbauer ernst nehmen. Er hatte in einem Interview mit der *Frankfurter Allgemeinen Zeitung* im Februar 1998 gesagt: »Unsere Unternehmen sind vergleichsweise naiv. Es reicht nicht, nur über die technischen Möglichkeiten ausländischer Spione zu sprechen und sich darüber zu beklagen. Zusätzlich müssen auch konkrete Schritte unternommen werden, um deutsche Unternehmen zu schützen. Dazu gehören der Einsatz von Verschlüsselungstechniken, die Einsicht, sensible Themen nicht mehr am Telefon zu besprechen, und das Abkoppeln aller Computer mit vertraulichen Firmendaten vom Telefonnetz.«

Jeder sollte sich darüber im klaren sein, daß es eine Fülle von Möglichkeiten gibt, um Kommunikation in Datennetzen zu belauschen: Fernabfragevorrichtungen von Anrufbeantwortern sind kaum gegen unbefugtes Abhören gesichert. Vor allem dann, wenn das Gerät mit der zusätzlichen Funktion »Überwachung von Raumgesprächen« ausgestattet ist, besteht ein großes Risiko. Schnurlose Telefone können mit Scannern (elektronischen Abtastgeräten) in einem Umkreis von bis zu zwei Kilometern abgehört werden. Niemand sollte auch jenen Werbeversprechungen Glauben schenken, die suggerieren wollen, bestimmte Geräte seien »absolut abhörsicher«. Eine solche Sicherheit gibt es nicht. Das gilt gleichfalls für Mobiltelefone. Im B- und C-Netz betriebene Telefone sind überhaupt nicht gegen unbefugtes Mithören geschützt. Auch D- und E-Netze können zumindest von den Geheimdiensten dieser Welt problemlos abgehört werden. Mobilfunkgeräte sollten deshalb bei wirklich vertraulichen Unterredungen abgeschaltet werden.

Faxgeräte bieten ebenfalls vielfältige Angriffsmöglichkeiten. Zwischenspeicher, die das zeitlich versetzte Versenden eines Faxes gestatten, können von außen abgefragt – also unbemerkt angezapft – werden. Nach dem Thermotransfer-Verfahren arbeitende Faxgeräte erzeugen durch die beim Ausdruck permanent mitlaufende Folie ein dauerhaftes Negativ des übertragenen Dokuments, das mühelos entnommen werden kann. Ebenso wie der Telefonverkehr ist auch der Faxverkehr abhörbar.

Mit solchem Hintergrundwissen sollte man keinesfalls in Panik geraten, geht es doch Spionen ausschließlich darum, wirklich brisantes Know-how abzuziehen, und nicht etwa um »Allerweltsgespräche«. Know-how aber kann man schützen, indem man beispielsweise bei vertraulichen Besprechungen in einem Konferenzraum den ISDN-Stecker der Telefonanlage zieht (wie etwa die Marketing-Abteilung der Deutschen Telekom in Frankfurt). Das kostet keinen Pfennig, kann aber vor Schaden bewahren.

Konstruktionsunterlagen und anderes schriftlich fixierte Know-how sollten nur durch vertrauenswürdige Boten an einen Empfänger übermittelt werden. Es ist sträflicher Leichtsinn, wenn eine Sekretärin am Telefon etwa einen international tätigen Kurierdienst mit den Worten herbeiruft »Das ist ganz eilig und höchst vertraulich. Das muß heute noch an unsere Niederlassung XY rausgehen...« So weiß auch der dümmste Fahrer, daß die Fracht brisant ist. Niemand wirft Kurierdiensten vor, Helfershelfer von Spionen zu sein. Doch muß man die Brisanz einer Sendung wirklich mit so deutlichen Worten ankündigen? Gerade in jenen Fällen, in denen die Zukunft eines Unternehmens von der »sicheren« Übermittlung einer Nachricht abhängt, sollte man erfindungsreich sein: Warum steckt man sie nicht in jene Styropor-Verpackungen, die inzwischen selbst die Post AG für den Versand von Flaschen anbietet? Klingt es nicht viel unverfänglicher, wenn die Sekretärin den Kurierdienst dann mit den Worten bestellt: »Wir haben den Geburtstag eines Mitarbeiters in der Filiale XY vergessen. Das ist uns so peinlich. Könnten Sie wohl noch heute eine Geschenkverpackung auf den Weg bringen...?« Hier lassen sich viele ähnlich harmlose Vorwände finden.

Je nach Branche, Firmengröße und Marktanteil unterscheiden sich die Methoden, Schutzvorkehrungen gegen Eindringlinge zu treffen. Doch allgemein gilt: Alte Datenträger und Dokumente gehören nicht in den Müll, sondern in den Reißwolf. Besucher sollten nie unbeaufsichtigt bleiben und nur in gesonderten Räumen empfangen werden. Wichtig ist es auch, Sicherheitsverstöße in Unternehmen zu ahnden. Wer regelmäßig vertrauliche Unterlagen über Nacht auf seinem Schreibtisch offen liegen läßt, dem muß Nachhilfe in Sicherheitsfragen erteilt werden. Führen diese nicht zum gewünschten Erfolg, so müssen Abmahnungen und in letzter Konsequenz auch die Kündigung folgen, damit andere Mitarbeiter sehen, daß Sicherheitsvorschriften ernst zu nehmen sind.

Das gilt vor allem auch für den Besuch von Messen, Fachtagungen und Kongressen. Das Mitteilungsbedürfnis mancher Zeitgenossen scheint schier grenzenlos zu sein und muß nur durch einige Ermunterungen angeregt werden. Techniker, Verkäufer und Mitarbeiter aus den Vertriebs- und Promotionsbereichen müssen aber lernen, Informationen über Produkt- und Forschungslinien zielgerecht zu nutzen. Über Forschungsergebnisse und Qualitätsstrukturen darf niemals öffentlich diskutiert werden, auch wenn man noch so stolz auf das eigene Unternehmen ist: Was verraten ist, kann nicht mehr verkauft werden. Das Muster ist immer das gleiche: Die Spione – egal ob in staatlichem oder privatem Auftrag tätig – kultivieren über lange

Zeit Gesprächskontakte, intensivieren diese, wecken Sympathien und schaffen so ein Klima des gegenseitigen Vertrauens. Schon 1992 mahnte Hans-Jürgen Knoke, der Sicherheitsbeauftragte von Henkel: »Vor allem bei den langjährig aufgebauten Vertrauensbeziehungen unter Berufskollegen merken viele gar nicht, mit welch psychologischem Geschick ihr Wissen etwa in einer hitzigen Diskussion abgeschöpft wird. Ein anderer Trick, der auch immer wieder gut funktioniert, ist, die Mitarbeiter bei ihrer eigenen fachlichen und menschlichen Eitelkeit zu packen.«

Leicht, unverdächtig und relativ einfach ist auch das Ausforschen mittels Unternehmensberatern. Unter dem Vorwand, eine zukünftige Zusammenarbeit prüfen zu wollen, lassen sich Konkurrenten die Betriebe zeigen und nehmen Einblick in alle Unternehmensbereiche. Ohne vermeintlichen wirtschaftlichen Zwang wird ihnen großzügig Einblick gewährt und Wissen preisgegeben.

Ein weiterer Risikofaktor ist das Abwerben von Fachkräften. Wolfgang Hoffmann, Vorsitzender der Arbeitsgemeinschaft Sicherheit und Wirtschaft, sagte dazu am 20. Januar 1999 bei einem Vortrag in München: »Die Ulmer Firma Kamag, Hersteller von Stahlwerken, Produkten für die Raumfahrt und von Spezialfahrzeugen für Werften, hatte mit solchen Problemen zu kämpfen. Der Konkurrent Kirow, ein Kranbauer aus Leipzig, warb vier Mitarbeiter ab. Diese nahmen nicht nur das Know-how in ihren Köpfen, sondern auch Konstruktionspläne und Kalkulationen mit.« Die Ulmer Firma erstattete Anzeige. Bei Hausdurchsuchungen entdeckte die Polizei unter anderem beim ehemaligen Verkaufsleiter umfangreiche Kamag-Unterlagen. Der Bayerische Rundfunk berichtete, es sei ein Angebot gefunden worden, das identisch mit einem Kamag-Angebot gewesen sei. Nur sei der Name Kamag mit Kirow überschrieben worden. An drei Stellen habe man das Überschreiben aber vergessen... In der Zwischenzeit habe die Kamag Aufträge in Höhe von sieben Millionen Mark eingebüßt, weil Kirow auf Kamag-Daten zurückgegriffen und deren Preise unterboten habe.

Ähnliche Risiken bergen auch die sich zunehmender Beliebtheit erfreuenden Joint-ventures. Hoffmann sagt dazu am Beispiel Rußlands: »Die nach der Wende gegründeten deutsch-russischen Joint-ventures und die in der Bundesrepublik gegründeten russischen Unternehmen haben den russischen Diensten neue Türen geöffnet und bieten ihnen hervorragende potentielle Beschaffungsmöglichkeiten.« Nachrichtenoffiziere ließen sich so leichter plazieren, der Zugriff zu sensiblem Know-how und interessanten Produkten werde vereinfacht oder im Rahmen der Zusammenarbeit »frei Haus geliefert«. Hoffmann dazu: »Deutsche Partner sollten grundsätzlich bei derartigen Gemeinschaftsunternehmen dem Schutz des eigenen Know-hows Vorrang einräumen und mit berücksichtigen, daß Geheimdienste mit am Verhandlungstisch sitzen können. Einen Schutz dagegen gibt es nicht, aber man sollte darauf vorbereitet sein.« Auf derselben Veranstaltung warnte auch der Präsident des Bayerischen Landesamtes für Verfassungsschutz, Gerhard Forster: »Wir wissen, daß russische Nachrichtendienste einen Schwerpunkt ihrer Aktivitäten in Joint-venture-Firmen setzen.« Doch jeder sollte sich bewußt sein, daß Joint-ventures unter westlichen Staaten ebenfalls derartige Risiken bergen. Gefährlich kann auch das sogenannte *»Outsorcing«* enden.

Axel Sitt, diplomierter Absolvent der École Européenne des Affaires in Paris und Autor des Buches *»Erfolgsfaktor Sicherheit«*, beschreibt auf Seite 50 einen Fall, bei dem auch die vermeintlich kostengünstige Verlagerung der Produktion von Deutschland nach Thailand *(»Outsorcing«)* einer Firma zum Verhängnis wurde: »Ein kleiner deutscher Hersteller von elektronischen Komponenten für Computer war in seiner Sparte Marktführer. Da die Nachfrage die Produktion überstieg und sich gleichzeitig ein günstiges Produktionsunternehmen aus Taiwan anbot, vergab man die Produktion... Die Zusammenarbeit erschien lukrativ, besondere Sicherheitschecks wurden unterlassen.« Zu ersten Irritationen sei es gekommen, als die neuen Geschäftspartner ab und zu »Sprachprobleme« gehabt hätten.

Wirklich mißtrauisch sei man jedoch erst geworden, als plötzlich die eigenen Neuentwicklungen in Deutschland unter anderem Namen deutlich günstiger zu kaufen gewesen seien. Der Einsatz von Testkäufern habe belegt, daß die »Partner« in Taiwan zusätzliche Produktionsschichten geführt hätten. Die vereinbarte Zahl an Komponenten sei zwar vertrags- und fristgerecht geliefert worden, der Rest sei jedoch unter eigenem Namen und auf eigene Rechnung vertrieben worden. Sitt schreibt: »Die Folge war ein Preisverfall für diese Bausteine. $1^1/_2$ Jahre ›verschenkte‹ Entwicklungsarbeit auf seiten der Deutschen und eine vergebliche Investition von Nerven, Geld und Zeit. Man verlagerte die Produktion wieder zurück nach Deutschland.«

In der immer schneller zusammenwachsenden Welt gilt es heute als selbstverständlich, Praktikanten, Studenten und Diplomanden aus vielen Gegenden unseres Globus zu beschäftigen. Doch auch sie sind ein Sicherheitsrisiko. Insbesondere wenn sie aus Staaten mit erheblichem technologischen Rückstand stammen, liegt die Gefahr des Verlustes von Know-how auf der Hand. Doch weil Geheimdienste aus Frankreich, Israel, den Vereinigten Staaten und Großbritannien auch Forschungsarbeiten finanzieren (in vielen amerikanischen Dissertationen findet sich ein Hinweis auf den »Sponsor CIA«), sollte man auch jungen Forschern aus »Partnerstaaten« mit ein wenig Mißtrauen begegnen. Einrichtungen der Johns Hopkins University wie auch die Rand Corporation sind nur einige dieser »Forschungsinstitutionen«, die eng mit ihren Geheimdiensten zusammenarbeiten. Eine unbeaufsichtigte Tätigkeit am Abend oder am Wochenende kann deren Austauschstudenten in deutschen Unternehmen den Zugriff auf vertrauliche Daten erleichtern. Zumindest die Beschäftigung in sensiblen Bereichen mit Zugriffsmöglichkeiten auf Forschungs- und Produktionskenntnisse muß sorgsam geprüft und von Sicherheitsmaßnahmen begleitet werden. Es liegt wohl in der Geschichte der Bundesrepublik Deutschland begründet, daß wir Deutschen eine innere Abneigung gegen die Zusammenarbeit mit unseren Diensten haben. In fast allen anderen Staaten der Welt – und das kann man nicht oft genug hervorheben – gilt sie jedoch aus nationalen Erwägungen heraus als durchaus ehrbar.

Gegen professionell arbeitende Geheimdienste gibt es keinen perfekten Schutz, doch es ist wichtig, die Vorgehensweise solcher staatlich gelenkten Späher zu kennen. Nachfolgend werden deshalb die meisten jener Sicherheitstips abgedruckt, die in der Fachzeitschrift *Chief Executive* in der Januar-/Februar-Ausgabe 1993 unter dem Titel »Ten Steps to Security« erschienen sind. Sie richten sich zwar an amerikanische Firmen, verraten aber viel über die Wühlarbeit von Agenten:

»1. Gehen Sie davon aus, daß sich Industriespione für die vertraulichen Informationen Ihrer Firma interessieren, selbst wenn es sich dabei nicht um Spitzentechnologie handelt. Stellen Sie sicher, daß sich alle Angestellten der Möglichkeit von Industriespionage bewußt sind, und unternehmen Sie Schritte, sich davor zu schützen. Halten Sie alle Schreibtische und Büros verschlossen.

2. Diskutieren Sie firmeninterne Informationen niemals am Telefon, und versenden Sie diese niemals per Fax. Wanzen können schnell installiert werden und sind schwer zu finden. Wenn Sie Informationen auf dem elektronischen Wege verschicken müssen, dann investieren Sie in neue Faxgeräte, die Nachrichten verschlüsselt senden.

3. Alle reisenden Firmenvertreter – speziell diejenigen, die fremde Länder besuchen – sollten vertrauliches Material nicht in ihren Hotelzimmern lassen. Spione brechen des öfteren im Hotelzimmer ein und fotografieren Dokumente, die ihnen interessant erscheinen.

4. Beschäftigen Sie qualifizierte Elektrofirmen, die regelmäßig Chefetage und Konferenzräume, in denen vertrauliche Informationen diskutiert werden, untersuchen. Eine einzige Entwanzung in einem New Yorker Brokerhaus förderte 43 versteckte Mikrofone

in 22 verschiedenen Büros zutage. Versehen Sie Fenster mit schallschluckenden Vorhängen. Hochentwickelte Richtmikrofone können die Schwingungen von Glas, bewegt durch den Schalldruck von Stimmen, aufzeichnen. Führen Sie Verfahren ein, durch die der Zutritt nur für dazu berechtigte Angestellte mit ID-Karten, Schlüsselkarten oder Stimmidentifizierung möglich ist...

5. Ihre Angestellten sind häufig Ziele für Industriespione, die jährlich vertrauliche Informationen im Wert von Milliarden Dollar von gegenwärtigen oder früheren Angestellten amerikanischer Firmen erbeuten. Führen Sie vor Neueinstellungen ausgedehnte Nachforschungen über den persönlichen Hintergrund durch, die hohe Schulden, Drogenmißbrauch oder andere Verhaltensprobleme aufdecken, welche den Kandidaten für Bestechung oder Erpressungsversuche anfällig machen. Wenn Angestellte die Firma verlassen, ist die meiste Firmeninformation in ihren Köpfen und nicht in ihren Aktentaschen. Minimieren Sie dieses Risiko durch umfassende Vertragsklauseln über Vertraulichkeit und Wettbewerbsverbot, die Vorbedingungen für die Einstellung sind.

6. Industriespione bedienen sich vieler ›Legenden‹ oder falscher Identitäten. Die Legende, man arbeite für einen Hausmeisterservice, wird bevorzugt eingesetzt, da sie den Zugang nach Dienstschluß und umfassende Zugangsberechtigung bedeutet. Eine Antwort darauf: Informieren Sie sich über das Arbeitspersonal externer Zulieferer genauso sorgfältig wie über Ihre eigenen Angestellten.

7. Eine der besten Quellen von Industriespionen ist der Müll. Wenn sie nicht vernichtet oder verbrannt werden, können streng vertrauliche Dokumente von Spionen in Mülleimern innerhalb und außerhalb des Firmengeländes mühelos entdeckt werden.

8. Firmeninformationen sollten weggeschlossen und deutlich als ›vertraulich‹ markiert werden. Verwenden Sie das System des bri-

tischen Geheimdienstes, der an jedes Dokument einen Vordruck anheftet, auf dem bei jedem Zugriff der Name des Angestellten und das Datum vermerkt werden.
9. Computersysteme sind vorrangige Ziele für Spione. Installieren Sie Expertensysteme, die unberechtigte Zugangsversuche zu Computerdatenbanken aufspüren. Und weisen Sie alle Angestellten, die Zugangscodes für Computer haben, darauf hin, daß diese ihnen nicht nur Zugang zum System verschaffen, sondern auch einen unlöschbaren Eintrag für jeden berechtigten Zugang im System produzieren.«

Nun sind kostenintensive Sicherheitsvorkehrungen in aller Regel nur für wirklich wichtige Daten erforderlich. Sie werden von einer Reihe darauf spezialisierter Fachunternehmen angeboten. Wer seinen Tätigkeitsbereich vor Know-how-Kundschaftern schützen möchte, muß damit schon beim Bewerbungsgespräch mit künftigen Mitarbeitern beginnen. Hier gilt es, Lebensläufe kritisch auf Stimmigkeit hin zu überprüfen, Referenzen zu erfragen und vor allem auf Verbindungen zu Konkurrenzunternehmen zu achten. Häufige berufliche Veränderungen ohne Karrierevorteile sollten ebenso wie finanzielle Schwierigkeiten eines Bewerbers mißtrauisch machen.

Zwar gibt es kein Allheilmittel gegen Spionage, doch einige technische Vorkehrungen können potentielle Täter zumindest abschrecken. Dazu gehört es, Fotokopierer in sicherheitsrelevanten Bereichen (dort sollten digitale Kopierer wegen ihrer Speichermöglichkeiten grundsätzlich nicht genutzt werden) mit einer Videokamera überwachen zu lassen, Aktenvernichter und Tresore für vertrauliche Unterlagen nicht nur aufzustellen, sondern auch zu benutzen. Eine der wichtigsten Grundregeln kostet keinen Pfennig, bringt aber ein hohes Maß an Sicherheit: Räume für vertrauliche Gespräche sollten immer erst kurzfristig festgelegt und regelmäßig gewechselt werden. Einzig die Bequemlichkeit hindert viele daran, diesem Vorschlag zu folgen. Ein weiterer kostenloser Sicherheitsratschlag findet sich in den Schutzvorkehrungen der Bayer AG: »Die Mitnahme von vertraulichen Geschäfts- und Betriebsunterlagen ist nur den... ermächtigten Personen gestattet.« Es sollte selbstverständlich sein, über die Mitnahme solcher Unterlagen Vorgesetzte informieren zu müssen und Verstöße dagegen grundsätzlich mit der Androhung der fristlosen Kündigung zu ahnden.

Vor allem aber sollten deutsche Behörden und Politiker endlich Schluß damit machen, Wirtschafts- und Konkurrenzspionage durch befreundete Staaten herunterzuspielen. Sie dürfen nicht länger Tabuthemen sein. Zwar kann niemand mit letzter Sicherheit sagen, wie viele Arbeitsplätze dadurch täglich vernichtet werden. Doch schon die Schätzungen sind erschreckend genug. Nach diesen werden so Jahr für Jahr Zehntausende von Arbeitsplätzen in Deutschland dauerhaft vernichtet. In Zeiten hoher stagnierender Arbeitslosigkeit sollte uns jeder einzelne Arbeitsplatz ebensoviel wert sein wie anderen westlichen Staaten. Deshalb gilt es, die modernen Raubritter anzuprangern, wo immer es möglich ist. Politische Rücksichtnahme wird die Dreistigkeit dieser Branche nur noch fördern. Dennoch dürfte es eine Illusion sein, das völlige Ende der Wirtschaftsspionage herbeizusehen. Das lehrt uns der Blick in die Geschichte.

5. Historische Wurzeln

Das Auskundschaften wirtschaftlicher Geheimnisse dürfte älter sein als jede andere Art der Spionage. Man darf annehmen, daß es deshalb auch alle anderen Arten der Spionage überleben wird – falls es eines Tages etwa gelingen würde, die militärische Spionage durch die Abschaffung sämtlicher Waffen überflüssig zu machen. Immer ist Geschichte auch die Geschichte des Erkundens der Fertigkeiten anderer gewesen. Vielen mag es widerstreben, etwa das Zeitalter der Entdeckungen oder das Zeitalter der Erfindungen mit Spionage und Produktpiraterie in Verbindung zu bringen. Doch ein Blick in die Geschichte lehrt, daß etliches von dem, was wir etwa als europäische »Erfindung« ansehen, in Wirklichkeit aus China oder aus der arabischen Welt nach Europa geschmuggelt oder von dem angeblichen »Erfinder« schlicht kopiert wurde. Fertigkeiten wie die Papierherstellung (erfunden in China) oder die Herstellung von Schießpulver (ebenfalls aus China) sind durchaus auf Wegen zu uns gelangt, die man mit der Produktpiraterie vergleichen könnte. Denn der Verrat ihrer Produktionsgeheimnisse war mit schweren Strafen belegt. Aus heutiger Sicht kann man zahlreiche der großen »Entdeckungen« und »Erfindungen« fraglos unter der Rubrik des Ausspähens von Geschäftsgeheimnissen einordnen, auch wenn es sich nicht um jene Wirtschaftsspionage handelt, die es erst seit dem Aufkommen industrieller Fabriken gibt.

Es handelte sich dabei vielmehr um die vorindustrielle Ausspähung von wirtschaftlichen Geheimnissen, die nicht systematisch von einem professionellen Geheimdienstapparat gefördert wurde, sondern fast immer eine Einzelaktion war. Erst im 17. Jahrhundert, als man in Europa damit begann, die Rätsel der Natur nicht nur durch Nachdenken zu lösen, sondern auch durch praktische Experimente, brach in der Alten Welt eine Zeit an, in der eigenständige Erfindungen in der Mehrzahl waren. Damit erlebte aber zugleich auch die – oftmals von den Herrschern bewußt geförderte – Industriespionage eine bis dahin nicht gekannte Blütezeit. Alle Ebenen des menschlichen Geistes waren in der Geschichte das Ziel von Ausspähungen und nachfolgenden Plagiaten. Das gilt nicht nur für Handwerker, sondern ebenso für Künstler, die etwa begierig neue Maltechniken oder Grundzüge neuer Melodien voneinander kopierten.

Die Geschichte der Wirtschaftsspionage

Archäologen sind davon überzeugt, daß die Ausspähung wirtschaftlich wertvoller Geheimnisse (Werksspionage) schon in der Steinzeit begonnen hat. Damals – so behaupten die Wissenschaftler – sollen die Männer der Sippenverbände bei anderen Sippen beispielsweise neueste Techniken zum Behauen von Feuersteinen ausgekundschaftet haben. Immer seien auch gewalttätige Konflikte zwischen jenen Gruppen ausgebrochen, die über die Kunst des Feuererzeugens verfügten, und anderen, die ihnen das wärmende und schützende Feuer rauben wollten. Ausgrabungen deuten darauf hin, daß Menschen, die es verstanden, Feuersteine zu schlagen, manchmal auch über weite Strecken verschleppt wurden, um anderswo ihre Kenntnisse auszubeuten. Nüchtern betrachtet macht es keinen Unterschied, ob in heutiger Zeit die Sieger eines Krieges die Wissenschaftler eines unterlegenen Staates deportieren (wie es nach den beiden Weltkriegen geschah), um ihr Know-how zu »erbeuten«, oder ob es sich dabei um unsere Vorfahren handelt.

In jüngster Zeit vermuteten Wissenschaftler sogar, daß schon vor 5000 Jahren etwa von der Insel Kreta Fachleute für den megalithischen Steinbau nach England in das Gebiet um Stonehenge verschleppt wurden, wo sie ihre Fertigkeiten beim Bauen jener Zirkel einbringen mußten, deren Bedeutung uns heute immer noch rätselhaft ist. Kretische Techniker waren zu jener Zeit offenbar Monopolisten bei der Bewegung großer Gesteinsmassen. Stonehenge gilt heute als größtes prähistorisches Baudenkmal. Doch die Kreter konnten nicht nur Steine behauen und bewegen. Ihr größter Ingenieur, Daidalos, hat so viele Erfindungen gemacht, daß man wohl annehmen darf, es habe sich bei ihm nicht um einen einzelnen Mann gehandelt, sondern vielmehr um einen Sammelbegriff für die Absolventen einer Ingenieurschule. Daidalos erfand etwa Bindemittel und Gleitflugzeuge, entdeckte aber auch das Geheimnis der künstlichen Befruchtung und empfängnisverhütende Mittel. Es galt als sicher, daß diese Erfindungen und Erkenntnisse auch in anderen Teilen der damals bekannten Welt Interesse geweckt haben. Kundschafter anderer Völker waren darum bemüht, an dieses Wissen zu gelangen.

Auch das um 4000 vor Christus erfundene Rad, der Pflug (400 v. Chr.), das Schmelzen von Kupfer und Gold (3800 v. Chr.), der Webstuhl (2000 v. Chr.) und der Flaschenzug (250 v. Chr.) waren das Ziel von Menschen, die wir heute wohl mit »Spionage« in Verbindung bringen würden.

Im Gegensatz zu politischen und militärischen Agentengeschichten jener Epoche sind schriftliche Überlieferungen der Werksspionage aus jener Zeit eher spärlich. Während die ältesten derzeit bekannten schriftlichen Spionage-Überlieferungen etwa 4000 Jahre alt sind, in Mesopotamien verfaßt wurden und militärische Erkenntnisse zum Inhalt haben, stammen die ältesten Dokumente der Wirtschaftsspionage aus dem fünften Jahrhundert unserer Zeitrechnung. Sie finden sich in der chinesischen Chronik »*Tang Shu*« (Die Geschichte der Tang). Ihr Inhalt böte den Stoff für einen spannenden Spionagethriller, findet sich dort doch jene Mischung, die für das Publikum auch heute noch unwiderstehlich und anziehend ist. Was beginnt wie ein Märchen aus Tausendundeiner Nacht, ist nicht etwa erfunden, sondern eine wahre Begebenheit: Eine chinesische Prinzessin schmuggelte vor rund 1500 Jahren Seidenraupen, zu jener Zeit die Quelle unermeßlichen Wohlstands, aus ihrer Heimat nach Indien, wo sie heiraten sollte. Verborgen in ihrer blumengeschmückten Kopfbedeckung, überlebten mehrere Tiere, die sie ihrem Geliebten, einem Inder (dem König von Jusadanna/Khotan), zum Hochzeitsgeschenk machte. Über viele Jahrhunderte hatte China das Geheimnis der Seidenproduktion bewahren können. Auf dessen Verrat stand die Todesstrafe. Als dann erste Gerüchte über den Ursprung des glänzenden Stoffes über die Grenze ins Ausland gelangten, weigerten sich viele Herrscher zu glauben, daß die von ihnen so geschätzte Seide von Raupen produziert wurde.

Der Schmuggel der Seidenraupen war das erste bekannte Meisterstück der Werksspionage. Es blieb nicht aus, daß die Seidenraupenproduktion von nun an auch in anderen Staaten auf Interesse stieß. Der Herrscher des Oströmischen Reiches, Justinian, ermunterte um die Mitte des sechsten Jahrhunderts Mönche, den Indern oder Chinesen das Geheimnis der Seidenraupen zu entreißen. Etwa um das Jahr 553 nach Christus gelang es ihnen, in einem hohlen Wanderstab versteckt, die Eier und als Nahrung für die Raupen auch Maulbeersamen nach Konstantinopel (das heutige Istanbul) zu bringen. Die Mönche schufen damit den Grundstock für die byzantinische Seidenproduktion. Als Staatsmonopol zählte die Seidenindustrie später zu den wichtigsten Einnahmequellen des Byzantinischen Reiches. Fortan war jene Zeit Vergangenheit, in welcher der römische Geschichtsschreiber Plinius noch entrüstet behaupten konnte: »Da muß man bis ans Ende der Welt ziehen, damit eine römische Dame ihre Reize in einem durchsichtigen Schleier zur Schau stellen kann.«

Im frühen Mittelalter wurde Byzanz mehr und mehr zu einer Drehscheibe für die Werksspionage. In einer vom Kaiser eingerichteten Behörde wurden von Diplomaten, Missionaren, Kaufleuten und Reisenden beschaffte Geheiminformationen gesammelt und zum Wohle des eigenen Landes ausgewertet. Diese Institution war zugleich dafür zuständig, Ausländer auf Schritt und Tritt zu überwachen. In nachfolgenden Jahrhunderten war eine militärische Sensation das Ziel von Werksspionen. Der aus der syrischen Stadt Heliopolis stammende Architekt Kallinikos – er verließ den Kalifen, um für den Kaiser von Byzanz zu arbeiten – erfand das »griechische Feuer«. Dieses Kampfmittel wurde im Jahre 678 zum ersten Mal von den Byzantinern eingesetzt bei der Verteidigung Konstantinopels. Janusz Piekalkiewicz schreibt dazu in seiner *»Weltgeschichte der Spionage«*: »Im Frühjahr 678 steht das geschwächte Oströmische Reich nach mehrjähriger Belagerung von Byzanz durch die Araber fast vor der völligen Niederlage; da holt die byzantinische Flotte zu einem überraschenden Schlag aus. Sie nimmt Kurs auf das Marmarameer und steuert der weit überlegenen arabischen Flotte entgegen... Wie auf Kommando schießen Flammenstrahlen aus den Rohren am Bug ihrer Boote, mit denen sie auf die arabischen Schiffe zielen... Im Nu verwandeln sich die arabischen Schiffe in lodernde Fackeln... Bereits wenige Wochen später wendet sich der Kalif an Kaiser Konstantin IV. mit der Bitte um Frieden... Hätte die byzantinische Flotte versagt, wäre Konstantinopel in Kürze gefallen. Dann stünde der europäische Kontinent dem Islam offen.«

Das »griechische Feuer« hat also den Gang der Weltgeschichte entscheidend beeinflußt. Weil es mit Wasser nicht gelöscht werden konnte, stellte es auch im Seekrieg für gegnerische Flotten eine große Gefahr dar. Seine chemische Zusammensetzung ist im Laufe der Jahrhunderte wieder in Vergessenheit geraten. Der Brockhaus vertritt die Auffassung, daß es wahrscheinlich ein Gemisch aus Erdöl, Salpeter, Kalk und Schwefel gewesen sein muß (andere nennen zusätzlich Fichtenharz), aber genau weiß es heute niemand mehr. Von Wurfmaschinen abgefeuert, gab es vor diesem Kampfmittel kaum ein Entrinnen. Und so verwundert es nicht, daß vom siebten bis zum zwölften Jahrhundert das Geheimnis des »griechischen Feuers« immer wieder das Ziel von Spionen gewesen ist. Die Italiener setzten vor allem nach der Zerstörung von Pisa im elften Jahrhundert einen Preis für denjenigen aus, der ihnen die Rezeptur dieser Wunderwaffe beschaffte. Aber einzig den Arabern soll es in der Zeit der Kreuzzüge gelungen sein, sich der Waffe zu bemächtigen. Später jedoch ging das Wissen um die geheimnisvolle Rezeptur wieder verloren. Das Napalm der »modernen« Kriegsführung hat jedenfalls nichts mit dem »griechischen Feuer« der Antike gemein.

In mittelalterlicher Zeit scheint die militärische und politische Spionage wichtiger als der Diebstahl von Wirtschaftsgeheimnissen gewesen zu sein. Erst mit dem Aufkommen des Städtebundes der Hanse im 13. Jahrhundert begann auch eine neue Blütezeit der Werksspionage. Ohne ein gut ausgebautes Netz von Kundschaftern hätte die Hanse wohl kaum zur ersten europäischen Wirtschaftsgemeinschaft aufsteigen können. Die Hanse erschloß sich alle nord- und westeuropäischen Märkte und übte dort Waren- und Handelsmonopole aus. Unberührt von Raubrittertum und kriegerischen Auseinandersetzungen trieb der Bund Handel über die Ost- und Nordsee. Seine Führer wurden reich durch ihren Informationsvorsprung: Dank ihrer Agenten konnten sie vorhersehen, wann und wo Waren knapp wurden und sich daher mit Gewinn verkaufen ließen.

Auch die Fugger benötigten ein Netz von Agenten, um im Geschäftsleben jene sagenhaften Erfolge erzielen zu können, für die sie heute noch über die Grenzen von Augsburg hinaus gerühmt werden. Während Kolumbus den amerikanischen Kontinent (wieder-)entdeckte, finanzierten die Fugger 1498 den Portugiesen eine Seereise mit, die im selben Jahr zur ersten bekannten Umschiffung des Kaps der Guten Hoffnung – der Südspitze Afrikas – führte. Die Portugiesen eroberten in den folgenden Jahren die wichtigsten Küstenstädte der Arabischen Halbinsel und bemächtigten sich des Handels mit Indien (an dem auch die Fugger verdienten). Es soll ein omanischer Seemann gewesen sein, der Portugiesen und Fuggern das Geheimnis des Monsunwindes verriet und ihnen so den regelmäßigen Schiffsverkehr – und den gewinnträchtigen Handel – mit den asiatischen

Ländern ermöglichte. Von nun an konnten die europäischen Handelshäuser selbst den Weihrauchhandel aus Dhofar (im südlichen Monsungebiet des heutigen Sultanats Oman gelegen) übernehmen und das lieblich riechende Harz mit großen Gewinnspannen den europäischen Kirchenführern für die Liturgie verkaufen. Doch es war nicht nur das Harz des Weihrauchbaums, das die Werksspione der europäischen Höfe ihren Auftraggebern empfohlen hatten. Vor allem das Indien der Mogulkaiser lockte mit sagenumwobenen Schätzen: Gold, Edelsteine und Gewürze versprachen reichen Gewinn.

Gewinn versprach seinerzeit auch der Diebstahl von Zwiebeln – Blumenzwiebeln. Denn für die damals seltene Tulpenzwiebel wurden astronomische Summen bezahlt. Das Tulpensammeln geriet zu einem Hobby der Reichen und Mächtigen. Der Höhepunkt des »Tulpenwahns« wurde zwischen 1634 und 1637 erreicht. Ein Käufer bezahlte für eine Tulpenzwiebel der Sorte »Viceroy« einen silbernen Trinkbecher, vier Tonnen Weizen, acht Tonnen Roggen, vier Ochsen, zwölf Schafe, acht Schweine, 500 Liter Wein, 250 Liter Bier, 100 Kilo Butter und ein Festtagsgewand. Die holländischen Tulpenzüchter machten ungeheure Gewinne, doch nach wenigen Jahren vermehrten sich auch die verkauften Zwiebeln, und der Markt brach allmählich zusammen. In jener Zeit waren es zumeist Handelsgeheimnisse, die Spione anzogen.

Es sollte auch noch eine Weile dauern, bis es gelang, den Chinesen das Geheimnis der Porzellanherstellung zu entreißen. Während selbst an den Höfen der europäischen Herrscher noch Mahlzeiten auf grobem Tongeschirr serviert wurden, stellten die Chinesen schon das zarteste Porzellan her. Die lange und gefahrvolle Reise trieb den Preis der zerbrechlichen Ware in Europa in schwindelerregende Höhen. Doch der Wert des Porzellans bestand nur so lange fort, wie niemand außerhalb Chinas in der Lage war, es nachzuahmen. Über Jahrhunderte hatten die Chinesen die Herstellung des Porzellans mit einem Mythos umgeben. Man behauptete, die Masse sei tief unter der Erde an einem heiligen Ort verborgen und verfestige sich erst beim Kontakt mit den wärmenden Sonnenstrahlen zu dem begehrten Material.

Es war ein Mönch der Jesuiten, der als Werksspion den Chinesen wichtige Informationen über die Porzellanherstellung entlocken konnte. Pater d'Entrecolles gelang es als erstem Europäer, die geheime Stadt King-Tö-Tchen zu besuchen, in der sich die kaiserliche Porzellanmanufaktur befand. Zwischen September 1712 und Januar 1722 beschrieb er in seinen Briefen die kaiserliche Manufaktur. Selbst wenn man die in der damaligen Zeit häufigen Übertreibungen abzieht, scheint die Anlage gewaltige Ausmaße gehabt zu haben: Eine Million Arbeiter, so berichtet Pater d'Entrecolles, seien dort Tag und Nacht damit beschäftigt gewesen, 3000 Porzellanöfen zu heizen. Es gelang dem gottesfürchtigen Mann auch, einen Teil der Rezeptur in Erfahrung zu bringen und Proben der verwendeten Grundstoffe in seine französische Heimat zu schicken. Dann half den Franzosen ein glücklicher Zufall bei der Lüftung des Geheimnisses weiter: Die französischen Chemiker Darcet und Macquer fanden im Gebiet von Limoges Kaolin. Sie experimentierten unter Zuhilfenahme der Beschreibungen des Paters mit Kaolin, Quarz und Feldspat, bis sie auf das richtige Mischungsverhältnis gestoßen waren. Bald fand man auch heraus, wie durch Drehen, Strangpressen, Naßpressen oder Gießen die Masse zu Gegenständen geformt und in Brennöfen getrocknet werden konnte. Nur kurze Zeit dauerte es, bis man mit Hilfe von Kobaltoxid (für Blau) oder Chromoxid (für Grün) auch farbige Unterglasurdekore erstellen konnte.

Doch in der Zeit zwischen dem ersten Brief des Jesuitenpaters und den erfolgreichen Experimenten französischer Chemiker war es auch einem Deutschen, Johann Friedrich Böttger, gelungen, Porzellan herzustellen. Brannte dieser 1707 noch rotes Steinzeug, so glückte ihm zehn Jahre später der Durchbruch: Nach anfänglich gelblichem konnte er endlich in Dresden das begehrte weiße Porzellan herstellen. Wenige Jahre zuvor war 1710 auf der Albrechtsburg in Meißen für ihn eine Manufaktur errichtet worden, deren Porzellan später weltberühmt werden sollte. Obwohl das Geheimnis seiner Herstellung streng bewacht wurde, gelang doch einigen Arbeitern die Flucht.

Das ganze 18. Jahrhundert über war die Porzellanherstellung das Hauptziel der Werksspione. Und obwohl in diesem Zusammenhang fast alle Geheimnisse gelüftet worden sind, wurde eines doch bewahrt: Man weiß bis heute nicht, wie die Chinesen rosafarbenes Porzellan hergestellt haben. Nach einer Legende soll dazu das Blut einer Jungfrau verwendet worden sein. Es ist nicht überliefert, ob die Europäer den Wahrheitsgehalt dieser Mythologie erkundet haben; fest steht jedoch, daß man dieses Herstellungsverfahren nicht hätte patentieren lassen können.

Kein Patent schützte aber vor dem Wissen der sogenannten Alchimisten. Der deutsche Porzellanerfinder Böttger begann ebenso als Alchimist wie eine Reihe von anderen Forschern, die von ihren Landesherren zumeist den Auftrag erhalten hatten, Gold herzustellen. Der Mythos der Alchimie ist eng mit dem Glauben an deren angebliche Fähigkeit verbunden, Gold – in damaliger Zeit der Inbegriff des Reichtums – »herstellen« zu können. Es bedarf keines weiteren Beleges, daß die angeblich mit solcherlei »Fähigkeiten« Ausgestatteten das Ziel von Spionen waren. Ein weiteres sagenumwobenes und zugleich blühendes Geschäft der Alchimisten war die Herstellung von Giften. Giftmorde waren in jener Zeit vor allem in »besseren« Kreisen an der Tagesordnung. Die Giftaffäre der Mätresse Ludwigs XIV., Madame Montespan, ist kein Einzelfall. In Zusammenhang mit der Werksspionage ist die Giftmischerei von Interesse, weil kaum vorstellbare Beträge dafür aufgewendet wurden, um den Giftmischern die Rezepturen für Gegengifte zu entlocken.

Doch Alchimisten stellten auch andere begehrte Güter her: Salpeter- und Schwefelsäure sowie Schießpulver. In gewissem Sinne waren Alchimisten somit die Gründerväter der heutigen chemischen Industrie. Die europäischen Alchimisten werden aber heute zu Unrecht für ihre Fähigkeiten gerühmt, haben sie diese doch nicht selbst entwickelt, sondern arabischen Alchimisten in Nordafrika und Spanien »entliehen«. So wurde das Schwarzpulver in China schon im achten Jahrhundert in Feuerwerkskörpern verwendet. Und in der Schlacht von Pien-king setzten die Chinesen gegen die heranstürmenden Mongolen 1232 nachweislich auch Pfeile ein, die mit Hilfe eines salpeterhaltigen Brandsatzes abgeschossen wurden. Auch arabische Wissenschaftler hatten bereits im 12. Jahrhundert Kenntnis vom Schießpulver und seiner Zubereitung. Und in der zweiten Hälfte des 13. Jahrhunderts benutzten die Araber auch schon Schießpulver als Treibmittel für Raketen. Der arabische Kriegsschreiber Hassan ar-Rammah hat in seinen Schriften darüber berichtet. Diese wurden von wißbegierigen europäischen Mönchen allmählich auch ins Lateinische übersetzt. Und so gelangte im 13. Jahrhundert das Wissen um die Wirkung des Schwarzpulvers auch nach Europa.

Heute verbinden wir seine »Erfindung« mit dem Namen des Mönches Berthold Schwarz. Doch es darf mit Recht bezweifelt werden, daß dieser wirklich bei alchimistischen Studien auf die Mixtur aus Kohlenpulver, Schwefel und Salpeter stieß. Während die meisten neueren Enzyklopädien Berthold Schwarz die Erfindung des Schießpulvers zuschreiben, findet man in Lexika des vergangenen Jahrhunderts durchaus kritischere Angaben. Dort heißt es zum Stichwort Schießpulver und sein Weg von China nach Europa: »Es kam über die Araber nach Europa und wurde hier um 1250 von Albertus Magnus und Roger Bacon beschrieben. Wer die metallenen Rohre erfand, aus denen mit Schießpulverkraft Geschosse geworfen wurden, ist ungewiß; solche Rohre (Kanonen) wurden 1326 in England ausgebildet; später (1331) verwendeten deutsche Ritter Schießpulver und Geschütz in Oberitalien. Um 1380 reformierte Berthold Schwarz Pulver und Geschütz.«

Der Franziskanermönch Schwarz ist also mitnichten der Erfinder des Schießpulvers, sondern ein Alchimist gewesen, der »die chunst aus püchsen zu schyessen« nur verbessert hat. Er hat nur von der in der damaligen Ordenswelt üblichen Gier, das Wissen aus anderen Ländern dem eigenen Territorium nutzbar zu machen, profitiert und dabei die so gewonnenen Erkenntnisse zu verbessern gesucht. Ordensbrüder, die von ihren Kirchenherren als Missionare in wenig erforschte Weltgegenden ausgesandt wurden, hatten den Auftrag, neben dem Glaubensgeschäft auch den wirtschaftlichen Vorteil der Kirche im Auge zu behalten und über alles zu berichten, was diesen mehren könnte. Genauso wie päpstliche Gesandte eine bedeutende Rolle in der Geheimdiplomatie der vielen einzelnen Höfe spielten, leisteten Ordensbrüder und Predigermönche auch als wirtschaftliche Kundschafter unschätzbare Dienste.

In der damaligen Zeit, in der ein durchschnittlicher Mensch im Laufe seines gesamten Lebens weniger an Neuigkeiten über die Zusammenhänge der Welt erfuhr, als heute in einer einzigen Ausgabe einer Tageszeitung steht, hatte der Satz »Wissen ist Macht« eine tiefere Bedeutung als in der Gegenwart. Das traf nicht nur auf die Kenntnis um die Zusammensetzung des Schwarzpulvers zu. Zumindest in Friedenszeiten wichtiger als das Schießpulver war das Papier. Das aber haben nicht etwa kluge Europäer erfunden. Es waren vielmehr die Spione der Kirche, die zum ersten Mal Papier auf ihren Reisen zu sehen bekamen: Noch im 12. Jahrhundert brachten sie bei ihrer Rückkehr vom Grab des Apostels Jakobus in Santiago de Compostela, dem großen Wallfahrtsort im äußersten Nordwestzipfel Spaniens, die ersten Blättchen Papier mit nach Hause, die ihre Glaubensbrüder aus dem arabischen Andalusien bei sich getragen hatten. Bei den Arabern – so hatten diese ihnen berichtet – verwendeten nur die Schönschreiber bei der Herstellung der heiligen Bücher das teure Pergament; alle anderen – und fast jeder erlernte dort die Kunst des Schreibens – benutzten dafür die Blättchen, von denen es so viele gegeben haben soll, daß man sie sogar zum Einwickeln benutzte. Material zum Schreiben aber war im christlichen Teil Europas der damaligen Zeit Mangelware. Hatten zur Zeit der Merowinger wenigstens die Kaufleute, Notare und Klöster noch den aus Ägypten stammenden Papyrus zur Verfügung, so schuf die Ausbreitung des Islam im achten Jahrhundert im Mittelmeerraum eine Grenze zwischen zwei Welten: dem Morgenland und dem Abendland, in dem aufgrund der Blockaden Papyrus allmählich zur Mangelware wurde. Fortan ging man sparsam mit den alten Beständen um. Man konnte nur auf das teure Pergament zurückgreifen oder aber antike Handschriften abkratzen und den Untergrund neu verwenden. So ist es kein Wunder, daß Späher den Arabern auch das Geheimnis der Papierherstellung zu entreißen suchten.

Der Gewürzhändler Ulman Stromer, Sohn eines Nürnberger Kaufmannsgeschlechts, den der Safranhandel nach Spanien führte, brachte die Rezeptur aus Andalusien mit und gründete 1389 bei Nürnberg mit der Geismühle die erste Papiermühle Deutschlands. Doch nicht nur das Papier, sondern auch die Konstruktion von Mühlen war eine Domäne der Araber, aus der diese dem Abendland durch ihre Erfindungen von Mühlen aller Art (auch Wassermühlen und Windmühlen) abgegeben haben. Die Araber waren jedoch nicht die Erfinder des Papiers. Das dürfen sich die Chinesen zuschreiben, welche die Kunst seiner Herstellung seit dem ersten nachchristlichen Jahrhundert beherrschten. Sie zerkleinerten Baumrinde, Hanf, Lumpen und alte Fischernetze zu einem Material, das sie von der teuren Seide als Schreibstoff unabhängig machte. Um das Jahr 751 herum sollen dann Araber chinesische Kriegsgefangene in Samarkand angesiedelt haben, welche die Kunst der Papierherstellung beherrschten. Somit gelangte die Papierfabrikation in die muslimische Welt. Nachdem auch die Europäer das Wissen um die Papierherstellung erlangt hatten, fehlte ihnen aber noch die Erfindung des Druckes mit beweglichen Lettern, um Abschied vom mühevollen Abschreiben alter Handschriften nehmen zu können. Drucktechniken gab es schon lange, aber alle Verfahren hatten einen entscheidenden Nachteil: Das Material war nicht widerstandsfähig genug für die Erstellung größerer Auflagen.

Die technische Entwicklung schien in eine Sackgasse geraten zu sein. Wohin die Kaufleute der damaligen Zeit auch gelangten, nirgendwo gab es eine Technik, mit deren Hilfe Bücher auf schnelle und billige Art vervielfältigt werden konnten. Der Mainzer Johannes Gutenberg schloß um das Jahr 1450 diese Wissenslücke der Menschheit mit der Erfindung des Bleigusses einzelner beweglicher Lettern und einer einfach zu handhabenden Gießform. Gutenberg benötigte viel Geld, bis ihm der Durchbruch gelang. Er mußte sich beim Mainzer Advokaten Johannes Fust mit dem Gegenwert mehrerer Bauerngüter (insgesamt 800 Gulden) verschulden. Als es zum Streit um das Geld kam, sah sich Gutenberg gezwungen, Teile seiner Werkstatt zu verkaufen – und damit auch Teile seiner Geschäftsgeheimnisse. Damit war der Weg frei für die schnelle Ausbreitung seiner Erfindung. Als Erfinder der »Schwarzen Kunst« geriet Gutenberg deshalb bald in Vergessenheit, nicht jedoch seine revolutionäre Technik, mit deren Hilfe es zum ersten Mal möglich war, Druckwerke in hoher Auflage und deshalb zu erschwinglichen Preisen herzustellen. Seine Drucktechnik wurde von vielen – Werksspionen oder Produktpiraten, die in einer Produktionsstätte herumschnüffelten – kopiert.

Zudem verbreitete sich mit Hilfe der Druckkunst auch das technische Wissen schneller als je zuvor (wenngleich nur unter denjenigen, die des Lesens kundig waren). Ein Beispiel dafür ist das wenige Monate nach dem Tod des Autors Georg Agricola (1494–1555), eines Chemnitzer Stadtarztes und Bürgermeisters, erschienene und in lateinischer Sprache geschriebene erste umfassende Werk der Neuzeit über Bergbau und Hüttenwesen mit dem Titel »*De re metallica libri XII*« (Vom Berg- und Hüttenwesen). Es war bis in das 18. Jahrhundert hinein das grundlegende Handbuch des Berg- und Hüttenwesens, ein Klassiker der Technikgeschichte. Wissen und Bildung konnten sich am Übergang vom Mittelalter zur Neuzeit somit schnell ausbreiten, nicht immer zur Freude der Obrigkeit, die auf die Erfindung der Buchdruckerkunst bald mit der »Erfindung« der Zensur reagierte – und deren Beachtung von einem Geheimdienst überwachen ließ.

Weitaus stärker noch als Gutenberg wurde der 1452 als unehelicher Sohn eines erfolgreichen Florentiner Rechtsanwaltes und eines schönen italienischen Dorfmädchens geborene Leonardo da Vinci das Opfer von Werksspionen. Wo auch immer er hinkam, fand er nicht nur Bewunderer, sondern gleichfalls viele Neider, die große Summen darauf verwandten, ihm seine zahlreichen Erfindungen zu entlocken.

Es sollte weitere Jahrhunderte dauern, bis auch die Kenntnis von der Bestimmung der Gestirne aus der arabischen Welt über Europa etwa in das heutige Rußland gelangte. Henry Vallotton beschreibt in seiner Biographie über Peter den Großen und Rußlands Aufstieg zur Großmacht, wie der junge Peter Kenntnis von der Astronomie erlangte: »Als Fürst Dolgurukij 1687 von einer diplomatischen Mission in Paris zurückkehrte, erzählte er Peter von einem wunderbaren Instrument, das Astrolabium genannt wurde, mit dem man die Position und die Größe der Sterne messen könne. Der Prinz ruhte nicht eher, als bis er es besaß, aber niemand konnte damit umgehen. Schließlich fand man einen jungen Holländer, Timmermann, der sich darauf verstand. Peter nahm ihn als Lehrer für Arithmetik und darstellende Geometrie zu sich...« Das so geweckte Interesse des späteren Zaren Peter, den wir heute »den Großen« nennen, an der Astronomie war auch das Motiv für sein Interesse an Seefahrt und Navigation und dem daraus entstehenden Drang, Rußland zu einer Seemacht zu entwickeln und auf allen Gebieten den technischen Anschluß an Kontinentaleuropa zu finden. Zu diesem Zweck »importierte« Peter das Know-how der damaligen Zeit, indem er allen Berufsständen Europas, die ihm nützlich erschienen, die Ansiedlung in seinem Herrschaftsbereich schmackhaft machte. Heiko Haumann schreibt in seiner »*Geschichte Rußlands*«: »Ausländer warb der Staat auch als Fachkräfte an.« Vor allem holländische Schiffbauer folgten seinem Werben. Das Vorgehen Peters unterscheidet sich nicht von dem Vorgehen von Konzernen, die in der Gegenwart Mitarbeiter von Konkurrenzunternehmen abwerben mit dem Ziel, deren Kenntnisse in der eigenen Produktion verwerten zu können. Dieses Abwerben von Know-how unter Peter dem Großen hatte Erfolg: Gab es um 1690 nur 21 ausschließlich staatliche Manufakturen in Rußland, so zählte man 1725 schon 200 solcher Großbetriebe, von denen 86 in staatlichem und 114 in privatem Besitz waren.

Einige Jahre später, 1697 und 1698, betätigte sich Peter der Große auch selbst als Industriespion. In jener Zeit zog er mit einer bunten Truppe quer durch Deutschland: 60 Kutschen und Gefährte, davon 32 vierspännige Staatskarossen, rumpelten am 10. März 1697 aus den Toren des Kreml. Die Expedition hatte neben diplomatischen Missionen an den Höfen der Kurfürsten von Brandenburg und anderer Regenten auch einen Geheimauftrag: Informationen zu sammeln, alles Know-how zu notieren, vor allem über Handwerk und Industrie. Heute nennt man das Industriespionage. In Halberstadt im Harz beispielsweise unternahm Peter einen Abstecher, um ein barockes Technologiezentrum auszuspähen: die Eisenhütten von Ilsenburg. In den Hüttenwerken ließ er sich den Abstich geschmolzenen Eisens aus den Hochöfen, das Schmelzen von Eisen in Tiegeln, das Schmieden schmaler Streifen zu Gewehrläufen und die Arbeit an Schleif- und Rohrbänken zeigen. Die Abwerbung zweier Fachleute konnte die Zunft gerade noch verhindern.

Eines der Hauptopfer russischer Werksspionage jener Zeit war Großbritannien. Britische Unternehmer mochten von 1719 an nicht länger den russischen Abwerbungsversuchen ihrer besten Arbeiter tatenlos zusehen. Sie drängten die Regierung dazu, Gesetze zu erlassen, die ihren Arbeitskräften das Verlassen des Landes untersagten.

Weitaus aggressiver als die Russen waren in damaliger Zeit jedoch die französischen Werksspione in Großbritannien. Der Wissenschaftler John Harris beschreibt deren Wirken eindrucksvoll in seinem Buch »*Industrial Espionage and Technology Transfer: Britain and France in the Eighteenth Century*«, das 1998 in Großbritannien erschien. Harris dokumentiert dort etwa, wie es den Franzosen gelang, den 1714 in Birmingham geborenen britischen Industriellen Michael Alcock 1755 dazu zu überreden, seine Heimat zu verlassen und zukünftig mit seinem Fachwissen Metallgegenstände nach britischen Techniken in Frankreich zu produzieren.

Die Dampfmaschine war wohl die größte technische Erfindung im Großbritannien des 18. Jahrhunderts. Das Wissen um ihre Existenz verbreitete sich schnell auch auf dem Kontinent. In dem kleinen Ort Tipton wurde 1712 die erste Dampfmaschine in Betrieb genommen. Harris schreibt dazu: »Wir wissen, daß die Dampfmaschine in Tipton sehr bald auch das Ziel des spanischen Botschafters und eines großen Gefolges von Ausländern war, die das neue Gerät begutachten wollten. Doch egal wieviel Geld sie auch boten, sie durften das Gebäude, in dem sich die Maschine befand, nicht betreten. Sie kehrten unverrichteter Dinge zurück und konnten nur über die Bewegungen der Maschine berichten.«

Auch der Schwede Marten Triewald suchte vor Ort das Geheimnis der Dampfmaschine für seine Heimat zu ergründen. Lange konnte man es nicht geheimhalten. Als 1718 vor der Royal Society in London eine Dampfmaschine vorgeführt wurde, war auch der Deutsche Johann Keysler anwesend. Bald wußte man auch in Wien von der wundersamen Maschine und ermunterte Joseph Fischer von Erlach, sich in Arbeiterkleidung unter die Bedienungsmannschaft eines solchen Gerätes zu mischen und ihr das Geheimnis zu entreißen – ein klarer Fall von Industriespionage. Auch das Patent der von Watt erfundenen Dampfmaschine wurde mit Hilfe eines spanischen Kundschafters unterlaufen, der das Geheimnis den Franzosen verkaufte. Wie wir später sehen werden, bediente sich Friedrich der Große in Großbritannien ebenfalls der Hilfe von Industriespionen.

Patente als Schutz vor Wirtschaftsspionen

Weil die Werksspionage immer mehr zu einer allgemeinen Plage wurde, erfand man im Mittelalter als Reaktion »Patente«. Sie sollten Erfinder und Forscher wenigstens in gewissem Maße vor dem Diebstahl schützen. Etwa vom 17. Jahrhundert an konnte der Patentinhaber den Patenträuber sogar bis zu 20 Jahre lang gerichtlich verfolgen lassen, danach wurde das Patent Gemeingut. Am 7. Januar 1791 – kaum zwei Jahre nach der Französischen Revolution – wurde in Frankreich das wohl ungewöhnlichste Patentgesetz der Welt beschlossen. Es forderte französische Erfinder auf, in anderen Ländern Wirtschaftsgeheimnisse auszuspähen und sich diese in der Heimat »patentieren« zu lassen. Jedem, der dann als erster eine ausländische Erfindung nach Frankreich brachte, gewährte das Gesetz den gleichen rechtlichen Schutz wie dem eigentlichen Urheber. Das war der unverhohlene Auftrag zur Wirtschaftsspionage – staatlich geförderter Technologieraub. Doch das Vorgehen war nicht neu: Schon zuvor hatte man in Frankreich Ausländer, die geheime Fertigungstechniken kannten oder aufgrund von Erfindungen erfolgversprechende Neuerungen einführen wollten, dazu ermuntert, sich in Frankreich niederzulassen. Im Jahre 1551 ermöglichte es die Anweisung des Königs etwa dem aus Bologna stammenden Thesco Mutio, zehn Jahre lang ohne Konkurrenz in Frankreich alle Arten von venezianischem Glas herzustellen. Niemanden hat es damals interessiert, daß der Geschäftsmann Mutio das Geheimnis zur Herstellung des venezianischen Glases zuvor in Venedig gestohlen hatte.

In Venedig wurde seit etwa 1530 ein Glas produziert, das in ganz Europa einzigartig war: Es war klar und enthielt kaum Einschlüsse. Venedig suchte das Herstellungsgeheimnis durch strenge Vorschriften zu hüten. So durften Venezianer nicht mit Fremden über die Glasherstellung sprechen. Jene, die in der Glasherstellung arbeiteten, durften das Land nicht verlassen. Zu Beginn des 17. Jahrhunderts verlor Venedig seine marktbeherrschende Stellung auf diesem Gebiet, weil es immer mehr Ausländern gelungen war, das Geheimnis seiner Herstellung zu erkunden.

Das schon erwähnte französische Werksspionage-Förderungsgesetz aus dem Jahre 1791 schuf auch den Begriff des »Erfinderpatents«. Jacques Bergier schrieb in seinem 1970 erschienenen Buch »*Industriespionage*« dazu: »Die jährlich vom französischen Patentamt bewilligten Patente steigen von 19 zwischen 1791 und 1804 auf 71 für das folgende Jahrzehnt (1804 bis 1815), 230 zwischen 1815 und 1831, 750 zwischen 1831 und 1841, 4000 im Jahre 1855, 5000 im Jahre 1876 und mehr als 10 000 zu Ende des Jahrhunderts.«

Die Erfindungen der industriellen Revolution waren Wegbereiter einer Intensivierung der auf wirtschaftliche Geheimnisse gerichteten Spionage. Zeitungen sorgten dafür, daß neue Erfindungen sogleich in aller Welt bekannt wurden. Dann schwärmten Spione aus, um die Geheimnisse der neuen Erfindungen zu erkunden und diese anschließend auf ihre Brauchbarkeit testen zu lassen. Der Franzose Philippe Lebon konnte sich nicht lange an seinem Patent vom »6. Vendémiaire des Jahres VIII« (napoleonischer Zeitrechnung) freuen, denn die Engländer entwickelten seine Erfindung der »Thermolampe« weiter. Während Lebon 1804 in bitterer Armut starb, tüftelten britische Techniker an seinem Patent und konnten als Ergebnis im Jahre 1816 die ersten öffentlichen Gasleuchten aufstellen.

In England war der Raub von französischen Patenten in jener Zeit ein Volkssport, verkörperte er doch den Kampf für Freiheit und gegen Tyrannei. Für englische Fabrikbesitzer war es deshalb nichts Unanständiges, den Franzosen ein Patent stehlen zu lassen, dieses dann in England zu verfeinern und durch ein Monopol abzusichern. 1796 wurde in Manchester die »Vereinigung gegen das Patent- und Monopolwesen« gegründet; aus heutiger Sicht ein obskurer Verein zur Förderung der Industriespionage. Mit der Zahl der Patente war auch die Zahl der Industriespione stetig gestiegen. Die neue Bewegung der

Philanthropen sah es als eine ihrer Aufgaben an, Erfindungen der ganzen Menschheit zugute kommen zu lassen. Sie zahlten jenen Erfindern, die ihre Produkte nicht patentieren ließen und alle Einzelheiten darüber veröffentlichten, Prämien. Beispiele dafür sind die gegen Schlagwetter schützende Sicherheitslampe für Bergleute und Impfungen. Doch es waren nicht nur technische Neuerungen, die geraubt und kopiert wurden. Auch die Malerei war in jedem Jahrhundert ein Objekt von Neidern, die neue Techniken »abkupferten«, also Kopien erstellten.

Und selbst die berühmtesten Schriftsteller haben weite Teile ihrer Werke schlicht abgeschrieben. Dazu zählt Johann Wolfgang von Goethe (1749–1832) ebenso wie Shakespeare. Goethe gab sogar zu, er habe sich anderweitig bedient: »So singt mein Mephistopheles ein Lied von Shakespeare [Hamlet], und warum sollte er das nicht? Warum sollte ich mir die Mühe geben, ein eigenes zu erfinden, wenn das von Shakespeare eben recht war und eben das sagte, was es sollte?« Dem Engländer Edmond Malone haben wir eine im Jahre 1790 veröffentlichte Shakespeare-Ausgabe zu verdanken, in der all das mir roten Buchstaben wiedergegeben wird, was Shakespeare von seinen Zeitgenossen wörtlich abgeschrieben hatte. Von 6043 Shakespeare-Versen waren 1711 wörtlich übernommen und weitere 2373 geringfügig umformuliert. Man sieht, daß die Werksspionage kaum ein Gebiet des menschlichen Schaffens verschont hat.

In England verbot vom Ende des 18. Jahrhunderts an der »Tools Act« die Ausfuhr wichtiger technischer Konstruktionen, Modelle und Zeichnungen. Auch Arbeiter, die ein solches Modell gesehen hatten oder an einer der neuen Maschinen ausgebildet worden waren, durften das Land nicht mehr verlassen. Im Oktober 1788 wurde ein junger dänischer Marineoffizier mit Namen Adam Haaber nach England zur Industriespionage geschickt. Die dänische Admiralität gab ihm den Auftrag, einen Briten anzuwerben, der in Dänemark eine Dampfmaschine zum Schmieden von Ankern bauen könne. Weil

Haaber eine Engländerin geheiratet hatte, glaubte man in ihm jemanden gefunden zu haben, der möglichst unauffällig den Auftrag ausführen könnte. Der Schotte Andrew Mitchell erklärte sich mit dem Vorhaben einverstanden und verlangte monatlich 130 dänische Reichstaler sowie nach Fertigstellung der Dampfmaschine weitere 10 000 Taler. Mitchell gelang es, alle Bauteile für die Dampfmaschine außer Landes zu bringen, da er sie auf mehrere Kisten verteilte, die unabhängig voneinander verschifft wurden.

Diese Verschleierungstechnik war schon damals beliebt. Ein weiterer Industriespion mit dem Namen Matthew Boulton soll 1806 vier Dampfmaschinen und eine Münzprägemaschine aus England herausgeschmuggelt haben, ohne den Zollbehörden aufzufallen. Das aber gelang nicht immer. 1789 wurde der Däne Ljungberg in England verhaftet, weil er die schriftlichen Aufzeichnungen aus drei Jahren seiner Tätigkeit als Industriespion in England nach Kopenhagen schicken wollte. Ljungberg hatte in der Wedgwood-Porzellanmanufaktur Erfindungen zu Tonerden, Farbstoffen und Brennöfen ausgekundschaftet.

Seit dem Beginn der industriellen Revolution scheint sich in Europa auf dem Gebiet der Industriespionage nichts verändert zu haben. Schon damals konnten die in europäischen Nachbarländern stationierten britischen Diplomaten wohl nur zu einem Teil die Flut der Bemühungen um Industriespionage aufdecken. 1787 etwa unterrichtete der britische Konsul in Kopenhagen seine Regierung darüber, daß der Inhaber einer Eisenhütte vom dänischen König eine Unterstützung in Höhe von 70 000 Talern für den Bau einer Anlage zur Stahlerzeugung erhalten habe. In dem Schreiben heißt es: »Da aber die Kunst, Stahl zu kochen, den Dänen und Norwegern völlig unbekannt ist, haben sie einen Mr. Kaas nach England geschickt, um Leute anzuwerben, die sich auf das Geschäft verstehen, herüber zu kommen und sie zu unterweisen.« Und die norwegische Bergbauakademie in Kongsberg schickte 1780 eine Gruppe von Informationsbeschaffern durch Schweden, den Harz, Sachsen, Ungarn und England, um die in der Heimat praktizierten Techniken der Salz- und Glasherstellung, des Kupfer- und Silberbergbaus und die Verarbeitung von Eisen, Stahl und Kobalt zu verbessern. Die wichtigste Voraussetzung für einen Spion war in damaliger Zeit eine hervorragende Ausbildung, die ihn in die Lage versetzte, die Bedeutung einer technischen Maschine zu erkennen und das Funktionieren zumindest in den Grundzügen nachzuvollziehen. Zudem mußte er mehrere Sprachen beherrschen. Der schon erwähnte »Tools Act« schaffte es nicht, den Transfer von Schlüsseltechnologien zu verhindern; er erschwerte ihn lediglich.

Das machte sich auch Friedrich der Große zunutze. Er wollte mit seinen europäischen Nachbarn bei der Gründung von Manufakturen mithalten und wandte zwischen 1763 und 1783 40 Millionen Taler für dieses Unterfangen auf. Den großen Nutzen der von James Watt entwickelten Dampfmaschine erkannte er sofort – auch wenn er diese nur vom Hörensagen kannte. Im Bergwerk nahe der preußischen Stadt Hettstedt war ein neuer Schacht abgeteuft worden, doch man wurde des eindringenden Wassers nicht Herr. Friedrich der Große verfiel höchstpersönlich auf den Gedanken, eine Dampfmaschine zum Abpumpen des Wassers einzusetzen. Doch woher sollte man diese nehmen? Zwei preußische Ingenieure erhielten von ihm den königlichen Spionageauftrag: Für Ihre Majestät sollten sie nach England reisen, um dort die Wirkungsweise des feuerspeienden Ungetüms zu studieren. Der Inselstaat hatte ein Ausfuhrverbot für die Neuerfindung verhängt und den Geheimnisverrat mit drastischen Strafen belegt. Die preußischen Ingenieure hatten es schwer, doch sie waren geschickt und in der Spionage erfahren. Schon nach wenigen Wochen konnten sie dem königlichen Hof melden, daß sie sowohl den »Mechanismus« als auch die Details erkundet hatten.

Nach ihrer Rückkehr halfen sie bei der Konstruktion der ersten deutschen Dampfmaschine, die – wie von Friedrich dem Großen gewünscht – in Hettstedt das Wasser aus dem Bergwerk pumpte. Mehrere preußische Manufakturen bauten daran mit. In Berlin goß man den Zylinder, in Eberswalde schmiedete man den Kessel, und in Ilsenburg entstanden die Pumpen. Am 14. August 1785 wurde die erste preußische Dampfmaschine in Betrieb genommen. Friedrich der Große war zufrieden und erteilte weitere Spionageaufträge.

Private Investoren fanden sich jedoch kaum, denn die preußischen Unternehmer der damaligen Zeit waren nur schwer vom Nutzen der Dampfmaschinen zu überzeugen. So war es der preußische Staat, der Investitionsanreize zur Einführung der neuen Errungenschaften schuf. Wirtschaftsminister Freiherr vom Stein war bemüht, den großen wirtschaftlichen Vorsprung Englands bei der Industrialisierung wettzumachen. Englische Unternehmen erkannten schnell, daß die in ihren Betrieben auffallend häufig als Besucher gemeldeten preußischen Ingenieure Spione waren. Weil der vom preußischen Staat subventionierte Technologietransfer immer größere Ausmaße annahm, erteilte der bekannte Dampfmaschinen-Hersteller »Boulton & Watt« schon 1786 ein Besichtigungsverbot für Ausländer. Zahlreiche englische Industrieunternehmen schlossen sich diesem an.

1820 gab es in Preußen rund 100 Dampfmaschinen, während zur gleichen Zeit in England schon 5000 in Betrieb waren. Mittlerweile trieben Dampfmaschinen dort nicht nur Pumpen, sondern auch Schiffe an. Schon 1681 hatte Denis Papin den Vorschlag unterbreitet, Schiffe mit Dampfkraft auszustatten, doch erst mit der Erfindung der Dampfmaschine durch James Watt im Jahre 1765 konnten geeignete Aggregate gebaut werden. Watt hatte eigentlich das Feinmechanikerhandwerk gelernt und beschäftigte sich seit 1759 mit der Kraft des Dampfes. Die von ihm 1765 entwickelte Niederdruck-Dampfmaschine mit einem vom Zylinder getrennten Kondensator und mit einem Dampfmantel um den Zylinder wurde 1769 patentiert. Um seine Erfindung auch in die Praxis umzusetzen, verband er sich mit dem Unternehmer Boulton und eröffnete gemeinsam mit diesem in Soho bei Birmingham 1775 die erste Dampfmaschinenfabrik. Watt selbst war stets ein lohnendes Objekt für Industriespione aus aller Welt. Von 1782 bis 1784 entwarf er die doppelt wirkende Niederdruck-Dampfmaschine (mit Drehbewegung). Das war jene Maschine, ohne die es die industrielle Revolution wohl nicht gegeben hätte. Mit dieser Dampfmaschine wurde 1802 auch das erste von William Symington gebaute Dampfschiff ausgerüstet, ein Heckraddampfer mit dem Namen »Charlotte Dundas«.

Im Oktober 1815 erwarben der Engländer John Humphrey und sein Sohn ein Privileg für die Dampfschiffahrt in Preußen. Sie wurden Anteilseigner an einer Werft in Pichelsdorf und konstruierten dort das erste deutsche Dampfschiff, die im September 1816 fertiggestellte »Prinzessin Charlotte von Preußen«, ein Mittelraddampfer, dessen Radkasten hoch über das Deck ragte. Der Antrieb wurde aus England geliefert – aus der Fabrik »Boulton & Watt«. Es war eine Dampfmaschine mit einer damals ungeheuer erscheinenden Leistung von 14 PS. Damit erreichte die »Prinzessin Charlotte von Preußen« die sagenhafte Geschwindigkeit von 7,5 Stundenkilometern. König Friedrich Wilhelm III. war begeistert. Die Humphreys durften weitere Dampfschiffe bauen, und schon im Mai 1817 wurde die »Patentierte Dampfschiffahrts-Gesellschaft« gegründet. Preußen, das Arbeiter mit dem Know-how zur Herstellung von Dampfmaschinen aus England abgeworben hatte, begann allmählich, den technischen Rückstand aufzuholen.

Industriespionage – Geburtshelfer der Krupp-Dynastie

Vieles deutet darauf hin, daß die Industriespionage im vergangenen Jahrhundert das Schwergewicht von Forschung und Fortschritt von England nach Deutschland gebracht hat. Profitiert davon hat auch der Gründer des Krupp-Konzerns, Friedrich Krupp. Dieser nahm teil an einem Wettbewerb, den der zu Beginn des vergangenen Jahrhunderts auch über Deutschland herrschende Kaiser Napoleon Bonaparte ausgeschrieben hatte. Napoleon hatte einen Preis ausgelobt für denjenigen, dem es gelänge, »englischen Stahl« herzustellen. Dem französischen Kaiser war es dabei egal, ob das Fabrikationsgeheimnis in England gestohlen oder von einem heimischen Forscher gelüftet werden würde. Friedrich Krupp, Ahnherr der Krupp-Dynastie, der Industriespionen viel Geld für das Geheimnis bezahlt haben soll (das jedenfalls behauptet Jacques Bergier in seinem Buch »*Industriespionage*«), gewann den Wettbewerb und gründete in Essen 1811 eine Gesellschaft zur Herstellung und Verarbeitung von »englischem Stahl«. Doch die Industriespione hatten ihm das Wissen um die Herstellung des »englischen Stahls« nur vorgeheuchelt. Erst seinem Sohn Alfred (bekannt geworden als »Kanonenkönig«) sollte es nach einer Englandreise gelingen, die Qualität des »englischen Stahls« zu erreichen.

In einem 1912 zum hundertjährigen Bestehen der Firma Krupp herausgegebenen Buch liest sich die Entstehungsgeschichte der deutschen Stahlindustrie spannend wie ein Roman. Dort werden die näheren Umstände, die dazu führten, daß der »englische Stahl« auch in Deutschland produziert werden konnte, nicht verschwiegen: »Die vorbereitenden Schritte erfolgten gegen Ende 1811: Im November dieses Jahres begründete der Kaufmann Friedrich Krupp in der Absicht, eine Fabrik zur Verfertigung des englischen Gußstahls und aller daraus resultierenden Fabrikate anzulegen, die Firma Friedrich Krupp in Essen... Als Friedrich Krupp den Entschluß zur Begründung einer Gußstahlfabrik faßte, da wagte er sich an eine Aufgabe, die zu Beginn des 19. Jahrhunderts auf dem europäischen Festlande zwar viel umworben, aber noch nirgends praktisch gelöst war. Die Frage der heimischen Gußstahlerzeugung lag gewissermaßen in der Luft, nachdem Napoleon die gesamte Wirtschaftspolitik des Festlandes unter der Devise ›Los von England‹ gestellt hatte... Im übrigen war die fabrikmäßige Erzeugung des Gußstahls noch immer das seit Jahrzehnten streng und erfolgreich bewahrte Geheimnis Englands. Begünstigt durch reiche Erz- und Kohlenschätze, durch technische Überlegenheit und unbegrenzte Mittel, hatte die englische Eisenindustrie im Laufe des 18. Jahrhunderts einen Vorsprung vor der des Festlandes gewonnen, den sie durch alle Hilfsmittel einer fortschreitenden Technik und einer zielbewußten Handelspolitik aufrecht erhielt... Auch die Stahlerzeugung hatte in England bedeutsame Fortschritte erfahren... Seit 1700 wurde auch aus Schmiedeeisen durch einen nachträglichen Kohlungs- oder Zementierprozeß ein Stahl von guten Eigenschaften hergestellt: der Brenn- oder Zementstahl. Eine eigenartige Verkettung von inneren und äußeren Umständen, von Motiven des Charakters und der Umwelt traf zusammen, um Friedrich Krupp von der hergebrachten und sicheren Lebensstraße seiner Vorfahren auf eine völlig neue Bahn zu drängen.«

Den Kolonialhandel seiner Vorfahren gab er auf, als er im Jahre 1811 zwei Männer kennenlernte, die »nach ihrer Versicherung im Besitz der ihm noch fehlenden Kenntnisse [für die Gußstahlerzeugung] waren«. Gert von Klass schreibt in seiner Darstellung der Krupp-Geschichte: »Die Krupp-Saga ist eine Vermengung von Dichtung und Wahrheit wie alle anderen Sagen dieser Erde. In die Überlieferung ist Friedrich Krupp, der Gründer der Gußstahlfabrik Friedr. Krupp, Essen, eingegangen als der Erfinder des Gußstahls und hat mit diesem Namen Ehren und Nachruhm erlangt. Aber wenn der Gußstahl je erfunden wurde, dann geschah dies nicht durch Friedrich Krupp, es gab in England Gußstahl vorzüglicher Qualität schon in einer Zeit, als Friedrich Krupp sich noch nicht mit seinem Geheimnis beschäftigte.«

Aus der Sicht der Industriespionage wesentlich interessanter ist der Krupp-Sohn Alfred. Dieser suchte selbst bei Reisen nach England die Geheimnisse zur Produktion des besten Stahls zu erkunden und wollte sich nicht auf Agenten verlassen. In der zum hundertjährigen Krupp-Jubiläum erschienenen Ausgabe heißt es zu der Studienreise nach England: »Dort hoffte er die Bezugsquellen für das schwedische Eisen zu erfahren, dessen sich die englischen Gußstahlfabriken ausnahmslos bedienten. Krupp hatte schon 1837 versucht, durch die bedeutendste Importfirma, Sykes & Sons in Hull, dieses Eisen auch für sich zu beziehen. Es war ihm jedoch verweigert worden, und so blieb nur die Hoffnung, durch persönliche Bemühungen in England zum Ziel zu kommen... Es gelang ihm, Eintritt in zahlreiche industrielle Werke zu erlangen und wertvolle Kenntnisse zu sammeln.«

Das ist eine vornehme – aus Sicht der Firmenleitung aber verständliche – Umschreibung für das wahre Vorhaben Krupps: Industriespionage. Die Chronik verschweigt, daß Herr Krupp seinen Namen in England zunächst einmal in »A. Crip« änderte. In London trug er sich unter diesem Namen auch im Hotel Sablonniere am Leicester Square ein. Die Chronik fährt fort: »Mit einer Fülle neuer Erfahrungen und Kenntnisse... traf er im September 1839 nach einer Abwesenheit von 15 Monaten in Essen wieder ein.« Gert von Klass faßt die Ergebnisse der Englandreise Alfred Krupps mit dem Satz zusammen: »In England treibt er unter falschem Namen in voller Gemütsruhe das, was man heute Werksspionage nennen würde. Eine posthume Kritik wird daraus die Bosheit und Verworfenheit des Krupp'schen Geistes herauslesen. Jene Zeit ist jedoch der Ansicht, daß es Sache jedes Unternehmens ist, sein Geheimnis zu hüten.« Letzteres war für Krupp die wichtigste Lehre aus seiner England-Reise. Daher schuf er für das von ihm geführte deutsche Unternehmen einen in damaliger Zeit vorbildlichen Werksschutz, der den Abfluß von Betriebsgeheimnissen verhindern sollte.

Industriespion Krupp mutierte in Deutschland zum Erfinder der industriellen Spionageabwehr. Jacques Bergier schreibt dazu: »Wenn er auch alles selbst machte, so benötigte er dennoch die Erfindungen der anderen, um sein Geschäft in Gang zu halten; so stahl er einem seiner Kunden die Pläne zu einer Maschine, mit der Löffel und Gabeln hergestellt werden konnten. Seine Devise lautete: Ein weitentwickeltes Spionagenetz nach außen, die größtmögliche Absicherung der Fabrikationsgeheimnisse nach innen. Mit dieser Devise scheint er ausgezeichnet gefahren zu sein.«

In jener Zeit, in der Alfred Krupp sein Unternehmen erfolgreich gegen Werksspione abschottete, waren viele deutsche Erfinder das Ziel ausländischer Kundschafter. Einer von ihnen war der größte Chemiker seiner Zeit, Justus von Liebig (1803–1873), Begründer der organischen und der Agrikulturchemie. Seine Laboratorien in Gießen machte er zum Mekka der Chemiker aus aller Welt – und gab damit zugleich seine wichtigsten Geschäftsgeheimnisse preis. Der von ihm erforschten und erprobten Mineraldüngung ist es zu verdanken, daß heute mehr Menschen auf der Welt ernährt werden können als vor 100 Jahren. Es erscheint fast unmöglich, all das aufzulisten, was Liebig entdeckt, geschaffen und aufgebaut hat. So wurde in seinem Laboratorium das Chloroform entwickelt, das als Narkosemittel der Chirurgie neue Wege eröffnete. Auch der nach ihm benannte Fleischextrakt und das Chemiestudium in seiner heutigen Form sind seine Erfindungen.

Das Genie Liebig war von Anfang an ein Ziel ausländischer Neider, die seine Erfindungen sich selbst zuschreiben wollten. Schon als Student in Paris, wo Liebig bei dem berühmtem Professor Gay-Lussac lernen sollte, trug dieser die Ergebnisse von Liebigs Arbeiten selbst in der Pariser Akademie der Wissenschaften als angeblich eigene Leistungen vor. Alexander von Humboldt ist es zu verdanken, daß der Großherzog von Hessen damals auf den jungen Liebig aufmerksam wurde und ihn mit 21 Jahren zum Professor in Gießen ernannte, damit er »dem Vaterlande Ehre machte« (so Humboldt) und nicht anderen. 30 spätere Nobelpreisträger haben danach bei Liebig in Gießen studiert und seinen Ruhm begründet, der erste Chemiker der Zeit zu sein. Er trug damit wesentlich dazu bei, daß Deutschland wenig später über die größten und bedeutendsten Chemiewerke der Welt verfügen konnte. Heute ist es selbstverständlich, daß dem Boden anorganischer Dünger zugefügt wird, doch zu Liebigs Zeiten lachten die Bauern zunächst über den eigentümlichen Professor, der behauptete, Humus und Stalldung allein reichten auf Dauer nicht, um den Ertrag der Böden zu steigern.

Hohn und Spott erntete unterdessen auch der Franzose Louis Pasteur (1822–1895), der Entdecker der Kleinstlebewesen und ihrer Mitwirkung bei Gärungs- und Krankheitsprozessen. Seine Methode, Lebensmittel durch kurzzeitiges Erhitzen zu »pasteurisieren«, ist auch heute noch hochaktuell. Viele Forscher lachten damals über ihn und versuchten ihm Fallen zu stellen. Die von ihm entwickelte Schutzimpfung gegen Tollwut hat ihm unsterblichen Ruhm beschert. Auch Pasteur war in fortgeschrittenen Jahren ein Ziel jener Neider, die sein Genie erkannt hatten und nun darauf brannten, ihm Geheimnisse zu rauben und als eigene Erfindungen auszugeben.

Zur gleichen Zeit muß für Alfred Krupp der »deutsche Bruderkrieg«, in dem 1866 die Preußen bei Königgrätz über Österreich siegten, einer der schönsten Tage seines Lebens gewesen sein, war es doch die erste Auseinandersetzung, in der »seine« Geschütze erfolgreich eingesetzt werden konnten. Ausgerechnet im Land Alfred Krupps war die Anschaffung neuer Geschütztypen (die auf der Londoner Weltausstellung 1851 erstmals gezeigt worden waren) lange Zeit verschlafen worden. Jede dritte preußische Batterie verfügte nur über altmodische Zwölfpfünderkanonen mit glattem Lauf, die mit einer maximalen Reichweite von 1,5 Kilometern kaum halb so weit schossen wie die Kanonen des Herrn Krupp. Der Generalinspekteur der Artillerie, General von Hahn, wehrte sich bis zu seiner Pensionierung 1864 gegen die Einführung der Krupp-Kanonen. Er haßte »das neumodische Zeugs« so sehr, daß selbst bei seiner Beerdigung nur herkömmliche Kanonen Salut schießen durften.

In jener Zeit gab es im Königreich Preußen 6669 Dampfmaschinen mit insgesamt 137 377 PS. Das Eisenbahnnetz war mehr als 7000 Kilometer lang, und die Züge fuhren mit einer Höchstgeschwindigkeit von 50 Stundenkilometern. Damals überragten die Schlote schon die Kirchtürme, und es entstanden neue Städte, die von vornherein als Industriesiedlungen angelegt waren. Karl Marx schrieb, wenn man durch das Rheinland und Westfalen fahre, werde man an die englischen Industrielandschaften in Lancashire oder Yorkshire erinnert. Beschäftigte Krupp 1861 noch 2000 Arbeiter, so waren es zehn Jahre später nach dem Sieg über Frankreich – den Kruppsche Kanonen miterrungen hatten – schon 10 000. Die Blütezeit des Kruppschen Unternehmens fiel zusammen mit dem allgemeinen Aufblühen der Werksspionage. Bergier zitiert einen von Alfred Krupp verfaßten Satz zur Abwehr fremder Werksspione: »Wie hoch auch immer die Kosten sein mögen, alle Arbeiter müssen ständig von energischen und erfahrenen Männern überwacht werden, die für jeden Saboteur, Faulenzer oder Spion, den sie entlarven, eine Prämie erhalten.«

Der Sohn von Alfred Krupp, Friedrich Alfred, war zwar ein Meister der Abwehr von Werksspionage. Doch der auf sein Privatleben angesetzten Spitzel des Kaisers konnte er sich kaum erwehren. In der Hauptstadt des Deutschen Reiches gab es zu jener Zeit noch keine Telefon-Abhöranlagen, und so mußten die Spitzel höchstpersönlich Geschehnisse erforschen. Zu Protokoll gab der Besitzer des Hotels Bristol der Polizei eine Ungeheuerlichkeit über den Herrn Friedrich Alfred Krupp: »... seit langem interessiert er sich für junge Kellner, gibt sogar Ratschläge für ihre Behandlung, unter anderem, daß sie mindestens einmal in der Woche baden sollten...« Der Inhaber der Essener Stahl- und Panzerplattenfabrik war Stammgast in dem Hotel und äußerte hin und wieder den Wunsch nach der Gesellschaft von jungen Italienern auf seinem Zimmer. Die kaiserlichen Spitzel waren einer delikaten Angelegenheit auf der Spur, war Krupp doch ein Vertrauter Seiner Majestät des Kaisers Wilhelm II. – dieser berief ihn im Januar 1897 »aus besonderem königlichen Vertrauen« zum Mitglied des Herrenhauses auf Lebenszeit – und besuchte ihn, wann immer er in Essen weilte, in der Villa Hügel. Doch Homosexualität war in damaliger Zeit eine Straftat (§ 175).

Am 15. November 1902 berichete dann der sozialdemokratische *Vorwärts* über die Neigung des damals reichsten Mannes in Deutschland, der inzwischen 50 000 Arbeiter beschäftigte und ein Jahreseinkommen von 25 Millionen Mark gehabt haben soll. Krupp starb wenige Tage später – offiziell an einem Gehirnschlag; andere Quellen sprechen dagegen von einem vertuschten Selbstmord. Kaiser Wilhelm II. ehrte den Verstorbenen öffentlich und suchte damit auch die leisen Anschuldigungen gegen ihn selbst zum Schweigen zu bringen. Nur in den Randbemerkungen der Geschichtsbücher findet man heute noch jene Hinweise, die belegen, daß auch Wilhelm II. dem männlichen Geschlecht (und auch seinem Freund Krupp) mehr als dem weiblichen zugetan war. John Röhl schreibt in seiner Biographie *»Kaiser, Hof und Staat«*: »Und es ist in der Tat ein beunruhigender Gedanke, daß die Generale, die Deutschland und Europa 1914 in die große Katastrophe unseres Jahrhunderts führten, nicht selten ihre Karriere der Bewunderung Kaiser Wilhelms für ihr schönes Äußeres in ihren fabelhaften Uniformen verdankten... stehen wir vor der Frage, wo Kaiser Wilhelm in dem ›heterosexuell-homosexuellen Kontinuum‹ anzusiedeln ist«. Er schließt, die »Interpretation von Wilhelm als unterdrücktem Homosexuellen« gewinne mehr und mehr an Boden. Der »Krupp-Skandal« aus dem Jahre 1902 war jedenfalls nicht die einzige homosexuelle »Affäre« in der Umgebung des Kaisers, jenes Mannes, der von Historikern bislang auch auf einer anderen Ebene verkannt worden ist: War Wilhelm II. – und nicht Adolf Hitler – doch der Vordenker der Judenvernichtung mit Gas (im Exil schrieb Kaiser Wilhelm II. dazu: »... am besten wäre Gas«).

Spione in der Kautschukindustrie

Ein weiteres vorrangiges Gebiet der Industriespionage des vergangenen Jahrhunderts war die Kautschukindustrie. Schon lange vor der Entdeckung Amerikas war Kautschuk ein von den Ureinwohnern Lateinamerikas genutztes Gewächs. Die Maya ritzten den Stamm des »weinenden Baumes« an, fingen den Saft auf, tauchten Holzstäbe hinein und hielten diese in den Rauch eines Feuers, damit sich der gerinnende Saft in Schichten um den Stab legte. Schon 1739 präsentierte der französische Gelehrte de la Contamine, der viele Jahre Ecuador und andere lateinamerikanische Gegenden bereist hatte, zum ersten Mal der Akademie der Wissenschaften in Paris ein Stück Kautschuk. In der Sprache der Ureinwohner heißt der brasilianische Kautschukbaum *(Hevea brasiliensis)* »*kau-utschu*«. Da der Saft (Latex) viele Eigenschaften hat, die denen der Milch ähnlich sind (gerinnt leicht und wird bei längerem Stehen sauer) und der Rohkautschuk zudem bei Wärme klebrig wird, wußten die weißen Siedler Nordamerikas und auch die Europäer zunächst nichts damit anzufangen.

Das änderte sich mit der Erfindung des Charles Goodyear, dem Vulkanisieren. Er kam durch Zufall dahinter, daß aus einem gut durchgekneteten Gemisch von Rohkautschuk und Schwefel, wenn man es auf 80 bis 160 Grad Celsius erwärmt, je nach Schwefelgehalt Weichgummi (ein bis sieben Prozent Schwefel) oder Hartgummi (bis 45 Prozent Schwefel) wird. Auch die Farbe des Materials läßt sich verändern. Die ziegelrote Farbe des vulkanisierten Materials wird durch Zusatz von Antimonpentasulfid, die schwarze durch Zusatz von Ruß und die weiße durch Zinkweiß erzielt. Nach weiteren Experimenten fand man auch heraus, daß Zusätze von Ölen oder Bitumen den Kautschuk noch weicher machen.

Die Erfindung Goodyears hat in der Welt bleibenden Einfluß hinterlassen: Seither konnten Heftpflaster und Isolierband, Gummireifen und Dichtungsringe ihren Siegeszug um den Globus antregen. Die Kautschukindustrie war daher ein bevorzugtes Ziel von Industriespionen. Jacques Bergier schreibt dazu: »Die eigentliche Grundlage der Kautschukindustrie war jedoch ein im Dezember 1841 von einem Amerikaner angemeldetes Patent, das die Vulkanisierung zum Gegenstand hatte. Das Verfahren war durch Zufall von Charles Goodyear entdeckt worden, der alles Erdenkliche unternahm, um es geheimzuhalten. Seine Vorsicht war – trotz des Patentes – durchaus berechtigt, denn ein paar Proben seines vulkanisierten Kautschuks, die er nach England geschickt hatte, fielen einem Chemiker namens

Thomas Hancock in die Hände. Dieser schnüffelte daran, roch den Schwefel, stellte das Produkt selber her und ließ sein Verfahren patentieren. Immerhin war Hancock ein Gentleman, der nicht bestritt, das Goodyear als erster die Vulkanisierung entdeckt hatte. Dasselbe kann man kaum von den amerikanischen Spionen behaupten, die dem Erfinder sein Patent unzählige Male stahlen.« Bergier beschreibt im folgenden die vielen Prozesse, die Goodyear führten mußte. Damit sei es ihm gelungen, sein Patent um sieben Jahre verlängern zu lassen, nachdem es normalerweise im Juni 1858 abgelaufen wäre. Zwar seien alle seine Widersacher verurteilt worden, doch habe ihm das nur moralische Genugtuung verschafft. Bergier: »Als Goodyear 1860 für immer die Augen schloß, hinterließ er 995 000 Franken Schulden (damaliger Währung). Die Kautschukindustrie entwickelte sich bald zu einem wahren Paradies für Werksspione, und trotz aller Vorsichtsmaßnahmen wurde ein gutes Dutzend von Geheimverfahren entwendet, die die Vulkanisierung, die Verwendung von Füllstoffen und die Kautschukverformung zum Gegenstand hatten. Die Kautschukindustrie nahm einen so gewaltigen Aufschwung, daß die Rohstoffversorgung bald zum Problem wurde. Da gelang es einem englischen Werksspion und Abenteurer, Henry Wickham, einige Heveasamen illegal aus Brasilien auszuführen und nach England zu bringen.«

In dem nahe London gelegenen botanischen Garten von Kew wurden anschließend 7000 Pflanzen gesät. Später wurden sie nach Ceylon, Borneo und Malakka gebracht. Schnell wurden die Gummiplantagen zur wichtigsten Einnahmequelle dieser Region. Bergier beschreibt die Folgen: »Wickham wurde geadelt, eine Ehrung, deren sich nicht viele Wirtschaftsspione rühmen können. Ereignisse dieser Art sowie die relative Unwirksamkeit aller individuellen Sicherheitsmaßnahmen führten zur Gründung einer Reihe von Organisationen und Agenturen zur Bekämpfung der Werksspionage; einer der fünf ›Großen‹ auf diesem Gebiet ist die... amerikanische Agentur Pinkerton.« So wie Alfred Krupp der deutsche Ahnherr der industriellen

Sicherheit ist, gilt Allan Pinkerton als Begründer des nordamerikanischen Werksschutzes.

Einen guten Werksschutz hätte man auch dem deutschen Unternehmen Bayer gegönnt. Im Jahre 1897 brachte das Unternehmen das als »Aspirin« weltbekannt gewordene Präparat mit Acetylsalicylsäure auf den Markt, ein Mittel, das direkt die Schmerzrezeptoren nahe einer Entzündung erreicht. Wie oft das erfolgreiche Medikament in der Anfangszeit der Herstellung das Ziel von Werksspionage gewesen ist, kann man sich heute kaum noch vorstellen. In jener Zeit waren Industriespione erfindungsreich. Das belegt auch die Geschichte der Schweizer Biskuits »Willisauer Ringli«. Fast ebenso hart wie Duplo-Steine, erfreuten sie sich schon im vergangenen Jahrhundert einer großen Beliebtheit. Doch erfunden wurden die »Willisauer Ringli« nicht in Willisau, sondern auf Schloß Heidess im Luzerner Seetal. Im letzten Jahrhundert wurde das streng gehütete Familienrezept in einem Gebetbuch ins Hinterland geschmuggelt.

Telegraphie und Verschlüsselung

Vor dem Hintergrund der gewaltigen technischen Umwälzungen seit dem Ende des vergangenen Jahrhunderts ergaben sich auch für die klassische Spionage neue Möglichkeiten. In jener Zeit dauerte es – im Gegensatz zu heute – jedoch immer mehrere Jahre, bis Geheimdienste technische Neuerungen für ihre Ziele nutzten. Ein Beispiel dafür ist die Erfindung der drahtlosen Telegraphie.

Am 2. Juni 1896 meldete der Italiener Guglielmo Marconi den ersten solchen Apparat zum Patent an. Er hatte schon im Alter von 20 Jahren entdeckt, daß elektromagnetische Wellen viel weiter reichten, als man damals dachte. Im Oktober desselben Jahres nutzte die italienische Marine zum ersten Mal diese neue Art der Kommunikation, um mit dem Flottenkommando in Verbindung zu bleiben. Am 13. Mai 1897 gelang es dem Italiener außerdem, eine drahtlose Verbindung über den 14 Kilometer breiten Bristolkanal herzustellen. Nun horchte man auch in der Finanzwelt auf, gründete die »Wireless Telegraph Trading Signal Company« und ernannte den erst 23 Jahre alten Marconi zu deren Direktor. 1901 gelang Marconi die drahtlose Übermittlung zwischen Korsika und dem Festland (175 Kilometer). Spätestens mit dem Transfer drahtloser Nachrichten zwischen Europa und den Vereinigten Staaten im Dezember 1901 war auch das Augenmerk aller Geheimdienste auf den jungen Mann gerichtet. An der Südspitze Englands hatte er eine 35 Kilowatt starke Sendestation errichtet und konnte im 3540 Kilometer entfernten Neufundland mit Hilfe einer Empfangsstation, die als Antenne einen Drachen verwendete, schwach, aber deutlich die gemorsten Nachrichten aus England hören.

Botschaften und Geheimdienste profitierten von der Erfindung des Italieners. Ihre in den vergangenen Jahren über Kabelverbindungen versandten geheimen telegraphischen Mitteilungen (davor hatte man Nachrichten nur mit der Postkutsche, Boten oder Brieftauben befördert) waren immer wieder entweder durch angezapfte Leitungen oder durch ungetreue Bedienstete in den Telegraphenbüros entweder abgefangen oder kopiert worden.

In Frankreich hatte man die Zuständigkeit für die Überwachung der ausländischen Botschaften beispielsweise dem *»Cabinet Noir«* übertragen, das seine Geschichte bis auf den legendären Kardinal Richelieu zurückführen konnte. Das Verschlüsseln von Nachrichten bot schon in jener Zeit keinen Schutz vor Spionen. Der amerikanische Geheimdienstfachmann Jeffrey Richelson hat in seinem Buch *»A Century of Spies«* ein ansehnliches Beispiel für die damals übliche Art der Verschlüsselung von telegraphischen Nachrichten gebracht. So beinhaltet die Nachricht »1735 IVOF/28 WESL&CHV 4W/4CN/5W/12CAIS IW/2CUIS/15W/20 CHR/band noir epauliere jaune Nr. 15« im Klartext die Übermittlung einer Truppenverlegung: »5 Uhr 35. Ein Offizier/ 28 Waggons für Soldaten und Pferde/ 4 Waggons mit vier Geschützen/ 5 Waggons mit 12 Artilleriegeschützen/ 1 Waggon mit einer Feldküche/ 15 Waggons mit 20 Fahrzeugen/ Schwarze Bänder und gelbe Schulterstreifen, Regiment Nr. 15.25«. In dieser Zeit der Jahrhundertwende verlor die Industriespionage kurzfristig an Bedeutung, während jene der Militärspionage wuchs.

Diesem – heute in Vergessenheit geratenen Ziel – diente ursprünglich auch die Erfindung der Flugmaschine durch die Gebrüder Wilbur und Orville Wright. Sie hoben am 17. Dezember 1903 um 10.35 Uhr zum ersten Mal für zwölf Sekunden und 40 Meter von der Erde ab. Die wißbegierigen Forscher hatten sich nicht etwa die Beförderung von Personen in der Luft zum Ziel gesetzt; nein, sie wollten ihre Erfindung Regierungen und deren Militärs verkaufen, damit diese in Kriegszeiten aus der Luft die Truppenbewegungen des Gegners auskundschaften konnten. Nie hatten sie daran gedacht, daß ihre Flugmaschine schon bald auch die kommerzielle Luftfahrt beflügeln würde.

Doch zunächst waren es die Militärs, die binnen weniger Jahre die Vorteile des Flugzeugs erkannten. Im Oktober 1911 – während des italienisch-türkischen Krieges – unternahm der italienische Kapitän Piazza zum ersten Mal Erkundungsflüge über türkischen Truppenverbänden nahe Tripoli in Nordafrika. Und am 24. Februar 1912 machte er auch die ersten Luftaufnahmen der Spionagegeschichte. Bis zum Ausbruch des Ersten Weltkriegs hatten alle Armeen und Geheimdienste Europas die Wichtigkeit der noch in den Kinderschuhen steckenden Luftaufklärung erkannt.

Mit dem Beginn des Ersten Weltkriegs widmeten sich die Geheimdienste auch wieder stärker der Wirtschaftsspionage. Durchtränkt von nationalsozialistischem Duktus schreibt dazu in dem 1937 erschienenen Buch »*Vorsicht! Feind hört mit!*« ein Freiherr von Grote: »Auch im Weltkrieg gab es eine Wirtschaftsspionage, wenn sie auch natürlicherweise mit dem militärischen Geheimdienst eng zusammenhing. Die Kriegsindustrie herrschte in den Jahren 1914 bis 1918 vor allen anderen Wirtschaftszweigen... Eine der wichtigsten, man kann sogar sagen umstürzenden Erfindungen der Kriegswirtschaft bedeutete das Aufkommen der sogenannten Gaskampfmittel. Deutschland kann sich rühmen, das vernichtende Gas erfunden zu haben, erst in der primitiven Form des Abblasens von Gasflaschen angewandt, die vor der feindlichen Front eingebaut waren... Mit Blitzesschnelle aber wußte der Gegner durch seine Industriespione das deutsche Verfahren, vor allem auch die chemische Zusammensetzung der einzelnen Gase, herauszubekommen und konnte sogleich an die Bereitung von Abwehrmitteln schreiten, der Konstruktion von Gasmasken, wie er auch in der Folge durch Bereitung eigener Gaskampfmittel selbst zum Gegenangriff antrat.« Mit offenkundiger Empörung beschreibt Grote dann, wie der französische Geheimdienst mit Hilfe eines italienischen Industriespions die Formeln von vier deutschen Gasarten erkundete. Glaubt man Grote, dessen anekdotenhafte Erzählung über die Agentenlisten des Italieners Lucieto sich mittlerweile in vielen Büchern über die Spionage als angeblich »wahre Begebenheit« findet, so war es die Schwatzhaftigkeit der Menschen, die ihm zu Hilfe kam.

Nahe den Essener Krupp-Werken – wo die für den Kriegseinsatz im Ersten Weltkrieg bestimmten Gasgranaten abgefüllt wurden – ging Lucieto jeden Abend in eine Gaststätte, in der auch Krupp-Arbeiter verkehrten, und zechte mit ihnen. Glaubhaft ist durchaus, daß er dort auch auf einen Gendarmen traf, der ihm nach dem Genuß mehrerer Biere zum ersten Mal über die Wirkung des Gases berichtete. Doch die nachfolgende Erzählung von Grote beruht allein auf Lucietos späteren Angaben und dürfte malerisch ausgeschmückt und übertrieben sein. Grote schreibt, Lucieto habe den Gendarmen gefragt: »Ich soll Ihnen glauben, daß man in eine Granate Gas füllen kann? Ebensogut könnte man Wasser in einen Vogelkäfig sperren!« Der Gendarm habe daraufhin wutentbrannt geantwortet: »Wollen wir wetten?« Um 1000 Mark wetteten die beiden, und der Gendarm führte Lucieto wenige Tage später auf einen geheimen Testplatz, wo sich folgende Begebenheit zugetragen haben soll: »Was Lucieto zuerst auffiel, war eine große Schafherde, etwa hundert dieser Tiere, die in der Mitte des Schießplatzes zusammengetrieben waren. Diese Herde sollte offenbar als lebendiges Ziel für die Versuchskanonen gelten, ein 77-Millimeter-Feldgeschütz und eine Schiffskanone, die sich etwa zwölfhundert Meter davon entfernt aufgestellt hatten. Im übrigen war der ganze Platz militärisch stark abgesperrt. Jetzt ertönten in rascher Folge hintereinander Autosignale. Eine Anzahl Offiziere versammelte sich, zumeist höhere Chargen, bis dann, von seiner Suite gefolgt, Kaiser Wilhelm II. erschien und eine aufgestellte Ehrenkompagnie abschritt. Bald darauf ertönten Kommandorufe, zwei Kanonenschüsse donnerten, vor der Zielerhöhle, die den Spion verbarg, platzten zwei Granaten, dicht vor der zusammengepferchten Schafherde. Gleich darauf erhob sich ein grünlichgelber Nebelschleier, der die Tiere einhüllte und für Augenblicke völlig verdeckte. Und dann sah der Spion mit eigenen Augen den greulichen Erfolg des neuen Schießmittels der Deutschen. Denn als die Gaswolke sich zerteilt hatte, erblickte man die hundert Schafe unbeweglich, tot am Boden. Die Steine auf dem Boden waren wie mit einer Rostschicht überdeckt. Aus den Reihen der Zuschauer ertönten Begeisterungsrufe und Hurrageschrei.« Schon drei Tage später habe Lucieto eine Probe vom Boden des Testgeländes nebst ausführlicher Beschreibung der Vorkommnisse beim französischen Geheimdienst abgeliefert und damit Frankreich in die Lage versetzt, Gegenmittel zu produzieren. Grote schließt diese Anekdote allerdings mit dem Hinweis, daß hinter die Essener Abenteuer des Agenten Lucieto wohl »mehr als nur ein Fragezeichen« gehöre.

Dank

Dem früheren Bundeswirtschaftsminister Günter Rexrodt, dem ehemaligen Bundeswirtschaftsminister Jürgen Möllemann, dem früheren Geheimdienstkoordinator Bernd Schmidbauer, dem Vorsitzenden der Arbeitsgemeinschaft für Sicherheit in der Wirtschaft, Wolfgang Hoffmann, der Universität Lüneburg und dort vor allem Frau Prof. Dr. Wilma Merkel sowie Herrn Prof. E. Kahle, dem Geschäftsführer von Enercon, Aloys Wobben, Enercon-Justitiar Stefan Knottnerus-Meyer, Oberst a. D. des Militärischen Abschirmdienstes, Wilhelm Vosselmann, den Unternehmen Bayer AG, Siemens und Dasa, Fritz Oldenburg, Shell-Pressesprecher Rainer Winzenried, ARD-Mitarbeiter Joachim Horn, dem für Verschlüsselungstechniken zuständigen Mitarbeiter des Bundesinnenministeriums, Wendelin Bieser, dem Diplom-Mathematiker und Debis-Mitarbeiter Dr. Heinrich Kersten, dem Geschäftsführenden Gesellschafter von KDM-Consulting in Frankfurt/Main, Klaus-Dieter Matschke, dem Auber-Fachanwalt für Exportkontrollrecht Olaf Kreuzer, dem Repräsentanten der Dresdner-Bank-Gruppe im Nahen Osten, Werner Benz, dem Münchener Rechtsanwalt Peter Kragler, dem Frankfurter Rechtsanwalt Richard Cremer, dem Sicherheitsbeauftragten der VEBA, Gerhard Dousen, Manfred Fink von Fink Security Consulting, Reinald Schneller von Hewlett Packard, Harald Woll vom Stuttgarter Landesamt für Verfassungsschutz, Karl-Adolf Jensen, dem Herausgeber des CD-Sicherheits-Managements, Helmut Brückmann sowie Johannes Jacob vom Verlag C. Bertelsmann danke ich für alle Gespräche, die ich in den vergangenen Jahren mit ihnen geführt habe, sowie für die freundliche Unterstützung.

Der Autor ist stets dankbar für ergänzende Hinweise und Hintergrundgespräche mit Fachleuten – vor allem auch mit Unternehmen, die Opfer von Wirtschaftsspionage wurden und bislang geschwiegen haben. Alle Informationen werden auf Wunsch vertraulich behandelt. Zuschriften an Dr. Udo Ulfkotte, Politische Redaktion, *FAZ*, Hellerhofstraße 2–4, 60267 Frankfurt/Main oder u.ulfkotte@faz.de über www.ulfkotte.de.

Literaturverzeichnis

Agricola, Georg: Vom Berg- und Hüttenwesen. München 1994
Alle, Thomas/Polmar, Norman: Spy Book – The Encyclopedia of Espionage. New York 1997
Arnett Peter: Unter Einsatz meines Lebens. München 1994
Aust, Stefan: Mauss. Ein deutscher Agent. Hamburg 1988
Bärwolf, Adalbert: Die Geheimfabrik. Amerikas Sieg im technologischen Krieg. München 1994
Baker, James A.: Drei Jahre, die die Welt veränderten. Erinnerungen. Berlin 1996
Bergier, Jacques: Wissenschaftsspionage und Geheimwaffen. München 1972
Ders.: Industriespionage. München 1970
Betser, Muki: Soldat in geheimem Auftrag. Israels führender Antiterrorspezialist berichtet über seine spektakulärsten Einsätze. Hamburg 1996
Black, Ian, und Morris, Benny: Mossad. Die Geschichte der israelischen Geheimdienste. Heidelberg 1994
Blum, Eberhard: Reinhard Gehlen – A Portrait. In: Foreign Intelligence Literary Scene, Volume 10, No. 5, National Intelligence Study Center. Washington D. C. 1990
Bundesamt für Sicherheit in der Informationstechnik: Kulturelle Beherrschbarkeit digitaler Signaturen. Bonn 1997
Bülow, Andreas von: Im Namen des Staates – CIA, BND und die kriminellen Machenschaften der Geheimdienste. München 1998
Calvi, Fabrizio: Promis – Das Auge Washingtons. Zürich 1998
Charmley, John: Churchill. Das Ende einer Legende. Berlin 1995
Cookridge, E. H.: Gehlen – The Spy of the Century. London 1971
Cox, Michael: Spy Stories. Oxford 1997
Dan, Ben: Der Spion aus der Wüste. Bayreuth 1967
Deutscher Industrie- und Handelstag: Organisierte Kriminalität – Angriff auf die Wirtschaft. Bonn 1996
Ders.: Organisierte Kriminalität – Angriff auf die Wirtschaft. Köln 1996
Dietl, Wilhelm: Staatsaffäre – Hinter den Kulissen der Geheimdienste. Stuttgart 1997

Dorril, Stephen: The Silent Conspiracy. Inside the Intelligence Services in the 1990s. London 1993

Dreger, Wolfgang: Counter Intelligence – Betriebliche Spionageabwehr. Renningen 1998

Ders.: Konkurrenz-Analyse und Beobachtung. Ehningen 1992

Dresdner Bank: 120 Jahre Dresdner Bank. Frankfurt/Main 1992

Dulles, Allan: Im Geheimdienst. Düsseldorf 1963

Eichner, Klaus/Dobbert, Andreas: Headquarters Germany. Berlin 1997

Eisenberg, Dennis: Mossad. Die Leibwache Davids. Katwijk aan Zee 1980

Emde, Heiner: Spionage und Abwehr in der Bundesrepublik Deutschland. Von 1979 bis heute. Bergisch Gladbach 1986.

Eppler, John W.: Rommel ruft Kairo. Aus dem Tagebuch eines Spions. Gütersloh 1959

Felfe, Heinz: Im Dienst des Gegners. 10 Jahre Moskaus Mann im BND. Hamburg 1986

Fialka, John: War by Other Means – Economic Espionage in America. New York 1997

Ders.: Stealing the Spark – Why Economic Espionage works in America. In: Washington Quarterly, Vol. 19, No. 4 1996 S. 175–189

Fink, Manfred: Lauschziel Wirtschaft. Abhörgefahren und -techniken, Vorbeugung und Abwehr. Stuttgart 1996

Fischer-Fabian, Alexander S.: Der Traum vom Frieden der Völker. Bergisch Gladbach 1994

Franken, Michael, Rauher Wind – Der organisierte Widerstand gegen die Windkraft. Aachen 1998.

Fritze, Konrad: Seekriege der Hanse. Berlin 1997

Fuhrmann, Horst: Überall ist Mittelalter. Von der Gegenwart einer vergangenen Zeit. München 1996

Gall, Lothar (Hrsg.): Die großen Deutschen unserer Epoche. Berlin 1995

Gehlen, Reinhard: Der Dienst. Erinnerungen 1942–1971. Wiesbaden 1971

Germanisches Nationalmuseum: Geschichte Bayerns im Industriezeitalter. Nürnberg 1987

Graudenz, Karlheinz: Die deutschen Kolonien. Augsburg 1994

Gröpl, Christoph: Die Nachrichtendienste im Regelwerk der deutschen Sicherheitsverwaltung, Berlin 1993

Grote, Hans Henning: Vorsicht! Feind hört mit! Dresden 1937

Guisnel, Jean: Cyberwars – Espionage on the Internet. New York 1997

Haase, Dieter: Mein Name ist Haase, ich weiß zuviel. Celle 1993

Hancock, Garth: US Economic Intelligence Policy and Global Competition: In: Monterey Review, Vol. XVI, Herbst 1996.

Hansen, James: Japanese Intelligence. Washington 1996

Harbulot, Christian: La machine de guerre économique. Paris 1992

Harris, John: Industrial Espionage and Technology Transfer – Britain and France in the Eighteenth Century. Ashgate Publishing 1998

Hartmann, Gerhard (Hrsg.): Die Kaiser. 1200 Jahre europäische Geschichte. Graz 1996

Haumann, Heiko: Geschichte Rußlands. München 1996

Heikal, Mohammed: Sadat. Düsseldorf 1984

Herre, Franz: Kaiser Wilhelm II. Köln 1993

Higgins, Adrian: The Secret Gardens of Georgetown. Boston 1994

Hildebard, Klaus: Das vergangene Reich. Deutsche Außenpolitik von Bismarck bis Hitler. Stuttgart 1995

Hoehling, Adolph A.: Women who spied. Lankham 1992

Höhne, Heinz: Der Krieg im Dunkeln. München 1985

Hopkirk, Peter: Östlich von Konstantinopel. Kaiser Wilhelms Heiliger Krieg um die Macht im Orient. München 1996

Hourani, Albert: Die Geschichte der arabischen Völker. Frankfurt/Main 1992

Hulnick, Arthur S.: The uneasy Relationship between Intelligence and private Industry. In: International Journal of Intelligence and Counterintelligence, Vol. 9, No. 1, Herbst 1996. S. 17–31

Hummelt, Roman: Wirtschaftsspionage auf dem Datenhighway. München 1997

Hunke, Sigrid: Allahs Sonne über dem Abendland – Unser arabisches Erbe. Stuttgart 1987

Hutschison, Robert: Die heilige Mafia des Papstes. München 1996

Igel, Regine: Andreotti. Politik zwischen Geheimdienst und Mafia. München 1997

James, Peter: Keilschrift, Kompaß, Kaugummi – Eine Enzyklopädie der frühen Erfindungen. Zürich 1998

Johnson, Loch K.: Secret Agencies. U.S. Intelligence in a Hostile World. New Haven and London 1996

Kahaner, Larry: Competitive Intelligence. New York 1996

Kanfer, Stefan: Das Diamanten-Imperium – Aufstieg und Macht der Dynastie Oppenheimer. Frankfurt/Main 1996

Kaeasaki, Guy: Die Kunst, die Konkurrenz zum Wahnsinn zu treiben. Wien 1997

Keith Melton, H.: Der perfekte Spion. Die Welt der Geheimdienste. München 1996

Kissinger, Henry A.: Memoiren 1968–1973. München 1979.

Ders.: Memoiren 1973–1974. München 1982

Kessler, Ronald: Inside the CIA. New York 1994

Klass, Gert von: Die drei Ringe – Lebensgeschichte eines Industrieunternehmens. Tübingen 1966

Knightley, Philip: Die Spionage im 20. Jahrhundert. Erfolge und Niederlagen der großen Geheimdienste. Frankfurt/Main, Berlin 1992

Knopp, Guido: Topspione – Verräter im Geheimen Krieg. München 1994

Knyschewski, Pawel Nikolaewitsch: Moskaus Beute. München 1995

Koch, Egmont R.: Das geheime Kartell. BND, Schalck, Stasi & Co. Hamburg 1992

Ders. und Sperber, Jochen: Die Datenmafia. Geheimdienst, Konzerne, Syndikate. Reinbek bei Hamburg 1995

Köhler, Henning: Adenauer. Eine politische Biographie. Berlin 1994

Koppe, Holger, und Koch, Egmont, R.: Bomben-Geschäfte. Tödliche Waffen für die Dritte Welt. München 1991

Kragler, Peter: Schützen Sie Ihr Unternehmen. Landsberg 1991

Ders.: Der Schutz des geistigen Eigentums. München 1995

Ders.: Schutz des geheimen Know-how. Landsberg 1987

Krockow, Christian Graf von: Die preußischen Brüder. Stuttgart 1996

Krupp: Krupp 1812 bis 1912. Zum hundertjährigen Bestehen der Firma. Jena 1912

Landesamt für Verfassungsschutz Baden-Württemberg: Wirtschaftsspionage – Informationsschutz, Stand November 1994

Lawrence, T. E.: Die sieben Säulen der Weisheit. München 1978

Leary, William M.: The Central Intelligence Agency. Tuscalosa 1984

Lerch, Wolfgang Günter: Der Golfkrieg, München 1988

Liebl, Karlhans: Direktorat T – Industriespionage des Ostens. Heidelberg 1988

Lindlau, Dagobert: Der Lohnkiller. München 1996

Littman, Jonathan: Watchman – Schatten ohne Gesicht. München 1998

Ders.: Der Mob – Recherchen zum organisierten Verbrechen. München 1989

Lloyd, Mark: The Guinness Book of Espionage. London 1994

Lotz, Wolfgang: Fünftausend für Lotz – Der Bericht des israelischen Meisterspions Wolfgang Lotz. Frankfurt/Main 1975

Mass, Christian: Satelliten-Signale anzapfen und auswerten. Satellitenspionage für Einsteiger. Poing 1998

Maier, Ewald: Der Schutz des »kritischen« Know-how vor Industriespionage. Idstein 1992

Markov, Georgi: The Truth that Killed. London 1983

Markwardt, Waldemar: Erlebter BND. Kritisches Plädoyer eines Insiders. Berlin 1996

Matschke, Klaus-Dieter/Ick, Reimer: Security Quality Management. Ingelheim 1998

McArthur, John R.: Die Schlacht der Lügen. Wie die USA den Golfkrieg verkauften. München 1993

McAuley Palmer, John: General von Steuben. Frankfurt/Main 1984

McGonagle: Outsmarting – Wie man der Konkurrenz ganz legal in die Karten schaut. Stuttgart 1994

Merritt, Mark W.: Alternative Careers in Secret Operations. Manassas Park 1998

Möchel, Kid: Der geheime Krieg der Agenten. Hamburg 1997

Morozow, Michael: Der Georgier. Stalins Weg und Herrschaft. München 1980

Morrow, Robert D.: First Hand Knowledge – How I Participated in the CIA-Murder of President Kennedy. New York 1992

Nash, Jay Robert: Spies – A Narrative Encyclopedia of Dirty Deeds & Double Dealing. New York 1997

Niemetz, Alexander: Die Kokain-Mafia. München 1990

Nitz, Jürgen: Lauschangriff, Berlin 1995

Nixon, Richard: Memoiren. Köln 1978

Ostrovsky, Victor: Im Dienste des Mossad. Hamburg 1994

Piekalkiewicz, Janusz: Weltgeschichte der Spionage. Augsburg 1993

Porch, Douglas: The French Secret Services – From the Dreyfus Affair to the Gulf War. New York 1997

Porzner, Konrad: Der BND im Gefüge der öffentlichen Verwaltung. In: Die Verwaltung, Zeitschrift für Verwaltungswissenschaft. Berlin 1993

Powell, Colin: Mein Weg. München 1996

Powers, Thomas: CIA – Die Geschichte, die Methoden, die Komplotte. Ein Widerstandsbericht. Hamburg 1980

Rall, Hans: Wilhelm II. Graz 1995

Reese, Mary Ellen: Der deutsche Geheimdienst. Organisation Gehlen. Berlin 1990

Richelson, Jeffrey T.: The U. S. Intelligence Community. Boulder 1995

Ders.: A Century of Spies – Intelligence in the Twentieth Century. New York 1997

Rieger, Thomas: Der Bundesnachrichtendienst im demokratischen Rechtsstaat. Ellwangen 1986

Röhl, John C. G.: Kaiser, Hof und Staat – Wilhelm II. und die deutsche Politik. München 1995

Romanow, Prinz Roman: Am Hofe des letzten Zaren. München 1995

Ronge, Max: Kriegs- und Industrie-Spionage. Zwölf Jahre Kundschafterdienst. Leipzig 1930

Rühl, Lothar: Aufstieg und Niedergang des russischen Reiches. Stuttgart 1992

Samhaber, Ernst: Kaufleute wandeln die Welt. Frankfurt/Main 1993

Schlomm, Friedrich-Wilhelm: Die heutige Spionage Rußlands. In: Aktuelle Analysen, Nr. 17, München 1997

Schmidt-Eenboom, Erich: Schnüffler ohne Nase. Der BND. Düsseldorf 1993

Ders.: Der Schattenkrieger. Klaus Kinkel und der BND. Düsseldorf 1995

Ders.: Undercover – Der BND und die deutschen Journalisten. Köln 1998

Ders./Angerer, Jo: Die schmutzigen Geschäfte der Wirtschaftsspionage. Düsseldorf 1994

Schweizer, Peter: Diebstahl bei Freunden. Wie die Geheimdienste der Japaner und Deutschen die US-Wirtschaft ausspionieren. Reinbek bei Hamburg 1993

Shimomura, Tsutomu: Data Zone. Die Hackerjagd im Internet. München 1996

Sitt, Axel: Erfolgsfaktor Sicherheit. Düsseldorf 1998

Spector, Leonard S.: Nuclear Ambitions. Boulder/Colorado 1990

Spiegel-Spezial: Die Welt der Agenten, Nr. 1/1996

Spiegel-Spezial: Der digitale Mensch, Nr. 3/1997

Spoto, Donald: The Decline and Fall of the House of Windsor. New York 1995

Steltzer, Hans-Georg: Die Deutschen und ihr Kolonialreich. Frankfurt/Main 1984

Stoll, Siegfried: Bankraub Online. Feldkirchen 1996

Sudoplatow, Pawel Anatoljewitsch: Der Handlanger der Macht. Enthüllungen eines KGB-Generals. Düsseldorf 1994

Thaller, Georg: Trainee in geheimer Mission. Frankfurt/Main 1994

Thomas, Gordon: Die Mossad-Akte. München 1999

Tivnan, Edward: The Lobby. New York 1987

Troy, Thomas F.: Wild Bill and Intrepid. Donovan, Stephenson and the Origin of CIA. New Haven and London 1996

Ulfkotte, Udo: Nahostpolitik der Großmächte 1948 bis 1979. Frankfurt/Main 1984

Ders.: Der Nahost-Konflikt nach der Libanon-Invasion. In: Beiträge zur Konfliktforschung, Heft 1, Köln 1995

Ders.: Krisenherd Nahost. Frankfurt/Main 1986

Ders.: Amerikanische und sowjetische Politik in Nah- und Mittelost 1967 bis 1980. Rheinfelden 1988

Ders.: Der Friedensprozeß im Nahen Osten. In: Bundesakademie für Sicherheitspolitik, Heft 10, Hamburg 1995

Ders.: Verschlußsache BND. München 1997

Ders.: Gewußt wo: Internet. Frankfurt/Main 1999

Ders.: So lügen Journalisten. München 2001

Urban, Mark: UK eyes Alpha. London 1996

Uthmann, Jörg von: Die Diplomaten. München 1988

Vallotton, Henry: Peter der Große – Rußlands Aufstieg zur Großmacht. München 1996

Venohr, Wolfgang: Der große König. Friedrich II. im Siebenjährigen Krieg. Bergisch Gladbach 1995

Volkman, Ernest: Espionage – The Greatest Spy Operations of the 20th Century. New York 1995

Warner, William T.: International Technology Transfer and Economic Espionage.

In: International Journal of Intelligence and Counterintelligence, Vol. 7, No. 2, Sommer 1994, S. 143–160

Wessel, Gerhard: BND – Der geheime Auslandsnachrichtendienst der BRD. Sonderdruck aus: Beiträge zur Konfliktforschung, 15. Jg., Heft 2, Köln 1985

Wieck, Hans-Georg: Demokratie und Geheimdienste. München 1995

Winkler, Ira: Corporate Espionage. Rocklin/California 1997

Wolfrum, Rüdiger: Handbuch Vereinte Nationen. München 1991

Wright, Peter: Spy Catcher. New York 1987

Wusowski, Cornelia: Die Familie Bonaparte. München 1993

Zahn, Ernest: Das unbekannte Holland. München 1993

Zalbertus, Andre: Rußland Explosiv. Köln 1994

Zelikow, Philip: American Intelligence and the World Economy. In: From the Cold – The Report of the Twentieth Century Fund Task Force on the Future of US. Intelligence. The Twentieth Century Fund 1996. S. 135–262

Zeuner, Peter: Organisation der Sicherheit in der Wirtschaft. Koblenz 1990

Ziegler, Uwe: Die Hanse. Kulturgeschichte von Handel und Wandel. Bern 1996

Zimmer, Frank: Bismarcks Kampf gegen Kaiser Franz Joseph. Graz 1996

Zlattner, Max: Hannibals Geheimdienst im II. Punischen Krieg. Konstanz 1997

Zolling, Hermann, und Höhne, Heinz: Pullach intern. Hamburg 1971

Weitere Quellen, Zeitschriften und Agenturen

Aeromilitaria; Aerospace & Defense Science; Agence France Press (AFP); American-Arab Affairs; Armed Forces; Associated Press (AP); Außenpolitik; BBC – Focus on Africa; BBC – on Air; Berliner Zeitung; Bundesamt für Sicherheit in der Informationstechnik, Veröffentlichungen; Capital; Chip – Das Computermagazin; c't – Magazin für Computertechnik; Defense Review; Deutsche Presse-Agentur (DPA); Deutsche Welle Monitor; DM; Economist; Europäische Sicherheit; Far Eastern Economic Review; Financial Times; Focus; Foreign Affairs; Foreign Intelligence Literary Scene; Frankfurter Allgemeine Zeitung; Frankfurter Rundschau; Handelsblatt; Hannoversche Allgemeine; Highscreen, Independent; Infosat; Intelligence; Intelligence Digest; Intelligence Informatique; Intelligence Newsletter; Intelligence Report; Intelligence Survey; International Herald Tribune; Jane's Defence Weekly; Jane's Intelligence Review; Journal of Electronic Defense; KAS-Auslandsinformationen; Le Monde; Middle East Policy; Military Space; Neue Zürcher Zeitung; Newsweek; Online ISDN; Das Parlament; PC Direkt; PC Internet; PC Online; PC Praxis; PC Professionell; PC Welt; Reuters Security Intelligence Report; Space Observer; Spiegel; Stuttgarter Zeitung; Süddeutsche Zeitung; Teheran Times; The Times; Time Magazine; Tageszeitung; U.S. News and World Affairs; Washington Post; Wehrtechnik; Weltwoche; Die Welt; Welt am Sonntag; Wirtschaftswoche.

Internet-Adressen

Die neuesten Nachrichten und Berichte aus der Geheimdienstwelt sowie alle nachfolgend genannten und viele weitere Links finden sich auf der Homepage des Autors unter http://www.ulfkotte.de.

National Counterintelligence Center: *http://www.nacic.gov/*
Economic Security Act of 1996: *http://nsi.org/Library/Legis/bill1557.html*
Society of Competitive Intelligence Professionals – SCIP: *http://www.scip.org/*
American Society for Industrial Security: *http://www.asisonline.org/*
Canadian Intelligence Security Service: *http://www.csis-scrs.gc.ca/*
Central Intelligence Agency – CIA: *http://www.odci.gov/cia/*
National Security Agency – NSA: *http://www.nsa.gov:8080/*
Government Communication Headquarters – GCHO: *http://www.gchq.gov.uk/*
British Security Service M15: *http://www.mi5.gov.uk/*
Menwith Hill: *http://www.sni.net/menwith/*
EU-Bericht zum ECHELON-System: *http://jya.com/stoa-atpc.htm*
Informationen zu ECHELON: *http://www.gainfo.se/~lb/echelon.htm*
Federation of American Scientists (Link-Seite zur Wirtschaftsspionage):
  http://www.fas.org/irp/wwwecon.html;
  Sicherheitsprodukte: *http://www.alarm.de/deutsch1.htm*
Corporate Information – Suchseite: *http://www.corporateinformation.com/*
SEC-Edgar-Archiv: *http://www.sec.gov/cgi-bin/srch-edgar*
Pharmaceutical Business and Intelligence Research Group:
  http://www.PBIRG.com/
Internet Securities, Inc.: *http://www.securities.com/*
Spanischer Geheimdienst CESID: *http://www./esint60.tsai.es/cesid/*
Niederländischer Geheimdienst: *http://www.minbzk.nl/*
Bundesamt für Verfassungsschutz: *http://www.verfassungsschutz.de/*
Verfassungsschutz Baden-Württemberg: *http://www.baden-wuerttemberg.de/verfassungsschutz/*
Verfassungsschutz Bayern: *http://www.innenministerium bayern.de/abteilungen/index1f.htm*
Verfassungsschutz Brandenburg: *http.//www.brandenburg.de/land/mi/schutz/*

Verfassungsschutz Bremen: *http://www.bremen.de/web/owa/*
Verfassungsschutz Hamburg: *http://www.hamburg.de/behoerden/LfV/homepage.htm*
Verfassungsschutz Hessen: *http://www.verfassungsschutz-hessen.de/*
Verfassungsschutz Niedersachen: *http://www.niedersachsen.de/MI7.htm*
Verfassungsschutz NRW: *http://www.verfassungsschutz.nrw.de/*
Verfassungsschutz Rheinland-Pfalz: *http://www.ism.rlp.de/010sicherleben/005verfassungsschutz/top.htm*
Verfassungsschutz Sachsen: *http://www.sachsen.de/verfassungsschutz/*
Verfassungsschutz Schleswig Holstein: *http://www.schleswig-holstein*

Personenregister

Ackermann, Josef 65
Adenauer, Konrad 309
Agricola, Georg 337
Ahmels, Peter 43 ff.
Albertus Magnus 334

Bacon, Roger 334
Balladur, Edouard 151, 203
Bamford, James 119
Banisar, David 116
Barchi, Pier Felice 65
Barnes, Michael 124
Barnett, Craig 177
Bass, Kenneth 241
Baumann, Michael 97
Bausch, Thorsten 300 ff.
Beckurts, Karl Heinz 99
Berardi, Antonio 66
Beresowskij, Boris 287 f.
Bergier, Jacques 272, 342, 350 f.
Bieser, Wendelin 162, 170, 173
Bloomberg, Mike 242
Blum, Eberhard 282, 292
Bohn, Peter 113
Bosch, Robert 310
Boss, Hugo 311
Böttger, Johann Friedrich 333
Boulton, Matthew 344, 347
Bradeis, Louis 116
Bray, Michael 255
Brill, Alan 249
Bryen, Stephen 280
Bühler, Hans 163
Bunch, James 255
Bush, George 246

Campbell, Duncan 121
Carlucci, Frank 262
Carter, Jimmy 241
Casey, William 239
Castro, Fidel 219
Catlett, Jason 177
Chatami [iran. Präsident] 136
Chien Ming Sung 253
Chrobog, Jürgen 233 f.
Clancy, Tom 26, 265
Clinton, Bill 22, 57, 113, 150, 152, 158, 234, 237–241, 247, 261, 275, 277, 305 f.
Cochran, Michael 213
Colby, William 179

Daimler, Gottfried 310
Davies, Simon 124
De Vosjoli, Thyraud 210 f.
Deutch, John 262
Dickens, Charles 62
Djatschenko, Tatjana 287
Dolait, Jean-Pierre 213
Dörner, Steffen 312
Dreyfuss, Robert 237 f.
Duisenberg, Wim 248

Eichel, Hans 149
Eichmann, Adolf 277
Eisenhower, Dwight D. 184, 190
Eitan, Rafi 281
Ellington, Charles 244 f.
Elliot, Joe 253

Fahd [saud. König] 152
Fallahian [iran. Politiker] 168
Felcht, Utz-Hellmuth 94

Fialka, John 22, 209, 214f., 243, 280
Fink, Manfred 122
Fischer von Erlach, Joseph 340
Flack, Michael 298f.
Ford, Glyn 123f., 129
Förster, Andreas 164, 203
Forster, Gerhard 319
Fox, David 255
Foxman, Abraham 279
Franken, Michael 39
Friedrich der Große, preuß. König 340, 345
Frisch, Peter 33
Frost, Mike 125

Gallagher, Kevin 255
Gates, Robert 207, 218, 278
Gaulle, Charles de 199, 201
Geer, Daniel 250f.
Gehlen, Reinhard 282, 294
Gehrmann, Peter 77
Geiger, Hansjörg 282f.
Gerspach, Matthias 25
Giles, Lewis 170
Gilette, King Camp 27
Gilmore, John 158
Goethe, Johann Wolfgang von 343
Goldberg, Marc 212
Goodyear, Charles 355
Greve, Frank 141
Grisham, John 36
Groenewold, Ewald 44
Groenewold, Ute 44
Guillet, Bernard 210f.
Guinsel, Jean 202f.
Güllich, Gerhard 282
Gupta, Bhushan 255
Gutenberg, Johannes 337f.

Haaber, Adam 343
Hager, Nicky 119f., 137, 147
Häkkinen, Mika 310
Hancock, Thomas 356
Hanning, August 97, 282f.
Hansen, James 274
Harbulot, Christian 200, 205
Harel, Isser 277

Harper, Scott 252
Harris, John 338
Hart, Tracy 140
Hartman, John 252f.
Haumann, Heiko 338
Heberle, David 53
Heffernan, Ruth 44–54
Heidinger, Jan 64f.
Heimbrecht, Jörg 32ff.
Hellenbroich, Heribert 282
Helms, Richard 215
Henkel, Hans-Olaf 30
Herzog, Roman 149
Hirsch, Martin 232
Hitler, Adolf 354
Hoffmann, Wolfgang 21, 30f., 318f.
Horn, Klaus-Dieter 323
Howard, David 34
Hsu Kai-Lo 252f.
Hug, Rüdi 165
Humboldt, Alexander von 351
Hummelt, Roman 256
Humphrey, John 346f.
Humphries, Peyton 232
Hurd of Westwell, Douglas 24
Hussein, Saddam 137

Isnard, Jacques 209

Jaffre, Philippe 204
James, Christopher 73
Jans, Robert 43f.
Jarzembowski, Georg 133
Jeker, Robert 65
Jelzin, Boris 223, 287
Juppé, Alain 217

Kaljugin, Oleg 90
Kaller, Jörg 311
Kallinikos [Architekt] 329
Kantor, Mickey 240
Karkowsky, Josef 82–87, 89
Kennedy, John F. 128, 211
Keysler, Johann 340
Kiesinger, Georg 294
Kinkel, Klaus 282
Kirjaweinen, Karl 245

Klass, Gert von 349f.
Klett, Gerhard 171f.
Knäbel, Thorsten 188
Knoke, Hans-Jürgen 318
Knottnerus-Mayer, Stefan 58
Kocher, Paul 158
Kohl, Helmut 32, 34f.
Köhler, Michael 288
Kolumbus, Christoph 330
Konstantin IV. 329
Korman, Nancy 255
Kragler, Peter 66, 309
Krupp, Alfred 349–353
Krupp, Friedrich 247f.
Krupp, Friedrich Alfred 353
Kuroda, Makoto 273

Lafontaine, Oskar 149
Langendörfer, Dieter 29
Lebon, Philippe 342
Leonardo da Vinci 338
Levy-Lang, André 204
Lewinsky, Monica 275f.
Liebig, Justus von 351
Liebl, Karlhans 63f.
Ljungberg [dän. Spion d. 18. Jh.] 344
Lowell, Francis Cabot 230
Lucieto [ital. Agent] 360f.
Lutz, Hermann 63

Mackabee, Norma 164
Madson, Wayne 143, 165ff., 180
Malone, Edmond 343
Manage, Giles 118
Marconi, Guglielmo 357
Marenches, Henri de 206f.
Maresca, John 202
Marion, Pierre 201, 208f., 294
Martinsen, Wolfram 86
Marx, Don 250
Marx, Karl 352
Mass, Christian 153
Matschke, Klaus-Dieter 64
Maxwell, Robert 124
Merkel, Wilma 89
Minford, Patrick 24
Mitchell, Andrew 23, 344f.

Mitterrand, François 201, 203
Montagnier, Luc 204
Montgomery, Bernard 165
Morris, R. G. 140
Mühlmann, Lukas 65
Mutio, Thesco 341

Napoleon I., 200, 347
Nehm, Kay 33
Newsham, Margaret 124
Noethe, Steffen 25

Oebel, Jean 310
Oebel, Josef 310
Oetker, August 310
Oliver, Jim 255
Ost, Friedhelm 112
Owen, David 24

Pagnol, Henri 216
Papin, Denis 346
Pasemann, Floyd 232
Pasqua, Charles 217
Pasteur, Louis 352
Peres, Schimon 280
Perry, William 262
Peter der Große 338ff.
Pichor-Duclos, Jean 201, 218
Piekalkiewicz, Janusz 329f.
Pienaar, Andre 258
Pin Yen Yang 236
Pischetsrieder, Bernd 103f.
Pollard, Jonathan 277
Porzner, Konrad 282
Postizzi, Mario 65
Primakow, Jewgeni 287
Putchinski, Leo 255

Rayes, Gloria 257
Reagan, Ronald 124
Reinert, Thomas 298
Reitzle, Wolfgang 104
Rexrodt, Günter 57, 312f.
Richelieu, Armand-Jean du Plessis 358
Richelson, Jeffrey 358
Richter, Andreas 22f.
Röhl, John 354

Rowland, Tiny 124
Roziers, Etienne Bruin des 199
Rubinstein, Ira 179

Saint-Sernin, Benoit de 205
Santer, Jacques 133f.
Schaar, Peter 178
Schäfers [dt. Staatsanwalt] 58
Schmid, Gerhard 61
Schmidbauer, Bernd 112, 163, 315
Schmidt-Eenboom, Erich 74, 163, 294
Schneider, Bruce 169
Schoser, Franz 310
Schrick, Kurt 70
Schröder, Gerhard 35, 57, 61, 112, 149
Schulzki-Haddouti, Christiane 179
Schwarz, Berthold 334
Schwartz, David 242
Schweizer, Peter 22, 99, 200, 215, 232, 293
Seibold, Michael 182
Shakespeare, William 343
Shelby, Richard 235
Shoval, Hana 291
Silberzahn, Claude 206f., 218
Sitt, Axel 66f., 319f.
Smith, Stephen 298
Smyth, Richard 277
Spang, Fritz 123
Spinrath, Norbert 63
Spörndli, Jürgen 165f.
Starr, Kenneth 275
Steel, Robert 241
Steiff, Fritz 310
Stein, Heinrich Friedrich von 346
Ströbele, Christian 155
Stromer, Ulman 336
Suharto, Kemuso 98, 246
Symington, William 347

Tauss, Jörg 154f.
Teltschik, Horst 32
Temperville, Francis 91
Thatcher, Margaret 125

Thomas, Gordon 276f.
Thurmond, Strom 124
Travis, Edward 127
Triewald, Marten 340
Tschernomyrdin, Viktor 287
Tuttle, Jerry O. 267

Vallotton, Henri 338
Vöhringer, Klaus Dieter 78
Vosselmann, Wilhelm 81, 145

Waigel, Theo 144
Walkowicz, Don 238
Wanchoo, Vishal 252
Wang Hai 305
Watt, James 346f.
Weijer, Norm 170
Wenichow, Jewgenij 244
Wergeles, Fred 197
Werner, Hans-Jürgen 179
Wessel, Gerhard 282
Whybrow, Bill 298f.
Wickham, Henry 356
Widman, Kjell Ove 164
Wieck, Hans-Georg 282
Wiegel, Michaela 200
Wilhelm II., dt. Kaiser 354f., 361
Winkler, Ira 278f.
Witt, Ubbo de 35–46, 58
Wobben, Aloys 35–43, 54–56, 60ff.
Wolf, Hans-Georg 81, 168f., 174, 287
Wolf, Markus 164
Woolsey, James 246
Worden, Harold 234
Wright, Orville 359
Wright, Peter 24
Wright, Steve 115, 154
Wright, Wilbur 359
Wu, Martin 255

Zakheim, Dov 280f.
Zeien, Alfred 28
Zeitlmann, Wolfgang 111f., 129f.
Zimmermann, Peter 77

Sachregister

Aerospitale 101, 141
Allianz-Versicherung 104
AMC [Airbus Military Company] 102f.
American Express 257
Amnesty International 120, 133
Amoco 104, 257
Anglo-Persian Oil Company 244
APM [Aktionskreis Deutsche Wirtschaft gegen Produkt- und Markenpiraterie] 310, 314
ARPA [Advanced Research Projects Agency] 184
ASIS [American Society for Industrial Security] 34, 236
ASW [Arbeitsgemeinschaft für Sicherheit in der Wirtschaft (Bonn)] 56, 82f., 87, 89
AT&T 246, 261

BASF 171
Bayer AG (Leverkusen) 21, 30, 67, 200, 251, 257, 297–302, 314, 324, 357
BDA [Bundesverband der Deutschen Arbeitgeberverbände] 83
BDI [Bundesverband der Deutschen Industrie] 30, 83, 314
BfV [Bundesamt für Verfassungsschutz] 32, 34, 82, 83, 86, 108, 272f.
BKA [Bundeskriminalamt] 105, 109, 112
Bloomberg 242f.
BMW 68, 103ff.
BND [Bundesnachrichtendienst] 30, 71, 97ff., 102, 103, 108ff., 143ff., 163f., 166f. 174, 190f., 201, 204, 233, 239, 272ff., 281–290, 292–296
Boeing 74, 101, 135, 150, 214, 261

Bosch 78ff., 193f.
Bristol-Meyers 252f.
British Aerospace 72, 101
British Petrol 72, 104, 243
BSI [Bonner Bundesamt für die Sicherheit in der Informationstechnik] 295f.
Bundesanwaltschaft (Karlsruhe) 105
Bundesverband Deutscher Wach- und Sicherheitsberater 63, 83
Bundesverband Windenergie e. V. 43

CCSE 204
CCTV-Netzwerke 117
CEA [franz. staatl. Atomenergiekommission] 90
Chase Manhattan Bank 238
Chrysler 237f., 262
CIA [Central Intelligence Agency] 90, 93, 108, 124f., 131, 144f., 152, 191f., 207ff., 211, 216ff., 220, 230ff., 236, 241, 243, 245f., 250, 254, 251ff., 265, 276, 294, 239
Citibank (Frankfurt) 215, 239
Citibank (USA) 249
Civil Liberties Committee 121
Commerzbank (Luxemburg) 27
Compagnie des Machines Bull 213
Compaq Computer 257
Crytpo AG (Schweiz) 163–167
CSE [kanad. Geheimdienst] 170
Cyberspace Research Associates 242

Daimler-Chrysler 67, 77f., 162f., 193
Dasa [Daimler-Chrysler Aerospace AG] 98, 101f.
Dassault [franz. Flugzeughersteller] 73

DECHEMA 93f.
Défense Conseil International 200
DERA [brit. Forschungsagentur für Verteidigung] 85
Deutsche Bundesbank (Frankfurt) 23f., 105, 248
Deutsche Bundeswehr 180
Deutsche Post AG 26, 316
Deutsche Telekom (Frankfurt) 180, 316
Deutsches Patentamt (München) 67
DEWI [Deutsches Windenergie-Institut] 43
DGSE [Direction Général de Sécurité Extérieur] 145, 200–207, 209, 213f., 216, 218, 294
DIHT [Deutscher Industrie- und Handelstag] 111, 307ff., 314
Dornier 89f.
Dow Chemical Group 257
DSD [austral. Geheimdienst] 131
DST [franz. Spionageabwehr] 75, 202
DuPont [US-Chemiekonzern] 197
DWT [Deutsche Gesellschaft für Wehrtechnik mbH] 70

Earth Watch 195
Eastman Kodak 234, 257, 263
ECHELON-System 115f., 119ff., 124–130, 132ff., 141–144, 147–151, 154, 179, 202, 204, 246f.
Elf Aquitaine 204, 247
EMA [Einbruch-Meldeanlagen] 297
Enercon GmbH 33, 35ff., 40f., 44f., 49–60, 112
Enfopol [Abhörsystem] 154f.
Enron Wind Corporation 59f.
ESCLA [franz. Managementschulgruppe] 200
EU 115f., 120ff., 124, 133f., 154f., 243, 305

FAPSI [russ. techn. Geheimdienst] 225
FAS [Federation of American Scientists] 139, 259f., 271
FBI 63, 92, 121, 128, 209f., 212, 220, 236f., 243, 249, 252ff.
Ford Motor Co. (Köln) 237f., 257, 312

Friedrich Krupp (Essen) 347ff.
Fritz Werner GmbH 126f.

GATT-Abkommen 120, 125, 217f.
GCHQ [Government Communications Headquarters] 104, 120, 125, 133f., 137, 151, 166
GCSB [neuseeländ. Geheimdienst] 136
GEC Alsthom 86, 101
General Dynamics 214
General Electric 238, 251f.
General Motors 86, 237f.
Generalbundesanwaltschaft 108f.
Genset [franz. Biotech-Unternehmen] 146
Greenpeace 133, 136, 205
Gretag Data Systems AG 166
GRU [russ. Militärgeheimdienst] 90, 224f.

Henkel AG 162, 318
Hermes-Kreditversicherung 31, 64, 232
Hewlett-Packard 256
HFDF-System 139
Hitachi 274f.
Hoechst AG 94f.
Hughes Aircraft Company 135, 141f., 208, 214

IBM 64, 180, 212f., 238, 264, 275
IFR Security Data 104
IHK Stuttgart
Industriespionage 271ff.
Info Guard AG 166
Innogenetics [belg. Biotech-Unternehmen] 146
Intel 177ff.
Internet 179–186, 289f.
ITC [International Trade Commission] 56ff.
ITT Corporation 244, 265
IVBB [Informationsverbund Berlin–Bonn] 155f.

JETRO [Japanese External Trade Organization] 273f.
Joint Intelligence Committee 72

Kalter Krieg 24, 116, 184f., 247
KDM [Gesellschaft für Sicherheitsberatung] 41, 64, 140
Kenetech Windpower Inc. 41ff., 54f., 59
KGB [früherer sowj. Geheimdienst] 70f., 86, 88, 186ff., 231
Konkurrenzspionage 26, 105, 315
KPMG [Deutsche Treuhand-Gesellschaft] 64
Kroll Associates 249, 255
Krupp siehe Friedrich Krupp
Kryptographie 163, 168, 180ff.
Kryptokom AG (Aachen) 156
Kryptologie 156–159

Lockheed-Martin 90, 101, 132, 135, 150, 214, 241, 266

Maastricht-Abkommen 120
Manchester Omega Foundation 115
Mannesmann AG 67
Martin Marietta 215, 241
Maximilianshütte AG 200
McDonnell-Douglas 126, 151, 208, 214
MEMEX-System 115
Mercedes-Benz siehe Daimler-Chrysler
Merck & Co. 257
Merill Lynch 215
MFL [Machines Français Lourdes] 74
MfS [DDR-Ministerium für Staatssicherheit] 64, 90, 92, 108, 221, 233
MI6 [brit. Auslandsgeheimdienst] 23f., 70ff., 83f., 89
Microsoft 176f., 179, 183, 186
MITI [Ministry of International Trade and Industry] 272ff.
Mitsubishi Corporation 273ff.
Mossad [israel. Geheimdienst] 275f., 280
Motorola 166, 215, 266
MSS [chin. Ministerium für Staatssicherheit] 236

NACIC [National Counter Intelligence Center] 29, 96, 215f.
NASA 143, 220, 260
National Economic Council 150

National Military Intelligence Agency 259, 262, 265, 267, 269
NATO 137f., 244
Netscape 179, a83, 187
NOC-Agenturen 238f., 259
NSA [National Security Agency] 41f., 54, 61f., 113f., 124, 128–133, 138ff., 142–144, 150ff., 159ff., 164ff., 169f., 179, 192, 237, 240f., 246f., 254, 264f., 278, 290, 291
NSSP [National Security Studies Program] 90

Office National du Commerce Extérieur 198
Office of Intelligence Liaison 150
ONI [Office of Naval Intelligence] 280
Orbital Imaging Corporation 195

Paßwortknacker 182f.
Pentagon [US-Verteidigungsministerium] 90, 184, 208, 245, 254, 260
PGP [Verschlüsselungsprogramm] 160, 162, 171
Produktpiraterie 297ff.
Procter & Gamble 238, 257

Rand Corporation 185
Raytheon [US-Elektronik-Konzern] 81, 101, 150, 268
RCMP [Royal Canadian Mounted Police] 125
Reuters [Nachrichtenagentur] 241f.
Rockwell International 214, 238, 268
Rolls-Royce 104
Rover 103f.
RSA [US-Verschlüsselungs-Software-Firma] 158

Salomon Brothers 215, 242
SCIP [Society of Competetive Intelligence Professionals] 257f.
SDECE [ehemaliger franz. Geheimdienst] 199
Sennheiser Electronic 302–305
SGND [Sécratariat Général de la Défense Nationale] 02

Shell 72, 205, 247
Siemens-Nixdorf 67, 77, 86f., 98f., 102, 176ff., 283
SIS [brit. Geheimdienst] 277
Space Imaging Eosat 195f.
Staedter [Schreibgerätehersteller] 314
Stanford Research Institute 185
Steganographie 180f.
STN Atlas Elektronik 80f.
Strategic Weather Services 190f.
SWB [russ. Aufklärungsdienst] 90
SWR [russ. Auslandsnachrichtendienst] 90, 224ff.

Tacke Windtechnik GmbH 60
Taxol [synthetischer Stoff] 252f.
Technologiespionage 275
Texas Instruments 210–213
Thomson-CSF 216
Thyssen 162

Toshiba 75, 274
TRW/Aerojet 135, 150, 214, 241

UKUSA-Abkommen (s.a. ECHELON) 127, 131
UKUSA-System (s.a. ECHELON) 120, 127
United Fruit Company 244
Utimaco Safeware AG 113

Veba AG 76, 162
Vereinte Nationen 167
Verfassungsschutz [BRD] 105f.
Voest-Alpine Bergtechnik 69
Volkswagen AG 30f., 77, 86, 90, 104, 193, 312

Zbinden Infosec AG (Bern) 122, 291f.
Zentralverband des Deutschen Handwerks 83
Zollkriminalamt [BRD] 105, 107

GOLDMANN

Jean Ziegler

Die Schweiz, Das Gold
und die Toten   12783

Wie herrlich, Schweizer
zu sein   15003

Die Barbaren kommen   15029

Goldmann • Der Taschenbuch-Verlag

GOLDMANN

*Das Gesamtverzeichnis aller lieferbaren Titel erhalten Sie
im Buchhandel oder direkt beim Verlag.
Nähere Informationen über unser Programm erhalten Sie auch im Internet unter:*
www.goldmann-verlag.de

★

Taschenbuch-Bestseller zu Taschenbuchpreisen
– Monat für Monat interessante und fesselnde Titel –

★

Literatur deutschsprachiger und internationaler Autoren

★

Unterhaltung, Kriminalromane, Thriller
und Historische Romane

★

Aktuelle Sachbücher, Ratgeber, Handbücher und
Nachschlagewerke

★

Bücher zu Politik, Gesellschaft, Naturwissenschaft und Umwelt

★

Das Neueste aus den Bereichen
Esoterik, Persönliches Wachstum und Ganzheitliches Heilen

★

Klassiker mit Anmerkungen, Anthologien und Lesebücher

★

Kalender und Popbiographien

★

Die ganze Welt des Taschenbuchs

★

Goldmann Verlag • Neumarkter Str. 18 • 81673 München

Bitte senden Sie mir das neue kostenlose Gesamtverzeichnis

Name: _____

Straße: _____

PLZ / Ort: _____